Os caminhos de uma

Mulher

Os caminhos de uma Mulher

Pelo espírito
MARGARIDA DA CUNHA

Psicografia de
SULAMITA SANTOS

LÚMEN
EDITORIAL

Os Caminhos de Uma Mulher
pelo espírito Margarida da Cunha
psicografia de Sulamita Santos
Copyright © 2022 by
Boa Nova Editora

5ª edição – março de 2022

Coordenação editorial: *Ronaldo A. Sperdutti*
Revisão: *Mary Ferrarini*
Projeto gráfico e arte da capa: *Ricardo Brito / Designdolivro.com*
Imagens da capa: *Stocksnapper / Dreamstime.com*
Impressão e acabamento: *Renovagraf*

Dados Internacionais de Catalogação na Publicação (CIP)
(Câmara Brasileira do Livro, SP, Brasil)

Cunha, Margarida da (Espírito).
    Os caminhos de uma mulher / pelo espírito Margarida da Cunha ; psicografia de
Sulamita Santos. – São Paulo : Lúmen Editorial, 2012.

    ISBN 978-85-7813-059-6

    1. Espiritismo 2. Psicografia 3. Romance espírita I. Santos, Sulamita.
II. Título.

12-01465   CDD-133.9

Índice para catálogo sistemático:
1. Romance espírita : Espiritismo   133.9

LÚMEN
EDITORIAL

Av. Porto Ferreira, 1031 - Parque Iracema
CEP 15809-020 - Catanduva-SP
17 3531.4444

www.lumeneditorial.com.br | atendimento@lumeneditorial.com.br
www.boanova.net | boanova@boanova.net

2022
Proibida a reprodução total ou parcial desta obra
sem prévia autorização da editora

Impresso no Brasil – *Printed in Brazil*
5-3-22-200-15.400

Sumário

A família 7

A doença 19

Descaminhos 34

Religiosidade 59

Solidão 75

Um recomeço 81

Encontro 90

Esperança 105

Investigação 116

Indagações 129

Almas unidas 143

Os planos de Jacira 152

O Espiritismo 167

Descobertas..174

O Centro Espírita..186

Alberto decide se casar 200

Ronaldo aparece 209

Nova oportunidade 235

Um convite..246

Pai João...260

Depois do assalto 275

A discussão 302

Um casal amigo 310

A prece 326

A recuperação de Lucinda............................340

Perdão 351

Orai e vigiai...361

Vingança 371

Reaproximação 383

O jantar 397

O sonho 429

Bons ventos..451

Intuição...471

O acidente 486

O enlace 499

A família

Desde que perdeu a mãe, Lucinda não aguentava mais aquela situação: além de cuidar dos irmãos, ainda era obrigada a se deitar com o pai, homem rude e violento.

Muitas vezes, ela se lembrava da mãe e chorava. Sentia falta dela, mas passou a ser não somente a irmã mais velha, mas também mãe dos irmãos.

Jonas, o pai, trabalhava em uma empresa de energia elétrica. Todos os dias, ao sair do trabalho, parava no bar do Toninho e de lá só saía quando o bar fechava ou quando o proprietário o mandava por estar completamente embriagado.

Lucinda ficava em casa aflita, sabia o que a esperava quando o pai chegasse. Um dia ela pensou em envená-lo, mas desistiu. Imaginou que a polícia descobriria e seus irmãos não teriam ninguém para cuidar deles.

O amor a eles a fez recuar. O pai nutria ódio por ela. Nunca se preocupou se a machucava ou não. Tudo o que ele queria era se satisfazer.

A mãe, Marisa dos Santos Mendes, era uma mulher de boa saúde, mas por causa dos maus-tratos ficou doente repentinamente e desencarnou. Com o mesmo desvelo da mãe, ela participou do crescimento dos irmãos, que muitas vezes não a obedeciam, dizendo que ela não era a mãe deles.

Lucinda aguentava tudo com resignação, mas não suportava a presença do pai. Tudo o que ele fazia lhe causava tremenda irritação; pouco falava com ele. Seus irmãos eram: Luciana, três anos mais jovem; Lucas e Lucimar, que desde criança se mostrou ser irascível, além de não tolerar a presença do pai.

Jonas procurava não deixar faltar nada aos filhos, mas não conseguia se controlar e, quando bebia, se transformava em um ser insano; suas atitudes não lhe doíam na consciência, e ele nem pensava que estava prejudicando a filha.

Lucinda tinha catorze anos e, para que o pai não procurasse a irmã, ela cedia a todas as sevícias dele. Em seguida, sentia-se a pior das criaturas, pois tinha verdadeiro asco daquela atitude.

Tudo começou quando ela tinha onze anos de idade. Fazia dois anos que a mãe havia falecido. Numa noite chuvosa, ela dormia com os irmãos quando o pai chegou. Chamando-a, levou-a para seu quarto.

Lucinda não sabia o que o pai queria, mas depois do ocorrido, passou a sentir verdadeiro ódio dele, pois ele a machucou bastante. Depois disso, ela se tornou triste e revoltada. Tinha paciência com os irmãos, mas quando o pai chegava, ela o olhava e nada dizia. Ele não se importava com os sentimentos dela e, quando sentia seus desejos animalescos, procurava-a para satisfazer seus instintos.

Assim o tempo passou. Lucinda, que estava com catorze anos de idade, começou a ter enjoo. O pai, percebendo, temeu que ela estivesse grávida, e esperou um tempo, até que teve a confirmação. Os seios da menina aumentaram de tamanho e seu corpo começou a assumir o aspecto de um corpo de mulher.

Ele, temendo que alguém descobrisse, procurou uma pessoa que fazia aborto num sítio próximo. A mulher viu que ela estava de quase três meses, mas, como ela era franzina, ninguém desconfiou.

Francisca, assim que a viu perguntou:

— Já está enganchada com um par de calças, não é mesmo, menina?

Lucinda, sem entender o que a mulher estava falando, nada respondeu.

A mulher chamou Jonas de lado e disse:

— Seu Jonas, sinto muito, mas o senhor será avô. Vai querer que eu dê um jeito?

Jonas, pálido, começou a temer que a mulher desconfiasse dele e, dissimulando, respondeu:

— Claro que sim, foi para isso que a trouxe aqui. Quem fez isso vai pagar muito caro!

— E eu cobro caro! — disse a mulher salientando que o serviço não sairia de graça.

— Não tem problema, eu pago o que for preciso para livrar minha filha de um escândalo.

— Pois bem, venha comigo, menina.

Lucinda tremia, não estava entendendo nada. O pai estava com a tez empalidecida e mexia as mãos incessantemente.

A mulher levou-a ao quarto e mandou-a tirar a roupa. Depois, pegou uma bacia com água morna e alguns panos. Pediu que ela se deitasse e abrisse as pernas. Depois, realizou o aborto. A menina começou a sentir fortes dores. Tudo demorou cerca de quarenta minutos. Levada até o pai, Lucinda estava pálida e sentia-se fraca.

A mulher disse:

— Bem, por alguns dias ela ficará assim. Cuide bem dela, dê coisas substanciosas para comer, pois ela está perdendo sangue.

— Pode deixar, cuidarei bem dela, mas não permitirei que ela se encontre com o rapaz novamente! Imagine o que os outros poderão falar!

— Muito bem, vejo que o senhor é um bom pai, mas ela não deverá ter relações sexuais por quarenta dias, pois está ferida.

— Não terá! Tenha certeza de que não vou deixá-la se encontrar com aquele moleque novamente!

Ao dizer as últimas palavras, Jonas amparou a filha, que mantinha seus passos trôpegos. A cólica era intensa.

Ao chegar a casa, Luciana percebeu que a irmã não estava bem e questionou:

— Lucinda, o que há com você? Está tão pálida!

— Papai me levou a uma mulher, que fez algo em mim. Agora estou sentindo fortes dores e estou sangrando muito.

— Mas o que essa mulher fez? — perguntou a irmã querendo entender o porquê de seu pai ter saído com a irmã.

— Eu não sei ao certo, mas sei que ela me machucou.

— Se ela fez isso, por que você deixou?

— Porque nosso pai mandou.

— Papai é realmente ruim. Onde já se viu levar a própria filha para uma mulher machucá-la? Já estou cansada de vê-lo cometer atrocidades. Vou falar com ele!

— Não! Por favor, não diga nada. Papai é intempestivo e poderá lhe dar uma surra!

— Não tenho medo dele! Se quiser bater em mim que bata, mas terá de ouvir tudo o que tenho a dizer!

— Por favor, Luciana, não faça nada, um dia papai vai colher tudo o que está plantando. A vida vai se encarregar de dar uma boa lição nele!

— Não entendo como você pode ser assim tão passiva! Nosso pai não merece consideração, e você, sendo a mais velha, deveria ser a primeira a se opor a ele!

— Luciana, mamãe sempre dizia que nós, muitas vezes, não precisamos fazer nada, pois tudo que ele faz receberá de volta. Eu não me oponho a ele por causa de vocês, mas saiba que tenho medo dele. Mas pode deixar, pois daqui um tempo não terei nem medo nem sentirei respeito por esse verme imundo! Só lhe peço que não faça nada, deixe tudo como está, o dia dele chegará, e aí talvez até tenhamos pena dele!

Luciana não entendeu o que Lucinda disse, mas preferiu obedecer à irmã.

— Agora me deixe descansar, estou com dores e com sono.

— Deixe que eu cuido do jantar. Você não está em condições de fazer nada.

Nesse instante, Jonas entrou no quarto e vociferou:

— Lucinda, o que você está dizendo à sua irmã?

— Nada, papai, só estou mandando que ela faça o jantar, pois não estou me sentindo bem.

— Não se preocupe, eu cuidarei disso. — Depois de mandar Luciana sair do quarto, ele continuou: — Ouça-me, não conte a ninguém o que aconteceu. Foi para o seu bem, saiba que nunca faria nada para prejudicá-la.

Jonas saiu do quarto e se dirigiu à cozinha, deixando Lucinda com muito ódio e muitas dores.

ෆ

Passados alguns dias, Lucinda já se sentia melhor, mas a lembrança do pai a fazia se sentir mal. Apesar de tudo, estava mais tranquila, pois o pai parou de procurá-la por temer que ela engravidasse novamente.

Lucinda sentia-se inquieta, nem dormia direito. Qualquer barulho a despertava. Decidiu que, se percebesse alguma coisa, iria enfrentar o pai, para que ele não estragasse a vida da irmã, como ele fizera com a dela.

Por precaução, ela contou à irmã o que o pai havia feito e pediu que se acontecesse algo semelhante com ela, deveria gritar, pois ela chamaria a polícia.

Depois da conversa, Lucinda se sentiu mais tranquila, pois havia arrumado uma forma de proteger a irmã dos desejos ignominiosos do pai.

ෆ

Numa noite, Jonas chegou, olhou para Lucinda com desdém, e disse:

— Você já não é moça! Está perdida! Vou arranjar um casamento para você, já está na hora.

— Eu não quero me casar, tenho de cuidar de meus irmãos! — respondeu Lucinda incisivamente ao pai, deixando-o atônito.

— Não discuta comigo, sua perdida! Você vai se casar e pronto! Sou seu pai e tenho direito de escolher seu destino! Se não tomar cuidado, você vai se tornar uma rameira; dormirá com qualquer vagabundo que aparecer!

— Eu não vou me casar com ninguém! Prometi à minha mãe que cuidaria de meus irmãos e assim o farei! Saiba que, se arranjar um casamento para mim, contarei para a polícia o que o senhor e aquela mulher fizeram comigo, seu monstro sem coração!

Jonas se aproximou dela e deu-lhe um tapa. Colérico, gritou:

— Nunca mais toque nesse assunto! Senão eu vou matá-la. Saiba que eu nunca gostei de você e não me arrependi do que fiz! Esta noite, vá ao meu quarto, pois você verá se casará ou não! Sua vagabunda, messalina!

— Eu não vou me casar! Tampouco vou ao seu quarto, seu porco nojento! E tem mais — disse Lucinda com autoridade — se tentar alguma coisa contra Luciana vai se arrepender, pois sei que o que fez é crime, e posso colocá-lo na cadeia!

— Desculpe, minha filha. Eu não sabia o que estava fazendo. Eu estava bêbado. Não farei isso com ela nem com você!

— Pedir desculpa é fácil, seu miserável!

— Olhe, não se fala mais nisso, nunca mais vou procurá-la, eu prometo.

Depois desse dia, Jonas cumpriu o prometido. Não falava mais com ela, o que a deixou aliviada.

಄

O TEMPO PASSOU e Jonas continuou trabalhando. Os filhos cresceram. Lucinda estava com dezessete anos de idade quando percebeu que o irmão mais novo estava diferente, não era mais o menino travesso de outros tempos, estava se tornado introspectivo e já não cuidava da aparência. Estava sempre com a mesma calça jeans e o tênis sujo. Os cabelos estavam compridos e com piolhos.

Preocupada, Lucinda perguntou:

— Lucimar, o que está acontecendo com você? Não toma banho, não se alimenta direito e, quando o faz, come muito! Está cada vez mais magro.

— Não está acontecendo nada! — gritou ele irritado.

— Está sim! Sinto que está havendo alguma coisa muito séria com você. Saiba que precisa de cuidados, meu irmãozinho, você sempre foi o meu preferido, o miudinho da família.

— Deixe disso, você não é minha mãe!

Lucinda, percebendo que não havia como conversar com o irmão, resolveu não falar mais nada, mas tratou de investigar.

A moça não tinha com quem conversar, pois havia alguns anos não falava mais com o pai.

Lucas, o irmão com quem muitas vezes ela conversava, trabalhava como conferente de assinantes. Quase não tinham tempo para conversar, pois além de trabalhar ele estudava à noite.

Lucinda se sentia cada vez mais sozinha, e com a solidão vinha a saudade da mãe. Nesses momentos, ela conversava como se a mãe ainda estivesse presente; ora falava, ora chorava, quem a visse acharia que ela estava ficando louca.

— Mamãe, que falta a senhora faz, se estivesse aqui muita coisa não teria acontecido. Papai fez aquilo comigo, Lucimar está estranho, Luciana está namorando, nem pensam em trabalhar! Eu não posso trabalhar, pois aquele canalha que a senhora me deu como pai não permite. Juro, minha mãe, que se não fosse meus irmãos eu já teria ido embora.

⋈

Luciana era uma mocinha vaidosa. Gostava de ficar na janela observando os transeuntes. Sempre passava por lá um jovem mascate, que, encantado com ela, oferecia-lhe algo para poder ficar conversando com ela.

Luciana flertava com o mascate e, depois de certo tempo, passou a se encontrar com ele na rua debaixo.

O tempo passou e um dia Lucinda acordou e sentiu falta de Luciana. Suas roupas haviam desaparecido e ela achou que a irmã tinha fugido com o mascate. Sabia que ela estava apaixonada, mas não pensou que poderia cometer tamanha tolice.

Luciana contava muita coisa para a irmã mais velha, mas não lhe contou que pretendia fugir com Jorge. Naquela terça-feira, Jorge ficou esperando-a na esquina de sua casa. A moça saiu ainda era madrugada, e ambos seguiram para a estação, embarcando para a cidade de Presidente Epitácio.

Lucinda ficou desesperada. Quando Jonas chegou, perguntou por Luciana. Ao saber, ele ficou transtornado, nunca imaginara que a filha fosse capaz de fugir. E, vociferando, disse:

— É com essa calma que você vem e me diz que Luciana fugiu com um mascate? Você não presta! Acho que ajudou sua irmã somente para me afrontar!

— Eu sabia tanto quanto o senhor. Mas saiba que, se eu não presto, devo isso ao senhor. Ela fez muito bem, perdeu a sua pureza com alguém que amava, não foi como eu, que fui obrigada a me deitar com um homem sem escrúpulos que se diz meu pai!

— Não diga uma coisa dessas para mim, sua vadia. Sempre fui um bom pai, cometi certos erros, mas nunca deixei que nada faltasse a você e seus irmãos.

— Comida! Dar de comer aos filhos é sua obrigação, mas não é por esse motivo que o senhor tinha o direito de fazer o que fez. Abusou de mim e ainda me levou até aquela mulher sem-vergonha! Se sou vadia, devo ao senhor, que não soube me respeitar. Saiba que Luciana fez muito bem.

Nesse momento, Jonas, rubro de raiva, aproximou-se de Lucinda e a esbofeteou. Ela gritou e os irmãos vieram ajudá-la.

Lucas socorreu a irmã, que estava toda ensanguentada. Naquele dia, ela contou a eles o que havia acontecido anos antes. Lucas se revoltou, e Lucimar prometeu que um dia iria matá-lo.

Lucinda chorou muito, mas resolveu que assim que os irmãos estivessem prontos para seguir a vida sozinhos, ela iria embora para longe e o pai nunca mais ouviria falar dela.

Jonas saiu e foi para o bar de Toninho. Depois de tomar muitas doses de cachaça, voltou para casa. Estava cambaleando e, quando entrou no portão, viu um vulto de mulher.

— Marisa, é você?

— Sim! Vim porque vi o que você fez com a nossa filha. Que Deus tenha misericórdia de você.

— Saia daqui! Você está morta! Vá embora! Dos meus filhos cuido eu! Você sempre foi uma mulher fraca e não me arrependo do que fiz!

Lucinda, ao ouvir somente a voz do pai, se pôs a pensar: "Este demônio está ficando louco! Preciso proteger meus irmãos de sua influência". Quando ele entrou, ela perguntou:

— Vai jantar agora?

— Não! Eu não quero jantar, saia daqui! Preciso ficar sozinho, sua mãe e eu temos contas a acertar.

— Deixe de ser louco, esqueceu que minha mãe está morta?

— Não! Ela não está! Está bem aqui perto de nós.

— Quer saber? Vou dormir. Já tenho de aguentar as bebe-deiras do senhor, agora terei de suportar suas loucuras? Eu não aguento, é demais!

Em seu quarto, Lucinda chorou. Não percebeu que uma mulher de cabelos negros e longos alisava-lhe a face. A moça adormeceu e sonhou que estava em um lindo jardim, com flores amarelas e brancas. Ao olhar mais adiante, viu a mãe.

Chorando emocionada, foi ao seu encontro.

— Mamãe! Quanto tempo! Estou com muita saudade; tantas coisas aconteceram na sua ausência!

— Eu sei tudo o que aconteceu, minha filha. Trouxe-lhe aqui para lhe pedir que perdoe Jonas.

— Mamãe, como que vou perdoá-lo? Ele me obrigou a me deitar com ele! E como se não bastasse, me levou àquela senhora para fazer um aborto. Eu o odeio e sempre vou odiá-lo!

— Não, minha filha, não aja assim! Esse sentimento está atrapalhando sua vida, lembre-se de que Jesus nos ensinou a per-doar as ofensas a nós cometidas; portanto, perdoe-o, minha filha.

— Mas, mãe...

— Perdoe, minha filha, somente assim terá a consciência tranquila.

A mãe se afastou, e ela acordou com a sensação de que estivera com a mãe. Levantando-se, foi à cozinha tomar água, e, ao passar pela sala, viu o pai dormindo no sofá.

De repente, sentiu pena dele e lembrou-se da única palavra registrada em seu subconsciente assim que acordou: "Perdoe".

A partir daquele dia, Lucinda já não sentia mais ódio do pai. Sentia pena daquele homem que estava se destruindo aos poucos. Jonas, com o passar do tempo, percebeu a mudança de Lucinda com ele. Embora não fosse dada a muita conversa, começou a tratá-lo melhor.

O pai, por sua vez, começou a moderar na bebida. Ultimamente, estava sentindo algumas dores abdominais. Não dizia nada a ninguém. Diante de seu mutismo, Lucinda pensava: "É bom que ele fique sóbrio, pois somente assim poderá pensar nos erros que cometeu com sua família".

A doença

CERTA MANHÃ, ao acordar, Lucinda percebeu que o pai não havia feito o café. Observando por alguns instantes, resolveu ver se ele já havia saído de casa.

Ao abrir a porta do quarto do pai, viu que ele tentava se levantar sem conseguir.

— O senhor está doente?

— Não sei! Mas não estou me sentindo muito bem, acho que comi alguma coisa que me fez mal.

— Não! O senhor não comeu nada que lhe fez mal, pelo contrário, bebeu algo que fez mal, está na hora de parar de beber.

— Não é nada disso, meu fígado não está bem, só isso. Quero um chá de boldo para melhorar.

— Então o senhor não vai trabalhar?

— Hoje não, há mais de vinte anos trabalho como louco; nem férias tiro, nunca cheguei atrasado, sempre fui um bom funcionário...

— Está bem, não sou eu quem vai lhe dizer o que deve ou não fazer, mas já que está assim é melhor ir ao médico.

— Eu não preciso de médico, saia daqui!

Jonas não tinha educação. Nem os colegas de trabalho o toleravam. Lucinda, irritada, saiu do quarto. Depois de meia hora, ele saiu do quarto e sua palidez era quase cadavérica.

Encontrou a filha terminando de limpar a sala. Terrivelmente fraco, falou:

— Lucinda, vou tomar um chá de boldo e espero que você limpe meu quarto. Quando eu voltar, não quero me deitar em um quarto fedorento.

Lucinda sentiu raiva, mas o obedeceu. Apesar de achá-lo um canalha, sentia pena dele, pois não era mais nenhuma criança.

Limpando o quarto do pai, viu uma mancha escura, que pensou ser de sangue. Assustada, percebeu o quanto o pai estava doente; mas, não querendo se intrometer em sua vida, fez o que ele pediu. Deixou a janela aberta para ventilar e esvair o mau cheiro.

O pai voltou mais abatido. Ela notou que o abdômen do pai estava aumentado, era como se ele tivesse tomado muita água e ela ficara estacionada num só lugar.

— Acho que o senhor precisa procurar um médico, vomitou sangue e isso não é normal.

— Eu não vomitei sangue! Apenas comi alguma coisa que me fez mal, só isso. Mande o Lucimar avisar na empresa que não vou trabalhar, mas que levarei um atestado médico. Vou procurar um médico para me dar um atestado, não se preocupe.

— Não estou preocupada, só faço o que me manda.

— Lucinda, será que um dia você vai me perdoar?

— Pai, não sou ninguém para perdoar. Sempre soube que um dia isso iria lhe pesar na consciência, mas procuro não me lembrar do que aconteceu.

"Como pude ser tão canalha com minha filha, destruí sua vida. Hoje ela vive como um espectro humano dentro de casa, parece robotizada pelo sofrimento. Lava, passa, limpa a casa, faz comida, não tem alegria, e tudo isso por minha culpa, Deus me perdoe o que fiz, ela não merecia ter sofrido tanto", pensou chorando, indo se deitar. Mesmo com fortes dores no abdômen resolveu ir ao médico pegar um atestado médico.

Chegou ao hospital da cidade, já passava do meio-dia. Esperou a grande fila que se formara à sua frente, pois sabia que se não conseguisse pegar um atestado, perderia o dia de trabalho e o domingo, e isso seria um grande desfalque em seu pagamento.

Quando chegou a sua vez, ele contou ao médico tudo o que estava sentindo, e este mandou que ele tirasse a camisa para examiná-lo. Vendo o volume de sua barriga perguntou:

— O senhor tem o hábito de beber?

— De vez em quando tomo umas e outras, doutor — mentiu Jonas, para não parecer um bêbado.

— Bem, não poderei dar nenhum diagnóstico baseado somente em suspeitas, mas o senhor deve ir à cidade vizinha para realizar uma ultrassonografia. Preciso desse exame o quanto antes. Além disso, preciso saber como está a sua taxa de ureia e creatinina.

— Mas, doutor, não posso faltar ao trabalho. Tenho filhos, sou sozinho para sustentar a casa. Minha filha mais velha cuida de mim e dos irmãos. Tenho apenas um filho que trabalha, mas o que ganha mal dá para pagar seus estudos, portanto, não posso me dar ao luxo de fazer exames e perder dia de serviço.

— Pois bem, seu Jonas, se o senhor não fizer os exames que estou lhe pedindo, poderá se arrepender.

— Mas, então, o que o senhor acha que tenho?

— Ainda é cedo para dizer. Por esse motivo, vou lhe dar quinze dias de atestado para que faça todos os exames e me traga aqui.

Jonas se preocupou com seu estado de saúde e resolveu que iria fazer o que o médico lhe pedira. Voltou para casa quase quatro horas da tarde. Estava desolado, mas procurou não passar isso aos filhos, que, aliás, não se preocupavam com ele, muito menos com seus problemas.

Ao entrar, ele viu Lucas na cozinha conversando com Lucinda.

— Lucinda, você precisa entrar no jornal para ver como tudo funciona. Os equipamentos, a redação, tudo é maravilhoso. Um dia vou ser jornalista.

— Vai sim, Lucas, você sempre foi um bom menino. Deus e Nossa Senhora vão ajudá-lo.

Ouviu parte da conversa e sentiu-se ainda mais culpado. Mesmo vendo toda a euforia do irmão, a pobre moça não ria, parecia sempre triste. Ele entrou em seu quarto e as dores aumentaram. O médico não lhe passara nenhum analgésico para aplacar a dor, por esse motivo ele ficou quieto em seu quarto meditando sobre os erros do passado.

No dia seguinte, ele se levantou e foi à cidade vizinha, precisava estar com os exames na mão o quanto antes, tinha de voltar a trabalhar, pois ficar em casa olhando para a filha o deixava ainda mais doente. Depois de uma semana, voltou ao médico com os resultados.

Cássio abriu todos os exames e permaneceu em silêncio por uns instantes; depois, olhou para Jonas e disse solenemente:

— Seu Jonas, minhas suspeitas se confirmaram, segundo os resultados dos exames, o senhor está com uma cirrose hepática.

Está no início, mas o que complica ainda mais o quadro é que o senhor está com princípio de ascite.

— Mas o que é isso, doutor?

— Bem, ascite é uma substância aquosa que se forma no abdômen. Será preciso fazer uma drenagem.

— Mas, doutor, o que eu quero saber é se o que tenho tem cura!

— Ainda não se descobriu a cura para a doença, vou lhe explicar tudo. A cirrose é uma lesão do tecido hepático, ou seja, do fígado, seguida de uma cicatrização, isto é, um enrijecimento do fígado. A causa da cirrose é desconhecida, mas há fatores que contribuem para isso, tais como: alcoolismo crônico, desnutrição, exposição a substâncias hepatotóxicas, esquistossomose, hepatite, obstrução biliar crônica e infecção. A incidência, ou seja, o maior número de casos é em homens, entre quarenta e sessenta anos de idade. A doença tem evolução lenta, podendo levar anos até que se manifestem todos os sintomas; alguns se apresentam precocemente, como a icterícia, as náuseas, os vômitos, gases, distúrbios intestinais e aumento do fígado. Outros, mais tardiamente: diminuição do fígado, aumento do baço, ascite (volume de água no abdômen) ou hidropisia, hipertensão, inchaço e anemia. Portanto, o tratamento do senhor incluirá muito repouso. Sua dieta deve ser hiperproteica, hipervitamínica, principalmente com vitamina A, B, K e C, hipercalórica e hipossódica, principalmente no seu caso, que já está apresentando o quadro de ascite.

Jonas ouvia tudo completamente assustado. Não conseguia nem falar.

— Deixe-me explicar por partes. Hipervitamínica quer dizer rica em vitaminas; hiperproteica, rica em proteínas; hipercalórica, com bastante calorias; hipossódica é a abstenção parcial ou quase total do sal. O senhor não poderá beber. Vou prescrever alguns medicamentos para proteger o seu fígado. Vamos começar o tratamento o quanto antes, para seu próprio bem.

— Mas, doutor, preciso trabalhar, tenho filhos.

— Não se preocupe, farei uma carta solicitando sua aposentadoria; não poderá mais trabalhar.

— Doutor, se eu me aposentar, meu salário cairá pela metade, o que me ajuda são as horas extras.

— Sinto muito, o senhor terá de se contentar com menos, pois não vai dar mais para continuar trabalhando. Sua doença é grave; portanto, ouça-me, não estou dizendo nada que não seja para o seu bem.

— Meu salário sem as horas extras é pouco demais, e pelo jeito não dará nem para os remédios.

— Bem, seu Jonas, o que tenho a lhe dizer é muito importante: ou o senhor se cuida agora que a doença já se manifestou ou terá de arcar com as consequências!

— Está bem, vou fazer o que o senhor mandar — disse Jonas resignado.

O homem saiu do consultório transtornado, pois jamais imaginara que passaria por aquela situação. Lembrou-se de Jurandir, seu pai, que falecera do mesmo mal e do quanto sofreu.

Jonas começou a pensar em tudo o que havia feito naqueles últimos dez anos. A esposa Marisa, que sempre lhe fora tão dedicada, só recebera ofensas e pancadas. Depois, como se não bastasse, fez Lucinda sofrer!

Jonas se lembrou da primeira vez que começou a aliciar a menina. Ela chorou e pediu, implorou, que ele não fizesse aquilo. Para ele era como se a voz de Lucinda estivesse em seus ouvidos. Agora, sentia-se o pior dos homens. Deixando que as lágrimas escorressem pelo rosto, pensava que sua doença era um castigo de Deus. Ele não via, mas ao seu lado uma mulher muito bonita, com vestes alvas, olhava-o com misericórdia e pensava: "Jonas, sei que não pode me ouvir, mas saiba que Deus não é culpado por nossos desatinos; portanto, se você hoje sofre é porque escolheu esse caminho. Entenda que muitas vezes o mal que sofremos é o remédio, pois nos cura da cegueira e da ilusão que nos aprisiona".

Jonas não ouviu as palavras de Marisa, mas sentiu-as no coração. Olhando para uma criança que tomava sorvete e passeava com o pai, ele pôde analisar o quanto fora um mau pai. Pensou: "Não fosse essa desgraça ter acontecido comigo, talvez não tivesse percebido o quanto errei nesta vida".

Marisa, olhando para o marido, sentiu compaixão dele, passando a ficar ao seu lado sempre. Quando Lucinda ficou sabendo que o pai estava gravemente doente, não se incomodou, pois o achava um tirano. Pela maldade que cometera com ela e com sua mãe, achava bem feito; agora havia chegado a hora de ele pagar por todo mal praticado.

Com o passar dos dias, o volume de água no abdômen do pai aumentou e, por conta disso, ele sentia muito desconforto respiratório. Novamente foi visitar Cássio, que lhe disse:

— Bem, como o senhor está com esse cansaço imenso, será necessário que façamos uma drenagem. Em dois ou três dias, o senhor estará se sentindo muito melhor.

— Faça, doutor, não me aguento mais em pé, meus dias estão se arrastando, além disso, estou cada dia mais devedor com a minha filha mais velha.

— Ora, deixe de orgulho, o senhor não deve nada a sua filha, pois, se não fosse o senhor, ela não teria nascido.

— O senhor diz isso porque não sabe o que fiz.

— Um pai sempre ralha com os filhos; portanto, o senhor não deve sentir culpa de nada, ela sabe que foi para seu próprio bem.

— Posso confiar no senhor, doutor?

— Claro, costumo ter um relacionamento estreito com os pacientes. Tudo o que me disser não sairá daqui! — disse o médico com pena de Jonas.

— Pois bem, não fui esse pai que o senhor pensa. Molestei minha filha sexualmente e hoje ela é uma mulher adulta, triste e não gosta de mim.

O médico ouvia tudo, sem mexer um músculo sequer. Depois, remexeu-se na cadeira e disse:

— Pelo jeito o senhor está arrependido, não é mesmo?

— E como, doutor, se eu pudesse voltar atrás, jamais teria feito o que fiz!

— Pois bem, agora é a hora de recomeçar. Deus é misericordioso e espera dar uma nova chance para o senhor e seus filhos. O senhor errou, é bem verdade, mas o que está feito não muda mais. O importante é reconhecer isso e procurar o perdão de sua filha.

— Mas como farei isso, doutor?

— Bem, mude a sua maneira de tratá-la. Talvez um dia ela entenda seus motivos.

— Que motivos? Ela nunca me fez nada, fui eu que errei com ela, doutor.

— Sabemos disso. Hoje ela não lhe deu motivos, mas será que não os deu em uma vida passada?

— O quê? Não o estou entendendo!

— Antes de ser médico, sou um estudioso, e desde jovem aprendi que vivemos muitas vezes na Terra. Talvez sua filha tenha sido muito importante para o senhor em uma vida passada.

— Como assim?

— Há diversas leis, as dos homens sempre têm mudanças, mas as de Deus são imutáveis. A reencarnação é uma delas. Não pense que viveu somente esta vida na Terra, você já viveu em outras eras, com outras pessoas; portanto, não se culpe, procure viver plenamente agora que conquistou seu bem maior, que é o arrependimento de seus erros.

— Então quer dizer que já passamos pela Terra outras vezes? Se isso realmente aconteceu, onde fiquei durante o tempo em que estive ausente daqui?

— Onde o senhor ficou não sei, mas posso afirmar que a carne passa e fenece, porém o espírito é eterno. Quando estamos ausentes da Terra, vivemos em outra dimensão, com outro corpo. Lá, aprendemos a teoria e programamos nosso retorno. Aqui, fazemos a avaliação prática. Quando eu estava na universidade, aprendi muitas coisas, mas só quando comecei a trabalhar tornei-me mais seguro. Primeiro, como residente, depois como profissional que sou hoje.

— Então, a Terra é uma escola!

— Sim, aprendemos muitas coisas e também erramos muito. E, às vezes, experimentamos o sofrimento que nos faz crescer e evoluir. A Terra não é um vale de lágrimas que permite que nos arrependamos de nossos erros?

Jonas ficou olhando para o médico e começou a se lastimar pelo mal que causara à Lucinda e à esposa Marisa. Para ele, elas nunca fizeram nada de mal a ele, pelo contrário, sempre procuraram ajudá-lo.

O homem, pensativo, não conseguiu segurar as lágrimas. O médico, agindo com discrição, preferiu não dizer mais nada. Achou que Jonas estava muito fragilizado com toda aquela situação da doença e com o remorso que lhe corroía o coração. Assim, prescreveu-lhe alguns medicamentos e o dispensou.

Jonas chegou em casa e encontrou Lucinda lavando roupas. A princípio, ela não se deu conta de que ele a estava observando, mas assim que percebeu, começou a se sentir mal e perguntou:

— Por que está me olhando desse jeito? Parece que nunca me viu!

— Lucinda! Precisamos conversar, por favor, venha comigo! — ordenou ele.

— Não tenho nada para falar com o senhor, agora deixe-me trabalhar. Tenho de fazer o almoço, logo Lucas vai chegar para comer.

— Lucinda, venha até aqui, por favor.

A moça, estranhando o jeito humilde do pai, olhou para seus olhos e finalmente pôde ver que eles estavam rasos d'água, assim, resolveu acompanhá-lo.

— Por favor, sente-se, creio que devo ter essa conversa antes que meu dia chegue.

— Então diga logo o que quer, preciso trabalhar! Se eu não fizer nada nesta casa, ninguém faz. Tudo sobra para mim: lavar, passar, cozinhar, limpar; enfim, tudo para mim; portanto, não tenho tempo para conversa fiada!

Jonas, de cabeça baixa, finalmente começou a falar:

— Sei que cometi muitos erros com você. Confesso que estava fora de mim quando fiz tudo aquilo.

— Eu não quero falar sobre esse assunto, pois me dá mal- -estar. Pensar que meu pai foi capaz de fazer aquela barbárie comigo é horrível! Acho que o senhor deveria ter colocado a mão na consciência há muitos anos, não somente agora, que julga que vai morrer!

— É por esse motivo que estou aqui. Fui ao médico e ele me disse que estou com uma doença incurável, que vai me levar deste mundo. É verdade, estou com cirrose hepática, mas saiba que estou aqui não porque sei que vou morrer, mas porque me arrependi sinceramente do mal que lhe causei. Quero lhe pedir perdão.

— Não vê o que fez comigo? Estragou minha vida para sempre, e como se não bastasse, ainda me levou até aquela mulher para tirar a criança que estava em meu ventre. Isso eu não vou perdoar nunca! Eu, uma criança que não sabia o que estava acontecendo, e o senhor se posicionando como bom pai para aquela mulher, enquanto eu era tratada como um pano de chão! Eu não sei... não sei mesmo o que falar nem o que pensar. Hoje sou uma mulher triste, frustrada, que não consegue encontrar objetivo nenhum na vida.

— Minha filha, preciso do seu perdão, só assim terei minha consciência tranquila.

— Agora o senhor quer sua consciência tranquila, mas não pensou em meus sentimentos quando fez tudo aquilo comigo! Eu me sentia suja e tinha nojo do senhor. Falar agora em perdão porque está às voltas com a morte, isso eu não aceito, não vou perdoá-lo mesmo que eu vá para o inferno!

— Lucinda, o que lhe fiz foi monstruoso, eu sei, mas se Jesus disse: "Pai, perdoa-lhes, pois eles não sabem o que fazem", por que você não pode me perdoar também?

— Não espere isso de mim. Sempre fui uma moça honesta, nunca tive namorados, só penso no bem-estar de meus irmãos. Contudo, um dia o senhor disse que eu não era moça para casamento porque era uma perdida! Pois saiba que a culpa disso é do senhor!

— Eu sei. Não tenho tido paz. Perdoe-me, filha.

— Saiba que a sua doença não me comove.

— Está bem, minha filha. Você tem toda a razão em não me perdoar, fui um crápula, tenho o que mereço, o seu ódio.

— Não, eu não o odeio, o que sinto é somente desprezo!

Jonas, chorando, levantou-se e se dirigiu ao quarto. Sentindo dores abdominais, abriu o pacote de remédios e tomou dois comprimidos. Deitou-se, mas não conseguiu deixar de pensar na conversa que tivera com a filha. Falava a si mesmo: "Por que fui fazer isso com minha própria filha? Onde estava com a cabeça? Com tantas mulheres por aí, fui desonrar minha própria filha, eu realmente não mereço perdão!"

Lucinda, indignada, dizia a si mesma: "Canalha, só porque está doente quer me convencer de que se arrependeu. Ele quer é arrumar alguém que cuide dele. O que ele me fez não tem perdão, eu quero que ele morra e me deixe em paz".

A moça não percebeu, mas um vulto de mulher se colocou atrás dela e disse em seu ouvido:

— Lucinda, perdoe seu pai, ele estava enlouquecido quando fez tudo aquilo. Saiba que essas feridas no devido tempo serão apagadas, faça sua parte.

"Imagine perdoar a quem só me fez mal, mesmo que viesse Jesus Cristo à Terra, eu jamais iria perdoá-lo. Ele estragou minha vida, não poderei ser feliz; levarei para o caixão a dor que ainda sinto em meu coração.

O espírito se afastou.

Bem mais tarde, ela ouviu seu pai chamando-a. Ao chegar ao quarto, sentiu o mau cheiro e percebeu que ele havia tido mais uma crise de diarreia. Com raiva, gritou:

— Se estava com vontade de ir ao banheiro, por que não levantou e foi? Agora quer que eu limpe toda essa sujeira? Eu não vou limpar!

— Minha filha, ajude-me, estou com muita dor, acho que foi o remédio que tomei que me fez mal.

— Quer saber, estou passando roupa, levante-se, tome um banho e limpe essa sujeira toda. Pegue as roupas de cama e coloque-as de molho, só vou lavá-las amanhã.

— Filha, estou sentindo fraqueza nas pernas, não vou aguentar.

— O problema não é meu, vire-se.

Lucinda saiu batendo a porta atrás de si. Jonas ficou chorando em silêncio, sabia que estava colhendo o que plantou. Com dificuldade, levantou-se e foi tomar banho. Nesse momento, percebeu que o abdômen havia aumentado ainda mais. Olhou para seus braços e pernas e percebeu que havia emagrecido. Somente sua barriga continuava a aumentar assustadoramente, dia a dia.

Após tomar banho, ele levou as roupas de cama e colocou-as na água com sabão em pó. Como não havia almoçado, foi à cozinha pegar um pedaço de pão e um pouco de café, mas nada parava seu estômago, e ele vomitou ali mesmo.

Lucinda, ao ver aquilo, começou a gritar:

— O que está acontecendo com o senhor? Agora se comporta como se tivesse cinco anos de idade!

— Não sei, minha filha. Acho que é o remédio que tomei, só pode ser.

— Limpe tudo, não sou escrava de ninguém; portanto, a sujeira que fizer, vai limpar!

Jonas olhou para o pijama que acabara de vestir e viu que ele estava todo sujo. Pela primeira vez, percebeu que seu orgulho masculino havia se esvaído. Pegou um balde, rodo e panos e começou a limpar o chão da cozinha. Com lágrimas nos olhos, tirou a camisa do pijama e deixou-a molho. Voltou ao banheiro e tomou outro banho. Colocou roupas limpas e deitou-se. Resolveu conversar com Deus. Sentiu-se melhor e logo adormeceu.

Sonhou que estava em um lugar escuro. Via monstros horrendos, e eles afirmavam que ele estava pagando alguma coisa. Jonas acordou com seus próprios gritos. Lucinda o ouviu e foi ver o que estava acontecendo. Ao chegar ao quarto, encontrou o pai suando e tremendo, e perguntou:

— O que está acontecendo com o senhor?

— Tive um pesadelo terrível!

— É a sua consciência! Nesse momento da sua vida, ela o está cobrando de todo o mal que nos fez.

— Lucinda, por favor, deixe-me em paz. Você é desumana e não tem piedade de um homem que está às portas da morte.

— Deixe de ser dramático, meu pai. Peço que fique em silêncio e não faça sujeira, pois eu preciso descansar.

Lucinda saiu do quarto e o pai ficou pensativo: "Meu Deus, o que fiz para essa menina? Consegui transformá-la em um monstro sem coração".

A noite caiu e Lucimar chegou. Estava bêbado. Ela, ao ver a situação do rapaz, perguntou:

— Lucimar, o que é isso? Você está bêbado!

— Só bebi um pouquinho. O time da cidade venceu, fui comemorar com alguns amigos.

— Lucimar, você não acha que está na hora de pensar um pouco mais na vida? Arranjar um trabalho e voltar a estudar?

— Não! Acho que está bom assim.

— Mas não está, nosso pai está se aposentando, não teremos mais tantas regalias como antes; portanto, faça como Lucas, que estuda e trabalha. Não vou aguentar mais um bêbado dentro de casa, alguém que não quer nada com a vida. Está na hora de pensar mais em você, ninguém pode viver sem fazer nada.

— Deixe de falar, Lucinda! Eu sou assim e sempre serei. Se você é uma pessoa amarga, o problema não é meu, pois se não está bom para você arranje um homem e se case.

— Eu não vou me casar, tenho duas cruzes para carregar: você e papai.

— Por que eu sou uma cruz para você?

— Lucimar, entenda, você já é maior de idade e nem terminou o ensino fundamental II. Não pensa em trabalhar e, quando se levanta, sai logo cedo não sei para onde e só volta à noite.

— Deixe-me, Lucinda. Estou bem e sei o que faço, agora vou dormir.

— Você não vai jantar?

— Não estou com fome, comi um lanche.

Lucimar saiu rumo ao quarto que dividia com o irmão. Lucinda não viu, mas Jonas estava parado na soleira da porta com os olhos rasos d'água. Ao vê-lo, sentiu-se envergonhada, mas fingiu não se importar e cinicamente perguntou:

— Papai, o que quer? Vai jantar?

— Não, minha filha. Estava ouvindo você dizer para Lucimar que eu sou sua cruz. Você pensa isso mesmo de mim?

— Sim, papai.

— Saiba que de hoje em diante não serei mais, vou esperar sair minha aposentadoria e vou embora.

— Para onde, doente desse jeito?

— Não sei, acho que vou procurar um asilo, pois somente assim você se sentirá feliz.

— Faça como quiser, eu é que não vou pedir para ficar, se quiser ir vá, não vou segurá-lo!

Descaminhos

Os DIAS FORAM PASSANDO e Jonas, com muita dificuldade, foi à Previdência Social e soube que estava aposentado. E ainda teria um abono por conta do FGTS. Ficou satisfeito, mas não feliz. Sabia que o abono poderia ajudar em casa, mas como sua filha não conseguia perdoá-lo, ele iria embora.

Ao chegar em casa, sentindo dores, disse a filha:

— Lucinda, eu me aposentei. Vou embora, como lhe prometi.

— Para onde?

— Já lhe disse que vou para um asilo.

— O senhor prefere fugir a aguentar a situação difícil que estamos vivendo. Não temos dinheiro e Lucimar só me dá trabalho.

— Eu não sirvo mais para nada, estou velho e doente, além do mais minha filha me odeia, sei que ficarei pior e não terei ninguém para cuidar de mim.

— Deixe de ser dramático. Vou cuidar do senhor, mas será do meu jeito!

— Não, Lucinda, você não me perdoa pelos erros do passado! Vocês não precisam mais de mim.

— Está bem, prometo que cuidarei bem do senhor, mas não aproveite, pois não tenho paciência com doente aproveitador.

Naquele instante, os dois ouviram um barulho no portão. Lucinda foi ver quem era. Dois policiais perguntaram:

— Por acaso Lucimar dos Santos Mendes mora aqui?

— Sim, senhor! — respondeu Lucinda prevendo o pior.

— O que você é dele?

— Sou a irmã mais velha, seu guarda!

— Seu irmão foi preso porque estava tentando roubar a casa de uma viúva, que percebeu o barulho e solicitou reforço policial.

— Meu irmão não gosta de trabalhar, nem de estudar, mas, pelo que sei, ele não é ladrão. Acho que está havendo algum engano.

— Não há engano algum, senhorita, seu irmão confessou a tentativa de assalto.

— Não pode ser! Logo Lucimar, que eu sempre protegi e até mesmo mimei, metido com a polícia!

O guarda a informou que ele fora preso em flagrante, com mais dois jovens maiores de idade. Lucinda, preocupada, acompanhou os policiais até o distrito policial. Ao encontrá-lo, percebeu que ele estava bêbado.

— Lucimar, o que está fazendo com sua própria vida?

— Não é da sua conta!

— Mas você estava roubando dona Margaret, mesmo sabendo que ela não tem nada.

— Eu queria um rádio, iria vendê-lo para levantar um dinheiro. Demos azar, a polícia chegou e nos prendeu.

— Dinheiro para quê? Somos pobres, mas nunca lhe faltou nada.

— Lucinda, não me venha com sermões. Arrume um advogado para me tirar daqui, senão vou enlouquecer.

— Não vou atrás de advogado nenhum! Mamãe sempre nos ensinou a pensar nas consequências de nossos atos. Se quiser, terá de se contentar com um advogado do Estado. Eu sempre me orgulhei de meus irmãos, pois todos são honestos e trabalhadores, mas você qual nada, sai cedo, volta à noite e só Deus sabe o que anda fazendo.

— Lucinda, por favor, arrume um advogado, os do Estado são vendidos, e pouco se interessam se estamos bem ou não. Faça isso por mim.

— Mesmo que eu quisesse não poderia. Por causa da doença, papai não trabalha mais, Lucas vai se casar e não contribui com nada em casa. O dinheiro mal dá para comermos.

— O que farei?

— Não sei, o melhor será esperar. Se eu conseguir algum advogado que me faça isso, juro que trarei.

— Mana, você não sabe, mas eu estou devendo, com uma dívida alta; se não pagar, serei morto.

— Mas que dívida é essa?

— Bem, há algum tempo estou envolvido com uma turma da pesada.

— Dívida do quê?

— De droga. Já faz um ano que sou um viciado. E não consigo voltar atrás. Preciso da droga para viver.

— Mas como se meteu com isso?

— Quando eu estudava, estava saindo da escola quando ouvi Marcelo, um colega de classe, dizer que Betão e sua turma eram populares, que todos gostavam deles. A princípio achei estranho, pois eles se vestiam mal, usavam tênis sujos e gargalhavam sem parar. Aos poucos, comecei a querer fazer parte da turma. Um dia, ele me levou a uma construção e disse que eu deveria experimentar um cigarro de maconha. Fiquei assustado, mas aceitei, uma vez que todos os que ali se encontravam estavam fumando. Traguei e não senti nada, apenas uma euforia, mas, ao olhar para uma pilastra da construção, vi uma mulher dançando. Assustado, perguntei ao Negão, e ele apenas me disse que eu estava viajando, e que era para eu curtir. No dia seguinte, fomos Betão, Negão, Major e eu para a construção, e eles me deram outro cigarro. E assim passou a ser todas as tardes, até que Betão me disse:

"Já chega, mano. Não vamos ficar bancando sua transação. Se quiser, agora terá de comprar".

"Meu, eu não tenho dinheiro, minha família é pobre. O que meu pai ganha é para sustentar a casa".

"Vire-se! Já lhe demos demais, agora, se quiser, terá de pagar".

— Fiquei desconcertado, pois não conseguia viver sem a maconha, foi quando o Major me disse:

"Minha família também não tem dinheiro, quando eu quero roubo a casa de alguém e compro, pois, quando não fumo fico louco".

— Não era somente maconha que curtíamos. Usávamos também cocaína, mas era mais difícil. Assim comecei a roubar, a princípio coisas pequenas, como bicicleta, rádio, televisão... depois arrumei um revólver e ficava de campana na porta dos bancos, observando os aposentados para poder assaltá-los. As coisas começaram a dar certo. Eu usava uma meia na cabeça e nunca conseguiram me identificar. Conheci outros parceiros que usavam cocaína. Fiz amizade com eles. Com a turma do *mano* Pipoca comecei a fazer novas amizades e me afundar cada vez mais no vício.

— Então é por esse motivo que você só usa camiseta de mangas longas?

— Sim, veja meu braço. Minhas veias já estão enrijecidas e não entra mais agulha aqui. Minha irmã, sou um viciado e estou perdido, já não sei mais o que fazer; tentei várias vezes me livrar desse maldito vício, mas não consigo. Quer saber? Estou no fundo do poço, agora já não dá mais para voltar.

Lucinda ouvia o relato de Lucimar sem conseguir controlar as lágrimas que insistiam em cair.

— Lucimar, o que você fez de sua vida? Por que não me contou que estava com problemas.

— Contar para quê? Você está sempre às voltas com as roupas de suas freguesas, com os assuntos de casa, lavando, passando, limpando, costurando; enfim, nunca teve tempo para mim ou para os meus problemas, ou seja, você nunca se preocupou com o que eu estava fazendo.

— Não fale mentira, Lucimar! Desde que mamãe morreu, minha vida está voltada para vocês. Se você se meteu nessa encrenca foi porque quis, se Luciana fugiu com o mascate também, se Lucas parece que está dando certo é porque ele está fazendo por merecer, mas para você sempre as coisas foram difíceis, nunca se importou com a escola; matava aulas; agora quer me culpar por suas desgraças? Saiba que se há um culpado, este culpado é você.

— Lucinda, se veio até aqui para me dar bronca, chega! Pode ir embora, estou precisando de ajuda, se eu não pagar o que devo os *manos* disseram que vão me matar.

— O quê? Você está sendo ameaçado de morte?

— Sim, foi por esse motivo que fui roubar a casa de dona Margaret; preciso conseguir dinheiro para dar ao Betão, o chefe.

— Mas é muito dinheiro. Não acredito que isso esteja acontecendo em nossa casa, primeiro papai com sua doença e agora você com essa novidade.

— Sabe, Lucinda, quando eu era menino, sempre me preocupava com você, e uma vez jurei que um dia iria lhe dar uma boa vida, mas à medida que o tempo foi passando, percebi que tudo era um sonho, que éramos pobres e que morreríamos pobres. Ver papai bêbado era normal para mim, mas a pobreza me causava mal-estar. Olhava para os outros meninos com tênis novos e roupas de grife, e sentia inveja deles. Quando me envolvi com o Betão, ele me mostrou que eu poderia desfrutar de tudo que sonhara sem sair do lugar, no começo tudo aquilo me dava tremendo bem-estar; depois conheci Pipoca, a cocaína, e agora uso a droga injetada na veia; estou dominado por ela, se não usá-la, enlouqueço. Se quiser me ajudar, arranje o dinheiro, caso contrário, não venha mais aqui para atormentar minha paciência.

— Lucimar, tenho algumas economias, vou ver o que posso fazer para tirá-lo dessa encrenca, mas, pensando bem, é melhor estar preso, assim eles não podem lhe fazer mal.

— Não, Lucinda, sou um pássaro livre; não aguentarei ficar preso nessa gaiola; portanto, prefiro a morte a ficar aqui!

— Está bem, vou ver o que posso fazer.

Lucinda saiu da delegacia enjoada, sentindo grande mal-estar. Não conseguia esquecer a imagem do irmão atrás das grades. Pensava em como iria tirá-lo daquela enrascada. Pensou em pedir dinheiro emprestado a Lucrécia, dizendo que seu pai estava doente. Logo se sentiu mal por pensar em mentir para uma pessoa tão boa quanto aquela senhora.

Depois, decidiu procurá-la e dizer-lhe a verdade sobre a prisão do irmão, contando que estava precisando de dinheiro para pagar o advogado.

— Eu bem sabia que Lucimar não iria dar coisa que prestasse, pois, se assim fosse, estaria trabalhando, em vez de vagabundear com malandros por aí! — disse Lucrécia.

— Desculpe, dona Lucrécia, se a aborreço, meu irmão errou, é bem verdade, mas a culpa também é minha, se tivesse sido mais rígida com ele talvez não estivesse nessa situação.

— Que nada, minha filha! Você sempre foi uma moça boa, ninguém tem o que falar de você, que sempre se esforçou para criar seus irmãos, com um pai bêbado, que nunca se preocupou com a família. Vou arranjar o dinheiro porque gosto muito de você, mas se fosse apenas pelo seu irmão, eu iria deixá-lo lá.

— Obrigada, dona Lucrécia, fico feliz em saber que conto com a ajuda da senhora.

A mulher foi para dentro de casa, e fez um cheque e entregou a Lucinda. No dia seguinte, a moça foi à delegacia, mas não pôde falar com Lucimar, pois ele estava prestando depoimento. Depois de meia hora, Lucimar foi levado à cela, onde pôde conversar com a irmã.

O jovem pediu que ela lhe entregasse o dinheiro. A princípio, ela se recusou e disse que iria procurar um advogado para tirá-lo de lá. Depois, observando o desespero do irmão, mudou de ideia e lhe entregou o dinheiro. Lucimar não estava preocupado com sua prisão, sabia que sairia da cadeia em poucos dias.

Ele estava com medo, pois recebera uma ameaça de que, se não pagasse o que devia, sua família iria pagar com a vida.

Com os olhos rasos d'água, ele disse:

— Minha irmã, obrigado por arranjar o dinheiro de que eu preciso. Não se preocupe comigo. Já estou perdido e, quando sair daqui, vou arranjar um jeito de ir embora, porque caso contrário eles vão me pegar.

— O que você está dizendo, Lucimar?

— Minha irmã, sou um viciado, e já não há volta em meu caminho; portanto, vou embora para não lhe causar mais problemas; afinal, chega os que você tem.

— Continuo sem entender.

— Lucinda, não precisa esconder de mim, sei de seus problemas, papai está doente, o dinheiro é curto, e você tem de lavar roupas para aquelas mulheres orgulhosas. Vou embora, minha irmã, mas mandarei notícias.

— Se pensa que vou permitir, está muito enganado, para mim você continua a ser o mesmo menininho de sempre, e tudo farei para ajudá-lo!

— Não se iluda, para pessoas como eu não há mais volta. Ou vou acabar preso novamente, ou no cemitério. O melhor que tenho a fazer é ir embora.

— Está bem, Lucimar, se é assim que quer, assim será; mas me prometa que vai mudar de vida, pois para tudo há remédio, menos para a morte.

— Lucinda, o caminho que escolhi é errado, mas já não há mais tempo. Não prometerei o que não posso cumprir. O vício escraviza; portanto, não conseguirei deixar de usar drogas. Sofro muito, claro que gostaria de nunca ter me envolvido com isso, mas agora é tarde, esses dias que estou preso estão sendo um verdadeiro suplício para mim, estou ficando louco, a falta que a droga me faz é enorme, não consigo comer, pensar... preciso da droga, minha irmã, preciso da coca para continuar vivo!

— Se quiser realmente mudar, poderá se internar para se livrar desse vício!

— Não adianta, minha irmã. Chega de pensar em nós. Está na hora de você pensar em você, papai nunca foi bom, deixe-o, ele está recebendo o que merece.

— Lucimar, não podemos julgar. Papai errou, mas meu dever de filha é cuidar dele, independentemente do que fez. Cuidarei dele e de você; afinal, você é meu irmão caçula.

Depois de terminar o horário de visita, Lucinda ficou pensando sobre a situação do irmão e não pôde deixar de derramar uma lágrima.

Na cela, Lucimar pegou o dinheiro que a irmã trouxera e se pôs a contar, recolocando-o no bolso.

Lucimar pensou em pagar sua dívida, mas depois decidiu não pagar; afinal, foi por causa dela que se metera naquela situação.

෨෨

PASSARAM-SE OITO DIAS e o advogado encarregado do caso de Lucimar conseguiu tirá-lo da prisão. Ao sair da cadeia, ele resolveu voltar para casa, mas no caminho encontrou a turma de Betão e seus companheiros. Estava decidido a não pagar a dívida, pois havia sido humilhado ao ser preso, e estava revoltado.

Quando Betão viu Lucimar nas proximidades de sua casa, aproximou-se sorrindo e disse:

— Então quer dizer que o menino-prodígio pegou alguns dias de descanso no hotel do delegado da cidade?

— Eu estava preso e vocês não fizeram nada para me ajudar; ficaram me cobrando e ameaçando minha família que nada tinha a ver com isso!

— Pois é, meu irmão, precisamos de dinheiro para pagar os fornecedores; portanto, você está encrencado. Se não pagar o que nos deve, vai se ver com o resto da turma, mandarei todo mundo da sua casa para o céu — disse Betão sorrindo.

— Você não fará nada com a minha família! Eles não têm nada a ver com isso, e tem mais, não pagarei o que devo, já está pago; afinal, quem ficou preso foi eu!

— Olha aqui, *mano*, se você foi o burro de carga da história, a culpa não é nossa, temos uma regra: todos os que entram neste caminho têm de aprender que é cada um por si e Deus por todos.

— Mesmo assim não tenho dinheiro, só pagarei quando tiver!

Betão, enraivecido, pegou Lucimar pelo braço e disse:

— Olha aqui, *mano*, não me interessa se você tem dinheiro ou não, o negócio é que tem de me pagar, caso contrário terei de fazer com você o mesmo que fiz com Tininho.

— O quê? Foi você quem matou o Tininho?

— Pois é, *mano*, se quiser ter o mesmo destino, é só bancar o esperto e verá.

— Está bem, pagarei assim que puder!

— Não, meu irmão, você tem de pagar agora, pois posso levá-lo à lagoa e fazer o serviço lá mesmo. Ninguém suspeitará de que fui eu, porque ninguém nos viu juntos.

— Eu não vou pagar! E não acredito que você tenha matado o Tininho. Se pensa que vai me intimidar, está muito enganado, sou homem tanto quanto você!

— Peguem esse imbecil, vamos levá-lo para tomar um banho na lagoa, lá ele vai se sentir melhor, tenho certeza de que vai arranjar o dinheiro.

Os rapazes pegaram Lucimar pelo braço e forçaram-no a ir até a lagoa, que ficava a cerca de vinte minutos de onde estavam. Ao chegar lá, Lucimar pensou em pagar, depois decidiu não pagar, mesmo que o matassem.

Betão deu o ultimato:

— Olha aqui, *veio*, ou você me paga ou vai virar comida de peixe!

— Se quiser me matar, faça-o, não tenho medo de morrer, mas não pagarei a dívida! Seus malditos! Seus cretinos!

Os comparsas de Betão pegaram Lucimar e levaram-no até a água. À medida que o rapaz dizia que não ia pagar, eles mergulhavam a cabeça do jovem na água, tentando fazê-lo dizer que pagaria, mas Lucimar insistia em dizer que não pagaria.

Depois de um tempo, Lucimar, quase sem forças, disse:

— Está bem, eu pago — dizendo isso, pegou o dinheiro no bolso da calça e jogou no mato à beira da lagoa.

Betão pegou o dinheiro e disse aos comparsas:

— Olha aqui, não é que o moleque tinha dinheiro? Por esse motivo vai morrer, saiba que ninguém engana Betão, o terror do bairro! Agora é hora de ensinar ao moleque que papai do céu não gosta de crianças mentirosas.

— Por favor, não faça isso, eu já paguei. Deixem-me em paz! — gritou Lucimar implorando pela sua vida.

— Não! Você tentou me enganar. Saiba que comigo ninguém brinca, eu aviso a todos os que me pedem algo para não brincarem comigo, pois não vão gostar do fim da brincadeira. Infelizmente, você quis assim, meu *chapa*, agora é hora de se divertir um pouquinho!

Os rapazes, sorrindo satisfeitos, ficaram mergulhando e levantando a cabeça de Lucimar da água. Riam sem parar.

Betão, que estava às margens do lago, sorria e perguntava:

— Está gostando da brincadeira, Lucimar? Aproveite porque não é sempre que temos tempo para brincar com criança mentirosa!

Assim, eles afogaram Lucimar na lagoa e depois deixaram seu corpo na água.

&

LUCINDA, NAQUELE DIA, estava cuidando do pai, que cada dia ficava mais debilitado. Jonas já não conseguia se suster nas pernas, caminhava lentamente, ora segurando em um móvel, ora na parede. Lucinda também improvisara uma bengala com um cabo de vassoura. Ela nem imaginava que o irmão havia saído da cadeia. Ouvindo uma sirene, abriu a janela e ficou observando o movimento. A viatura estacionou em frente à sua casa, e o mesmo guarda que viera avisar que Lucimar estava preso, desceu e parou diante da janela, perguntando:

— Onde está seu irmão? Alguns moleques foram nadar na lagoa e encontraram um corpo que eles acreditam que ser de Lucimar.

— Não, o senhor está enganado, não pode ser meu irmão, ele ainda está preso.

— Não, senhorita, seu irmão foi solto pela manhã.

Lucinda, desconcertada, acompanhou os policiais até a lagoa. Ficou surpresa quando viu que se tratava do irmão.

— Meu Deus! O que aconteceu com você, Lucimar? Embora tenha errado muito, sempre foi um bom rapaz.

— Dona, é melhor se acalmar, temos de retirar o corpo daqui!

— E o que tenho de fazer?

— Bem, primeiro levar os documentos dele para a delegacia. O corpo será levado à cidade vizinha para que seja feita a autópsia. Enquanto isso, você pode providenciar o funeral.

Assim, ela voltou para casa e deu a notícia ao pai e irmão, que pegou a melhor roupa que Lucimar tinha, uma calça de panamá branco e uma camisa verde, um par de meias do pai, juntou os documentos e se dirigiu à cidade para onde haviam levado o corpo. Na funerária, encomendou o caixão mais simples que havia.

Depois de o corpo ser liberado, a moça, que mais tinha a aparência de uma mulher com mais de trinta anos, voltou para casa com o irmão no caixão. Ao chegar, as vizinhas já estavam à sua espera. Lucinda era uma moça quieta, porém prestativa, e todas as vizinhas da rua gostavam dela. Ela notou a solidariedade por parte daquelas mulheres que permaneciam juntas em todas as situações.

O estado de saúde de Jonas era delicado, mas ele ainda conservava a boa aparência, embora o abdômen estivesse bem distendido pelo líquido que se avolumava. Por esse motivo, ele não aguentava ficar muito tempo sentado, pois lhe faltava o ar. Lastimava a morte do filho e dizia que a culpa fora dele, que nunca tinha sido um pai de verdade.

Ao lado do caixão, Lucinda teve a impressão de ouvir o irmão dizer: "Cinda, ajude-me, por favor!". Pensou que estava sofrendo com alucinação e procurou não pensar naquilo. Enquanto olhava o irmão no caixão, com o coração dilacerado pela dor, ela questionava o porquê de Lucimar sempre ter sido diferente de Lucas.

Jonas não pôde acompanhar o enterro; despediu-se do filho em lágrimas ali mesmo na pequena sala.

O padre da cidade, ao saber que o rapaz não levava uma vida digna, arranjou uma desculpa e não fez a missa de corpo presente. Lucinda ficou abraçada a Lucas todo o tempo. Para ela, o momento em que o caixão foi depositado na vala do cemitério foi o pior. Ela se lembrou de quando sua mãe desencarnou.

Mesmo com toda a dor, Lucinda se portou dignamente, mas ficou abalada quando ouviu uma vizinha que permaneceu a distância comentar com a outra:

— Deus sabe o que faz, esse rapaz nunca foi bom, eu sempre soube que seu fim seria este. É por esse motivo que nunca permiti que Luiz tivesse amizade com ele. Hoje percebo que sempre tive razão.

Lucinda, ao ouvir Maria, a vizinha, sentiu uma imensa raiva e não se controlou:

— Dona Maria, que a senhora é fofoqueira eu sempre soube, mas não conhecia seu lado maldoso. É como diz o ditado, só se reconhece um amigo no momento de desespero, e a senhora não é nem nunca foi nossa amiga; portanto, eu lhe peço que se retire, meu irmão errou, mas saiba que, se ele fez mal a alguém, foi a si mesmo. A senhora não tem o direito de julgar ninguém. E já que fala tão bem de seu filho Luiz, saiba que ele também não é nenhum santo, engana a senhora com expressão de bonzinho, mas faz as mesmas coisas que meu irmão fazia!

A mulher, envergonhada, retirou-se do cemitério sem dizer uma única palavra. Para Lucinda, esse dia foi um dos mais tristes de sua vida. Em seu íntimo ela mantinha um sentimento de impotência diante da vida e, principalmente, da morte.

Todos os vizinhos deram as condolências à família e acompanharam o enterro. O jovem foi enterrado naquela mesma tarde em que foi assassinado. Lucas estava inconsolável; perder um irmão era difícil para ele, mas o que mais doía era o fato de a irmã estar sofrendo; afinal, ela sempre se comportou como mãe.

ॐ

E ASSIM OS DIAS FORAM se passando. Lucinda, que já não era alegre, ficou ainda mais taciturna e pouco falava. Olhava para o pai e sentia raiva, pois ela tentara ser a mãe, mas Jonas nunca fora o pai que eles precisaram.

Jonas também se sentia triste, pela primeira vez percebeu seu erro ao achar que sua função era pôr comida na mesa e nada mais. Depois da morte de Lucimar, seu estado de saúde piorou ainda mais. Ele ficou mais fraco, não conseguia mais andar.

Lucinda fazia tudo o que estava a seu alcance para ajudá-lo, mas ainda tinha mágoa. Foi nessa época que ela começou a pensar demasiadamente no irmão desencarnado. Não dormia mais à noite, parecia que ele a estava observando. Não comia, pois sentia um gosto terrível de sangue na boca.

Lucinda foi ficando cada vez pior. O pai percebeu que ela não estava bem, além de triste também estava terrivelmente abatida. Sua palidez era quase cadavérica e seus ossos pareciam saltar da pele, dando-lhe um aspecto de alguém que estava com uma doença incurável. Um dia, perguntou:

— Filha, estou percebendo que você emagreceu muito depois da morte de Lucimar, mas, além de tudo, está tão pálida que acho melhor marcar uma consulta com o dr. Cássio. Ele é um excelente médico. Você está sentindo alguma coisa?

— Quer saber mesmo se estou bem? Não estou! A todo o momento parece que vejo Lucimar, e essa impressão está acabando comigo!

— Minha filha, o médico que cuida de mim diz que o espírito continua vivo depois que o corpo morre, e, em alguns casos, eles ficam na Terra pedindo ajuda.

— Deixe de bobagem! Eu não acredito nessas coisas. Agora, além de doente, está ficando louco?

Lucinda saiu do quarto do pai e foi chorar na sala, onde uma pilha de roupas a aguardava.

Lucinda se lembrava de Lucimar e dizia com a voz pungente:

— Meu irmão. Sei que não fui uma boa mãe para você! A culpa do que aconteceu a você foi minha!

Lucinda não percebeu o espírito do irmão que lhe dizia:

"Cinda, a culpa não foi sua, foi apenas minha. Por favor, ajude-me!"

Ela não sabia, mas, por várias vezes, os companheiros de Betão bateram com a cabeça do irmão na borda do riacho. Isso fez com que o rosto de Lucimar ficasse ferido, além de seus dentes terem cortado sua língua. Ligado a um grupo de drogados, ele só pensava em se vingar dos seus assassinos. Não esquecia de Betão e parecia ainda ouvir suas gargalhadas. Conforme seu ódio aumentava, sua boca sangrava muito, e seu rosto parecia inchar. Ele mal conseguia abrir os olhos.

Ele percebeu que a irmã não o ouvia. Sentiu mais ódio de seus algozes e decidiu o que faria com cada um deles. Começou a arquitetar um plano para se vingar daqueles que tinham lhe tirado a vida; afinal, ele ainda tinha uma vida inteira pela frente.

Olhar para Lucinda o fazia melhorar, e até mesmo o gosto de sangue em sua boca parecia diminuir. Mas o sentimento de vingança não melhorava, pelo contrário, ele pensava: "Aqueles malditos vão me pagar! Ah se vão. Eles vão saber que agora estou morto e a culpa é deles. Pagarão muito caro pelo que me fizeram!"

Naquela mesma noite, Lucimar foi ao barraco de Betão e o encontrou com seus comparsas esquematizando um plano para roubar o banco da cidade.

Betão dizia:

— Cacau, você vai arranjar um carro. Um pouco antes do assalto, ficará na esquina do banco como quem não quer nada. Eu e Negão entraremos como se fôssemos clientes. Borba entra um pouco depois e quando estivermos no caixa eu anuncio o assalto. Borba deve pegar um cliente como refém. Sairemos com as bolsas cheias, levaremos o refém conosco e, quando estivermos longe da mira da polícia, deixaremos o refém na estrada, nada de aterrorizar a pessoa, pois não estaremos lá para matar ninguém, o que queremos é o dinheiro, e não colecionar mortes nas costas, já chega que tivemos de acabar com companheiros traidores.

— E a que horas será o assalto? — perguntou Cacau.

— Na hora do almoço, nessa hora não tem ninguém no banco e tudo será mais fácil.

Lucimar ouvia o plano de Betão e, a cada palavra, sentia seu rosto queimar de ódio. Novamente começou a sentir a falta de ar, a mesma que ocasionara sua morte. Como ele estava muito próximo de Betão, este logo começou a sentir os mesmos sintomas de Lucimar, ao mesmo tempo em que empalidecia.

Cacau foi o primeiro a perceber, e disse:

— O que há, *mano*, está ficando amarelo só de pensar no assalto?

— Claro que não, imbecil! Eu não sei o que me deu, não estou me sentindo muito bem.

— Então vamos deixar para outro dia. Um assalto já não é fácil, e doente é bem pior.

— De jeito nenhum! — gritou Betão colérico. — Hoje é o dia em que o carro blindado vem à cidade. Pelas informações que temos fica tudo ajeitado para que o carro-forte pegue o dinheiro e leve para o Banco Central. Se passar de hoje, só na semana que vem; e eu estou precisando de dinheiro para hoje à noite.

— Mas já está melhor?

— Ainda não, mas vou ficar; portanto, vocês sabem muito bem o que devem fazer, cada um na sua função, e nada dará errado.

Lucimar ouvia e sentia o ódio em seu coração aumentar vertiginosamente. Ao se aproximar de Betão, ele percebeu que este sentiu os mesmos sintomas que ele. Disse sorrindo:

— Olha aqui, seus calhordas, vocês não vão conseguir, pois acabaram com meu corpo, mas eu estou aqui para me vingar!

A cada aproximação de Lucimar, Betão sentia-se mal. Lucimar sorria e vibrava de prazer. Assim, o espírito resolveu esperar até a hora do assalto para acompanhá-los. Faria tudo dar errado; sua excitação era grande. Ele dizia:

— Olha aí, meus *brothers*, vão acabar se machucando, pois vou acabar com vocês.

Um vulto de mulher se aproximou dele e se fez ver. Com o olhar compassivo lhe disse:

— Meu filho, deixe o ódio para trás, não vê que esse sentimento está lhe fazendo mal? Esqueça isso, procure perdoar seus algozes e verá como vai se sentir melhor.

Lucimar, olhando irritado para a mulher, vociferou:

— Quem é você para vir aqui me ditar regras de como comandar meus sentimentos? Com certeza não sabe o que eles me fizeram; se soubesse iria me apoiar.

— Eu sei sim, meu filho, sei que você perdeu seu corpo de carne por causa deles. Mas não estou aqui para julgar ninguém, estou aqui para ajudá-lo.

— Ajudar-me? Se quisesse me ajudar não estaria me dizendo isso! Eu tinha uma vida inteira pela frente! E eles não só me humilharam como me mataram.

A figura olhando para Lucimar compassivamente respondeu em tom brando:

— Vejo que você está equivocado, ainda tem muito a aprender.

— Eu não tenho de aprender nada! Tenho de me vingar, isso sim!

— Meu filho, há muita coisa que você precisa aprender, e uma delas é que a morte não existe!

Nesse momento, Lucimar passou a gargalhar. Olhava a bela figura e os rapazes, que continuavam tecendo planos. Em tom sarcástico, ele emendou:

— Se a morte não existe, como me explica o que aconteceu?

— Filho, o que realmente estou dizendo é a mais pura verdade. Vamos por partes, se realmente a morte existisse como fim de tudo, o que estaríamos fazendo aqui neste exato momento? Não estaríamos entregues ao total esquecimento? Mas, pelo que vemos, você continua existindo, vivendo em outra dimensão da vida, nutrindo os mesmos sentimentos de quando ainda estava em seu corpo de carne; portanto, como pode ver, a morte é apenas uma ilusão, que acompanha muitos no período pós-transição. Não se entregue ao desespero. Procure adquirir conhecimentos básicos sobre o espírito. Assim perceberá que esses rapazes, por mais que tenham tentado acabar com você, não conseguiram fazê-lo por completo, pois você ainda está vivo.

— Então quer dizer que sou um espírito?

— Sim, meu filho. Todos somos espíritos imortais, o que verdadeiramente morre é o corpo de carne. O espírito se desprende do corpo físico e volta ao seu estado espiritual, ou seja, o homem é formado por espírito e matéria. Espírito é o princípio inteligente do universo, ou podemos ainda dizer que é o princípio da inteligência marcado pela sua individualidade. Todos somos espíritos, um dia habitando num corpo de carne, noutros não. E é o que está ocorrendo conosco neste exato momento; não estamos vivendo em um corpo de carne. Portanto, Lucimar, entenda, o que morreu foi sua matéria, seu corpo de carne, mas seu espírito continua ativo, pensando, sentindo igualmente quando estava na matéria.

— Mas quem é você e o que quer comigo?

— Quem eu sou não importa, apenas saiba que eu lhe quero muito bem. Deixe isso e venha comigo, garanto que será bem mais feliz.

— Não! Esses cretinos acabaram com a minha vida. Não vou perdoá-los. Vou destruí-los!

— Vingança não vai fazer você voltar a viver como antes, é melhor perdoar e procurar viver melhor, pois Jesus, enquanto esteve na Terra, exortou os seus seguidores a perdoar. Lembre-se de que ele disse que quando baterem na sua face direita, você deve oferecer a esquerda.

— Isso nunca! Não vou perdoar esses desgraçados que arruinaram minha vida. Eles vão me pagar, não deixarei nenhum deles sair ileso da minha vingança!

— Perdoar é um dom que Deus deu a todos nós, pois somos suas criaturas, feitas à Sua imagem e semelhança. Se continuar com essa ideia fixa, vai se machucar ainda mais. Já pensou se

Deus se vingasse de nós? Não restaria ninguém para contar a história. Ele age diferente: pede que nos arrependamos de nossos atos errados e voltemos atrás. Isso é o suficiente e lembre-se de que nós erramos sempre com palavras, pensamentos e gestos, mas Ele está sempre disposto a nos perdoar. O ódio faz mais mal àquele que o sente. Enquanto você está pensando cegamente em se vingar, está se machucando cada vez mais porque não consegue esquecer o que lhe fizeram.

— Mas, afinal, quem é você que se julga no direito de vir aqui me dar lição de moral?

— Olhe melhor para mim, meu filho — respondeu a mulher com alvas túnicas e um olhar compassivo. — Sou sua mãe, e como tal me sinto no direito de ajudá-lo.

— Mamãe?! Qualquer uma poderia dizer que é minha mãe, pois tenho vaga lembranças de minha mãe. Nem sei como era; portanto, peço que me deixe em paz!

— Sou eu mesma, meu filho. Desencarnei em precárias condições, mas graças ao Amor Divino estou aqui para ajudar meu filho caçula.

— Não sei se devo acreditar!

— Filho! O meu amor por você continua sendo o de uma mãe interessada; portanto, mesmo que você não acredite, sou sua mãe. Pois bem, meu filho, tem o tempo que quiser para averiguar se estou dizendo a verdade ou não. Vou ajudá-lo, talvez você nunca tenha visto uma fotografia minha enquanto estava encarnada, mas você pode influenciar Lucinda a remexer na caixa de fotografias da família, e lá encontrará uma em que estou segurando você no colo.

Lucimar sentiu-se envergonhado por estar duvidando da mulher, mas preferiu manter-se firme em suas dúvidas. A mulher desapareceu deixando um leve perfume no ar. O moço pensou indignado: "Minha mãe, essa é boa! Imagine que minha mãe estaria aqui somente para me ajudar? Pelo que Lucinda me contou sobre ela, sempre foi boa como uma santa, logicamente não estaria aqui nesta pocilga".

ॐ

EXATAMENTE AO MEIO-DIA, Betão entrou no carro com os comparsas rumo ao banco. Cacau ficou no carro esperando o retorno deles. Betão entrou com Negão no banco, disfarçados de clientes. Os dois esperaram na pequena fila. Quando chegou a vez de Betão, este anunciou o assalto, apontando uma arma para a moça do caixa. O outro fez a mesma coisa.

Borba pegou uma senhora, que estava passando mal, como refém. Depois que a moça do caixa deu tudo o que tinha a eles, os três saíram correndo levando a mulher para o carro, que já estava estacionado em frente ao banco.

Cacau saiu em alta velocidade, mas ninguém viu que Lucimar também estava ali. A polícia foi acionada e logo estava no encalço dos meliantes.

Betão dizia antegozando a vitória:

— Meus compadres, a grana que temos é preta, vai dar para levarmos uma vida tranquila por um bom tempo.

— Isso é bom! — afirmou Cacau dirigindo o carro.

O único que não teceu comentário algum foi Negão. Ele segurava a senhora com um olhar malicioso e aproveitava para passar as mãos nos seios dela.

— Olha aqui, *manos*, esta mulher é um pedaço de mau caminho. Quantos anos você tem?

— Trinta e oito — respondeu a mulher temerosa.

— Pois eu estou morrendo de vontade... e você sabe do quê!

— Isso não! — vociferou Betão enraivecido. Lembre-se de que mandei que pegassem um refém apenas para sair do banco. Eu sou o chefe e vocês farão o que combinamos!

— Mas não vou fazer mal algum — disse Negão sorrindo. — Ela vai gostar.

— Não! — gritou Betão — não permitirei que você faça qualquer coisa com esta mulher!

Lucimar, percebendo que a mulher poderia ser vítima da luxúria de Negão, saiu do carro com a força do pensamento e foi para dentro da viatura, onde três policiais perseguiam os meliantes.

Lucimar disse em voz alta:

— Vão logo, eles estão querendo estuprar a mulher, eles estão na estrada do Engenho Velho.

O policial, que dirigia a viatura a esmo, recebendo a intuição disse:

— Já sei onde eles podem estar: na estrada do Engelho Velho. Somente caminhões de cana passam por lá. Eles são espertos, sabem que todas as saídas da cidade estão sendo observadas.

— Isso mesmo! Vamos até lá — disse um dos policiais.

— Vamos por aqui — falou Alvarenga, o motorista. — Há um atalho que quase ninguém conhece. Vamos chegar a tempo de pegar esses malandros!

Lucimar, satisfeito, voltou ao carro onde estavam Betão e sua gangue. Ao chegar, viu Negão colocando as mãos entre as pernas da mulher. Sabendo que em poucos minutos a polícia chegaria, desejou com toda a força do pensamento que o carro quebrasse. Nesse instante, começou a sair fumaça do capô do carro; e eles se viram obrigados a parar.

Betão gritou com Cacau:

— *Mano*, você poderia ao menos ter roubado um carro bom. E agora, o que faremos?

— Não se preocupe, a polícia não está atrás de nós. Vai dar tempo de ver o que houve.

— Vamos logo! — gritou Betão. — Temos de deixar essa mulher em algum lugar e sair da cidade.

Não deu tempo para que eles pudessem dar um jeito no carro. Enquanto Negão passava a mão na mulher e os outros estavam entretidos com o conserto do carro, a viatura chegou. Nesse instante, começou um tiroteio.

Betão e sua turma tinham armas, mas não tinham tanta munição quanto a polícia. Negão segurou a mulher enquanto Betão mandava que ele a soltasse para que ela não sofresse nenhum ferimento. De repente, em fração de segundo, a mulher conseguiu se soltar de Negão, e a polícia atirou nele, acertando-o na coxa direita.

Betão e os outros se entregaram e o assalto terminou na cadeia pública da cidade. Lucimar ficou contente, pois todos estavam presos. Negão foi julgado por uma infração a mais: tentativa de estupro. Mas Lucimar queria mais e começou a influenciar outros presos para barbarizá-los. Negão, Jerônimo da Silva Pinto, foi o que mais sofreu, pois era o mais perverso. Lucimar incitou outros presos a violentarem-no sexualmente.

Betão e Cacau sofreram torturas, mas não foram abusados sexualmente. Depois de conseguir colocar seus algozes atrás das grades, Lucimar sentiu um vazio indescritível. A vingança não o felicitara em nada. Ao olhar o sofrimento de todos, ele pensou: "De que adiantou me vingar desses calhordas? Agora os vejo sofrendo, mas minha vida não mudou!"

Sempre que saía da prisão, Lucimar voltava para sua casa e ficava observando Lucinda. Em uma dessas visitas, ele se lembrou da bela figura que aparecera no barraco de Betão. Ficou pensativo, mas ainda não estava convencido de que era sua mãe. Ele pensava: "Minha mãe era uma verdadeira santa! Não sairia de seu lugar para impedir que eu me vingasse daqueles safados".

Religiosidade

MAS O TEMPO PASSOU. Betão já estava havia mais de dois anos na prisão, já não era nem a sombra do que fora. Enquanto na rua era o mandachuva autoritário; na prisão era um cordeirinho, fazia tudo o que outros presos queriam; e os policiais se divertiam à sua custa, dizendo:

— Onde está o chefe do crime desta cidade?

Negão se tornou ainda mais perverso, odiava aquele lugar e, principalmente, Tatão, que o feriu em sua masculinidade.

Cacau era o mais pacato. Estava sempre sozinho e pensava em sua mãe, que dizia que Betão não era companhia para ele, porém ele só viu isso tarde demais.

∞

CERTO DIA, um homem de nome Ribamar, entrou na cadeia e passou a conversar com os presos, chamando a atenção de Lucimar, que não entendia o que o homem estava fazendo naquele local onde só havia marginais.

O homem conversava com todos os detentos sem distinção, e sempre tinha uma palavra amiga, um sorriso a todos. Todos o tratavam com amizade e consideração. O homem falava sobre os ensinamentos do Mestre Jesus, o que fazia com que alguns se arrependessem de seus atos.

Ribamar nunca questionou os presos sobre o que haviam feito para estarem ali. Dizia que Deus não erra nunca. Se eles estavam vivenciando aquela experiência, era porque aquilo era o melhor para eles. Explicava-lhes que, muitas vezes, embora o medicamento fosse horrível, ele traria a cura tão almejada, e completava dizendo que a vida era assim, quando a situação nos parecia insustentável, com certeza, ela seria o meio para que muitos chegassem ao arrependimento.

Ribamar era um homem calmo, cujo olhar transmitia segurança e compaixão. Tinha mais de sessenta anos de idade e suas palavras eram sempre de encorajamento. Um dia, quando ele explicava a oito detentos sobre o perdão que Jesus não somente apregoou, mas que praticou em todas as suas formas, Lucimar se pôs a pensar sobre o porquê de Jesus não ter fuzilado todos, já que era filho de Deus. Ribamar era médium audiente e notou que um desencarnado estava questionando sobre Jesus. Ribamar, então, continuou conversando com os detentos e explicou-lhes os vários motivos pelos quais Jesus não se voltara contra seus algozes. Ribamar disse:

— Meus irmãos, bem sabemos que Jesus poderia ter eliminado seus algozes, pois ele tinha o conhecimento dos fenômenos naturais. Mas sabe por que ele não o fez? Por amor, meus irmãos, ele amava os seres humanos e tinha pena de suas agruras. Será que Jesus se portou como um fraco quando não revidou as ofensas nem mesmo quando Judas o entregou aos soldados? De forma alguma, mesmo em situação tão insólita, Jesus mostrou a todos a sua dignidade, não somente perdoando, mas restaurando a orelha do soldado que Pedro havia decepado com a espada. E o mais interessante foram as palavras que ele dirigiu a Pedro: "Pedro, embainha-te a espada, pois aquele que ferir com a espada, com esta será ferido". O exemplo de Jesus nos mostra que quem perdoa uma ofensa não é um fraco ou sem amor-próprio, mas antes é alguém que se porta com dignidade diante da vida e de Deus. Sei, meus irmãos, que vocês sofreram e sofrem muito na prisão, mas, como eu já lhes disse, esta experiência lhes será muito proveitosa no futuro.

— Mas como viver num inferno pode nos ser proveitoso? Isto aqui não é vida. Se Deus é tão bom como o senhor diz, ele jamais permitiria que seus filhos vivessem de forma pior que um animal — discordou Ananias, um homem que havia sido preso por tráfico de drogas.

— Bem, Ananias, como eu lhe disse, Deus é amor, mas saiba que a vida tem seus meios de responder à ação de cada um. Você nunca ouviu falar que em cada ação há uma reação? Pois bem, pode ser que uma pessoa sofra, mas nesta vida não tenha feito nada de errado. Será que Deus foi injusto? De forma alguma, se muitas vezes sofremos é pelas nossas próprias ações. Pois bem, hoje vocês estão aqui respondendo pelos seus atos, mas o que falar de alguém que vem parar aqui inocentemente? A resposta, meus irmãos, está nas vidas pregressas. Vocês não estão aqui pela primeira vez, já viveram antes com outros nomes e outros corpos.

E como todos os que vêm à Terra, já cometeram erros e estão resgatando isso agora. Mas lembrem-se, a experiência que vivem é ímpar, somente assim poderão aprender, crescer e evoluir como espíritos eternos que são. Por tudo isso, deem graças a Deus por estarem respondendo hoje pelos seus atos.

— Então o senhor quer dizer que já vivemos anteriormente?

— Sim, meus irmãos, todos nós. Deus, em sua infinita bondade e misericórdia, permite que passemos por tudo isso para aprendermos. Vocês nunca ouviram falar que só aprendemos com o sofrimento, quando não aprendemos por amor?

— Mas, seu Ribamar — perguntou Feliciano —, como posso aprender estando preso?

— Meu filho, a prática do amor consiste, muitas vezes, em perdoar, praticar a caridade. Para isso, não precisam estar em liberdade, podem fazer aqui mesmo com seus companheiros, que, como vocês, precisam aprender a se tornar melhores. É isso que a vida quer nos ensinar, que podemos melhorar de duas maneiras: pelo amor ou pela dor. Infelizmente, meus filhos, vocês estão aqui respondendo às escolhas erradas que fizeram. Não estou querendo saber o que fizeram, mas pensem um pouco na ocasião em que cometeram a infração. Será que não poderiam ter-se desviado do mal, virando-lhe as costas e ignorando-o?

Ananias se lembrou de que realmente acalentara a ilusão de ganhar dinheiro fácil, sem antes pensar nas consequências dolorosas para muitas famílias destruídas pelo uso das drogas. Como tal, não pôde deixar de pensar em Márcio, um rapaz que vira crescer, e que, estando com catorze anos, foi envolvido por ele no consumo de cocaína, pois quanto mais viciados, mais dinheiro ganharia. Jamais pensou em ganhar a vida honestamente para manter sua família. Finalmente ele disse:

— Pensando bem, o senhor tem razão, seu Ribamar. Veja o meu caso, antes de me iludir com o ganho fácil, eu trabalhava como pedreiro. Minha vida era modesta, mas eu tinha a consciência tranquila. Vivia em paz com minha esposa e meu filho. Mas olhe agora o que consegui com o tráfico de drogas. Tudo o que ganhei foi gasto com advogados. Depois que o dinheiro acabou, Luísa, não tendo mais o que vender, foi obrigada a solicitar a ajuda de um advogado do Estado. Hoje vivo aqui, esquecido, há quatro anos. No começo, minha esposa vinha me ver, mas hoje ela me manda cartas dizendo que está trabalhando como faxineira para sustentar nosso filho Ageu, de seis anos. Estou aqui porque escolhi o caminho mais fácil de ganhar dinheiro. Agora, pago o preço justo pela minha má escolha. Juro que, se pudesse, faria tudo diferente, continuaria trabalhando como pedreiro. Realmente tive de cair neste inferno para ver o quanto eu estava iludido.

— Bem, meu amigo, você estava preso a uma ilusão, e isso traz consequências danosas. Mas não fique se posicionando como vítima, pois você respondeu a uma escolha feita pelo seu coração: tornar-se um homem rico. Vejamos, se você não tivesse vindo parar na prisão, continuaria vendendo drogas para jovens desavisados cujas famílias seriam destruídas por sua ambição. Hoje você reconhece isso, mas certamente se estivesse em liberdade não reconheceria, persistiria no erro. Entende o que quero dizer ao afirmar que o mal é o melhor remédio?

Lucimar ouvia as palavras de Ribamar ao lado de seis espíritos que haviam desencarnado, porém esperavam o dia do livramento tão esperado. Um deles, aproximando-se de Lucimar, disse rudemente:

— O que faz aqui, moleque?

— Eu estou aqui por causa de uns caras que me tiraram a vida. Estou me vingando deles.

— Muito prazer, meu nome é Gilberto. Desencarnei nesta cadeia imunda e não consigo sair daqui. Por que você não sai daqui e esquece o que lhe fizeram?

— Eu estava pensando justamente nisso quando esse homem falou todas essas coisas. Lembro-me de uma senhora que me apareceu e disse para que eu perdoasse, mas naquele momento não consegui pensar em mais nada a não ser no ódio daqueles que me tiraram a vida.

— Posso lhe afirmar que esse jogo de vingança é muito perigoso. Se ainda não fez nada, é hora de voltar atrás. Eu sei o que tenho sofrido preso aqui. Mesmo depois de ter morrido, isso parece um pesadelo. Se eu pudesse, teria feito tudo diferente e deixaria para trás essa história de vingança.

— Talvez você tenha razão. Não quero ficar preso a lugar algum por causa dos meus sentimentos. Para mim chega! Gostaria muito de ver aquela senhora novamente.

— É muito simples, chame os da luz, garanto que eles vêm.

— E por que você não os chama? — perguntou Lucimar curioso.

— Bem, moleque, para mim é tarde demais, fiz muitas coisas enquanto vivia: roubei, matei, estuprei e fiz toda sorte de coisa ruim. Não tenho coragem de pedir ajuda, minha consciência não permite.

— Bem, fiz muita coisa errada, mas não cheguei a matar ninguém, e o mal que fiz foi a mim mesmo — completou Lucimar entristecido.

— Então faça isso, moleque. Saia daqui, esqueça essas pessoas que lhe tiraram a vida e faça uma coisa que não fez enquanto esteve na carne: viva, ouça o conselho de alguém que já sofreu muito e continua sofrendo.

— Farei isso. Meu nome é Lucimar. Quando eu tiver resposta a todas as minhas perguntas, virei procurá-lo.

— Não precisa, moleque! Meu caso está perdido; nem mesmo Deus poderá me ajudar.

— Não! Eu lhe prometo que, se receber ajuda, volto para buscá-lo. Você não é uma pessoa má, apenas está precisando de ajuda.

Assim, Lucimar saiu da presença daquele homem e com a força do pensamento saiu da penitenciária. Pensou fortemente na senhora que havia conversando com ele tempos atrás. Foi para sua antiga casa e encontrou Lucinda abatida, lavando roupas para ganhar alguns trocados. Ao ver o estado da irmã, não deixou de sentir pena por aquela que o amava sinceramente.

Os pensamentos da jovem eram aleatórios. Lucimar se aproximou da irmã e começou a influenciá-la. Como ela era sensível, logo registrou a vontade do irmão e passou a sentir uma imensa saudade dele e da mãe. "Mamãe querida! Por que a senhora partiu tão cedo? Por que me deixou aqui nesse vale de lágrimas para enfrentar todo tipo de sofrimento? Mamãe, se a senhora está viva em algum lugar, por favor, leve-me com a senhora."

Ela não percebeu, nem Lucimar, que estava ali prestando atenção ao sofrimento dela, a presença de Marisa.

— Minha filha, tem ainda muito o que fazer; portanto, não queira abandonar suas provas. Vai, minha filha, coragem! Estarei sempre ao seu lado, inspirando-lhe bons pensamentos e determinação para você enfrentar as agruras da vida!

Lucinda sentiu o perfume floral que a mãe usava. Começou a soluçar. Lucimar disse para a irmã:

— Lucinda, vá até a caixa de fotografias e procure uma foto de nossa mãe.

Lucinda, depois que terminou de colocar a roupa no pequeno varal, entrou e preparou o almoço. Depois de algum tempo, começou a pensar na mãe novamente. Sentiu uma tristeza invadir-lhe o peito e se lembrou que havia uma caixa com fotografias antigas em seu guarda-roupas. Não se dando conta de que estava sendo observada, pegou a caixa e começou a se lembrar do tempo em que a mãe era viva e o quanto havia sido feliz em sua companhia. Pegou a fotografia de uma mulher jovem sentada que carregava um menino de aproximadamente seis meses. Parou para olhar a fotografia e logo se pôs a chorar. A mãe carregava Lucimar, de cinco meses e meio. A moça chorava copiosamente. Ao seu lado, Lucimar também chorava por ter reconhecido a mulher que havia falado com ele. Em desespero, percebeu que aquela era sua mãe. Com o coração oprimido, continuou olhando as outras fotografias, inclusive a que havia tirado no colégio, quando estava na primeira série ensino fundamental I.

"Por que fui escolher esse caminho? Tudo seria mais fácil se eu tivesse sido como o Lucas, estudado e arranjado um emprego. Mas não, fui me envolver com aqueles pilantras da turma do Betão somente para ser aceito pela turma! Como me arrependo, se não tivesse escolhido aqueles marginais como amigos, hoje não estaria nessa situação e talvez ainda estivesse vivo, trabalhando e levando uma vida honrada como meu irmão. Mas fazer o quê, o que passou, passou, jamais poderei viver novamente com minha família. O que me resta é chamar pela minha mãe e pedir que me ajude; não aguento mais viver dessa maneira, como um andarilho sem rumo certo, preciso melhorar", pensou Lucimar, que durante todo aquele tempo jamais havia se lembrado de

Deus. Somente Ele poderia ajudá-lo na pungente situação em que estava. Continuou ali vendo as fotografias com a irmã, mas desta vez sem muito interesse, pois sabia que tinha de fazer alguma coisa.

Ele saiu para a sala e, olhando para cima, fez uma prece sentida, pedindo a Deus que permitisse que sua mãe viesse ajudá-lo. Sentiu uma paz invadir-lhe o coração. Sentiu-se envergonhado. Enquanto estivera encarnado, jamais fizera uma prece, nem mesmo se lembrara de que Deus existia. Na oração não utilizou palavras rebuscadas, apenas disse o que ia em seu íntimo. Depois de alguns minutos, percebeu a figura de uma jovem senhora; observando melhor, viu que era sua mãe. Ele chorou e pediu perdão:

— Mamãe querida, por favor, perdoe-me por ter duvidado da senhora, não me lembrava de sua fisionomia.

— Meu filho, o importante é que você se arrependeu de seus atos e pediu ajuda a Deus Pai, e Ele, em sua infinita bondade e misericórdia, pôde atendê-lo e me enviar até aqui.

— Mas, mamãe, mesmo que eu tenha me arrependido, isso não me faz melhor. A senhora sabe muito bem que eu nunca fui santo, pelo contrário, causei muitos aborrecimentos para Lucinda, que cuidou de mim como se eu fosse um filho.

— Filho, o que você fez não importa, saiba que tudo aconteceu para que você aprendesse um pouco mais. A vida terrestre é uma escola. Você errou, mas também aprendeu.

— Mamãe, preciso cuidar de Lucinda. Ela está acabada, nem parece ter vinte e cinco anos.

— Meu filho, Lucinda é uma pessoa forte. Ela vai conseguir se sobrepor a esses entraves que a vida lhe preparou.

— A senhora acha?

— Tenho certeza. Sua irmã já enfrentou muitos problemas e está firme como uma rocha cuidando de seu pai. Venha comigo. Lucinda não está sozinha, eu estou sempre aqui intuindo-a a ter pensamentos de amor e perdão.

— Mamãe, tenho um pedido a lhe fazer: enquanto estive na prisão assistindo ao sofrimento daqueles safados que me mataram, conheci um rapaz que morreu lá dentro. Prometi ajudá-lo.

— Entenda uma coisa, uma pessoa para ser ajudada tem de, antes de tudo, pedir ajuda. Você pode ir até ele e auxiliá-lo a pedir ajuda. Tenho certeza de que não faltarão pessoas que queiram ajudá-lo.

— Está bem. Se ele pedir ajuda a senhora o leva conosco?

— Sim, meu filho. Para mim será um imenso prazer.

Os dois seguiram rumo à penitenciária. Chegando lá, Marisa comentou:

— Filho, não vou aparecer para ele. Ficarei a certa distância. Quando ele solicitar ajuda, eu me aproximo e o atendo.

No pátio, os dois encontraram Gilberto. Lucimar se aproximou e falou:

— Olá, Gilberto! Estou aqui para lhe oferecer ajuda.

— Você está aqui para me ajudar, moleque?

— Infelizmente, não! Não tenho condições para tanto, mas eu lhe prometi que assim que recebesse ajuda viria buscá-lo.

Gilberto observou o brilho no olhar de Lucimar e respondeu:

— Olha aqui, moleque, se você recebeu ajuda, sorte sua, mas não queira ajudar quem não tem condição de ser ajudado. Vivo preso aqui porque estou pagando tudo o que fiz de mal; portanto, felicidades para você.

Lucimar, olhando para Gilberto, afirmou:

— Daqui a pouco vou-me embora, mas saiba que gostaria muito que você viesse comigo. Diga-me uma coisa, meu amigo:

você não acha que já sofreu o suficiente pelos erros cometidos no passado? Por que vive se penitenciando, se Deus espera um único pedido seu para ampará-lo? Por favor, meu amigo, não carregue um fardo desnecessário, que é o sentimento de culpa, o seu sofrimento é atroz e tenha certeza que muitos terão imenso prazer em auxiliá-lo. Você tem mãe?

— Claro que não, moleque. Faz mais de vinte anos que minha mãe morreu. Fui preso dois anos depois de seu falecimento.

— Mas então, Gilberto, não gostaria de vê-la novamente?

— Sabe, moleque, eu daria tudo para ver minha mãe novamente, nem que fosse por um minuto.

— Está vendo, Gilberto? Você é uma boa pessoa. Tenho certeza de que sua mãe está torcendo para que você peça ajuda e caia nos braços dela.

— Será?

— Tenho certeza, meu amigo. Minha mãe, apesar de todos os meus erros, tentou me ajudar de todas as maneiras, tenho certeza de que sua mãe deve estar fazendo o mesmo.

Gilberto, sentindo seu coração oprimido, finalmente começou a chorar feito uma criança e, soluçando, olhou para cima e disse em voz alta:

— Meu Deus, ajude-me! Não sei rezar, há muito tempo não vou à igreja, mas, Senhor, tenha misericórdia de mim, que sofro tanto!

Uma senhora, com olhar bondoso, olhou para ele e disse sorrindo:

— Finalmente hoje é um dia feliz para mim. Não sabe como ansiei por isso, meu filho!

Marisa se aproximou de Lucimar e afirmou:

— Meu filho, esta é Joana, mãe de Gilberto!

Lucimar se emocionou ao ver mãe e filho unidos num afetuoso abraço. Gilberto nada disse, apenas chorou. Depois de alguns instantes, Marisa falou:

— Meu filho, nada mais temos a fazer aqui, já está na hora de partirmos!

— Mas, mãe, Gilberto vai conosco!

— Não, meu filho. Ele vai com a mãe dele, assim como você está indo comigo. Entenda uma coisa, meu filho, depois de um longo tempo de separação, nada mais reconfortante que o encontro; portanto, tudo que você poderia ter feito, já fez: mostrou a ele a importância de pedir, conforme pediu o divino Mestre Jesus: "Batei, se abrirá, buscai e achareis. Pedi, Ele concederá". Portanto, Gilberto aprendeu que quando se pede com o coração tudo se recebe!

Assim, Lucimar pegou na mão da mãe e juntos eles rumaram para outros mundos. Chegaram a uma colônia, longe das paragens terrestres. Lucimar não acreditou no que viu: estava em um grande corredor. Olhando atentamente para a mãe, ouviu-a dizendo para uma senhora, que a abraçou sorrindo:

— Este é meu filho Lucimar. Hoje ele recebeu ajuda, graças à misericórdia de Deus, nosso pai, e dos ensinamentos de Jesus, nosso mentor.

— E você, meu filho, o que achou deste lugar?

— Tudo aqui é muito bonito, estou maravilhado.

— Vejo manchas em volta do seu pescoço, parece que ainda dói.

— E como! Apertaram tanto o meu pescoço que muitas vezes minha voz some, preciso me curar.

— Ah! Então veio ao lugar certo, vamos tratar de você e logo não sentirá mais nada; afinal, sua mãe e eu somos grandes amigas, e para mim será um prazer tê-lo conosco.

— A senhora está conversando comigo como se eu fosse um anjo, mas não sabe o que já aprontei.

— Bem, desculpe, eu me chamo Marilda. Sua mãe é uma grande companheira. Não me interessa o que você fez, para mim basta saber o que você aprenderá depois da passagem por este posto de socorro. Venha comigo, há um quarto para você.

Lucimar acompanhou as duas mulheres, que conversavam animadamente. Timidamente, entrou no quarto observando tudo. Notou uma cama com lençóis branquinhos e, ao lado, uma mesa pequena com um jarro com água. A cortina era branca como as roupas de cama, e como já estava se sentindo sonolento, deitou-se e adormeceu.

Desde que tomara consciência de seu desencarne, ele não conseguiu mais dormir tranquilo. Naquele dia dormiu sem preocupação; sentia-se protegido pela mãe e por Marilda.

ञ्ज

CADA DIA, Lucimar descobria algo novo que o deixava extasiado. Marilda, sem que ele percebesse, incitava-o a esquecer o que ele havia feito e o ajudava a melhorar a cada dia.

Já fazia dois anos que ele estava na colônia. À medida que aprendia sobre as leis que regem o universo, mais ele queria saber. Ao mesmo tempo em que trabalhava no hospital, Marilda lhe ensinava muitas coisas.

Vez por outra, ele se sentia triste, lembrando-se da família que deixara na Terra. Contudo, alguém sempre lhe trazia uma mensagem de amor, que tinha um poder tranquilizador ao seu coração.

O jovem aprendia e mudava sua maneira de pensar; arrependendo-se por ter desperdiçado a grande chance de aprender quando encarnado. Um dia, ao lado de Marisa, questionou:

— Mamãe, por que sempre fui diferente de meus irmãos? Veja o Lucas, desde pequeno sempre foi obediente, e mesmo depois que a senhora partiu ele continuou o mesmo. Desde jovem trabalha e todos gostam dele. Hoje é chefe de família exemplar.

— Ora, meu filho, você não deve carregar sentimentos de culpa. Todos os que vivem na Terra, inclusive membros da própria família, estão em diferentes graus evolutivos. Se você foi intolerante era porque não sabia agir de outro modo. Sua evolução ainda estava desabrochando. Se Lucas se conserva assim durante a sua estada na Terra, é porque ele está em um grau diferente do seu. Portanto, não pense que você poderia ser igual a ele, na verdade, não poderia. Somos diferentes, mesmo quando estamos fora do corpo de carne guardamos a nossa individualidade, apesar disso, ninguém é melhor que ninguém. Deus dá a oportunidade necessária de aprimoramento a todos os espíritos e permite que passem por novas experiências para se melhorarem. Você, meu filho, achou que o que fazia não iria prejudicá-lo, mas hoje vê o quanto se prejudicou! Quando tiver outra oportunidade, talvez não perca a chance de aproveitar.

— Mas como aproveitar a chance que Deus vai me dar?

— A melhor maneira é pela reencarnação. Ontem você sofreu por suas más escolhas as vicissitudes da vida, mas talvez agora, um pouco mais amadurecido, não trilhe por caminhos pedregosos. Lembre-se, meu filho, a raça humana ainda é obstinada, prefere aprender pela dor a aprender pelo amor, e, infelizmente você aprendeu da pior maneira possível que o caminho da felicidade está em observar as regras morais e espirituais de Jesus.

— Mamãe, penso nos roubos que pratiquei e como pude ser tão duro a ponto de não pensar nas pessoas!

— Ora, meu filho, afaste-se do muro das lamentações, você se engendrou no vício, e como não tinha dinheiro para mantê-lo, pensou que roubando conseguiria sustentá-lo, mas não pensou que isso pudesse causar grandes desgostos àquele que estava sendo roubado.

— Mas, mamãe, como Deus pôde me perdoar pelo que fiz?

— Filho, Deus, em Sua bondade infinita, está sempre disposto a nos dar nova chance. Isso não quer dizer que Ele achou correto o que fez. Você tentou fugir dos problemas usando entorpecentes e se tornou escravo deles, a ponto de prejudicar muitas pessoas, roubando e aterrorizando-as. Observe como o grau evolutivo varia de indivíduo para indivíduo. Lucas viveu as mesmas agruras que você e, no entanto, esforçou-se para manter uma vida íntegra. Deus dá a cada um a liberdade de escolha para seguir o próprio destino. Você escreveu um drama de folhetim, mas Lucas e Lucinda estão fazendo diferente. Sua irmã, mesmo sofrendo os abusos sexuais do pai, manteve-se firme e ainda cuida dele. Luciana fez o que acreditou ser certo, fugiu com um homem que mal conhecia, e hoje sofre as consequências: o mascate viaja muito, tem várias mulheres e ela têm de trabalhar duro para não deixar faltar nada a seus três filhos. Quando ele volta, geralmente está bêbado e a espanca. Ela sofre todo o tipo de humilhação. Portanto, Lucimar, todos nós somos autores dos nossos próprios destinos. Digamos que a vida é um belo campo e nós somos os trabalhadores. Nossos atos são as sementes, se lançamos boas sementes, colheremos paz e tranquilidade, caso contrário sofreremos as consequências.

— É mesmo! — disse Lucimar. — Semeei e tive de colher as consequências. Como me arrependo por tudo, se tivesse outra chance faria diferente.

— Lucimar — disse Marisa serenamente —, Deus sempre dá oportunidades para corrigirmos nossos erros. É por esse motivo que existe a lei da reencarnação. As sementes de ontem não foram boas, mas graças a Deus você pôde entender isso. Depois de um tempo de aprendizado, tanto você como eu teremos a oportunidade de voltar à vida carnal. Esta estada na colônia deve ser aproveitada ao máximo, pois hoje nos ensinam a teoria, logo poderemos colocar em prática; portanto, temos de aproveitar e aprender a semear o amor, a caridade e, principalmente, a fé.

— Mamãe, preciso fazer alguma coisa para reparar os erros que cometi.

— Não se preocupe agora. Ocupe seu tempo com os cursos que a colônia oferece. Quando Deus achar que é chegada a hora de você reparar seus erros, fatalmente isso ocorrerá.

Lucimar abraçou a mãe disposto a melhorar-se a cada dia, para não errar numa próxima oportunidade.

Solidão

Lucinda já estava cansada daquela vida, seu pai passava dois dias em casa e uma semana no hospital. As crises de diarreia eram cada vez mais constantes. Quando ele estava em casa, Lucinda se esforçava para seguir todas as recomendações do médico. Ela se sentia sozinha, não tinha notícias de Luciana e Lucas se casara e morava em um outro bairro. Lucimar morrera havia mais de sete anos. Ela já havia decidido, assim que o pai partisse, que ela seguiria para a capital. Já não sentia o mesmo ódio de antes pelo pai. Ao ver seu estado, muitas vezes sentia pena daquele que um dia a humilhara ao extremo.

Ela cuidava do pai banhando-o, administrando-lhe todas as medicações, fazendo a comida e sempre que ele tinha uma crise, ela o levava ao hospital. Se Jonas ficasse internado, ela lhe fazia companhia. Assim era sua vida.

Jonas, quando olhava para a filha, lembrava-se do que lhe fizera e sentia o coração oprimir-se pelo arrependimento, mas nunca mais tocara no assunto. Lucinda procurava não pensar naquilo e se dedicava completamente ao pai, que outrora fora seu algoz e agora tinha a saúde cada vez mais complicada.

Certo dia, com uma complicação, ele foi encaminhado ao CTI do hospital. Muito debilitado, não resistiu e desencarnou.

A filha estava na sala de espera do hospital, quando Cássio a chamou e lhe contou:

— Lucinda, fizemos de tudo para ajudar seu pai, mas infelizmente todos os nossos esforços foram em vão...

— O que aconteceu?

— Sinto muito, mas seu pai acabou de falecer.

Lucinda sentiu o desespero bater-lhe à porta. Tinha ressentimentos do pai, mas não desejava sua morte. Ela se pôs a chorar. O médico apenas a observava. De repente, lembrou-se de tudo o que Jonas havia lhe contado e sentiu muita pena dela, que, atordoada com as últimas notícias, olhou para ele e perguntou:

— Doutor, o que farei agora? Não sei como agir, perdi meu irmão caçula e agora meu pai.

— Venha, vamos nos sentar. Preciso lhe ajudar a tomar as primeiras medidas para o funeral do seu Jonas.

Lucinda acompanhou Cássio e ambos entraram em um dos consultórios do hospital. Sentada diante dele, ela mal conseguia falar. O médico, pacientemente, começou a falar:

— Lucinda, não pense que você é a única que passa por isso; saiba que muitos passam pela mesma dor e a superam. Digo isso porque perdi meu pai quando tinha catorze anos de idade e para chegar até aqui comecei trabalhando como balconista. Talvez você precise saber de alguns pontos relevantes para seu consolo.

Todos nós, quando morremos, somos libertos de uma gaiola: o corpo de carne. Não somos o que você ou eu estamos vendo, somos muito mais. O corpo físico, na ocasião da morte, decompõe-se e retorna ao seu estado primário, ou seja, moléculas e coisas assim, mas não vou entrar nesses detalhes.

— Mas então o que sobra? Bem, sobra o espírito. A vida em um corpo material é transitória; assim que desencarnamos, voltamos à verdadeira vida. O que posso lhe afirmar é que a morte não existe, o que existe, na verdade, é uma mudança de estado, ou seja, do estado material para o estado espiritual, contrário ao nascimento, onde saímos do estado espiritual para o material. Portanto, a morte não nos deve trazer desalento, temos de pensar que o tempo da pessoa neste planeta expirou e que ela continua viva em espírito.

— Realmente me lembro que meu pai dizia isso, mas, para falar a verdade, nunca acreditei.

— Devia acreditar, Lucinda. Foram realizados vários estudos por pessoas inteligentes e renomadas que analisaram o fenômeno da morte, chegando à essa conclusão.

Lucinda ficou olhando para o médico, mas sentiu vergonha de perguntar quem haviam sido essas pessoas. O médico, não querendo estender o assunto, completou:

— Lucinda, não se atormente com os erros do seu pai, apenas saiba que ele se arrependeu muito do que fez. Agora podemos dizer que ele está livre das amarras que o prendiam ao planeta. Você também está livre da responsabilidade de cuidar dele. E sou testemunha de que você fez tudo o que estava ao seu alcance, e isso, pode ter certeza, vai deixar sua consciência tranquila.

Lucinda não tinha conhecimento de que o médico sabia dos erros cometidos pelo pai, assim pensou: "Como pode dizer tudo isso se nem ao menos sabe o que meu próprio pai fez contra mim, mas, seja como for, pelo menos nisso ele tem razão, tudo o que eu podia ter feito por ele eu fiz, mesmo passando por cima da minha dor".

— Obrigada, dr. Cássio, o senhor sempre foi muito bom, muitas vezes foi à nossa casa sem cobrar consulta e teve um cuidado especial com meu pai, sou-lhe grata por tudo isso. — Dizendo essas palavras, Lucinda se levantou e estendeu a mão ao médico, que retribuiu carinhosamente.

Depois disso, ela foi cuidar dos assuntos do funeral e do enterro de Jonas.

ജ

Jonas não sentiu seu passamento. Só acordou dias depois. Estava em um quarto onde algumas pessoas o atendiam. Ao ver que seu abdômen já não estava distendido e que ele não se sentia mais fraco, perguntou para uma mulher:

— Desculpe, enfermeira, onde está minha filha? Sempre quando acordo ela sempre está ao meu lado.

— Não se preocupe com sua filha agora, seu Jonas, ela está bem, pense em você, que pela misericórdia divina está melhorando dia a dia.

— Qual é o seu nome?

— Desculpe, como sou distraída, meu nome é Marilda. Trate de descansar e quando acordar vai se sentir melhor.

A mulher, com as mãos estendidas sobre ele fez uma prece. Jonas viu que do peito e das palmas das mãos daquela senhora saía uma luz. Logo, ele estava entregue ao sono reparador.

Marilda, depois do passe energético, ficou observando Jonas, e com o coração feliz disse para si mesma: "Graças a Deus ele se arrependeu de seus erros, se não fosse assim, talvez não tivesse obtido a ajuda necessária para seu espírito, que se encontra tão combalido".

Enquanto o homem dormia, Marisa e Lucimar entraram no quarto. Eles se sentiam felizes por ter aquele que muito errara, mas que também muito aprendera com seus erros, arrependendo-se.

— Bem, vou voltar aqui — disse Marisa — quando ele estiver plenamente restabelecido. Já está arrependido, agora precisamos ajudá-lo a não cultivar sentimentos de culpa.

— Mamãe, vou me aproximar dele e procurar conhecê-lo melhor. Quem sabe eu possa auxiliá-lo também, mas confesso que estou preocupado com Lucinda, que dedicou toda sua vida a nós e está sozinha. Será que pelo menos agora ela será feliz?

— Meu filho, sua irmã realizou parte de sua missão, mas saiba que ela ainda tem muito a fazer. E ainda tem muitas lágrimas a derramar; portanto, meu filho, ela encontrará um homem que fez parte de seu passado e, felizmente, terá a chance de expiar suas dívidas com ele. Uma etapa se findou, e a outra ainda está por vir. A melhor maneira de ajudá-la é vibrarmos pensamentos positivos de coragem e confiança, pois tudo está certo como está. Quanto sofremos no planeta Terra, isso é sinal de que conseguimos saldar um pouco da nossa dívida. Graças a Deus sua irmã está caminhando e ressarcindo as dívidas pretéritas.

— Pelo que a senhora está dizendo, minha mãe, Lucinda ainda vai sofrer mais do que já sofreu por todos esses anos?

— Não digo que ela vá sofrer, digo que ela vai se livrar das amarras do passado que tanta culpa lhe infundiram enquanto esteve aqui na colônia.

— Bem, minha mãe, a senhora tem razão. Graças a Deus Lucinda está passando pelo teste que a vida na Terra lhe impôs.

Vamos ajudá-la com nossas vibrações de amor e coragem e com uma prece, pedindo a Deus que lhe dê forças para suportar ainda mais as agruras que a vida vai lhe apresentar ao longo dos anos.

— Muito bem, meu filho, é assim que se fala. A melhor maneira de a ajudarmos a vencer os embates da vida é confiarmos em Deus e colocarmos Nele nossa confiança. Mudando de assunto, vejo que está gostando de se sentir útil.

— E como, mamãe! Nunca pensei que fazer o bem trouxesse tanta felicidade.

— É como se diz por aqui, meu filho, há mais felicidade em dar e em fazer do que em receber!

Um recomeço

Lucinda sentiu-se sozinha. O que faria da vida? Cumpriu todos os protocolos, conversou com Lucas e disse que estava pensando em ir embora para cuidar da própria vida. Lucas lhe disse que ela fazia bem, que se encontrasse um homem bom deveria se casar, ter filhos e ser feliz.

Depois de três meses, ela conseguiu uma autorização do juiz para vender a casa e dividiu o dinheiro com Lucas. Depois das despedidas, ela embarcou na rodoviária rumo à capital.

Lucinda estava com o coração cheio de esperança. Não tinha muitos recursos, mas pensava conseguir um trabalho como empregada doméstica. O dinheiro da venda da casa não era suficiente para comprar um imóvel na capital.

Chegando a São Paulo, ela desembarcou no terminal rodoviário do Tietê e se entusiasmou com o número de pessoas que iam e vinham. Na rua, andou por quase três horas à procura de uma pensão para moças. Como estava faminta, resolveu parar em uma lanchonete modesta, pediu um misto quente e um copo de café com leite. Percebeu que um rapaz, do outro lado do balcão, olhava-a sem parar. Ela o achou interessante, mas logo se lembrou do que a mãe lhe dizia: "Nunca converse com estranhos". Assim, resolveu ignorar aqueles olhares. Quando estava terminando o lanche, o rapaz foi em sua direção.

— Pelo que vejo você não é daqui.

— Não!

— Como é seu nome? — perguntou o rapaz habilmente, querendo travar uma conversação com a moça.

— Por que você quer saber?

— Bem, é normal conversarmos com as pessoas, mas se você não quer, eu vou respeitá-la.

— Meu nome é Lucinda!

— Muito prazer, o meu é Ronaldo. Já sei! Você está a passeio na casa de algum parente. Se quiser, posso ajudá-la a encontrar; afinal, você não tem ideia do quanto essa cidade é grande.

— Não estou procurando parente algum, estou aqui à procura de emprego. Vim do interior e preciso trabalhar.

— Em que você trabalha?

— No momento, eu pego qualquer coisa, pois não tenho onde ficar.

— Sorte sua! Estou precisando de moças para trabalhar. Se quiser, poderei ajudá-la.

Lucinda sorriu feliz. Acreditou que arranjara alguém que podia ajudá-la a enfrentar a vida em uma cidade grande. Em sua inocência, jamais pensara em que o homem trabalhava. Dessa forma, aceitou o trabalho.

Ronaldo pagou a conta de Lucinda e foi até a esquina para chamar um táxi, pois seria difícil pegar ônibus com sua mala.

Dentro do carro de aluguel, Ronaldo, satisfeito, disse a Lucinda:

— Bem, a princípio você não terá de trabalhar, mas depois, quando estiver ganhando dinheiro, terá de me dar trinta por cento de tudo o que receber.

— Mas que tipo de trabalho o senhor está me oferecendo?

— Logo saberá, confie em mim. Sou um homem honesto e quero ajudá-la.

Os dois não perceberam que o motorista do carro de aluguel estava ouvindo a conversa. O homem, que permanecia calado, pensava: "Canalha, enganando uma pobre moça como essa. Garanto que ela veio do interior e não sabe que terá de se prostituir para dar dinheiro a esse gigolô miserável. Se eu tivesse oportunidade, falaria para ela não confiar nesse homem de fala mansa. Ele vai acabar com a vida dela sem dó nem piedade". E assim o chofer estacionou o carro diante de uma velha casa, na zona leste da cidade.

Ao descer do veículo, Lucinda ficou esperando que Ronaldo pagasse o motorista. Depois de olhar para a casa, sentiu uma espécie de calafrio, mas nada disse a Ronaldo; afinal, ele era um homem bom que queria ajudá-la. Sendo assim, entraram na casa.

Lucinda observou a tudo calada. Ronaldo falava sem parar:

— Esta é a casa de que lhe falei. Aqui há várias meninas que trabalham para mim. Você gostará de todas, são muito amigas entre si, e você logo vai se sentir em casa.

Lucinda olhou para o velho sofá e viu uma moça que aparentava vinte e dois anos. Ela pintava suas unhas. Usava apenas um top azul e um shortinho branco. Ela achou que a moça tinha a aparência das mulheres de má fama, e finalmente entendeu que Ronaldo era dono de um prostíbulo. Ao olhar para as outras moças, ela disse:

— O senhor pensa que só porque vim do interior não sei das coisas, não é mesmo? Pois bem, sei que aqui é um prostíbulo e eu não sou uma prostituta; portanto, agradeço o que o senhor me fez, mas eu não aceito!

— Ora, pare com isso! Acaso ficará morando na rua? Não acha melhor ficar aqui onde terá comida, casa e dinheiro?

— Eu não vim de minha cidade para ser prostituta — gritou Lucinda. — Estou aqui para trabalhar, e não para me vender. Agradeço a sua intenção, mas não ficarei aqui!

Ronaldo, percebendo que a moça estava falando sério, resolveu contemporizar:

— Está bem! Você não precisa fazer programa, mas vai me pagar o aluguel do quarto. Faço barato e só vou lhe cobrar quando conseguir trabalho.

Lucinda não acreditou naquela conversa, mas não tinha muita escolha, teria de aceitar o quarto que Ronaldo lhe oferecera, pois se ela ficasse na rua jamais teria condições de arranjar um trabalho em uma casa de família.

Apesar da idade, ela era uma moça bonita, um tanto maltratada, mas tinha cabelos negros até os ombros. Seus olhos também negros combinavam com os cabelos, que realçavam o formato de seu rosto e sua tez branca. Ronaldo estava interessado em se divertir com Lucinda e depois de algum tempo iria colocá-la para trabalhar como as outras.

Depois de uma semana, Lucinda passou a confiar mais em Ronaldo, porém Joelma lhe disse:

— Escute aqui, menina, Ronaldo não é quem você está pensando. Ele disse que não vai obrigá-la a fazer programas, mas isso é mentira. Ele vai abusar de você assim como abusou da maioria das meninas, e depois vai obrigá-la a fazer programas e tirará todo o seu dinheiro. Ele não presta!

Lucinda não acreditou, estava encantada com as gentilezas daquele homem. Não gostou do comentário e pensou que ela estivesse apaixonada. Ignorando os conselhos da moça, que se mantinha presa a ele por questões financeiras, decidiu ficar longe dela.

Contudo, Lucinda descobriu estar apaixonada por aquele homem que ela mal sabia quem era e o que fazia, além de explorar as garotas. E assim o tempo foi passando. Durante o dia, ela saía em busca de trabalho; à noite, quando chegava, tinha de pagar pela comida.

No começo, pagava de imediato a comida, mas depois que o dinheiro acabou, ela começou a comer fiado. Ronaldo, a cada dia, sentia-se mais feliz, pois sabia que ela estava em suas mãos. Certo dia, quando ela acabou de jantar e entrou em seu quarto para tomar um banho e descansar, Ronaldo bateu à porta.

— Ronaldo, a princípio não gostei muito de você; mas com o tempo descobri que você é bom e confesso que estou apaixonada.

— Então posso alimentar esperança por você?

— Sim! — Lucinda se aproximou e enlaçou seu pescoço. Os dois se beijaram demoradamente.

Depois de alguns instantes, estavam se amando. Ronaldo se portou como um homem apaixonado, o que deixou Lucinda ainda mais iludida.

— Ronaldo, por que não abandona este negócio? Veja a situação dessas moças: bebem muito para vender mais bebidas, se vendem e muitas nem se sentem seres humanos. São apenas objeto de prazer de homens desconhecidos e nojentos!

— Não posso fazer isso, esse é meu meio de vida. Saiba que não obrigo ninguém a ficar aqui, se ficam é porque não têm coragem de trabalhar com outra coisa. Sou apenas um comerciante, elas é que colocam o corpo à venda.

— Mas isso não é direito. Pense um pouco, se você tivesse uma filha nessa situação, que passasse a noite bebendo, sendo usada por homens e dormindo quase o dia inteiro, será que seria feliz?

— Lógico que não! Mas elas não são minhas filhas e eu sou apenas um homem de negócio, por sinal muito rentável.

— Está bem, mas saiba que eu jamais farei isso. Amo você, mas jamais vou me deitar com homens desconhecidos, entendeu?

— Claro que sim. Você é minha e eu jamais suportaria a ideia de vê-la em outros braços que não os meus.

Lucinda sorriu feliz, pela primeira vez em sua vida sentiu-se amada. Passou a receber Ronaldo todas as noites em seu quarto.

As moças do prostíbulo tentaram avisá-la, porém ela se recusou a ouvi-las. A paixão a deixara surda a quaisquer comentários depreciativos sobre Ronaldo.

No começo, Ronaldo dizia-lhe que ela não precisava trabalhar, pois ele ganhava bem e dava para manter os dois. Lucinda, então, deixou de procurar trabalho. Com o tempo, ele passou a reclamar da situação. Perdera duas de suas melhores moças e insistia para que Lucinda fizesse um programa, pois ele estava endividado e precisava de dinheiro.

A princípio, ela relutou, mas depois acabou cedendo. Começou a fazer programas, e no fim da noite Ronaldo batia à sua porta para que ela entregasse a ele o que havia recebido. No início ela lhe dava tudo, mas depois começou a ver que o amor dele era uma farsa e que ele só a queria para ganhar dinheiro.

Lucinda começou a mentir para Ronaldo sobre quanto ganhava. Guardava a maior parte em uma caixa de bombom em seu quarto, que ficava dentro de um velho baú. Achou que Ronaldo nunca descobriria que ela não lhe entregava todo o dinheiro. Quando ela precisava de dinheiro, pegava na caixa de bombom.

Certo dia, minutos depois de guardar a caixa, Ana Mulata entrou em seu quarto chorando e desabafou:

— Eu odeio terça-feira, é o dia que começa o nosso martírio!

— Eu também detesto. Sábado apanhei de um cliente só porque não fiz o que ele queria. Ele se queixou com Ronaldo, que também me bateu — desabafou Lucinda.

— É, amiga, eu soube, você é nova, tem uma vida inteira pela frente. Vá embora antes que envelheça aqui. Veja o que aconteceu comigo, tenho somente trinta e cinco anos, mas parece que tenho mais, a noite acaba com a gente.

— Mas por que você não foi embora, Ana?

— Porque meu tempo está acabando — respondeu amargurada — vou lhe confessar uma coisa, acho que não tenho muito tempo de vida.

— Por quê?

— Quando vim parar aqui neste buraco tinha somente dezenove anos de idade. A princípio achei a vida interessante, mas depois experimentei o fel dessa vida promíscua. Como você sabe, para a casa faturar com a bebida temos de induzir os homens a beber e a pagar bebidas para nós. Eu sempre fui a garota que mais deu lucro para a casa, mas um dia comecei a perceber que estava estranha. Tudo começou com uma hepatite, depois a bebida me fazia muito mal. Depois, minha barriga começou a crescer, parecia que eu estava grávida. Hoje, indo ao médico, fiz uma ultrassono-grafia e descobri que estou com cirrose hepática.

— Não acredito! Você está com essa maldita doença?

— Sim — respondeu Ana.

Sorrindo para não chorar, acrescentou:

— Portanto, se não quiser acabar como eu, vá embora enquanto pode. Vá antes que seja tarde demais. Ronaldo não presta, vive no bem-bom comprando pulseiras de ouro, andando de carro com mulheres que jamais estiveram aqui. Sei que tem suas economias, vá embora para um lugar onde ninguém a conheça e recomece sua vida dignamente. Faça o que eu não fiz.

— Meu pai teve cirrose. Não quero acabar como ele. Você tem razão, vou embora antes que chegue meu fim.

— Isso mesmo, Lucinda. Você é uma moça boa; vá para bem longe e seja feliz. Não conte a ninguém para onde vai, assim Ronaldo não poderá encontrá-la.

Saindo do quarto, Ana lhe desejou boa sorte e foi para o quarto dela. Lucinda ficou pensando em tudo o que a moça lhe contara e disse em voz alta:

— Eu não vou morrer aqui!

Duas semanas depois, Lucinda estava saindo da casa sem comunicar nada a Ronaldo, deixando apenas um bilhete:

Ronaldo, cansei de ser explorada por você e por seus clientes nojentos. Não foi para levar esta vida que saí de minha cidade, vou para a zona sul. Não me procure, pois você é o responsável pela minha desgraça e também pela de todas essas moças". Lucinda.

Lucinda usou a zona sul para despistá-lo. Seguiu rumo a uma cidade do centro-oeste paulista, que ficava a pouco mais de quatrocentos quilômetros da capital. Levou apenas algumas roupas e o dinheiro que havia guardado. Chegando à cidade, alugou uma casinha com uma cozinha, quarto e sala e se lembrou que sabia costurar. Com alegria, pegou o dinheiro e foi a uma loja comprar uma máquina de costura.

No começo, não tinha clientes, mas com o passar do tempo foi adquirindo clientela e todos elogiavam seu bom comportamento e seu trabalho. Ela trabalhava por mais de catorze horas diárias e só saía de casa para ir ao mercado. Era com alegria que se entregava ao trabalho. Esmerava-se cada vez mais na ânsia de aumentar sua freguesia.

Encontro

CERTA MANHÃ, um carro de luxo parou diante de sua casa e uma senhora bem apresentável desceu e lhe disse:

— Bom dia! Sou Jacira de Almeida Prado e estou procurando uma costureira que me indicaram.

— Bom dia! Eu sou costureira.

— Sim, eu vi um vestido que você fez para a dona Marli da Silveira e confesso que fiquei admirada com o seu trabalho. Gostaria muito de saber se você pode costurar para mim.

— Será um prazer. É só me dizer o modelo e trazer o tecido. O prazo para entrega é de uma semana.

— Muito bem. Trouxe uma revista de moda e gostaria que você me fizesse um conjunto de calça e casaco, pois farei uma recepção em minha casa e gostaria de usar o modelo.

Lucinda pediu que a mulher entrasse em sua humilde casa. Lá dentro, sentadas em cadeiras desconfortáveis, Jacira mostrou-lhe o modelo. Lucinda sentiu-se feliz, já ouvira falar naquela senhora.

A mulher gostou da sua simplicidade e não deixou de notar que a moça não tinha muita mobília. Na sala havia somente a máquina de costura e duas cadeiras. Tudo era muito limpo, de modo que a senhora se sentiu muito bem. O pequeno jardim estava bem cuidado e as roupas da costureira, apesar de simples, eram asseadas e seu cabelo bem penteado.

A jovem, muitas vezes, sentia-se sozinha. Não conhecia muita gente na cidade. Fizera amizade com Maria do Rosário, que a ajudou a conseguir a cama com o colchão, um fogão de duas bocas e as cadeiras.

A princípio, Lucinda ganhava somente para pagar o aluguel e comer. Com o passar do tempo, a clientela aumentou e a moça comprou um guarda-roupas, uma mesa com quatro cadeiras, algumas panelas e um armário para a cozinha.

Depois da visita de Jacira, a clientela de Lucinda aumentou ainda mais, pois ela a indicou a todas as suas amigas. Lucinda fazia roupas e as consertava também. Trocava zíperes, pregava botões, fazia barras de calças e saias.

Certo dia, depois de trabalhar até tarde da noite para entregar as costuras na data marcada, Lucinda se sentiu cansada. Naquela semana ela entregara cinco encomendas. Ela tomou um banho e deitou-se, mas o sono não vinha. Ela sentia muitas dores nas costas por ficar muito tempo sentada diante da máquina de costura. Pensou em sua infância e lembrou-se com carinho de Marisa; afinal, fora muito feliz enquanto a mãe era viva.

Lembrou-se das brincadeiras de criança com os irmãos e da canção que a mãe cantava. Sem perceber, começou a cantar baixinho a música preferida da mãe. Quando se deu conta, começou a chorar lembrando-se da vida que tivera. Lembrou-se do irmão Lucimar, do pai e, principalmente, da falta que a mãe fizera. Sentiu a saudade aumentar, mas não podia supor que Marisa e Lucimar estavam ali para ampará-la, enviando-lhe bons pensamentos e um passe energético. Adormeceu embalada em um sono tranquilo. Sonhou que estava em um belo jardim com flores exóticas, e o céu era pontilhado de estrelas. Pôde ver as flores que banhavam todo o campo.

Olhou para a frente e viu sua mãe e Lucimar. Encantada e sorrindo, disse:

— Mamãe! Lucimar! Não pode ser, vocês estão mortos!

— Não, minha filha, a morte não existe. Apenas mudamos de estado e deixamos de viver em seu meio.

— Mas onde está papai?

— Minha filha, seu pai está em outra parte da cidade. Faz um curso sobre como perder o pesar que o sentimento de culpa incute nos arrependidos. Seu pai cometeu muitos delitos, o que prejudicou seu perispírito.

— Perispírito, mamãe? O que é isso?

— Com o tempo, você vai entender. Seu pai está sofrendo muito com tantos sentimentos de culpa. Culpa-se pelo que fez a você e pelo abuso do álcool.

— Ele me fez muito mal. Não consigo esquecer.

— Minha filha, o que posso lhe dizer é que perdoe, perdoe sempre para que possa pedir perdão a Deus com a consciência tranquila.

— Mas papai foi muito mau. Devia ter ido para um lugar bem diferente do da senhora.

— Sempre, minha filha, que alguém abusa dos vícios, como o fumo, o álcool, ou até mesmo o sexo, contraindo uma doença que lhe tire a vida, está praticando o suicídio involuntário. Foi o que aconteceu a seu pai por ter abusado do álcool. Contraiu uma doença que veio a matar seu corpo físico, mas ele se arrependeu a tempo. Agora eu lhe pergunto, se Jesus disse: "Pai, perdoa-lhes, pois eles não sabem o que fazem", por que não podemos perdoar os nossos irmãos?

Lucinda baixou a cabeça viu sua sombra no chão. Pensando em tudo o que a mãe lhe dissera, envergonhou-se.

Lucimar se aproximou e a moça, sorrindo, disse:

— Lucimar, que saudade de você, meu irmão. Sinto-me tão culpada por não ter sido uma boa irmã para você...

— Não, Lucinda, você foi uma mãe para mim, eu é que tinha muito o que aprender. Se me aconteceu aquilo, foi porque eu mesmo procurei. É a Lei da Ação e Reação.

Lucinda acordou sentindo um indizível bem-estar. Lembrou-se de ter sonhado com a mãe e o irmão. Sentiu a saudade invadir-lhe o peito. Não se lembrava do sonho, mas tinha certeza de que havia sonhado com eles. Recebendo um passe de Marisa e Lucimar, dormiu novamente e sonhou coisas desconexas.

No dia seguinte, lembrando-se da mãe e do irmão, pediu a Deus que os colocasse em bom lugar. Eram pessoas boas. Depois da oração, ela novamente sentiu paz, tomou o café e sentou-se à máquina, pois ainda tinha de terminar algumas costuras.

Estava distraída quando ouviu alguém bater em seu portão. Levantou-se e foi atender. Viu um carro luxuoso estacionado diante de sua humilde casa e, embora não estivesse esperando freguesa àquela hora da manhã, não se intimidou, pensando tratar-se de Jacira.

Ao sair no portão, viu um homem de aproximadamente trinta e sete anos, louro, de olhos azuis, alto e vestido com esmero.

— Pois não?

— Meu nome é Alberto. Sou filho de Jacira. A senhora é a costureira de minha mãe?

— Sim, a encomenda dela está pronta há dois dias. Espere um momento que vou buscar.

"Meu Deus, que mulher linda!", pensou Alberto.

Quando Lucinda apareceu com a roupa, ele disse:

— Ótimo! Se eu não pegasse hoje este conjunto, ela morreria — brincou.

— Jacira é uma ótima freguesa e é um gosto fazer roupas para ela. Tudo o que faço ela gosta.

— Não, mamãe não é uma mulher muito fácil de agradar, se ela elogia seu trabalho é porque você é boa mesmo.

— Que nada! Apenas procuro caprichar desde o corte até o acabamento.

— Muito bem — disse o rapaz — minha mãe já lhe pagou?

— Ainda não! Mas ela pode acertar outra hora.

— De jeito nenhum, faço questão de acertar agora. Quanto é?

— Bem, eu combinei com ela e gostaria de acertar com ela mesma.

— Muito bem, já que você não quer me dizer quanto vale seu serviço, eu mesmo farei o preço.

Imediatamente, ele rodopiou nos calcanhares, abriu a porta do passageiro e tirou do porta-luvas sua carteira. Abriu-a, pegou o talão de cheques e preencheu, entregando para Lucinda. Ao pegar o cheque, ela se assustou e comentou:

— O senhor está brincando comigo? Jamais cobraria tanto. Isso é o que eu ganho durante o mês inteiro costurando.

— Não se fala mais nisso — disse Alberto sorrindo. — Se você conseguiu agradar a Jacira, pode ter certeza que merece muito mais.

Entrando no carro, Alberto olhou mais uma vez para Lucinda, que segurava o cheque com espanto, e sorrindo buzinou e partiu. A moça entrou sentindo uma coisa estranha. Parecia que já conhecia aquele homem, mas não se lembrava de onde. Guardou o cheque e pensou: "Bem, ele deu porque quis, vou aproveitar esse dinheiro para pagar o aluguel; afinal, está atrasado há dois dias. Ainda vai sobrar para pagar a água, a luz, e fazer a despesa do mercado. Assim, procurou não pensar mais no assunto.

Alberto voltou para casa pensando na costureira que conhecera. Dizia para si mesmo: "Ora, Alberto de Almeida Prado, você nunca foi homem de se deixar envolver por uma mulher! Apesar de a costureira ser bonita, é uma pobretona que não tem onde cair morta. Deixe de bobagem, há um verdadeiro harém esperando por você".

Alberto era rico e caprichoso. Tinha uma grande lista de telefones femininos. Filhas de pessoas importantes, inclusive da capital, onde mantinha os negócios da família: uma tecelagem que lhe rendia mensalmente boa soma em dinheiro. Tinha educação esmerada, mas não se ligava à mulher alguma. Sua concepção era de que todas as mulheres eram fúteis e interesseiras. Enquanto dirigia em baixa velocidade e pensava em Lucinda, o moço ligou o rádio do carro. A música que tocava falava de uma paixão que não dera certo. E ele pensou: "Paixão, que bobagem! Somente os otários podem se entregar a esses sentimentos; comigo isso jamais vai acontecer, não sou bobo nem nada.

E assim ele chegou em casa e levou o pacote de Lucinda para a mãe. Ao vê-la passando as ordens para a empregada sobre mudar algumas plantas de lugar, ele a beijou e disse:

— Mamãe, está aqui a sua encomenda.

— Obrigada, meu filho. Estava sem tempo de ir à costureira buscar estas roupas. Ainda bem que posso contar com você.

— Ora, mamãe, sabe que sim. Quando precisar novamente, farei de bom grado.

— Filho, você é maravilhoso.

— Pudera, mamãe, eu só tenho você, somos uma família.

Ao dizer essas palavras, Alberto saiu em direção ao quarto. Ao entrar, tirou os sapatos e deitou-se, porém não conseguia pensar em outra coisa que não fosse na costureira: "Casada ela não é, pois não usa aliança. É tão bonita que mais parece uma boneca de porcelana. Infelizmente, é pobre e não tem educação. Mas eu gostaria de vê-la outra vez. Pena que está tão judiada! É, Alberto, dê graças Deus por ser rico, pois a pobreza acaba com o ser humano". Colocando as mãos na cabeça, continuou: "É isso! Amanhã vou fazer a corte à costureira e conhecê-la melhor, tenho certeza de que não vai se negar a passear comigo de carro".

Passou o dia no quarto; estava de férias e não tinha preocupações. Saiu para almoçar, mas logo voltou, dando ordem à sua mãe para que não o chamassem, caso alguém telefonasse para ele. À noite, dormiu tranquilamente e sonhou que estava diante da casa de Lucinda conversando com ela.

No dia seguinte, ao chegar à casa dela, bateu palmas e a moça o atendeu. Surpresa pela visita inusitada àquela hora da manhã, foi logo perguntando:

— Sua mãe não gostou do conjunto que eu lhe fiz? — perguntou preocupada.

— Não é isso! — respondeu ele sem jeito. — Ela gostou, e muito. Eu também gostei e vim saber se você faz calças para homens — inventou de supetão.

A moça, sem imaginar que se tratava de uma desculpa, respondeu:

— Bem, eu sei fazer, mas não costumo costurar para homens; afinal, o que diria a vizinhança se visse homens entrando na casa de uma mulher solteira?

— Você é solteira? — perguntou Alberto antegozando a vitória pela conquista; afinal, tudo o que ele queria, ele conseguia.

— Sim. Por tudo isso, não vou poder atendê-lo!

— É uma pena. Mamãe experimentou o conjunto e ficou muito bonito para ela. Você costura muito bem.

— Obrigada — respondeu embevecida. — Sinto muito por não poder atendê-lo.

— Realmente é uma pena, mas fazer o quê, infelizmente as pessoas do interior são tão fofoqueiras que se esquecem da própria vida.

Lucinda riu das palavras dele e notou que ele a olhava firmemente nos olhos enquanto falava. Ele sentia o coração enternecido. Sem jeito, ela disse:

— Desculpe, mais uma vez, mas tenho de entrar. Tenho muito trabalho a fazer e, infelizmente, na cidade não há alfaiates.

— É, você tem razão, há somente na capital. Trabalho em São Paulo e gostaria muito de voltar das minhas férias com calças novas.

Lucinda sorriu e se despediu. Rodopiando nos calcanhares, entrou para o interior da casa, preocupada com as costuras que tinha de entregar ainda naquele dia.

Alberto não sabia o que estava sentindo, mas logo admitiu que a moça era diferente de todas as que já conhecera: era simples e bonita, e ao mesmo tempo que era doce, tinha algo de selvagem no olhar. Era uma moça misteriosa. O moço chegou à casa e encontrou a mãe procurando uma receita de torta holandesa. À noite, receberia a família Albuquerque e queria oferecer o melhor. Ao ver o filho, perguntou:

— Beto, onde esteve?

— Saí para comprar um jornal.

— Mas cadê o jornal que não estou vendo?

— Ora, mamãe, já havia acabado.

— Então, venha tomar café.

— Não, mamãe, tomei antes de você; portanto, deixe-me voltar ao meu quarto, preciso descansar.

— Está bem, meu filho. Se continuar nessa preguiça, vai sofrer quando voltar ao trabalho.

— Não se preocupe, sei me cuidar.

Alberto seguiu em direção ao seu quarto e deparou com a empregada terminando de arrumá-lo. Com educação, perguntou:

— Rita, vai demorar muito para passar o aspirador?

— Não, dr. Alberto, estou terminando.

— Então amanhã você termina.

— Sim, senhor. Mas se for sair me avise para que eu termine meu trabalho ainda hoje.

Rita saiu do quarto insatisfeita, pois queria terminar o trabalho. Alberto percebeu a contrariedade no seu rosto, mas não disse nada. Queria ficar sozinho pensando em uma forma de se aproximar de Lucinda. Foi quando pensou: "Essa moça deve sair de casa, com certeza vai à igreja ou à alguma lanchonete".

Passadas algumas horas, foi à cozinha conversar com a mãe. Abraçou-a e disse:

— Garanto que essa torta vai ficar uma delícia, ainda mais feita por você.

— Ora, Beto, deixe de ser bajulador. É uma torta simples, mas muito gostosa.

— Então, o que eu disse?

— É, meu filho, os Albuquerque vão trazer Regina, a filha. Quem sabe você não se apaixona e se casa? Eles são tão finos, eu faria gosto no casamento!

— Mamãe, não tenha tanta confiança assim! Sabe o que penso sobre casamento, e isso não está em meus planos.

— Mas, filho, você precisa se casar. Um homem precisa de uma esposa, aliás você já não é nenhuma criança! Quando eu morrer, você deverá se amparar em uma bela jovem.

— Deixa de fazer drama, mamãe. Você não vai morrer e eu não vou me casar. Moças, para mim, são só para diversão.

— Filho, a vida não é só isso. Talvez, quando quiser alguém seja tarde demais. E eu quero ver minha casa cheia de crianças.

— Então você deveria ter tido mais filhos, pois comigo a senhora não terá essa alegria.

— Você diz isso porque nunca se apaixonou. Quando isso acontecer, será tudo tão rápido como uma chuva de verão: conhecerá e logo se casará.

— Ora, mamãe! Não acredito nessas coisas. Deixe de fantasiar. Mamãe, diga-me uma coisa, aquela costureira que costura para você é solteira por quê?

— Bem, pelo que ela me disse, a mãe morreu quando ela ainda era criança. Ela cuidou dos irmãos menores e do pai, que teve cirrose, e não teve tempo de pensar em si mesma.

— Quantos anos acha que ela tem, mamãe?

— Disse que tem trinta e seis anos.

— Então é uma moça virtuosa?

— Alberto! Olha o que está pensando! Gosto muito de Lucinda, mas não gostaria de ter você envolvido com ela; portanto, deixe-a fora de sua agenda, pois o conheço muito bem: é tão mulherengo quanto seu pai.

— Não é nada disso, mamãe! — mentiu ele. — Fiquei com pena dela, vive tão pobremente!

— Fazer o quê se a vida é ingrata: para uns, dá tudo do bom e do melhor; para outros, mal dá o pão! — ajuntou Jacira com pena da moça.

— Mas, mamãe, você não aprendeu na igreja que deve ajudar os menos favorecidos?

— Aonde você quer chegar, Alberto?

— Não estou querendo chegar a lugar algum, mamãe. Já tenho muitas mulheres aos meus pés, e tenha certeza de que jamais iria me aproximar de uma *costureirazinha*.

— Acho bom! Você me traria muitos desgostos envolvendo-se com uma moça que não pertence à nossa classe social.

— Mamãe, você está se esquecendo de um detalhe que faz toda a diferença: não vou me deixar levar por ninguém, nem mesmo pela mais rica moça.

— Bem, se é assim, prefiro acreditar em você.

Alberto se afastou da mãe, enclausurando-se no quarto. Já deitado em sua cama, ele pensava em Lucinda. Não aceitava que estava encantado por ela.

ಣಣ

Lucinda, debruçada sobre sua máquina de costura, confeccionava a roupa de uma moça que iria ao baile no próximo fim de semana. Contudo, não conseguia esquecer o rosto de Alberto. Não conseguia identificar seus sentimentos, mas tinha certeza de que o conhecia.

Os dias se passaram e ela acabou esquecendo o filho de Jacira. Alberto, porém, continuou com os pensamentos fixos nela.

Um dia, resolveu estacionar seu carro nas proximidades para observá-la de longe.

Como ela nunca saía de casa, ele se cansou e resolveu contratar um detetive para vigiar os costumes da moça, saber aonde ia, com quem tinha amizades, se tinha namorado; enfim, queria saber tudo sobre a costureira que o fascinava cada dia mais.

E assim ele fez, foi à cidade vizinha e contratou Miguel, um homem que trabalhava com investigações havia mais de vinte anos.

Passados quinze dias de investigação, o detetive lhe informou que ela não saía de casa e que lá só entravam mulheres. Tinha amizade com uma senhora de idade e não tinha namorado.

Alberto ficou feliz em saber que Lucinda era uma moça séria e decidiu que a conquistaria. No dia seguinte, depois do relatório de Miguel, Alberto novamente foi à casa de Lucinda. Ao vê-la, sentiu o coração estremecer e falou:

— Lucinda, preciso falar com você.

— Comigo? O que aconteceu para que viesse até minha casa? — indagou preocupada.

— Bem, não sou homem de rodeios. Preciso dizer que desde que a vi pela primeira vez não consigo tirá-la de meus pensamentos. Por favor, deixe-me entrar para que possamos conversar tranquilamente.

— Está bem. Entre, mas não se demore, pois se alguém o vir aqui poderá interpretar mal.

— Não me importo com as pessoas — respondeu de maneira autoritária.

Eles entraram. Alberto estava com pena da situação da moça. Lucinda esperou que ele começasse a falar e o observou, comprovando o quanto ele era bonito.

— Desculpe vir até aqui, mas eu não consigo pensar em outra coisa que não seja você, acho que estou apaixonado.

— Por favor, Alberto! Como pode dizer uma coisa dessas se me viu somente duas vezes?

— Não sei — respondeu —, mas não consigo tirá-la de meu pensamento.

— Pois bem, mas isso jamais daria certo. Você é rico e eu sou uma simples costureira, que trabalha muito para sobreviver. Sou pobre, não tenho muito estudo e já sofri muito; portanto, o que espera de mim?

— Diga-me, você sente alguma coisa por mim? Pense para responder, pois se disser que não, juro que nunca mais vai me ver. Sairei agora por essa porta e desaparecerei.

— Se eu disser que não sinto nada estarei mentindo; mas saiba que sou pobre e, por esse motivo, tenho meus pés no chão. Um namoro entre nós traria muitos problemas. Sua mãe jamais aceitaria, pois me disse que quer que você se case com a filha dos Albuquerque, que é prendada, muito educada, estudou fora e fala oito idiomas. Eu não sou nada disso, tenho o ensino médio porque o fiz depois de adulta. Não tenho a classe que a sua mãe deseja. Sabemos que somos diferentes, você é rico e eu, pobre.

— Isso tudo eu já sei e confesso que não estou nem um pouco preocupado. Gosto de você e, se me aceitar, serei o homem mais feliz do mundo. Educação é apenas um detalhe das convenções sociais.

— Senhor Alberto...

— Senhor não, por favor, me chame de você e de Alberto.

— Está bem, Alberto. Como que, sendo tão importante, comandando uma grande fábrica de tecidos na capital, você pretende me levar aos lugares da moda, onde nem mesmo saberia como me comportar?

— Isso tudo eu lhe ensino. Por favor, aceite-me. Estou apaixonado por você.

— Não vou lhe responder agora, peço que volte outra hora para conversarmos.

— Não! Eu não costumo deixar para depois o que posso resolver hoje. É simples, diga sim ou não.

— Se eu disser que não gosto de você, estarei mentindo; mas não me sinto com estrutura para enfrentar os problemas que nossa atitude ocasionará.

— Não se importe com isso. Nosso amor vai lhe dar forças e eu estarei sempre ao seu lado. Lucinda, até hoje nenhuma mulher me fez sentir desse jeito.

Os dois se levantaram e, em segundos, ele a enlaçou e lhe deu um demorado e apaixonado beijo. Lucinda ficou feliz como nunca. Depois de algumas juras de amor, ele foi embora dizendo que voltaria no fim da tarde.

Alberto saiu da casa de Lucinda radiante de felicidade. Naquele beijo descobrira que realmente estava apaixonado por ela, e que ela era a primeira mulher que realmente mexera com seu coração. Decidiu que jamais iria se afastar dela. Quaisquer que fossem os problemas, ficaria com ela, não queria namorar uma moça mimada para fazer os gostos da mãe. Nesse dia, voltou para casa mais tarde, antes passou em uma loja de móveis e comprou um jogo de sofá, pois achou que Lucinda merecia. Encontrou a mãe dando algumas ordens ao jardineiro.

— Alberto! — gritou ela. — Onde esteve?

— Tive alguns negócios para resolver, mamãe. Mas não se preocupe, está tudo bem.

Alberto entrou correndo e foi direto para seu quarto. Olhando seu reflexo no espelho disse: "Alberto, você está amando, e o melhor de tudo é que ela também o ama; mas você, meu caro, tem de ser forte, pois quando Jacira souber tentará de tudo para acabar com isso! Mas até hoje em minha vida só apareceram mulheres fúteis e interesseiras. Agora que apareceu uma que realmente gosta de mim, não vou deixar ninguém atrapalhar!"

Deitado em sua cama, o rapaz começou a traçar planos para o futuro ao lado de Lucinda, que, apesar de simples, demonstrara ter muito caráter.

Esperança

LUCINDA FICOU PREOCUPADA, pois temia que Alberto descobrisse seu passado, quando foi obrigada a fazer programas para sobreviver. Lembrou-se de Ronaldo e, pela primeira vez, pensou no quanto fora ingênua acreditando nas palavras dele. Ela queria enterrar seu passado, por conta disso mudara de cidade e de vida. Lá, ninguém tinha nada a dizer que a desabonasse. A moça, porém, tinha consciência de que a orgulhosa Jacira faria de tudo para acabar com o namoro do filho. Mas sabia, também, que se ele a amasse de verdade enfrentaria tudo e todos. De repente, ouviu o som da campainha e foi atender.

— Por favor, é aqui que mora dona Lucinda?

— Sim, sou eu mesma. Por quê?

— Tenho uma entrega para a senhora.

— Entrega para mim?

— Sim, um jogo de sofá.

Lucinda, sem entender, deixou que os homens descarregassem o jogo de sofá. Aturdida, ela tirou as cadeiras da sala e arrumou os sofás no lugar. Não foi difícil descobrir o que já desconfiara, pois logo chegou o rapaz da floricultura com um maço de rosas vermelhas e um cartão. Lucinda pegou o envelope e leu:

Querida, perdoe-me a ousadia, mas como poderíamos namorar sem um sofá em sua sala? Espero que você tenha gostado. Te amo! Alberto.

Olhando para as rosas ela se emocionou, jamais alguém havia lhe dado tanto carinho. Temerosa pelas represálias que poderiam vir de Jacira, ela resolveu fazer segredo sobre seu namoro com Alberto.

O moço, por sua vez, fez o mesmo. Mas não escondia de ninguém que estava feliz. Já não saía mais com Rubens, seu melhor amigo, e todos os dias à tarde ia até a casa de Lucinda. Ambos ficavam sentados no sofá, conversando, trocando carícias... Mas Lucinda não deixava passar disso. Sabia que uma mulher fácil não tinha valor.

Alberto tentava dissuadi-la das costuras, pois dizia que poderia pagar o aluguel e todas as necessidades dela. Lucinda, porém, não queria ser mantida por um homem. Ele então desistiu, mas continuou mimando-a com presentes. Secador de cabelos, flores, joias; enfim, tudo o que ele via, logo se lembrava dela.

Um dia, ele contou a Rubens que estava namorando a costureira da mãe.

— O que você está me dizendo, Alberto! Está namorando uma moça sem classe? Só quero ver quando a velha Jacira de guerra descobrir. Lembra-se da vez que você se encantou pela moça do supermercado? Lembra-se de como sua mãe perseguiu a moça, fazendo-a até mesmo ser despedida? E depois você disse que não a amava, que ela era a moça que todo homem gostava de ter na cama? Por favor, amigo, não repita os mesmos erros, pelo que sei essa moça é muito honesta. Até minha mãe leva suas roupas para ela! E diz maravilhas dela.

— Sim, Rubens. Como poderia me esquecer de tanta maldade? Eu sempre soube que não estava apaixonado por Isabela e ainda descobri que ela também não me amava. Gostava do meu dinheiro e da minha posição. Mas lhe garanto que desta vez será diferente! E tem mais, Lucinda pode não ter tido a educação que tive, mas não é como as moças fúteis que conhecemos, que só pensam em besteiras.

— Mas, Alberto, a costureira trabalha para sobreviver, coitada! Por favor, amigo, deixe-a em paz. Você sabe do que sua mãe é capaz, se descobrir!

— Não estou interessado no que minha mãe vai fazer. Saiba que por Lucinda serei capaz de romper relações com minha mãe.

— Nossa! Então o negócio é sério mesmo, hein? Nunca pensei ouvir isso de você!

— É para você ver o quanto estou envolvido com Lucinda, que não é nenhuma menininha e sabe muito bem o que quer. Conversando com ela, percebi que preferia que eu fosse pobre e não filho de quem sou!

— Bem, meu amigo, já que é assim, a única coisa que posso lhe desejar é boa sorte! Você realmente precisará!

— Não preciso de sorte, Rubens! Preciso de um jeito para comandar a situação!

Rubens não disse mais nada. Conhecia muito bem o gênio forte de Jacira. Disfarçando, mudou de assunto.

ಬಿ

Jacira entrou no quarto de Alberto e viu um caderno de anotações na escrivaninha, ao lado do computador. Passou a folheá-lo e abriu em uma página que dizia o seguinte:

Meu amor, desde que a conheci não sou mais o mesmo, sinto sua falta, e às vezes até mesmo seu perfume. Procuro vê-la até mesmo em pensamento. Muitas vezes, sinto-me como um menino, feliz por ter ganhado um presente. O melhor presente: você. Te amo! Alberto.

Ao ler aquelas palavras, Jacira ficou feliz. Tinha certeza de que se tratava de Regina, filha de Albuquerque, um dos homens mais ricos da cidade vizinha. Ao sair do quarto, viu Rita no corredor e disse:

— Rita, logo teremos uma surpresa nesta casa.

— Como é, dona Jacira?

— É isso, Rita. Alberto está apaixonado, o que me deixa muito feliz. Desta vez, acredito que ele vai se casar.

— Não percebi nada, dona Jacira.

— Nem eu, mas li algumas anotações e vi que ele está apaixonado. E como Alberto nunca escreveu uma linha sequer sobre mulher alguma, tenho certeza de que se trata de Regina, a filha de Albuquerque.

— Se a senhora está feliz, isso é o que importa. Logo ele oficializará o namoro.

— Realmente. Mas não direi nada a Alberto. Esperarei que ele me conte quem é essa mulher que o encantou.

Saiu em direção ao jardim e viu quando o carro de Alberto chegou. Não se contendo, chamou-o:

— Meu filho, venha ver esta muda de rosas que comprei.

Alberto foi ao encontro dela e a beijou. Olhando para a roseira perguntou:

— Mamãe, é apenas uma muda, de que espécie é essa rosa?

— Príncipe negro. Dá uns botões vermelhos como sangue. São rosas para dar a uma mulher quando se está apaixonado.

— Mamãe, a senhora tem uma imaginação! Vejo que o tempo passou, mas a senhora continua romântica. Como papai dizia: uma romântica incorrigível.

— Deveras, meu filho. Toda mulher é romântica. Seu pai gostava disso, de modo que vivia me presenteando. Lembra-se de quando fizemos vinte e cinco anos de casados?

— Como que eu poderia esquecer, mamãe? Papai deu-lhe um ramalhete de rosas vermelhas com um anel de brilhantes dentro.

— Pois é, meu filho, quando você se apaixonar, nunca deixe de dar flores à sua amada, pois isso vai trazê-la para mais perto de você.

— Que ideia mamãe! Farei o que me aconselha, mas falta o principal: encontrar a dona de meu coração.

— Será que já não encontrou?

— Talvez, mãe. Mas quando tiver certeza, a senhora será a primeira a saber.

Alberto deu por encerrada a conversa e, beijando-a novamente no rosto, entrou na casa, indo direto ao seu quarto. Estirou-se na cama e ficou pensando em Lucinda. Achava que a conhecia de algum lugar, mas não sabia de onde. Pensava nela o tempo todo, e sentia que estava a cada dia mais apaixonado. Ela era a mulher de sua vida. Assim, pegou seu caderno de anotações e escreveu:

Quando olho no espelho,
Meu rosto se despedaça,
Vejo neles marcas que levo
E esse desgosto que não passa!

Amor... se há amor...
Não sei dizer com precisão
Mas conheci uma dama
Que encheu de luz meu coração.

Esta mulher é linda,
Tão qual o canto de um colibri,
Seu sorriso maravilhoso,
Tal como nunca antes vi.

Nada no mundo vai me separar,
De sua meiguice e de suas carícias,
Sinto que meu amor é puro;
Tratando-se de uma paixão antiga.

Mulher. Oh! Mulher bendita!
Que trouxe luz ao meu olhar,
Sou-lhe devoto de seu amor;
Que inspira o meu cantar!

Ao terminar, pensou: "Só posso me sentir assim, pois nunca antes me apaixonei, e agora que isso aconteceu não vou deixar que ninguém estrague nossa felicidade. Eu a amo, assim como ela me ama e vamos ficar juntos, nem que para isso tenhamos de mover céus e terra. Eu a quero, e o melhor de tudo é que já tenho seu amor. Engraçado, sempre vi as mulheres como objeto sexual, mas com Lucinda é diferente, meu amor está acima de um colóquio amoroso. Para mim, ela é como uma santa que está num patamar bem mais elevado que eu".

Alberto colocou uma música e continuou pensando em Lucinda por mais alguns instantes. Ouviu algumas batidas na porta. Sua mãe pediu licença, entrou e disse:

— Meu filho, o que está acontecendo com você? Acho que está apaixonado. Nunca gostou de ouvir músicas melosas.

— Por favor, mamãe! Será que eu não posso ficar tranquilo em meu próprio quarto?

— Veja lá como fala comigo, Alberto. Só fiz um comentário, e não vejo por que você se irritar dessa maneira. Se está apaixonado, o que tem isso de mais?

— Desculpe, mamãe. Agi mal, talvez a senhora tenha razão, acho que estou realmente apaixonado.

— Mas então, filho, diga-me de quem se trata?

— Mamãe, quando chegar a hora certa, eu vou lhe contar; agora, peço que me deixe sozinho.

— Ah! Meu filho! Pelo jeito você está sofrendo. Se é um amor não correspondido, essa moça não sabe o que está perdendo, pois além de bonito, você é rico. O que mais uma mulher pode querer?

— Mamãe, a senhora não existe. Espero que ela também ache isso tudo de mim.

— Quem é ela, meu filho?

Alberto empalideceu e, gaguejando, respondeu:

— Mamãe, não vou dizer o nome dela, pois não tenho certeza se ela me ama, mas quando tiver essa certeza, vou lhe contar.

— Só espero que seja uma moça das nossas relações. Não suportaria entregar meu único filho a uma morta de fome.

— Deixe de ser preconceituosa, mamãe. Se algum dia eu gostar de uma moça pobre, saiba que não vou me incomodar com as convenções sociais. Para mim, o mais importante é o amor.

— Então ela é pobre?

— Eu não disse isso. Apenas disse que não me importo com a posição social, e espero que quando escolher uma mulher para ser minha esposa, a senhora não venha com objeções.

— Está bem, filho. Mas saiba que eu o criei da melhor forma e espero que você reconheça isso ao escolher uma moça para se casar.

Jacira saiu do quarto do filho inquieta e pensando: "Ele disse que está apaixonado e que não se incomoda com a posição social da moça. Vou descobrir aonde ele vai todas as tardes, pedirei a José Carlos que o siga, e descobrirei quem é a moça. Darei uma boa soma de dinheiro a ela para que vá embora de uma vez daqui e deixe meu filho em paz. Caso seja rica, vou conquistá-la, para que ele se case logo e me dê netos".

Jacira chamou o motorista e ordenou:

— José Carlos, quero que você me faça um favor.

— É só dizer, dona Jacira, farei com todo gosto.

— Quero que você siga Alberto discretamente e descubra quem é a mulher com quem ele anda se encontrando. Saiba que esse serviço eu pagarei à parte.

— Sim senhora, dona Jacira!

— Muito bem, peço-lhe discrição. Não quero que ele fique sabendo; portanto, todo cuidado é pouco.

— E quando devo começar, dona Jacira?

— Hoje mesmo. Alberto está saindo todas as tardes dizendo que vai ao clube.

— Mas, dona Jacira, não poderei entrar no clube. É só para sócios, e eu não sou sócio.

— Fique do lado de fora e veja se ele sai com alguma mulher.

— Sim, senhora.

O dia transcorreu tranquilamente, mas Alberto percebeu que a mãe estava desconfiada sobre a posição da mulher que ele estava namorando. Assim, resolveu tomar mais cuidado. Decidiu que naquela tarde não iria à casa de Lucinda, pois a mãe estava muito quieta. Com certeza, estava arquitetando algum plano para descobrir quem era sua namorada.

Passaram-se dois dias sem que Alberto fosse à casa de Lucinda. A moça, por falta de notícias, ficou preocupada. Pensou que ele não quisesse nada sério com ela, mas no fim da tarde daquela sexta-feira, ele chegou carregando um ramalhete de rosas. Feliz, ela enlaçou seu pescoço e deu-lhe um gostoso beijo.

Alberto lhe contou o que estava acontecendo, e Lucinda, preocupada, disse:

— Alberto, o que vai ser de nós se ela descobrir?

— Não se preocupe. Ela vai descobrir cedo ou tarde, mas não tema, pois eu vou enfrentá-la e me casarei com você. Agora que conheço o amor, ninguém vai me afastar de você, querida.

Lucinda, beijando-o mais uma vez, pegou em sua mão e o levou ao quarto, onde os dois se amaram. Ao sair da casa, ele viu o carro de Jacira estacionado na esquina. Entrou em seu automóvel e alcançou o motorista.

— José Carlos? O que faz aqui? Já sei, minha mãe mandou você me seguir, não é?

— Sim — respondeu o motorista atônito —, ela está preocupada com o senhor e pediu para que eu cuidasse de sua segurança.

— Diga a verdade, José Carlos! Por que está me espionando?

— Bem, sua mãe quer saber quem é sua namorada.

— O que ela pensa que sou? Já tenho idade suficiente para cuidar de mim. Não preciso que um imbecil como você fique vigiando meus passos!

— Por favor, dr. Alberto, só fiz o que ela mandou. Não se zangue comigo.

— Está bem, mas você não vai contar a ela. Vai lhe dizer que eu estive no clube com Rubens e que não havia mulher alguma.

— Sim, senhor, farei isso. Mas temo que ela descubra e me mande embora. Tenho três filhos e dependo deste trabalho para sustentá-los.

— Não se preocupe. Estou namorando a costureira e a amo, pretendo contar à mamãe no momento certo.

— Sim, senhor.

Alberto chegou em casa antes de José Carlos. A mãe estava sentada na sala lendo uma revista de moda. Depois de beijá-la, ele pediu licença e foi para seu quarto dizendo-se cansado. Jacira fingiu indiferença e logo ouviu José Carlos chegando. Foi até a varanda e o encontrou fechando o carro. Perguntou:

— E então? Descobriu alguma coisa?

— Não, senhora, Alberto foi ao clube com aquele amigo dele, seu Rubens. Depois saíram e ficaram conversando em uma lanchonete.

— Só isso? Não me conformo, Alberto está apaixonado, disso eu tenho certeza!

— Seja como for, senhora, hoje ele não se encontrou com mulher nenhuma.

— Eu confio em você, José Carlos, caso contrário não pediria que fizesse esse tipo de trabalho para mim.

Enquanto isso, Alberto estava no quarto sentindo muita raiva da mãe. Achava que ela tinha de aprender a gostar das pessoas por suas qualidades, e não pela posição social. Lucinda era uma mulher honesta e não era fútil como muitas mulheres que conhecera.

Investigação

JACIRA FICOU CISMADA. Não tinha dúvida de que Alberto estava apaixonado, não acreditou que ele estivera somente com Rubens no clube, e novamente foi procurar José Carlos. Encontrou-o polindo o carro e sutilmente disse:

— José Carlos, diga-me a verdade, Alberto não estava com Rubens, não é mesmo?

— Claro que estava, dona Jacira. Eu mesmo vi quando ele saiu com o seu Rubens e se encaminhou para a lanchonete.

— Sei. Então a mulher por quem Alberto está apaixonado não é daqui, deve ser de São Paulo. Portanto, não tenho com o que me preocupar, na capital ele só tem envolvimento com pessoas da nossa classe.

— Eu também acredito nisso, dona Jacira, a senhora não tem com o que se preocupar.

— Mesmo assim, quero que continue a vigiá-lo para que eu fique tranquila.

— Sim senhora, dona Jacira! Farei isso, e qualquer coisa lhe digo.

Jacira deixou o motorista e voltou para o interior da casa. José Carlos continuou seu trabalho, pensando: "Meu Deus, o que farei caso dona Jacira descubra que ele está envolvido com a costureira? Não tenho culpa; afinal, sou pago para levá-la onde quiser, e não para ser babá de homem feito; não quero saber de confusão, vou falar com o doutor Alberto".

Duas horas depois, Alberto saiu para se encontrar com Rubens. Iriam jogar pôquer. José Carlos seguindo-o, emparelhou o carro com o dele e pediu que ele parasse. Alberto estacionou e, saindo do carro, questionou:

— José Carlos, o que aconteceu?

— Preciso falar com o senhor! Sua mãe me pediu informações sobre sua saída.

— E você não disse nada, não é, José Carlos?

— Claro que não! Mas ela está desconfiada. Se descobrir quem é a mulher misteriosa, vai me despedir.

— Fique tranquilo, eu não farei nada que o prejudique, acalme-se.

— Mas como? Quando sua mãe descobrir sobre a tal namorada, vai me mandar embora. Estou lhe pedindo que faça alguma coisa, caso contrário serei obrigado a contar-lhe a verdade.

— Já disse que nada vai lhe acontecer; portanto, acalme-se, homem. Vou dar um jeito de contar à minha mãe.

— Se o senhor contar, ela saberá que eu o estava encobrindo. E ela não tolera mentiras.

— Bem, eu sei. Mas ela está se saindo uma bela mentirosa, pois quando chego, ela finge que não está acontecendo nada.

Tomei uma decisão, na semana que vem voltarei para São Paulo e vou levar Lucinda comigo. Assim minha mãe nada saberá e contarei somente depois que me casar com ela.

— Estou confiando no senhor, mas saiba que não vou me prejudicar nem pelo senhor, nem por ninguém. Sou pobre, tenho filhos, pago aluguel. Minhas responsabilidades são muitas; portanto, pense bem no que vai fazer.

— Sou um homem que lidera uma empresa, acha que não sei comandar minha própria vida? Sei o que estou fazendo, nunca amei mulher nenhuma, e agora que amo não será minha mãe que vai atrapalhar minha felicidade.

— Está bem, o senhor é quem sabe, mas não me envolva nos problemas de sua família.

— Está bem, José Carlos. Não vou atrapalhar sua vida, mas lembre-se de que sei de seu envolvimento com Rita, e se isso chegar aos ouvidos de sua esposa, você estará em maus lençóis.

— O quê? Rita e eu somos colegas de trabalho.

— Não é o que parece. Saiba que naquele dia em que ela estava na lavanderia, vi quando você a beijou, e que eu saiba colegas de trabalho não ficam se beijando na boca. Portanto, de uma vez por todas, não sou homem de estragar a vida de ninguém, mas não se meta na minha vida. E tem mais, vamos voltar para casa. Temos uma conversa séria para tratar com dona Jacira.

— O que o senhor vai fazer?

— Você verá!

Alberto entrou primeiro na garagem, seguido por José Carlos logo atrás.

— Mamãe! Onde você está?

— Estou aqui, meu filho.

— Mamãe, chega! Não aguento mais isso! Pare de me tratar como se eu tivesse catorze anos de idade, sou um homem feito, e espero que respeite isso!

— Do que você está falando?

— Do quê? Você mandou José Carlos me seguir! Pare com isso. Saiba que estou apaixonado, mas ainda não é hora de conhecer a moça.

— Mas eu não mandei ninguém segui-lo!

— Mandou, sim! Eu já havia percebido, mas fingi que não vi nada. Agora foi demais, não posso nem ir à casa de Rubens para jogar pôquer que José Carlos está lá, feito cão de guarda?

— Está havendo um equívoco, meu filho! Não mandei José Carlos ir atrás de você. Jamais faria isso, você é meu filho, e não minha propriedade.

— Isso mesmo! Sou seu filho e tenho minha própria vida. Se eu pegar, mais uma vez, o motorista me vigiando, vou acabar com o seu carro!

— Mas, filho, você precisa acreditar em mim. Talvez o acaso tenha feito você encontrar José Carlos, mas isso não quer dizer que ele o estivesse seguindo.

— Bem, já lhe avisei: não quero ninguém atrás de mim. Sou adulto e sei cuidar de minha própria vida. Portanto, deixe-me em paz! Sou um homem, e não um moleque! E tem mais, a mulher que eu escolher para ser minha esposa nada terá a ver com a senhora!

Alberto saiu e Jacira foi procurar José Carlos. Percebeu que ele havia ouvido a gritaria entre eles, e nervosa perguntou:

— José Carlos, como você foi cometer um erro desses? Não lhe pedi para ser discreto?

— Sim senhora, dona Jacira. Eu me mantive a distância, mas a senhora sabe como a cidade é pequena! Ele me esperou e ainda me deu uma bronca.

— Estúpido! Não devia ter confiado em você!

— Desculpe, senhora, mas não pude fazer nada. Ele conhece o carro da senhora, e não é bobo.

— Sim, isso eu sei! Não o siga mais, preciso pensar em alguma coisa para descobrir a misteriosa mulher com quem ele está se encontrando. Aliás, devo esquecer esse assunto, pois logo suas férias terminam e ele vai precisar cuidar dos negócios da família na capital.

— Olhe, dona Jacira, não fui contratado para ser babá de homem barbado, e depois, fiz tudo como me pediu. Acredito que ele já estava desconfiado de que a senhora faria isso. A senhora vai me despedir, dona Jacira?

— Também não é para tanto. Você sempre me foi fiel. Sei reconhecer isso. Foi apenas um erro e eu aceito suas desculpas — disse isso e se retirou.

Na hora do jantar, Jacira, percebendo que o filho estava ressentido, tentou contornar a situação:

— Alberto, você está bem?

— Sim, dona Jacira! Estava no quarto porque ali você não pode me vigiar. Não sabe se colocar em seu lugar e esquece que sou um homem de quase quarenta anos, que já deixou de ser um moleque há muito tempo?

— Credo, Alberto! Você nunca falou comigo nesse tom!

— Que tom, mamãe?

— Nesse tom de deboche. Saiba que eu ainda sou sua mãe. Quer saber mais? Realmente mandei que José Carlos ficasse de olho em você, não quero vê-lo metido com essas vagabundas interesseiras. Todas sabem que você é bonito e rico, dois pontos importantes para atrair esse tipo de mulher.

— Mamãe, chega! Saiba que eu não sou menino e sei muito bem o que estou fazendo, mulher nenhuma me engana, vivo na capital e já me envolvi com muitas delas. Estou apaixonado e não é por uma vagabunda interesseira. Ela só está comigo porque insisti muito. Eu a amo e ela me ama; portanto, não vou me deixar levar pelo seu conceito. Sou homem o suficiente para arranjar uma mulher decente. Pare de me tratar como se eu fosse retardado!

— Então você não nega que está envolvido com uma mulher de classe baixa?

— De maneira alguma. Realmente ela não é rica, mas tem um tesouro muito maior que o nosso: os bons sentimentos.

— Então você quer dizer que está apaixonado por uma moça pobre e sem berço?

— Pobre sim, mas a educação é tão esmerada quanto a minha. Ela é bonita, inteligente e, antes de qualquer outra coisa, é gente. Eu a amo, nem você, nem ninguém vai me afastar dela. Está entendendo, mamãe? Caso tente algo, vai se arrepender para o resto da vida, pois vou desprezá-la até seu último dia de vida!

— Alberto! Quem é essa mulher? Preciso saber, ainda é meu filho e me deve explicações.

— Não se preocupe, no tempo certo você saberá. Pretendo me casar com ela; afinal, quando papai se casou com a senhora, pelo que sei, a senhora também era pobre, nem por isso ele a achou interesseira.

— Ora, Alberto, não faça comparações, realmente seu pai era um homem rico, mas eu não me casei com ele por interesse. Foi por amor, e nós sempre nos demos muito bem.

— Então, mamãe, como a senhora já foi pobre, deve saber que nem todas as mulheres são interesseiras; e a moça pela qual estou apaixonado, é como a senhora, me ama acima de qualquer coisa.

— Então me diga, Alberto, quem é ela?

— Não direi nada agora.

— Alberto! Diga-me quem é a pistoleira!

— Está vendo, mamãe, não dá para conversar com a senhora. Percebo que nunca foi minha amiga, pois se fosse não estaria se referindo à moça dessa maneira. Ela não é rica, mas é tudo o que sempre desejei neste mundo; e, para acrescentar, estou pretendendo me casar com ela, com o seu consentimento ou não!

— Bem, se for uma mulher que eu desaprove, prefiro-o morto a ver nosso patrimônio entregue nas mãos de uma messalina qualquer!

— Não vou permitir que se intrometa em minha vida. Não quero mais falar sobre isso, apenas quero jantar tranquilamente, sem interrupções.

— Eu sempre soube que uma mulher pode destruir um homem. É uma pena que você não esteja enxergando isso. Quando perceber, não diga que não avisei!

— Chega! Sou um homem! Sei muito bem o que estou fazendo e conheço muito bem a mulher por quem me apaixonei! Ela é sincera. Não é como aquelas mulheres fúteis da capital.

— Está bem, Alberto. Não voltarei a tocar nesse assunto com você. Espero que tenha a hombridade de não trazê-la aqui, pois não será bem recebida.

— Conversar com a senhora não dá, vou sair!

— Aonde vai?

— Vou comer qualquer coisa na rua, pois a convivência com a senhora está insuportável!

Depois que ele saiu, Jacira olhou para a mesa e chamou Rita para recolher as coisas. Ela perdera a fome. Inconformada, Jacira ficou se perguntando quem era aquela mulher que mexera com a cabeça do filho, que sempre fora obediente e fizera tudo o que ela queria. Naquele instante, decidiu que descobriria quem era a mulher misteriosa e que moveria céus e terra para que ela ficasse longe de Alberto e de sua casa. Com esses pensamentos, sentiu um ódio violento brotar no coração e, dando um soco na mesa, gritou:

— Maldita! Mil vezes maldita a mulher que está colocando meu filho contra mim!

Jacira não percebeu, mas sombras escuras estavam envolvendo seus pensamentos, a ponto de ela sentir ódio pela amada do filho. Depois de pensar mais um pouco, disse:

— Essa pistoleira não vai dar o golpe do baú no meu filho. Vou descobrir quem é ela!

Enquanto pensava na amada de Alberto com rancor, uma das sombras disse em seu ouvido:

— Aperte o motorista, ele sabe quem é ela. Depois, mande-o embora.

Jacira não ouviu a voz, mas aceitou a ideia como se fosse sua. Imediatamente, mandou chamar João Carlos, mas ele já havia ido embora.

Naquela noite, Jacira quase não dormiu. Ouviu quando o carro do filho chegou, mas não se atreveu a levantar. Mal esperava que o dia chegasse logo para interrogar o motorista.

Alberto saíra e fora na casa de Lucinda. Encontrou-a costurando, pois havia um baile no fim de semana e ela tinha de confeccionar algumas encomendas. Quando ele chegou, ela perguntou:

— Alberto, o que houve para você vir aqui uma hora dessas?

— Lucinda, você me ama?

— Que pergunta mais estranha, Alberto! É lógico que sim, eu o amo como nunca amei ninguém em minha vida.

— Então, abrace-me.

Lucinda apertou-o de encontro ao peito e deu-lhe um suave beijo. Ele se acalmou e lhe contou o que estava acontecendo, inclusive a discussão com a mãe na hora do jantar.

— Alberto, eu o amo, mas não quero vê-lo triste. Se for para o seu bem, podemos terminar nosso namoro! Prefiro vê-lo feliz com outra a infeliz ao meu lado!

— Nunca mais repita isso! Como serei feliz com outra, se é você quem amo?

— Mas sua mãe tem razão, não sou do seu meio social, tampouco tenho a sua instrução! E, além de tudo, não tenho nada, sou apenas uma costureira que mal tem onde colocar a cabeça. Será que isso não é apenas um aviso para colocarmos um ponto final no nosso namoro?

— Isso não! Eu nunca senti por mulher nenhuma o que sinto por você. Portanto, minha mãe vai ter de aceitá-la, se não terá de esquecer que teve um filho!

— Mas ela é sua mãe!

— Sim, é minha mãe, mas não minha dona! Tenho trinta e sete anos e não permitirei que ela se intrometa em minha vida. Quer saber? Pretendo me casar com você com ou sem o consentimento dela.

— Olhe, Alberto, se tem coisas que não se pode esconder é casamento, nascimento e morte! Não teremos como esconder de sua mãe que nos casamos!

— Se você quiser, amanhã mesmo viajo para São Paulo e podemos nos casar lá.

— Como assim?

— Levo seus documentos e marco a data! Próximo à data, você vai ao meu encontro. Não faremos festa e você será minha esposa pela lei dos homens. Minha mãe nem ficará sabendo.

Lucinda ficou em silêncio, sabia que ter Jacira como freguesa era uma coisa, mas tê-la como sogra seria bem diferente. Dessa maneira, decidiu contar a sua vida para Alberto, pois não queria enganá-lo de modo algum.

— Meu amor, por que você ficou muda de repente? Não quer se casar comigo?

— Não é isso, Alberto, é que eu não mereço seu amor.

Alberto abraçou-a ternamente e ela chorou. Depois de alguns instantes, ele perguntou:

— O que há de tão grave que não sei?

Lucinda fez um ar de mistério e começou a lhe contar tudo, sem esquecer nenhum detalhe. Contou-lhe sua vida desde a infância até quando resolveu trabalhar na capital, a maneira como conheceu Ronaldo, como ele a iludiu e como a colocou para se prostituir.

Alberto ouviu tudo atônito. Depois que ela terminou, derramando uma torrente de lágrimas, ele ficou em silêncio. Lucinda, olhando nos olhos dele, disse em tom humilde:

— Alberto, talvez sua mãe esteja certa, não sou moça para você. Minha vida foi um mar de sofrimento, e você merece uma mulher que esteja à sua altura. Fui deflorada ainda criança e depois caí na conversa de um sem-vergonha que jogou meu nome na lama.

Alberto continuou em silêncio. Com um nó na garganta, procurou palavras para dizer, mas sua cabeça estava em torvelinho. Não sabia o que pensar.

— Alberto, é melhor ir embora e esquecer que me conheceu. Sou uma perdida e você merece coisa melhor.

Sem nada dizer, ele se levantou e foi embora, deixando-a chorando. Alberto entrou em seu carro ainda atordoado com o que ouvira. Saindo com o carro a toda velocidade foi em direção a uma estrada deserta, onde ninguém pudesse vê-lo, e começou a remoer tudo o que ouvira. Ele dizia a si mesmo: "Mas se ela é uma perdida, posso desfrutar de seus prazeres e pagar-lhe; afinal, essa era sua profissão! E ainda vem posar de santa em minha cidade para enganar tolos como eu?". Depois se contradizia: "Mas não posso agir assim, eu a amo e a quero para mim, ela não tem culpa de ter tido um pai cafajeste e depois ter encontrado outro! Ela não é uma mulher de má índole. Meu Deus, ajude-me. Eu a amo como nunca amei uma mulher. Mas como viver com uma mulher que já foi prostituta e amante do próprio pai?".

Alberto não percebeu, mas uma figura de homem se fez presente e, com as mãos espalmadas sobre sua cabeça, disse:

— Meu filho, quem somos nós para não perdoar? Ela foi obrigada a se deitar com o pai e depois foi ingênua por ter confiado em um estranho. Lembre-se, meu filho, do caso de Maria Madalena, que estava se prostituindo quando os homens se reuniram para apedrejá-la. Escondendo-se atrás de Jesus, ela pediu auxílio, e nosso divino mestre disse em tom amistoso: "Aquele que não tiver pecado que atire a primeira pedra", portanto, seja feliz ao lado dela, que conseguiu dar a volta por cima e recomeçar a vida de forma honesta. Perdoe e seja feliz.

O moço sentiu um bem-estar e sua cabeça parou de girar. Disse a si mesmo: "Como posso condená-la, se ela foi a maior vítima de toda essa trama sórdida?". Ao mesmo tempo em que pensava nisso, seus pensamentos imaginavam-na em outros braços, satisfazendo homens imprestáveis. A entidade continuou dizendo suavemente:

— Meu filho, quem ama perdoa, se você a ama realmente, vai perdoá-la, caso contrário desista dessa moça e deixe-a levar sua vida em paz.

Alberto, pensou: "Não posso desistir da única coisa boa que me aconteceu na vida. Afinal, o que passou, passou, não conta mais. O importante é que ela me ama e me respeita.

Ao chegar à sua casa, encontrou a mãe conversando com José Carlos. Entrou sem que ela percebesse e ouviu um trecho da conversa.

— Olhe aqui, José Carlos, sei que você sabe quem é essa mulher com quem Alberto anda se encontrando; portanto, diga-me ou o ponho no olho da rua!

— Não sei de nada, dona Jacira! Segui o sr. Alberto, como a senhora me pediu, mas não o vi com mulher alguma, chego até a acreditar que não há nenhuma mulher.

— José Carlos, deixe de pensar que sou alguma idiota. Sei que Alberto, percebendo que você o estava seguindo, proibiu-o de falar, mas é melhor me contar a verdade ou está despedido.

Alberto sentiu grande revolta e, num ímpeto de ira, entrou no recinto e gritou:

— Olhe aqui, dona Jacira, deixe-o em paz. Ele não sabe nada de minha vida, e tem mais, se quer saber quem é a mulher que amo, vou lhe dizer: é Lucinda!

— O quê?! Aquela costureirazinha?

— Sim, mamãe. Ela mesma. Saiba que vamos nos casar com ou sem seu consentimento!

— José Carlos, por favor, saia. Preciso conversar com Alberto.

Assim, teve início uma tensa discussão entre mãe e filho. Jacira não se conformava com o que o filho lhe contou, e continuou:

— Alberto, você não deve discutir comigo por causa de uma mulherzinha qualquer, se quer diversão eu concordo, mas não aceitarei que se casem.

— Aceite ou não, eu já decidi, vou me casar com ela, e saiba que ela é a mulher mais importante da minha vida.

— É mais importante que eu?

— Não inverta as coisas, mamãe. Preciso me casar e sempre disse que só me casaria se me apaixonasse.

— Mas, filho, há tantas moças de sua classe social que são belíssimas e dariam tudo para se casar com você! Por que você vai me dar esse desgosto de se casar com uma qualquer?

— Ela não é uma qualquer, mamãe. Todas as moças às quais se refere são fúteis e vazias. Lucinda é diferente, é maravilhosamente sincera e não é ambiciosa como a maioria das mulheres que encontrei, ela me ama pelo que eu sou, e não pelo que tenho.

— Duvido! Se você fosse um qualquer ela não estaria nem aí para você.

— É aí que a senhora se engana, minha mãe. Ela preferia que eu não tivesse nada para vivermos em paz. Sempre diz que minha situação financeira não tem importância alguma.

— Está bem, Alberto. Não vamos mais discutir. Se quer se casar com uma pistoleira, o problema não é meu, mas saiba que não aceitarei essa miserável em nossa casa.

— Não se preocupe, mamãe, vamos nos casar e morar na capital.

Jacira, perplexa, sentou-se em uma cadeira, pois nunca ouvira o filho falar daquela maneira com ela.

Alberto saiu da sala e trancou-se no quarto, não estava disposto a ver ninguém.

Indagações

DEPOIS QUE ALBERTO SAIU, Lucinda ficou sentada no sofá. Suas lágrimas pareciam intermináveis, e ela dizia em tom de revolta: "Meu Deus, por que tive de sofrer tanto neste mundo? Por que alguns vêm para ser felizes enquanto outros somente para sofrer? Nunca fui amada por ninguém! Agora que conheci um homem que me ama, perco-o por um passado sujo, do qual sinto vergonha!". Chorando, ela não viu uma entidade que se fez presente e que, passando as mãos em seus cabelos, disse com suavidade:

— Não chore, minha filha, você ainda será muito feliz. Esse homem a ama verdadeiramente e não vai levar em consideração o seu passado. Espere que ele voltará e continuará a lhe propor casamento.

Depois de muito chorar, acomodou-se no sofá e adormeceu.

Alberto, trancado em seu quarto, estava com o coração despedaçado diante da confissão de Lucinda, mas também estava resolvido a se casar com ela, mesmo com a oposição da mãe. Assim também adormeceu e sonhou que estava diante da casa de Lucinda. Ao vê-lo, ela saiu em sua direção e lhe disse:

— Alberto! Pensei que não viesse mais me procurar depois de tudo o que lhe contei.

— Realmente, Lucinda, pensei em não mais voltar, mas saiba que a amo e quero ficar com você, independentemente do seu passado. Eu a amo e não vou deixar que o amor passe pela minha vida sem vivê-lo.

— Eu tive tanto medo, meu amor! Prometa-me que não vai me deixar, apesar de tudo o que aconteceu em minha vida.

— Sim, meu amor, eu juro!

Alberto acordou sobressaltado, estava suando, apesar da temperatura amena. Com o coração aos saltos, lembrou-se do sonho e se pôs a pensar nas vezes em que ambos se entregaram ao amor, e disse em voz alta:

— Por que estou fazendo tanto drama? Das muitas namoradas que tive, sempre soube que nenhuma era santa, e mesmo assim se faziam de boazinhas somente para me enlaçar. Nunca amei mulher nenhuma. Para mim, mulher era somente uma referência para diversão. Agora é diferente, além disso ela foi sincera ao me contar sua vida. Hoje é uma mulher honesta, que me ama, creio que não devo abrir mão da felicidade por causa de um passado que, graças a Deus, não voltará. Seria tolice! Vou me casar com ela, mesmo que tenha tido uma vida leviana. Ela se esforçou muito para mudar, e isso é o que interessa. Como Rubens sempre me diz, não importa ser o primeiro na vida de uma mulher, mas sim o último. Ela me ama, disso eu não duvido, tenho de lutar por esse amor, mesmo que o mundo se vire contra mim.

Já era de manhã, Alberto sentia suas forças revitalizadas. Tomou um banho, caprichou na roupa e saiu. Jacira olhava para o filho a certa distância e, sorrindo sarcasticamente, disse a si mesma: "Se essa fulaninha pensa que vai se casar com meu filho, está muito enganada. Não vou permitir; não criei um filho para se casar com uma forasteira que nem sei quem é. Vou contratar um detetive para saber alguma coisa sobre ela".

Alberto, em seu carro, ouvia uma canção, sentiu o coração bater descompassado e, envergonhado por sua atitude, chegou ao portão da casa de Lucinda, que ainda estava deitada. Estava visivelmente abatida.

Ouvindo um carro parar em sua porta, levantou-se e viu que se tratava de Alberto. Esperou ansiosamente até ouvir as batidas na porta.

— Lucinda, abra a porta! Sou eu, Alberto. Precisamos conversar.

— O que você quer? Já não chega o que me fez? — perguntou sem abrir a porta.

— Eu quero me casar com você. Para mim, não importa seu passado, mas sim seu presente.

Lucinda abriu a porta e, sem controlar a paixão, abraçou-o como se aquela fosse a primeira vez. Alberto entrou, beijou-a, e com um tom suave disse:

— Lucinda, não importa o que você foi ontem, para mim o importante é o que você é hoje; portanto, saiba que quero me casar com você o quanto antes.

— E sua mãe?

— Ela não precisa aceitar. Sou um homem feito e sei muito bem o que quero da vida. Viajaremos para a capital e nos casaremos lá, ninguém poderá impedir nosso casamento. Quando minha mãe souber, terá de aceitar, pois já estaremos casados.

— Está bem, Alberto, farei qualquer coisa para ficar com você. Eu o amo e isso é o que importa. Se sua mãe não me aceita, não me importo, quero ficar ao seu lado, mesmo que isso custe minha vida.

— Ora, não diga bobagem. Temos muito de viver, e teremos três filhos. Seremos muito felizes.

Alberto estava feliz e sentia como se fosse o primeiro a desvendar os mistérios da única mulher que verdadeiramente amou.

— Meu amor! Quando estou ao seu lado, sinto-me um menino. Você tem o dom de me fazer feliz.

— Eu também me sinto feliz ao seu lado, Alberto. Não vamos deixar ninguém interferir em nossa vida. Saiba que mesmo que você fosse um homem sem posses, eu o amaria da mesma forma. Quero me casar com separação de bens, para ninguém falar que me casei somente para me apossar do que é seu.

— Tolinha! Não quero me casar com separação de bens, quero me casar com comunhão de bens, pois se alguma coisa me acontecer, você estará amparada para o resto da vida.

Lucinda sentiu uma dor aguda no peito, como se aquilo fosse mesmo acontecer. Quando deu por si, estava chorando copiosamente.

— Calma, meu amor! Nada vai me acontecer, sou forte e tenho uma saúde de leão, você terá de aguentar um velho ranzinza no fim de sua vida.

A moça sorriu, tudo o que queria era envelhecer ao lado dele, que fora o único homem que realmente amara. Assim os dois fizeram planos para o futuro. Sorriam e faziam juras de amor, mas o que não sabiam era que Jacira estava enfurecida e começara a arquitetar um plano para impedir a união deles.

Em seu jardim, Jacira não percebeu que uma sombra negra a envolvia dizendo:

— O melhor que você tem a fazer é investigar a vida dessa moça. Ela apareceu do nada e você nem sabe quem ela é realmente. Portanto, contrate um detetive profissional e descubra algo que a desmascare.

Sozinha, ela falou:

— Vou descobrir de onde veio essa Lucinda. Isso não vai ficar assim, ela vai me pagar por ter se metido comigo!

Sorrindo, procurou Rita e lhe deu ordens para que não fosse incomodada. Disse estar com uma terrível dor de cabeça e que, se Alberto chegasse, desse-lhe algo para comer. A empregada apenas assentiu com a cabeça e viu quando a mulher, pegando um caderno de anotações, foi para o quarto.

Jacira procurava na agenda o número do telefone do detetive. O espírito que a acompanhava, disse em seus ouvidos:

— Vera tem o número de um bom detetive.

Jacira sorriu feliz, pegou a agenda e ligou para Vera, que, como ela, comprometia-se apenas com as futilidades da sociedade.

— Alô! Aqui é da casa de dona Vera Sampaio, quem está falando?

— Aqui é Jacira e gostaria muito de falar com Vera. Ela está?

— Sim, espere um momento, vou chamá-la.

Em poucos minutos, Vera atendeu o telefone:

— Como mamãe sempre dizia, quem está vivo sempre aparece.

— Que prazer falar com você, Vera. Mas sabe como é, estou sempre às voltas com os trabalhos domésticos. E ainda tenho de ficar de olho nos empregados, senão não fazem nada.

— Realmente, Jacira. Estava com uma empregada que havia chegado da Bahia. Era prestimosa, mas desconfiei dela e a mandei embora.

— Mas tinha provas contra ela?

— Não. Para falar a verdade, nunca fez nada, mas percebi que o Percival, o homem com quem estou saindo, estava prestando muita atenção nela e, para evitar aborrecimentos, resolvi arranjar uma desculpa para que ela fosse embora, pois não suportaria ser traída por uma simples empregadinha.

— Mas ela era bonita?

— Sim, Patrícia era muito bonita. Além de jovem, tinha um corpo perfeito; afinal, as baianas têm um charme só delas. Não dá para brincar com mulheres bonitas, você sabe como são esses homens, não se preocupam em trocar uma boa conta no banco por um belo par de pernas.

— Vera, preciso de um favor; afinal, somos amigas há tanto tempo, não?

— Sim, Jacira, diga o que quer, se eu puder ajudá-la, será um prazer.

— Bem, não dá para conversarmos por telefone. O que acha de nos encontrarmos em sua casa?

— Para mim está bem — disse Vera fazendo careta. — A que horas pretende vir?

— O que acha de tomarmos café juntas às três da tarde?

— Ficarei esperando-a. É um prazer estar com você, Jacira.

— Ótimo! Combinado.

E assim, elas se despediram. Vera não gostou da ideia de receber Jacira e disse em voz alta:

— Só me faltava essa! Ter de aguentar Jacira e suas manias. Não sei o que quer de mim, mas, seja como for, procurarei ajudá-la e dispensá-la logo. Não gosto dela, sempre foi prepotente e metida, esqueceu-se de suas origens.

Ao dizer isso, Vera levantou-se como que se estivesse enfadada e, suspirando, pediu à empregada que preparasse algo especial para o café da tarde, pois ela receberia uma amiga.

A empregada, percebendo que a patroa estava zangada, pensou:

"Que mundo é esse que vivemos? Onde já se viu tanto fingimento! Agradeço a Deus por ser pobre, pois quem gosta de mim, gosta pelo que sou, e não pelo que tenho".

Enquanto isso, Jacira estava exultante, tinha certeza de que conseguiria a ajuda de Vera para realizar seu plano de desmascarar Lucinda e fazer com que o filho voltasse para São Paulo e esquecesse aquele incidente.

Às três horas, o carro de Jacira estacionou diante do palacete de Vera. Ela, olhando para José Carlos, disse:

— Não me espere. Volte para casa, quando eu resolver ir embora, ligarei e mandarei que venha me buscar.

O empregado nada disse, apenas obedeceu às ordens da patroa. Ao voltar para casa, encontrou Alberto saindo. Os carros ficaram emparelhados. Alberto perguntou:

— José Carlos, onde está mamãe?

— Foi na casa de dona Vera Sampaio, parece-me que foi tomar café e conversar.

— Estranho! Mamãe nunca gostou de Vera, sempre disse que ela era uma mulher volúvel e interesseira.

— Não sei, dr. Alberto, vou buscá-la assim que ela me ligar.

— Está bem, faça como ela pediu, mas não lhe conte que sei aonde ela foi.

— Pode ficar tranquilo, nada direi. Agora tenho de entrar, vou limpar o carro. O senhor sabe como a patroa reclama de vê-lo empoeirado.

— Sim, mamãe não muda!

Alberto saiu e pensou: "Mamãe não gosta de Vera Sampaio. O que será que está tramando? Tenho de ficar esperto, pois boa coisa não é, certamente está maquinando alguma coisa".

Na casa de Vera, Jacira elogiou a mobília e o bom gosto da amiga. conversaram sobre flores, empregados, jardins. Depois Jacira resolveu ir direto ao assunto que lhe motivara a visita:

— Vera! Preciso de sua ajuda. Por favor, preciso do contato do detetive que você arranjou para investigar seu marido.

— Só isso? Por que não me disse antes?

— É que se trata de um assunto particular. Não quero que ninguém fique sabendo disso.

— Que é isso, minha amiga? Você sabe que eu jamais contarei seu segredo a alguém! Mas, diga-me, para que você quer os trabalhos de um detetive?

— É que Alberto está namorando uma mulher misteriosa, e eu preciso saber de quem se trata. Não posso permitir que meu filho se envolva com uma pistoleira qualquer.

— Ah! Nisso você tem razão. O que mais tem por aí são mulheres aproveitadoras.

— Então você pode me dar o número do telefone do detetive?

— Claro! Ele é ótimo, você vai ver. Mas cobra caro pelos honorários e as despesas correm por conta do contratante.

— Não me preocupo com isso. O que quero é descobrir o passado dessa mulher e fazê-la sumir da vida dele.

Vera pegou uma agenda e procurou o nome do detetive: Paulo Rubens. Pegando uma caneta e um papel, anotou o número e o nome dele e entregou para Jacira.

Depois de conversarem mais um pouco, Jacira pediu licença para ligar para sua casa e mandar que José Carlos fosse buscá-la.

Minutos depois, Jacira saiu da casa de Vera com o coração aos pulos. Iria descobrir tudo sobre aquela moça e fazê-la ir embora da cidade deixando seu filho em paz.

Depois que Jacira saiu, Vera sentou-se em uma confortável poltrona e, com ar estafante, disse:

— Que horror! Aguentar essa chata da Jacira por conta de um número de telefone! Eu não mereço! Mas, graças a Deus, ela já foi embora e espero que não volte tão cedo. Patrícia, por favor, quando Jacira ligar novamente diga que eu não estou. Peça sempre que deixe recado, que eu ligarei em seguida.

— Sim, senhora!

∞

JACIRA CONVERSAVA consigo mesma: "Tive de fazer um sacrifício enorme para conseguir esse telefone! Ter de aguentar as futilidades de Vera não é fácil, mas valeu a pena".

Naquela noite, durante o jantar, Jacira estava radiante. Alberto percebeu a euforia da mãe, mas nada disse. Ela pediu até que abrissem uma garrafa de vinho da melhor safra. Alberto, estranhando aquela atitude, perguntou:

— Posso saber o motivo de tanta alegria?

— Ora, Alberto, você não fica feliz por saber que sua mãe está bem?

— Sim, mamãe, mas preciso saber o motivo de tanta felicidade.

— Não há motivo algum, só descobri que a vida é bem mais preciosa do que julgamos.

— Só isso?

— Sim, ou a sua vida não vale nada, Alberto?

— Pelo contrário, é muito valiosa, mas nem por isso saio abrindo o melhor vinho, vestindo a melhor roupa para ficar em casa.

— Deixe de bobagem, meu filho. Vamos jantar que esse suflê de queijo está com uma cara ótima.

Alberto, não convencido com a felicidade da mãe, pensou: "Minha mãe não me engana; deve estar aprontando alguma coisa contra Lucinda!". Depois do jantar, ele disse que estava cansado e que iria ver televisão em seu quarto. Olhando para o filho, Jacira concordou e deu as últimas ordens a Rita, que estava cansada, esperando a hora de se retirar.

Em seu quarto, o jovem pensou em Vera e no que fizera com Leonel, seu marido, dono de um haras, com mais de cento e cinquenta cavalos, doze funcionários e vários imóveis na capital paulista. Ela desconfiou que ele a estava traindo e mandou que um detetive o seguisse. Ele foi flagrado com a secretária, que dizia ser mãe do filho dele. Um exame de DNA mostrou que o filho não era dele, mas o detetive forjou provas que foram aceitas pelo juiz, prejudicando ainda mais Leonel.

Alberto logo percebeu que a mãe e Vera estavam juntas para fazê-lo se separar de Lucinda. Ele continuou pensando e chegou à conclusão de que ela provavelmente estava querendo contratar o mesmo detetive que Vera contratara para prejudicar o marido. Sentindo o peito oprimido pela raiva, ele disse em voz alta:

— Não posso acreditar que mamãe seria capaz de fazer uma coisa dessas comigo: colocar um detetive para saber sobre a vida de Lucinda! Isso é demais. Se fizer isso, nunca mais vai me ver, mando-lhe o que ela tem direito, mas não vou querer mais saber dela.

ಞ

No DIA SEGUINTE, Jacira estava impaciente, queria ligar para Paulo Rubens, mas sabia que Alberto poderia escutar na extensão. Sendo assim, resolveu não ligar naquele dia.

Alberto estava certo de que a mãe estava esperando a hora de dar o bote certeiro. Saiu e deixou o carro em uma rua próxima. Voltou para casa a pé e se instalou em seu quarto. Esperou e ouviu alguém discando o telefone. Sem fazer ruído, ele tirou o fone do gancho e ouviu a mãe conversando com um homem.

— Alô, aqui é Jacira de Almeida Prado. Gostaria de conversar com o sr. Paulo Rubens, ele está?

— Sim senhora, vou passar a ligação.

Em poucos minutos, o homem do outro lado da linha, atendeu:

— Pois não, aqui é Paulo Rubens, o que deseja?

— Bem, sou amiga de Vera Sampaio. Meu nome é Jacira e estou precisando de seus serviços.

— Pois não.

— Quero saber tudo sobre a mulher com quem meu filho está tendo um caso. Ela apareceu do nada, é costureira e está querendo dar o golpe do baú. Gostaria de saber quanto o senhor cobra pelo serviço?

— Preciso fazer uma análise mais detalhada. Mas já a aviso que meus serviços têm preço alto, e todas as despesas correm por conta do cliente.

— Isso eu já sei. Não me importo em gastar. Faça o que lhe peço e será muito bem recompensado.

— Está bem, vou ter com a senhora amanhã em sua casa, o que acha?

— Não, em minha casa não. Prefiro que nos encontremos na cidade vizinha. O senhor sabe como é cidade pequena! Além disso, não quero que ninguém saiba que contratei seu serviço.

— Está bem, podemos nos encontrar no restaurante da Vovó, na cidade vizinha, às treze horas, está bem?

— Sim, combinado. Por favor, não falte. O senhor foi muito bem recomendado por Vera. Saiba que, se trabalhar bem, não vai lhe faltar indicação.

Alberto ouviu a conversa atônito, nunca imaginara que a mãe fosse capaz de jogar tão baixo. Saindo sorrateiramente, foi buscar o carro e se dirigiu à casa de Lucinda. Iria lhe contar tudo o que estava acontecendo. Ao chegar, encontrou-a sentada diante da máquina de costura. Nervoso, contou-lhe tudo o que descobrira.

Lucinda ouviu calmamente e, sem pestanejar, disse:

— Muito bem, Alberto, por que fazer sua mãe gastar um dinheirão com um detetive patife? É melhor lhe contar tudo sobre a minha vida.

— Você está louca? Se mamãe souber de tudo, vai me infernizar!

— Alberto, você se vê como um menino, dependente da mãe. Não posso fazer nada, pensei ter me apaixonado por um homem, mas vejo que estava enganada. Se tem vergonha do meu passado, é melhor que terminemos por aqui, pois não quero ficar com um homem mimado, que tem medo da mãe, e além disso quer esconder a mulher que diz amar por conta de seu passado.

— Não é isso, meu amor! Não quero escondê-la, e sim protegê-la. Você não entende que mamãe é implacável e fará tudo para nos afastar? Pois bem, confie em mim, não vou me afastar de você, mesmo que me peça. Eu a amo, e não será minha mãe que destruirá isso.

— Então, meu amor, lute. Conte à sua mãe todo meu passado e desmascare-a. Se quiser, podemos ir ao restaurante e ela saberá que não somos bobos. E tem outra coisa: eu o amo, mas saiba que vamos nos casar com separação de bens, faço questão. Não quero nada que é seu.

— Se é assim que você quer, assim será! Mamãe pensa que sou um menino, mas verá que seu filho cresceu e é homem o suficiente para levar a própria vida.

— Muito bem, meu amor. Vamos provar a ela que não sou nenhuma interesseira. A única coisa que quero é você.

Alberto se sentia fortalecido ao lado da namorada. Decidiu que no dia e horário marcados eles iriam flagrar a mãe e o patife do detetive.

O jovem voltou para casa como se não soubesse de nada. Vendo a disposição da mãe, fingiu-se feliz e a convidou para jantar fora. Ela aceitou e, durante o jantar, ambos conversaram sobre várias coisas, menos sobre Lucinda. Tanto o filho como a mãe evitaram o assunto. O jantar transcorreu normalmente.

— Mamãe, minhas férias estão acabando, logo voltarei para São Paulo; portanto, quero aproveitar o maior tempo possível ao seu lado.

Jacira estava perplexa com a atitude amistosa e pensou que ele não estivesse mais com Lucinda. Passou por sua cabeça desmarcar o compromisso do dia seguinte, mas o espírito que andava ao seu lado, envolveu seus pensamentos:

— Não desista, isso é um jogo. Ele a está seduzindo para que você pense isso mesmo. Agora que começou, vá até o fim.

"Isso mesmo!", pensou Jacira. Sem perceber que aquela ideia não era sua. "Vou até o fim, preciso descobrir a origem dessa desagregada; não farei o jogo dele."

Aquela noite foi agradável para ambos. Alberto, ao chegar em casa, pensou em como a mãe podia ser tão dissimulada, a ponto de estar lhe preparando um golpe no dia seguinte. Mas, ao se lembrar de Lucinda, seu coração se enterneceu e ele logo adormeceu.

Almas unidas

Jacira estava em seu quarto antegozando a felicidade de desmascarar Lucinda. Pensava no casamento de Alberto com a filha dos Albuquerque e logo também adormeceu.

No dia seguinte, tomaram o café da manhã juntos e Alberto saiu. Foi ao encontro de Lucinda. Estava nervoso, pois iria flagrar a mãe em complô contra ele e teria de desmascará-la.

Lucinda também estava nervosa, mas controlou-se para que ele não percebesse. Afinal, sua vida iria vir à tona! Pedindo ajuda a Deus, acalmou-se. Um espírito de mulher, lhe dizia:

— Minha filha, não tema. Trabalhe sempre com a verdade, pois esta vai triunfar no tempo certo. Confie em Deus, nós trabalharemos em seu favor.

Lucinda fez nova prece pedindo a Deus que a ajudasse a enfrentar a vergonha do passado não recomendável. Sentiu-se aliviada e decidiu que, se amava realmente Alberto, iria lutar por ele. Pouco antes de meio-dia, dirigiram-se à cidade vizinha. Como era perto, resolveram passear um pouco antes de chegarem ao restaurante. No horário marcado se entraram, como se estivessem ali por acaso.

Alberto escolheu uma mesa no canto, num lugar discreto. Ficou olhando para ver se via a mãe entrar. Quando Jacira entrou no restaurante com óculos escuros, não viu o filho nem Lucinda, pois ambos estavam mais atrás da mesa que ela escolheu.

Pouco depois, um homem gordo, de baixa estatura, com um bigode fino entrou. Ao vê-la, disse:

— Com licença, madame, acaso é a dona Jacira de Almeida Prado? Muito prazer, sou Paulo Rubens, e vim aqui para acertarmos os detalhes.

Jacira estava nervosa, mas acreditava que estava fazendo tudo pelo bem do filho. Pediu ao homem que se sentasse para almoçarem e lhe informou que somente depois do almoço trataríam do assunto que os levara até lá.

Almoçaram tranquilamente. Enquanto almoçavam, Jacira, apesar da educação, observou os modos do detetive e não pôde deixar de perceber que ele não usava nenhuma etiqueta. Logo desconfiou da sua eficiência. Paulo Rubens, assim que terminou de almoçar, perguntou:

— Muito bem, dona Jacira! Vamos tratar de negócio, pois hoje tenho agenda cheia.

— Eu quero que o senhor descubra tudo a respeito de uma costureira que está querendo pôr as mãos no patrimônio de nossa família. Ela envolveu meu filho e garanto que não é boa coisa, pois, se fosse, não estaria morando sozinha em uma cidade onde não tem parentesco algum.

— Está bem, saiba que primeiramente precisarei saber onde ela mora, como vive e de onde veio. Isso vai levar algum tempo; não costumo pegar casos paralelos e tenho de contar com a paciência e a discrição da senhora.

— Isso eu tenho até demais!

— E se for uma moça boa, o que fará?

— Mesmo assim, não permitirei que meu filho se case com uma morta de fome qualquer. Vou lhe dar o endereço dela.

Paulo Rubens viu quando o casal se aproximou, mas jamais poderia deduzir que se tratava do filho de Jacira e da moça que ela não queria como nora. Jacira, ao vê-los, começou a tremer. Alberto, então, disse:

— Mamãe, que surpresa! Esta é Lucinda, minha noiva.

— O quê?

— Isso mesmo, mamãe. Vamos nos casar.

O detetive nada disse. Estava pálido, mas permaneceu firme, apenas observando a situação. Lucinda olhava dentro dos olhos de Jacira. E, sem dizer uma palavra, ficou esperando. Jacira, olhando para o filho, completou:

— Realmente, meu filho! Quem diria que nos encontraríamos aqui? Este é um velho amigo: o sr. Paulo Rubens.

— Ah! Então o senhor é Paulo Rubens, o detetive que minha mãe está contratando para investigar a vida de minha noiva? Mamãe, como a senhora pode ser tão vil, a ponto de mandar que um detetive investigue a vida de Lucinda? Saiba, minha mãe, que se me perguntasse eu lhe contaria tudo e a senhora não precisaria gastar dinheiro com sujeitos como este.

— Alberto, veja lá como fala! Ele é um velho amigo.

— Realmente, mãe, recomendado por Vera Sampaio, aquela mulher sem escrúpulos que não se importou em tirar quase tudo do marido para passar a viver aventuras amorosas com moleques.

Paulo Rubens, percebendo que as coisas iam piorar, olhou para Jacira e disse:

— Dona Jacira, acho melhor a senhora resolver esse impasse com seu filho. Quando precisar de meus serviços, é só me chamar. — E, dizendo essas palavras, retirou-se sem olhar para Alberto e Lucinda.

Jacira estava se sentindo imensamente envergonhada, pois nunca pensara que Alberto fosse descobrir que ela ia investigar alguma coisa sobre Lucinda, mas, sem perder a altivez, simplesmente disse:

— Não há mais nada a fazer aqui. Vou-me embora e lá em casa conversamos.

— De maneira alguma, mãe! Vamos resolver isso aqui mesmo, caso contrário, todos ouvirão meus gritos sobre a espécie de mãe que é e saberão que você se julga a mais correta das criaturas!

— Você não faria uma coisa dessas comigo! Sou sua mãe!

— Sim, a senhora é minha mãe, mas não minha dona. Saiba que Lucinda é uma mulher honesta; portanto, vamos nos casar porque nos amamos e isso simplesmente basta. Já se esqueceu de que quando se casou com meu pai não passava de uma pobretona?

— Alberto, você está me ofendendo.

— Ofendendo? Deixe de melindres, não foi assim? Papai não se importou com o fato de a senhora ser a filha da lavadeira e a desposou.

— Vou-me embora, para mim chega. Se continuar assim deixará de ser meu filho, já está na hora de decidir: ou essa morta de fome ou eu.

— Se quer assim, minha mãe, saiba que sairá no prejuízo. Quem comanda a empresa sou eu e você terá de viver com uma mesada, pois, na verdade, o dono de tudo sou eu. Esqueceu que se casou com meu pai com separação de bens?

Jacira, olhando para Lucinda com desprezo, disse:

— Olhe o que fez, certamente está feliz. Jogou meu filho contra mim — disse Jacira com os olhos chispando de raiva.

— De maneira alguma! Quem está fazendo isso é a senhora — respondeu Lucinda altivamente. — Eu amo Alberto e não o que ele tem, por essa razão já decidimos que vamos nos casar com separação de bens.

— É por esse motivo que amo Lucinda, pelo seu desinteresse pelos bens materiais. E tem mais, minha mãe, todas as moças com quem você quis que eu me casasse, sempre foram como a senhora: interesseiras e sem coração.

Jacira, olhando para o casal, fingiu passar mal. Deixando que lágrimas escorressem pelo rosto, disse:

— Saiba que nunca pensei ouvir palavras tão duras de meu próprio filho! Agora sei muito bem o que pensa da mulher que o colocou no mundo.

Dizendo isso, ela se levantou e saiu, dirigindo-se ao carro. Sentia o peito oprimir-se de ódio por Lucinda. Deu ordem a José Carlos para que voltassem para casa. No caminho, começou a pensar em tudo o que estava acontecendo, e decidida disse para si mesma: "Se essa pistoleira está achando que vai se casar com meu filho para dar o golpe do baú, se pensa que ele não tem ninguém, está enganada, pois vou protegê-lo!".

Nesse momento, uma sombra sinistra se formou ao lado dela, fazendo com que sentisse uma leve vertigem. José Carlos, percebendo que a patroa não estava se sentindo bem, parou o carro, entrou numa mercearia, pediu uma garrafa de água mineral e ofereceu a ela, que sentia o estômago revirar. Quanto mais pensava em Lucinda e Alberto, mais se sentia mal.

— Está vendo, José Carlos, não sei se é vantagem ter um filho, passar mal na gestação, sofrer na hora do parto, criar com todo amor e depois o filho arranjar uma mulherzinha desqualificada. Essa mulher vai me deixar doente, mas saiba que antes de eu morrer, ela morrerá primeiro. Não vou permitir que ela se case com o meu único filho, pois ele não foi feito para ela. Hoje ela ri de mim, mas amanhã quem vai rir sou eu.

José Carlos não disse nada, apenas assentiu com a cabeça. Ligando o carro, arrancou a toda velocidade. Enquanto dirigia, pensava: "Como pode alguém ser tão hipócrita! Ela também, quando se casou, era pobre. Que mal há em o sr. Alberto escolher uma moça pobre para se casar? Essa mulher está fazendo uma tempestade num copo d'água!".

ജ

EM CASA, Jacira foi direto para o quarto. Sabia que precisava fazer alguma coisa, pois Alberto iria chegar furioso.

Passadas algumas horas, o filho chegou e perguntou para a empregada:

— Por favor, Rita, onde minha mãe está?

— Ela está em seu quarto, não me parece muito bem.

— Vou até lá e não quero que ninguém nos perturbe. Haja o que houver, façam de conta que não ouviram nada.

— Está bem, dr. Alberto, farei o que me pede.

— Ótimo! Essa mulher tem de aprender que é minha mãe, e não minha dona.

Rita percebeu que ele estava furioso com a mãe. Assim, tratou de lhe obedecer. Sem bater na porta, ele entrou e encontrou a mãe deitada, fingindo que estava dormindo.

— Mamãe, o que pensa que está fazendo? Esqueceu-se de que sou um homem e não mais aquele menino mimado que a senhora criou?

— Sim, você é meu filho, e não tem o direito de gritar comigo dessa maneira.

— Mamãe, a senhora está ficando obsessivamente doente com essa história. Para mim não importa quem foi Lucinda, quero que saiba que eu a amo como nunca amei ninguém. Ela é a mulher da minha vida. Nem a senhora, nem ninguém fará com que eu mude de ideia.

— Alberto, você não está vendo que essa mulher o enfeitiçou. Talvez, quando abrir os olhos, será tarde demais!

— Tarde demais para quê?

— Filho, essa mulher não o ama. Ela está com você apenas por causa do nosso dinheiro. Ela quer é se dar bem na vida.

— Lucinda não é como as moças que conheci na capital. Ela queria que eu fosse pobre apenas para que não tivéssemos problemas. Eu a amo, entendeu? Que isso fique bem claro para a senhora, pois vamos nos casar com ou sem o seu consentimento.

— Matar-me! É isso que vocês querem! Então, meu filho, vá naquela gaveta e pegue o revólver de seu pai. Acerte meu peito; garanto-lhe que vai ser menos doloroso... — Disse isso e se pôs a chorar.

— Deixe de drama. Eu encontrei minha alma gêmea e serei feliz ao lado dela. Sou um homem livre e tenho o direito de decidir sobre minha própria vida!

— Não posso acreditar no que estou ouvindo! Você ficou burro? Não está vendo? Não está dizendo coisa com coisa.

— Vou me casar com ela e a senhora vai perder seu tempo com essas convenções que não valem nada. Se quer viver de ilusão, viva; mas eu não quero isso para mim.

— Alberto, meu filho, o que eu quero é o que toda mãe quer: um filho feliz.

— Se a senhora quer que eu seja feliz, deixe-me viver a minha vida com a mulher que amo. Por favor, minha mãe, aceite Lucinda, isso vai me fazer muito feliz.

Jacira não estava disposta a continuar a discussão. Olhando para o filho com amargura, apenas disse:

— Está bem, se é assim que quer, tudo bem. Mas não espere que eu compareça ao casamento; seria demais para mim.

— Está bem, como quiser — disse, saindo do quarto.

Jacira ficou olhando o filho sair e pensou: "Preciso arrumar uma maneira de desmascarar essa pistoleira antes que Alberto faça essa loucura". Jacira não viu, mas ao seu lado duas entidades escuras diziam:

— Isso mesmo, não deixe que seu filho, criado com todo o carinho, caia nas mãos de uma sem-vergonha qualquer.

Alberto entrou em seu quarto e começou a pensar na discussão que tivera com a mãe. Sabia que ela não era mulher de desistir facilmente. Por essa razão, pensou: "Devo tomar cuidado, com certeza ela vai aprontar alguma; mas de nada vai adiantar, não vou voltar atrás".

Passando nervosamente a mão na testa, tentando afastar os maus pensamentos, ele começou a pensar em Lucinda. Seu coração se enterneceu pensando na simplicidade da moça.

ഇ

Lucinda, em sua casa, embora tivesse certeza de que o noivo não iria abandoná-la, sentia seu coração oprimido, pois tinha a nítida impressão de que algo de grave aconteceria. Lembrou-se da cena deprimente de Jacira com aquele homem no restaurante e, emocionada, pensou: "Meu Deus, se essa mulher descobrir como eu ganhava a vida na capital, ela não pensará duas vezes para enxovalhar meu nome e dizer a todo mundo que eu era uma mulher da vida! Mas não devo me preocupar, o importante é que Alberto já sabe. Na verdade, ela sentia medo de Jacira, que sempre fora arrogante. Por mais que tentasse costurar, não conseguia. Seus pensamentos estavam voltados para a sogra, sua maior inimiga no momento, e a mais poderosa também. De repente, ela sentiu saudade da mãe. Marisa estava ao seu lado e emitia pensamentos otimistas para a filha.

— Lucinda, por maior que seja o obstáculo, não desista. Tudo está certo da maneira como está. Confie em Deus, confie na vida, pois somente assim você sairá vitoriosa dessa grande batalha.

Lucinda, com confiança, disse:

— Tudo vai dar certo! Não tenho o que temer, se levei uma vida errada, foi porque julguei que estava apaixonada por Ronaldo. Além disso, quem nunca errou que atire a primeira pedra. Se Alberto me perdoou, quem a mãe dele pensa que é para me condenar!

Os planos de Jacira

ALBERTO TINHA CERTEZA de que a mãe não iria deixá-lo em paz. Ele sempre fizera todas as vontades dela. Era a primeira vez que a afrontava diretamente; afinal, já era homem o suficiente para conduzir a própria vida. A tarde transcorreu sem mais novidades. Na hora do jantar, Alberto não sentia vontade de comer ao lado da mãe; mas decidiu que iria ignorá-la e sairia o quanto antes da mesa.

Ao chegar à sala de jantar, Jacira já estava sentada à mesa, esperando por ele. Ao vê-lo, ela disse:

— Pensei que não viria jantar, já estou há cinco minutos esperando-o.

— Enganou-se, minha mãe, vou jantar e, logo em seguida, vou sair.

— Sabe que dia é hoje? É quinta-feira. As pessoas do nosso meio estão todas ocupadas.

— Eu sei, mamãe, mas vou à casa de Lucinda. Tenho de conversar com ela sobre o nosso casamento.

— Diga-se de passagem, enforcamento; afinal, uma moça que laça marido pela conta bancária está disposta a enforcá-lo.

— Mamãe, não seja grosseira, eu não quero mais discutir com a senhora.

— É a mais pura verdade, quer queira ou não.

Alberto, sentindo o rosto ruborizar de raiva, disse em tom de ironia:

— Então a senhora enforcou meu pai?

Jacira fixou o filho com olhar rancoroso e tentou conter a ira, dissimulando a voz:

— Não queira me comparar a essa pistoleira. Casei-me com seu pai porque o amava, não porque ele tinha uma bela conta bancária. Seu caso é diferente, essa moça só se interessou por você pelo dinheiro e posição que você usufrui aqui em nossa cidade.

— Chega de falar asneira, mamãe. Nem a senhora, nem ninguém vai me separar de Lucinda. Nós nos amamos.

Alberto saiu da mesa, dirigindo-se à garagem. Jacira ficou ali sentada. Nesse momento, bateu na mesa com ira e disse:

— Desgraçada! Jogou meu único filho contra mim, mas vou desmascará-la. Ah, se vou. E aí ela vai se arrepender por ter me enfrentado!

Os vultos que estavam ao redor dela começaram a rir alegremente e a dizer que logo eles estariam em uma bela festa. Jacira começou a sentir enjoo e a cabeça rodar. Chamou Rita para ajudá-la a ir para a cama. A empregada tirou seus sapatos enquanto ela pediu que chamasse o dr. Alfredo, o médico da família.

Rita obedeceu. Pouco depois de vinte minutos, o médico estava à cabeceira da cama, examinando-a. Verificou a pressão arterial e constatou que estava tudo bem. Depois checou a respiração, colocou o estetoscópio em seu peito e perguntou:

— Dona Jacira, a senhora passou por algum aborrecimento?

— Sim, dr. Alfredo. Isso é o que mais tenho passado nesta casa desde que meu filho se enrabichou com uma costureirazinha. Não sei o que fazer, ele está obcecado por ela e agora deu para me enfrentar. Nem sequer respeita o fato de eu ser sua mãe.

— Não se preocupe, talvez seja uma aventura passageira e tudo voltará ao normal. Não dê muita importância. Mas ele está feliz ao lado da moça?

— Tudo indica que sim — respondeu Jacira apreensiva. — Não é passageiro, ele está até cogitando se casar com ela. Você é pai, dr. Alfredo, sabe que eu não posso concordar com isso.

— Jacira, deixe isso para lá. Pense em você, vou lhe receitar um calmante e você logo dormirá. Amanhã vai se sentir melhor.

— Está bem, dr. Alfredo. Dê a receita para José Carlos e peça a ele que vá à farmácia. Se eu tiver mais um aborrecimento, não aguentarei.

— Aguentará, sim! — brincou o médico. — Você é forte como uma rocha, gostaria que todos os meus pacientes estivessem tão bem quanto você. — Dizendo isso, despediu-se, indo entregar a receita para José Carlos. Logo saiu da casa e, enquanto estava dirigindo, não parava de pensar em Jacira. Havia visto os dois vultos em volta dela e sentiu um mal-estar. Fez uma prece e pediu a Deus que retirasse aquelas más influências de seu campo energético. "Meu Deus, dê-me força para ajudar Jacira, ela está tão envolvida com entidades de pouca luz que eles estão conseguindo desequilibrá-la tanto emocional como fisicamente".

Depois da prece, Alfredo imaginou uma luz de cor lilás invadindo todo o campo energético de Jacira. Fez outra prece, pedindo que Deus a iluminasse. Alfredo logo pensou em Alberto e achou que ele precisaria saber sobre as leis imutáveis de Deus para poder se defender das energias negativas que muito poderiam comprometer sua vida.

જ્

Ao CHEGAR À CASA de Lucinda, Alberto estava irritado. Lucinda, vendo seu semblante, disse com sinceridade:

— Alberto, saiba que eu nunca amei ninguém como o amo; mas, se for para ver você nervoso, prefiro que se afaste de mim; afinal, Jacira é sua mãe e ninguém pode negar isso. Para mim o que importa é sua felicidade.

— Lucinda, não diga isso nem de brincadeira. Para eu ser feliz basta tê-la ao meu lado. Portanto, ninguém vai me afastar de você, a única coisa que poderia fazer eu me afastar de você é você se interessar por outro.

— Isso jamais vai acontecer, Alberto. Eu o amo demais para olhar para outro.

Alberto estreitou-a nos braços, e depois de beijá-la várias vezes nos lábios, disse:

— Você tem o dom de me acalmar; é por esse motivo que quero dividir toda a minha vida com você.

— Não quero atrapalhar sua vida.

— Como atrapalhar? Jamais, foi você que me fez ver o mundo de forma diferente. Se hoje sou feliz, é porque você não somente me preenche como também me completa.

Lucinda sorriu feliz, nunca imaginou que seria amada daquela maneira.

જ્

ENQUANTO ISSO, na casa de Alberto, Jacira arquitetava mil planos para afastar Lucinda do caminho de seu filho. Como não conseguia pensar em nada, resolveu tomar um banho para relaxar. Sentia que seus membros estavam rijos e uma dor na nuca não a deixava em paz. Ela pensava: "Alberto ainda vai me matar!".

Em volta dela, dois vultos a envolviam com uma névoa densa e escura. Um deles dizia:

— Você vai entregar seu único filho a uma pistoleira qualquer? Não vai fazer nada? Você não é mulher de desistir; portanto, se quer reconquistar seu filho, está na hora de fazer alguma coisa que realmente dê certo!

Como se Jacira ouvisse aquelas palavras, respondeu em voz alta:

— Isso é que não! Não vou permitir que meu único filho se envolva com uma pobretona qualquer, sem nome, sem família. Lutarei com todas as minhas forças para impedir isso!

૪૦

LUCINDA SENTIA que Jacira não era mulher de desistir facilmente, ainda mais em se tratando do único filho. Mesmo assim, decidiu que iria enfrentar qualquer coisa, mas não abriria mão do amor de Alberto, o único homem que realmente amara na vida.

Embora não quisesse pensar, não conseguia esquecer imagem de Jacira e seu ódio gratuito. Resolveu tomar um banho e se deitar. Não sabia o porquê de seu receio, mas quanto mais pensava, mais a angústia aumentava. Começou a se lembrar da infância e da juventude, e chorou.

Em seu quarto, uma mulher a olhava carinhosamente e com voz suave afirmou:

— Minha filha, não se atormente com o passado. Ele serviu para você caminhar rumo à evolução e afastar de uma vez a ilusão de sua existência terrena. Tenha fé em Deus, na vida e confie em você e nos sentimentos que unem você e Alberto. Tudo dará certo.

Depois de sentir a serenidade voltando ao coração, ela fez uma ligeira prece e dormiu um sono tranquilo e reparador.

ൟ

EM SEU QUARTO, Alberto dormiu. Não teve um sono tranquilo, pois sentiu como que alguém estivesse apertando seu pescoço. Embora não conseguisse ver quem era, tentou se mexer e não conseguiu. Tentou articular palavras e também não conseguiu. Em pensamento lembrou-se de pedir ajuda a Deus para livrá-lo de tão terrível estado. Logo depois, acordou com seu próprio grito e pensou: "Que pesadelo horrível! Tenho de me desligar dos problemas pelo menos na hora de dormir". Na manhã seguinte, ele acordou quase dez horas. Foi à copa tomar café e percebeu que a mãe não estava em casa.

— Rita, onde está minha mãe?

— Ela está no jardim.

— E como está?

— Está num mau humor terrível. Estou evitando ficar ao lado dela; ontem o dr. Alfredo veio aqui, pois ela passou mal e pediu que eu o chamasse. Ele receitou um calmante. Depois que José Carlos comprou, ela tomou dois comprimidos e dormiu. Hoje acordou daquele jeito que o senhor conhece muito bem.

— É, conheço! — disse o rapaz desanimado. — Mas o que o médico disse?

— Nada de mais, que ela está nervosa. Eu estranhei, ele a consultou rapidamente e logo foi embora. Parecia até que tinha visto fantasmas.

— Está bem, Rita. Obrigado. O único fantasma que havia no quarto de mamãe era ela própria. — Rita riu da brincadeira e saiu.

Alberto tomou uma xícara de café e se preocupou com o estado da mãe. Não percebeu que alguém sugeria que ele procurasse dr. Alfredo. Logo teve a ideia de procurá-lo para saber o que a mãe tinha. Não se atreveria a perguntar a ela, pois sabia que iria exagerar e ele se irritaria com as queixas e os dramas.

Foi para a garagem e, quando estava saindo com o carro, viu a mãe tirando folhas secas de uma roseira. Jacira o observou de soslaio, mas fez de conta que não estava vendo nada. Enquanto dirigia, ele pensava: "Por que mamãe é tão preconceituosa? Ela, mais do que ninguém, deveria me entender. Assim como Lucinda, ela também já foi pobre, e ninguém interferiu quando papai resolveu se casar com ela. Será que ela realmente casou-se com papai por amor? Somente isso responderia o porquê de tanto preconceito".

Chegando ao consultório do médico, Alberto aguardou na sala de espera para que Alfredo o atendesse. Depois de mais de meia hora, uma senhora saiu do consultório e o médico, vendo-o, foi a seu encontro, dizendo:

— Márcia, há alguma consulta agora?

— Não, senhor.

— Muito bem, quero conversar com Alberto de Almeida Prado. Portanto, não quero ser interrompido, não passe nenhuma ligação e, se aparecer alguém querendo ser consultado, diga que estarei no hospital depois do almoço. Mas não deixe de explicar que é somente esta semana, pois na semana que vem voltarei a atender normalmente, depois do almoço, no consultório. Agora preciso de um pouco de paz para conversar com Alberto.

Alberto assustou-se, não imaginava que o médico estava querendo falar com ele. Pensou que a mãe estivesse gravemente enferma. Depois de cumprimentá-lo, Alfredo o introduziu no interior do consultório. Alberto, preocupado com a mãe, disse:

— Alfredo! Estou aqui para conversar com você e, pelo jeito, é você quem quer falar comigo!

O médico, mexendo numa caneta que estava sobre o receituário em sua mesa, começou a falar:

— Alberto, como sabe, ontem fui chamado às pressas para atender sua mãe. Segundo a empregada, ela não estava nada bem. Chegando à sua casa, encontrei-a deitada. Estava pálida, porém seus sinais vitais estavam normais. Ela me disse que está em conflito com você, pois você arranjou uma namorada que não é do meio social de vocês.

— Sim, de fato. Estou namorando e pretendo me casar com Lucinda o quanto antes, mas mamãe está irredutível. Você acredita que cheguei a surpreendê-la com um detetive particular para vasculhar a vida de minha noiva?

— Não! Então, pelo que vejo, o negócio é mais sério do que eu estava imaginando. Sua mãe sempre foi autoritária, lembra-se de quando seu pai sofreu o enfarte? Enquanto eu não lhe dei permissão para entrar na UTI, ela ameaçou até de me denunciar ao CRM.

— Não me lembro disso, Alfredo. Minha mãe sempre foi terrível!

— Pois bem, sua mãe não tem problema físico algum. Pelo que percebi, seu problema não é somente por conta do preconceito pela moça ser pobre; ela está sendo assediada por espíritos ignorantes.

— Como é que é?

— Bem, Alberto, vou direto ao ponto. Ontem, quando estive com sua mãe, seu quadro era normal, embora ela se apresentasse muito nervosa. Como você sabe, há mais de vinte anos sou espírita, e como médium vi duas entidades ao lado de sua mãe.

Alberto ouvia a conversa do médico atônito, pois sempre soubera que o médico era espírita, mas nunca imaginara que a mãe pudesse ser alvo de espíritos. Assim, o médico continuou:

— Percebi que entre você e sua mãe estão ocorrendo atritos, e por essa razão aquelas entidades estão do lado dela.

— Mas como mamãe foi atrair espíritos, se não acredita nisso? Para ela, morreu acabou. Quanto a mim, não tenho nenhum conceito formado, confesso que nunca pensei nisso.

— Então, Alberto, percebo que a espiritualidade o está chamando à razão. Primeiro, é preciso saber o que está acontecendo e depois saber se defender das forças ocultas que podem influir livremente na vida das pessoas.

— Desculpe, Alfredo, mas mamãe, apesar de intransigente, sempre se mostrou lúcida e é uma pessoa que sabe bem o que faz.

— De fato, Alberto, eu não disse que sua mãe está doente; saiba que isso é normal, por mais que não acredite.

— Deus não permitiria que espíritos infernizassem a nossa vida.

— Bem, Alberto, não cai uma folha de uma árvore sem a permissão de Deus; portanto, a continuidade da vida é um fato imutável, por mais que o corpo de carne morra, o espírito continua vivendo e, infelizmente, muitos, presos às paixões terrenas, colocam-se ao lado de um encarnado, transmitindo seus sentimentos e até mesmo sugerindo coisas terríveis.

— Mas isso realmente acontece?

— Sim, Alberto. Como já foi dito, há mais mistérios entre o céu e a terra do que pode supor a nossa vã filosofia. Contudo, graças a espíritos evoluídos, isso deixou de ser um mistério, conforme nos esclareceu um professor brilhante, que somente mais tarde assumiu o pseudônimo de Allan Kardec. Um dos esclarecimentos que os espíritos evoluídos passaram para Kardec é que a vida continua depois da morte e que somos espíritos eternos. Alguns continuam presos à Terra, e como estão invisíveis, a maioria das pessoas não os vê e eles agem sutilmente, interferindo não só na vida delas, mas também no intelecto!

Alberto não deu muito crédito às palavras do médico. Depois de um tempo, lembrou-se do pesadelo que tivera e da sensação de que estava sendo enforcado. Assim, decidiu contar ao médico sobre o pesadelo.

— Alfredo, aconteceu-me uma coisa, mas não sei se você vai acreditar! Eu estava dormindo quando, de repente, fui tirado do sonho e vi todo o meu quarto. Alguém começou a apertar meu pescoço, embora eu não visse quem era. Senti suas mãos em mim, tentei gritar, mas não consegui. Tentei me mexer sem sucesso. Foi então que me lembrei de Deus e finalmente acordei. Isso tem alguma coisa a ver com a conversa que estamos tendo?

— Sim! Vejo que você tem muitas dúvidas. Por esse motivo, peço que vá até minha casa hoje à noite. Isabel e eu teremos imenso prazer em recebê-los.

— Receber-nos? — Surpreso pelo fato de o médico ter usado a palavra receber no plural.

— Sim, faço questão de que você leve sua noiva para que a conheçamos. Garanto-lhe que Isabel ficará satisfeita.

— Está bem, convidarei Lucinda.

— Ok, espero vocês às oito horas. Lá poderemos conversar livremente, garanto que Lucinda vai gostar.

— Obrigado, Alfredo!

— Eu gostaria de ficar conversando mais tempo com você, mas daqui a vinte minutos vou para o hospital visitar alguns de meus pacientes.

— Desculpe, Alfredo. Não quero atrapalhá-lo.

— Para mim é um prazer poder falar sobre as verdades do espírito com pessoas como você.

Depois de se despedirem, Alberto entrou em seu carro. Pensava em tudo o que o médico lhe falara e, por mais que tentasse, não conseguia acreditar que a mãe estivesse influenciada por algum espírito. Mesmo porque, implicante ela sempre fora.

Alberto voltou para casa e, no horário do almoço, sentou-se à mesa alguns minutos depois de Jacira, e analisando as atitudes da mãe, percebeu que muitas não eram normais. Preferiu não dizer nada para não estragar o almoço, e como se nada estivesse acontecendo, falou sobre algumas banalidades, com as quais Jacira apenas concordou com monossílabos. Ela não estava disposta a conversar, por essa razão, o moço comeu rapidamente e não quis a sobremesa. Levantando-se, foi ao quarto, escovou os dentes e pegou a chave do carro. Saiu em seguida, sem dar satisfação.

Jacira ficou observando-o, e pensou: "Nem parece aquele menino meigo criado com tanto amor! Sou um estorvo, mas a culpada de tudo isso é aquela pistoleira. Mesmo que meu filho sofra, depois esquecerá.

Duas sombras sinistras a envolveram de modo a aumentar ainda mais seu ódio por Lucinda. Nesse momento ela sentiu náuseas e saiu da mesa.

∞

ALBERTO CHEGOU à casa de Lucinda pouco mais de uma hora da tarde. Encontrou-a costurando; estava com algumas encomendas atrasadas, pois nos últimos dias não se sentira emocionalmente capaz de costurar.

Ao ver Alberto, sorriu e disse:

— Meu amor, o que faz aqui a essa hora?

— Vim fazer-lhe um convite — e, abraçando-a, beijou-a ternamente nos lábios.

— Está bem, o que quer fazer?

— Recebi um convite de um amigo de nossa família para jantarmos com ele esta noite. O que me diz?

Lucinda, pega de surpresa, ficou apreensiva, e olhando nos olhos dele, disse:

— Mas quem é esse amigo?

— É o dr. Alfredo Jardim. Ele pediu para que eu a levasse ao jantar que ele nos oferecerá.

— Doutor Alfredo? Por acaso é médico?

— Sim.

— Não sei se devo ir. Você sabe, sou simples e não estou acostumada a pessoas desse nível.

— Deixe de bobagem, Lucinda. Alfredo, apesar de ser médico, é muito simples e bom. Ele quer conversar conosco porque atendeu minha mãe ontem à noite e, como é espírita, disse que ela está envolvida por espíritos, e por essa razão está agindo dessa forma.

— Será verdade, Alberto?

— Não sei, mas estou curioso e, além do mais, Isabel, sua esposa, é um encanto de pessoa, está sempre às voltas com obras assistenciais, e todos gostam dela, principalmente os pobres, pois a veem como mãe.

— Está bem, se é assim irei. Mas, se eu não me sentir bem, arranjarei uma desculpa e viremos embora. A que horas será o jantar?

— Às oito horas; mas não é de bom-tom nos atrasarmos. Às sete e quinze passarei aqui.

— Estarei esperando-o.

Alberto apertou-a de encontro ao peito e disse:

— Pode se acostumar, logo você será a senhora Almeida Prado e terá de se habituar com meus amigos.

Lucinda, apesar de apreensiva, resolveu dissimular o medo que ia em seu coração. Depois de quase duas horas, Alberto disse que iria embora. Depois que ele se foi, ela ficou pensando se estava certo namorar o solteirão mais cobiçado da cidade. Enfim, disse resoluta:

— Não quero saber se estou certa ou errada! Amo Alberto e ninguém vai roubá-lo de mim — disse, sentindo uma brisa suave.

Alberto questionava-se: "Será que Alfredo está certo com respeito ao que disse de minha mãe? Não estaria apenas tentando justificar o preconceito dela? Alfredo é excelente profissional, e além disso, é muito lúcido, não posso duvidar de sua seriedade. Preciso analisar bem o assunto, e caso ele esteja com a razão, farei qualquer coisa para ajudar minha mãe, não posso deixá-la sofrendo assédio de alguém que não se vê. De qualquer maneira, vou ajudar minha mãe. Se for um espírito é melhor, pois assim ela tem a chance de mudar sua maneira de pensar.

À noite, antes de sair, disse:

— Mamãe, estou indo jantar na casa de Alfredo Jardim. Ele está me esperando.

— Muito bem, por que não me disse antes? Eu iria com você!

— Não, mamãe, ele convidou Lucinda e eu. Quer conversar conosco.

— Tomara que converse com você e coloque juízo em sua cabeça.

Enquanto dirigia em direção à casa de Lucinda, o rapaz ligou o rádio do carro, mas não prestou atenção em nada. Pensava insistentemente em como a mãe podia ser tão preconceituosa; afinal, também já havia sido pobre e sabia muito bem o que isso significava. Ao chegar à casa da noiva, percebeu que ela ainda estava na máquina de costura. Descontente pensou: "Será que se esqueceu do jantar de hoje à noite?". Contrariado, ele entrou de súbito e viu uma mulher experimentando um vestido de tafetá branco.

— Minha querida, esqueceu do nosso compromisso com Alfredo às oito horas?

— Não, meu amor! Esta é dona Filomena, ela só pôde vir agora experimentar o vestido que usará no sábado; portanto, vim atendê-la para fazer os ajustes necessários.

— Está bem, querida! — Olhando para a mulher, percebeu que Filomena era amicíssima de sua mãe.

— Olá, dona Filomena, como vai, tudo bem?

— Sim, Alberto, tudo. E sua mãe, como está?

— Está bem — disse sentando-se. Ficou observando o capricho de Lucinda no trabalho e sentiu toda a sua face se descontrair. Podia compará-la a um raio de sol, que ilumina qualquer vida. Como viver sem ela?

Filomena, saiu da sala, tirou o vestido, voltou e despediu-se. Alberto perguntou:

— Sabia que você é a mulher mais linda e doce que já conheci em toda minha vida?

Lucinda foi se arrumar e depois de vinte minutos apareceu na sala usando um conjunto de linho cinza, que ela mesma havia confeccionado e que deixava seu corpo ainda mais belo. Ela era uma bela mulher e seus gestos delicados deixavam-na ainda mais bonita. O perfume usado era levemente adocicado, e o batom realçava sua beleza. Alberto sentiu-se orgulhoso, pois achava Lucinda a mais bela de todas as mulheres com quem saíra.

Alberto olhou no relógio e viu que faltavam dez minutos para chegarem à casa do médico, e disse-lhe que não era de bom-tom chegarem atrasados a um jantar. Embora estivesse exuberante, ela disse:

— Amor! Sei o que significa me apresentar a seus amigos, mas sou muito simples para conviver com essas pessoas, se quiser ir sozinho, não me importo em ficar.

— De maneira alguma, Lucinda, você também foi convidada.

Olhando para ele, ela não pôde deixar de compará-lo com Ronaldo. Seus gestos elegantes, seu bom humor, tudo isso realçava sua beleza. Assim, não teceu mais nenhum comentário.

O Espiritismo

AO CHEGAREM À CASA DO MÉDICO, foram prontamente atendidos por Isabel e Alfredo, que gentilmente pediram que ficassem na sala de visitas enquanto a mesa estava sendo preparada.

Alberto sentiu-se muito bem, pois sentia que Isabel e o marido não estavam sendo falsos nem convencionais com eles. Lucinda, a princípio, apenas respondia a cada gentileza com um aceno de cabeça e raramente com um obrigada. Isabel, percebendo seu constrangimento, convidou-a para conhecer a casa.

Entraram em todos os cômodos e Lucinda não pôde deixar de perceber o bom gosto deles.

— Dona Isabel, sabe que está sendo gentil comigo, mas quero que saiba que jamais serei como a senhora. Sou uma moça simples, já sofri muito, não tenho pais... portanto, não precisa se exceder nas atenções comigo.

Isabel, olhando fixamente para a moça, não pôde deixar de sentir apreço por ela; afinal, ela era tudo o que se esperava de alguém, além de ser muito sincera. Assim, respondeu:

— Mas o que tem a ver eu ser gentil com você e sua simplicidade?

— Bem, sei que está fazendo isso por causa de Alberto; afinal, ele é de família importante; quanto a mim, sou uma costureira simples que nada tem a ver com a classe social de vocês.

— Que pena você se depreciar tanto, menina! Não a estou tratando bem somente porque é a futura esposa de Alberto. Saiba que para nós, aqui em casa, somos todos iguais, não há melhor nem pior, pois somos filhos do mesmo Deus, de modo que somos todos irmãos. Você é uma moça muito bonita e precisa aprender que, se quiser ser valorizada, terá de se valorizar. Somente assim, vai se sentir feliz e não verá ninguém além de você. A única coisa que difere você de Alberto é que ele teve muito mais oportunidades, mas isso nada depõe contra você. Para nós, um gari ou um empresário é tudo igual: o mundo precisa tanto de um como do outro. O que seria do patrão se não tivesse funcionários? De que serviria para alguém ter tanto dinheiro se não tivesse alguém que tecesse o pano que lhe cobre a vergonha? O que seria de nós se não tivéssemos o agricultor que planta a semente, colhendo e vendendo? Não, minha filha, a maneira pela qual você vê o mundo é distorcida! Saiba que todos nós temos funções neste mundo, e você não foge a elas.

— Mas como a senhora pode afirmar que somos iguais? Somos separados por condições econômicas e por muitas outras coisas.

— É aí que você se engana, minha filha. Deus não vê dessa maneira. Se você se achar mais humilde que os outros, assim será vista. Agora, se olhar corretamente, verá que tudo o que as pessoas julgam ter não passa de ilusão. Tanto morre o rico como o pobre, o rei como o plebeu, o culto como o ignorante; enfim, somos todos iguais e morremos da mesma maneira.

— Olhando dessa forma, a senhora tem razão, mas infelizmente a maioria das pessoas não nos julga pelo que somos, mas pelo que temos.

— Realmente, minha filha, mas os bens materiais não contam quando fazemos a viagem para o mundo dos espíritos. Não é só porque uma pessoa tem dinheiro que ela não vai morrer.

— Disso eu sei.

— Mas, então, veja da maneira correta. A Terra é como uma estação rodoviária: a todos os minutos chegam pessoas e a todos os minutos saem, e isso independe da condição financeira. Jesus poderia ter nascido em berço de ouro, mas, em sua grandeza espiritual, nasceu em um estábulo, de maneira humilde, e conviveu com todo tipo de gente, desde doutores da lei até pessoas do povo. Portanto, todos somos iguais perante Deus, nosso Pai.

— A senhora é muito gentil.

— Não, minha filha, não estou sendo gentil. Estou dizendo o que realmente acredito. Para mim, o fato de você ser costureira e Alberto empresário não muda nada. Será sempre bem-vinda em nossa casa. Gostei de você e saiba que terá em mim uma amiga.

— A senhora não sabe o quanto isso me faz bem; sei que muitas pessoas pensam que estou interessada no dinheiro de Alberto, mas eu o amo, e a senhora não sabe o quanto.

— Posso imaginar. Só pelo fato de enfrentar Jacira isso já prova o quanto o ama; portanto, não pense no que os outros pensam, pense somente no que você sente por ele e ele por você, somente isso importa.

Lucinda, olhando para Isabel, disse com suavidade:

— Dona Isabel, desde que cheguei simpatizei com a senhora, mas agora posso dizer que já é minha amiga.

— Realmente, minha filha. Tem em mim uma amiga; portanto, esteja com Alberto ou não, sempre será bem-vinda em minha casa.

— A senhora é muito bondosa. Não sei se mereço tanta consideração.

— Pare com isso. Somos todos iguais perante Deus, tanto faz rico ou pobre, negros ou brancos. Não é porque meu marido é médico na cidade que somos melhores que as outras pessoas.

— Poxa! A senhora é mesmo diferente. Alberto estava certo quando disse que vocês eram gente boa.

— Apenas tentamos colocar em prática o que nosso mestre nos ensinou. Viemos para servir, e não para sermos servidos. Jesus foi o maior exemplo de humildade que a Terra já teve, veio ao mundo numa simples manjedoura, e mostrou ao mundo a dignidade da humildade.

— A senhora tem razão. Sinto-me menos que os outros por ser uma simples costureira.

— O mais importante é sermos nós mesmos, sem nos importarmos com a conta bancária.

Alfredo chegou dizendo a Isabel que estava com fome e que o jantar devia estar esfriando.

Durante o jantar, Alfredo não tocou no assunto da espiritualidade, ficaram falando sobre banalidades. Depois que o café foi servido e a mesa tirada, eles começaram a conversar sobre o caso que tinha levado o médico a fazer o convite para o jantar.

— Bem, tivemos um jantar agradável, graças a Deus, mas sei que vocês estão curiosos para saber o motivo do meu convite.

— Sim, o senhor me disse que é espírita e que minha mãe tem um espírito que a acompanha.

— Sim, meu filho. Os fenômenos espíritas são mais comuns do que imaginamos. Isso já acontecia na França muitos anos atrás. Havia um grupo de pessoas que se reuniam ao redor de uma mesa e viam a mesa levitar e girar. Isso ficou conhecido como *mesas dançantes*. No começo, havia muita incredulidade e muitas pessoas brincavam com as mesas para tirar proveito pessoal ou se divertir. Um grupo de pessoas se organizava ao redor de uma mesa e via todos os movimentos que a mesa fazia. No início, a comunicação por meio das mesas se dava de forma bastante rudimentar e precária, mas, depois, os participantes perceberam que era suficiente ao médium ter um lápis e um papel que o Espírito agia automaticamente. Em 1855, Fortier, um grande estudioso do magnetismo, muito amigo do professor Denizard Rivail, contou-lhe sobre os fenômenos, mas este se manteve incrédulo; afinal, trabalhava com a lógica, e não com o sensacionalismo. Depois de ter assistido a um desses espetáculos, chegou à conclusão de que havia uma mente inteligente que conduzia essas mesas. Percebam que ele não era um homem ignorante. O professor Hippolyte Léon Denizard Rivail era bacharel em ciências e letras, falava vários idiomas, era membro da Academia Real de Arras e da Real Academia de Ciências Naturais, na França. Depois de muito avaliar, ele chegou à conclusão que havia dois mundos paralelos: o material e o espiritual. Com essa tese, teve a ideia de fazer um imenso questionário e entregou a diversos médiuns diferentes. Daí surgiu, em 1857, sua primeira obra: *O Livro dos Espíritos*, considerado marco de fundação do Espiritismo, onde ele usou o pseudônimo de Allan Kardec.

— Puxa! Nunca imaginei que houvesse por trás do Espiritismo pessoa de tal calibre intelectual — disse Alberto intrigado.

— Realmente — disse Isabel —, a história do Espiritismo é não só intrigante como bonita.

Lucinda ouviu calada, apenas observava. Alfredo fez uma síntese sobre a comunicabilidade dos espíritos e a mediunidade que todos os seres humanos têm em maior ou menor grau.

O jovem casal ficou encantado com a explicação de Alfredo e os comentários de Isabel. Alfredo terminou dizendo que tinha a capacidade de ver os espíritos, e que vira, ao lado de Jacira, dois espíritos e que, provavelmente, não eram irmãos desenvolvidos no bem.

Alberto, ouvindo tudo com atenção, perguntou:

— Sempre percebi que mamãe era estranha. Ora estava alegre e no minuto seguinte tornava-se calada. Foi assim a vida toda.

Alfredo contou-lhes que muitas pessoas procuravam ajuda médica achando que tinha uma doença, mas depois de tantos e tantos exames negativos, entravam em desespero, ignorando completamente o mal espiritual.

— Minha mãe sempre teve uma instabilidade emocional muito grande — disse Alberto —, lembro-me de que papai fazia de tudo para agradar-lhe. A princípio ela ficava encantada, mas depois começava a chorar e não sabia por que chorava.

— Esse é um dos primeiros sintomas de uma obsessão, pode ir desde uma simples melancolia, no caso de uma obsessão simples, até o suicídio, na obsessão severa.

— Mas como poderemos ajudá-la? — questionou Alberto preocupado.

— Bem, sei que sua mãe não acredita em nada, isso facilita, e muito, a ação dos espíritos sobre ela. A princípio, podemos colocar o nome dela no livro de oração, nas reuniões, e quem sabe, com o alívio, ela reconheça que precisa de ajuda.

— E por que mamãe se atormenta tanto com a presença de Lucinda?

— Bem — disse Isabel ativa na conversa —, a explicação para isso pode estar ligada a algum fato do passado. Lembre-se de que todos nós nos reencontramos; uma vez que vivemos muitas vezes na Terra. Há encontros e, na maioria das vezes, reencontros.

— Então quer dizer que dona Jacira tem algo contra mim por algo do passado? — perguntou Lucinda tomando parte na conversa.

— Pode ser ou não. Veja bem, ela sempre protegeu Alberto das mulheres, tanto que ele permanece solteiro. Pode ser que tenha mais a ver com ele que com você.

— Isso é curioso — disse Lucinda intrigada. — Saiba que quero saber tudo sobre Espiritismo, pois somente assim vou entender muitas coisas que ocorreram em minha vida.

— Para mim será um prazer elucidar suas dúvidas — disse Alfredo, feliz por ver as primeiras sementes dando frutos.

E assim os quatro ficaram conversando por mais um tempo, até que perceberam o avançado da hora. Ao se despedirem, Alfredo e Isabel resolveram dormir, antes, porém, Isabel comentou:

— Lucinda é uma boa moça. Parece-me triste. Imagino que sua vida não deva ter sido fácil.

— Eu também percebi, mas no que depender de mim, tudo farei para ajudar os dois. Boa noite, querida.

— Boa noite.

Descobertas

Isabel sonhou que estava em uma casa de sapê e viu a figura de um homem entrando e gritando:

— Maria, cadê a Dita, ela estava sentada na beira do rio.

— Mas por que você não a trouxe para casa, homem?

— Por que eu iria trazê-la, não foi sozinha? Que volte!

— Não posso imaginar um pai ver que a filha está em perigo e, mesmo assim, não ajudá-la.

— Não tenho culpa, se quiser ela que volte sozinha.

A mulher saiu à procura da filha e, ao chegar à beira do rio, encontrou a boneca feita de sabugo de milho. Gritou e deduziu que a menina estava dentro do rio. Ficou ali observando se a encontrava. Depois de alguns instantes, viu um lugar que estava com movimento além do normal. Percebeu que se tratava da filha, Benedita, de apenas cinco anos de idade. Desesperada, a mulher pulou na água e alcançou o corpo da menina, que já estava sem vida.

O homem se aproximou e, vendo a esposa toda molhada, ajudou-a a retirar o corpo da menina da água.

Em outra cena, o homem entrava na casa e dizia:

— Você nunca mais foi mulher para mim desde que aquela menina morreu. Saiba que não tive culpa, ela que foi besta de ter pulado na água.

— A culpa foi sua, sim! Se a tivesse trazido para casa quando a viu, nada disso teria acontecido. Não vou mudar, jamais serei sua mulher novamente. Se quiser, pode ir à vila procurar a mulher que quiser que eu não vou me importar.

Depois, Isabel viu uma velha sentada em uma cadeira, impossibilitada de andar, e um homem, também idoso, aproximou-se e disse:

— Eu sempre a quis bem, mas você deixou que a morte da menina atrapalhasse nossa vida. Agora estamos aqui, cansados e esperando a morte.

— Saiba que não me arrependo. Por que você permitiu que nossa filha morresse?

— Sempre quis um filho homem, mas veio ela e, não sei por que, ela sempre me pareceu uma ameaça.

— Que bobagem, ela sempre foi tudo que eu sonhava e você, com seu orgulho, a tirou de mim.

— Não fiz por mal, não queria que ela morresse, mas aconteceu.

A mulher, sentindo uma forte dor no peito, apareceu em outro lugar. Uma moça cuidava dela, e logo a encantou. Depois de certo tempo, as duas iniciaram uma conversa; a moça era Lucinda...

ⁿⁿ

Isabel acordou suarenta e foi à cozinha tomar um copo com água. Não conseguia esquecer o sonho; fora tão real que ela ainda podia sentir o perfume de flores da moça. Sem ter dúvida, viu que a moça era Lucinda e a senhora era ela mesma. Lucinda havia sido sua filha em uma vida passada, e também a menina que morrera afogada no rio.

Isabel sentiu grande felicidade por saber o porquê simpatizara tanto com a moça. Encostada na pia, pensou: "Lucinda, saiba que se depender de mim tudo farei para protegê-la. Você ainda é minha filha e Jacira não fará nada para atrapalhar sua felicidade".

Voltou ao quarto e deitou-se. Dormiu, mas desta vez sem sonhar. No dia seguinte, Isabel contou ao marido o que havia acontecido. Alfredo escutou com alegria e disse:

— Se lhe foi permitido ter esse sonho revelador, você deve ajudar Lucinda, que ainda terá muitos problemas com Jacira. Você sabe como é, ela não vai desistir enquanto não acabar com esse namoro, que me parece muito sério.

— Não vou permitir! Se acontecer de eles terminarem, deve ser por vontade deles, não por interferência de Jacira. Farei tudo o que estiver ao meu alcance para proteger Lucinda, que, tenho certeza, é uma boa moça.

— Isso mesmo — concordou Alfredo —, mas não diga nada a ela sobre seu sonho. Cuide dela, não deixe que nada a atrapalhe.

— Alfredo, sabia que gosto de Lucinda como se fosse minha filha?

— Mas ela foi sua filha em uma vida passada. O que mudou foi a situação, o corpo, mas o amor continua intacto, aproveite esse tempo para amá-la e ser amada por ela.

Isabel se aproximou do marido e disse com carinho:

— Você é o melhor marido do mundo, te amo!

— Eu também te amo, você é uma mulher especial.

Alfredo começou a pensar nos muitos anos que estavam juntos e finalmente disse:

— Isabel, quando a conheci enlouqueci. E se eu não namorasse você, não namoraria mais ninguém. Com o tempo, a paixão deu espaço para um sentimento mais verdadeiro, mais sólido, que me fez ficar cada dia mais preso aos seus encantos. Sei que já não tem a mesma juventude, mas hoje tem algo melhor: experiência e maturidade, que me faz amá-la ainda mais.

Depois de se despedirem com um beijo, Alfredo seguiu para a garagem, pegou o carro e seguiu rumo ao hospital.

ෆෆ

No DIA SEGUINTE, Lucinda ainda pensava no teor da conversa da noite anterior. Não pôde deixar de sentir grande alegria ao se lembrar de Isabel, em como se afinara com aquela boa mulher e o quanto ela era humana. Decidiu que, a partir daquele dia, conheceria o Espiritismo para saber as causas de tudo.

Tomou seu café com leite e foi para máquina de costura terminar uma encomenda.

Alberto, naquela manhã, ficou recostado em sua cama, pensando na noite agradável que tivera na casa de Alfredo e em tudo o que haviam conversado. Lembrou-se da mãe e de suas atitudes nos últimos anos; pensava no quanto ela havia sido intransigente e possessiva, e chegou à conclusão que o médico poderia estar com a razão: sua mãe talvez estivesse sob a ação de algum espírito que a induzia àqueles atos. Decidiu tratá-la melhor, além disso, procuraria ajuda para ela. Com esses pensamentos, foi à cozinha, pois Rita já havia recolhido a mesa do café. Ao encontrá-la lavando louça, disse:

— Bom dia, Rita! Cadê minha mãe?

— Ela tomou café e está no jardim cuidando das flores.

— E como está?

— Bem, dr., está estranha. Não falou uma palavra com ninguém. E, muitas vezes, a vi sentada na área com o olhar distante.

— Vou até lá, creio que a culpa é minha. Ela não aceita a mulher que escolhi para ser minha companheira.

— O senhor vai precisar ter paciência, pois ela sempre foi assim.

— Você está certa, Rita. Vou tentar contornar a situação, pois sei que não estou fazendo nada para apaziguar as coisas aqui em casa.

Ao ver a mãe, Alberto sentiu pena dela. Jacira estava mexendo em um vaso de orquídea. Nem se deu conta da presença do filho. Ao se aproximar, o moço disse sorridente:

— Bom dia, mamãe. O que está fazendo?

— Estou vendo onde poderei colocar esta orquídea. Aqui não é lugar para ela, veja, está morrendo!

— A senhora sempre soube cuidar bem delas, mamãe. Garanto que escolherá um ótimo lugar.

Jacira sorriu satisfeita. Aquele, sim, era seu filho.

— O que está acontecendo que está tão amável hoje, meu filho?

— Nada, mamãe. A senhora é minha mãe e hoje quero aproveitar a oportunidade para ficar ao seu lado. Na segunda-feira terei de voltar a São Paulo.

Jacira sorriu satisfeita, pois Alberto mal falara com ela nos últimos dias. Decidiu não tocar no nome de Lucinda para não chatear o filho.

— Vamos fazer diferente hoje, dona Jacira. O que acha de almoçarmos fora?

— Eu adoraria!

— Está bem, meio-dia e meia vamos ao restaurante. Apronte-se. Beijando-a, ele saiu em direção ao quarto.

Alberto pensou em avisar Lucinda que iria depois das três horas da tarde em sua casa, mas ela não tinha telefone. Foi então que resolveu que instalaria uma linha em sua casa para facilitar a comunicação. Pegou o aparelho e ligou para a companhia solicitando uma linha telefônica no endereço de Lucinda. Levaria sete dias úteis para a instalação.

Ficou feliz. Mesmo não se sentindo bem ao lado da mãe, faria tudo para ajudá-la. Aproveitaria o almoço e tentaria conversar com ela sobre o que havia descoberto na noite anterior. Iria para a piscina; aliás, fazia tempo que não a aproveitava! Resolveu se bronzear um pouco. Vestiu sua roupa de banho e foi à piscina. Jacira, ao ver o filho vestido daquela maneira, disse feliz:

— Vai aproveitar o sol hoje, meu filho?

— Sim, mamãe. Faz muito tempo que não entro na água. É um desperdício termos este tesouro em casa e não aproveitarmos.

— Realmente, meu filho. Você adorava as férias escolares só para ficar na piscina. Lembra como gostava de trazer os amigos do colégio para brincar com você?

— Como poderia esquecer, mamãe. Aquele, sim, era um tempo bom, eu não tinha problemas e tudo se resumia a brincadeiras.

— A água parece estar ótima, aproveite que suas férias estão terminando.

— Sim, mamãe. Lembra do Horácio? Aquele que não sabia nadar e eu empurrei na água? O que aconteceu com ele?

— Horácio era um menino de ótima família. O pai dele era dono da fazenda Tropicália, e ele adorava dormir aqui. Pelo que eu soube, ele se apaixonou pela filha de um colono e fugiu de casa. O pai ficou tão desgostoso que teve um derrame e ficou vários anos na cama, até que morreu. Agora Horácio toma conta da fazenda.

— Ele ficou com a tal moça, mamãe?

— Sim, casou-se com ela e tem dois filhos: um menino e uma menina. A moça, porém, esqueceu suas origens. Hoje se comporta como uma dama da sociedade.

Pelo comentário, ele viu que a mãe sempre fora preconceituosa, e que isso não tinha a influência dos espíritos. Sentiu-se arrependido pelo convite para o almoço, mas seguiu para a piscina e deu um mergulho para esfriar a cabeça. Ficou na água por mais alguns minutos e depois, sentando-se ao sol, pediu para a mãe que mandasse Rita providenciar um suco de acerola.

Enquanto esperava o suco, ficou pensando em Lucinda. Gostaria que ela estivesse ao seu lado, com ela se sentia completo, inteiro, com uma sensação de bem-estar. Alberto passou a manhã na piscina. Vez por outra entrava na água para acentuar o bronzeado.

Chegando perto do horário previsto para o almoço, Alberto dirigiu-se ao seu quarto para tomar banho e se arrumar. Ao descer, encontrou a mãe esperando-o, já toda arrumada. Jacira estava alegre, pensou que ele tivesse brigado com Lucinda.

Pegando a chaves do carro e os documentos, disse para a mãe:

— Podemos ir, dona Jacira. Estou morrendo de fome, e olha que a piscina contribuiu muito para isso.

— Vamos, meu filho. Também estou com um apetite de leão. Aliás, faz tanto tempo que não saímos juntos que chego a estar eufórica.

— Mamãe! Por favor, esqueceu-se que fomos jantar três semanas atrás?

— Ah, meu filho, aquele jantar não conta, porque você estava bravo comigo.

— Está bem, mamãe. Então vamos, assim pegamos um ótimo lugar no restaurante.

No carro, Jacira olhava para o filho de maneira intrigante, queria saber por que ele havia mudado de atitude com ela. Será que aquilo realmente era sincero? Será que ele se arrependera de tê-la magoado tanto? Será que brigara, finalmente, com aquela desqualificada?

Com esses pensamentos, Jacira sentiu-se feliz e procurou não pensar em mais nada. O que a interessava era que ele estava como sempre: gentil e atencioso. Os dois almoçaram no melhor restaurante da cidade. Depois tomaram um sorvete como sobremesa.

Jacira estava falante, mas não tocara no nome de Lucinda, o que muito agradou a Alberto. Ambos falaram sobre a volta dele a São Paulo e como haviam sido boas aquelas férias.

— Meu filho, sou tão feliz quando você está assim comigo!

— Ah! Mamãe, nós não estávamos nos entendendo nesses últimos dias, mas saiba que a senhora é melhor mãe do mundo.

"Aquela pistoleira achou que poderia tomar meu filho de mim? Mas fique ela sabendo que eu sou a mãe, e que vínculo maior poderá haver entre duas pessoas?", pensou.

— Mamãe, sabe que adorei jantar na casa de Alfredo e Isabel?

— É mesmo?

— Sim, mamãe. Foi uma noite muito agradável.

— Alfredo é um ótimo profissional, pena que resolveu se meter com gente ignorante, que diz conversar com espíritos. Que coisa, um homem tão inteligente se envolver com uma coisa dessas!

— Mamãe, a senhora sabe muito bem que Alfredo é um homem muito culto e não tem nada de ignorante.

— Sim, meu filho. Mas nunca imaginei que ele fosse tão influenciável a ponto de se envolver com esse tipo de gente.

— Mamãe, a senhora está sendo preconceituosa. Ontem falávamos justamente sobre isso. Ele me contou que Allan Kardec, o codificador do Espiritismo, era professor e médico; enfim, também era um homem dado ao estudo das ciências.

— Que seja, meu filho. Mas não acredito em espíritos, ainda mais de quem já morreu. Para mim, quem morreu acabou. Até agora ninguém veio para contar a história.

— Engano seu, mamãe. As pessoas voltam, sim, e contam que o mundo espiritual pode ser bom ou ruim, dependendo do estado moral do espírito.

— Bobagem, meu filho! Isso é a mais pura sandice que já ouvi. Gosto muito de Alfredo, mas não dou margem para que ele comece a falar sobre esses assuntos.

Alberto achou melhor não falar nada. Jacira também mudou de assunto, não queria estragar o seu dia, que estava sendo muito bom. O filho ficou triste, mas dissimulou a contrariedade. Ficou se fazendo de bom ouvinte, mas estava observando os modos da mãe, que fazia questão de mostrar que tinha uma boa educação e estava sempre atenta à etiqueta. Ele pensava o quanto ela era superficial e frívola querendo mostrar superioridade a qualquer um.

Nesse momento, Luiz, o garçom, aproximou-se da mesa e disse:

— Doutor Alberto, que bom vê-lo aqui. Precisa de alguma coisa?

— Não, obrigado — disse Alberto sorridente —, já estamos terminando.

— Se quiser, posso lhes trazer um café — disse o garçom.

— Obrigado, mas já estamos de saída — disse Alberto pedindo a conta.

Enquanto o garçom se retirava, Jacira disse indignada:

— Meu filho, como permite tanta intimidade?

— Ora, mamãe, Luiz sempre foi um velho conhecido de papai. Muitas vezes papai e eu viemos almoçar aqui, e quem sempre nos atendeu foi ele.

— Seu pai nunca soube separar bem as coisas, onde já se viu se misturar com pessoas como essa? Acima de tudo, sem classe nem berço.

— Mas, mamãe, Luiz, embora seja menos favorecido, sempre foi muito educado, não só conosco, mas com todos.

— Não importa, conheço bem esse tipo de gente. São sorridentes porque esperam uma boa gorjeta — disse Jacira maldosamente.

Alberto, embora não quisesse discutir com a mãe, ficou pensando no quanto Jacira era mesquinha e orgulhosa. Ele pagou a conta e ambos saíram. Alberto, triste, dirigiu-se ao carro. No trajeto para sua casa, Jacira disse que gostaria de passar em uma loja, pois queria comprar algumas roupas novas para usar num jantar que aconteceria no sábado, com a família Medeiros.

Alberto, não sabendo nada sobre o jantar, achou que a mãe estava querendo arranjar-lhe mais uma pretendente. Ele fez o que a mãe pediu e depois a levou para casa. Sem descer do carro, disse:

— Bem, mamãe, não vou entrar. Tenho um compromisso dentro de dez minutos.

— Mas, meu filho, que compromisso? Você não está de férias?

— Sim, mamãe. Mas minha vida continua; pensei que estivesse acostumada com meu jeito de ser.

— Não me diga que você vai se encontrar com aquela desqualificada? — perguntou Jacira com língua ferina.

— Sim, mamãe. Vou me encontrar com minha noiva e saiba que se perdesse tempo para conhecer melhor Lucinda, veria que ela vem de berço, é educada, sensível e humana, coisa que a senhora não é.

— Está vendo! — gritou Jacira, fingindo chorar. — Está vendo o que ela está fazendo com você? Acorde, meu filho, não deixe que ela o domine.

— Não, mamãe. Ela não me domina, ela me completa. Nós nos amamos e isso me satisfaz, além do mais, ela jamais agiu de forma tão preconceituosa como a senhora.

— Está bem, vá atrás dela; afinal, ela deve ser uma de suas prostitutas!

Alberto, ao ouvir aquelas palavras, sentiu seu coração oprimir-se, pois jamais imaginara que sua mãe tinha esse conceito dele. De forma nada educada, disse:

— Não, mamãe! Lucinda não é uma de minhas prostitutas. Nunca tive uma, mas saiba que ela, apesar de ser humilde, será minha esposa. Ninguém mudará isso. Fiz tudo o que podia para nos entendermos, mas a senhora não compreendeu. Seu jeito mesquinho, sua superioridade me enojam. Não somos melhores que ninguém. Tenho dó da senhora, que está presa ao seu mundinho de fantasia! Vou entrar, arrumar minhas malas, levá-las para a casa de Lucinda, e segunda-feira sairei de lá diretamente para São Paulo. Não virei me despedir!

— Vá atrás dela, foi ela que o deu à luz, não é, seu malcriado?

— Não importa, isso não a faz dona de mim nem de minhas vontades.

Alberto arrumou as malas e achou mais prudente ir para um hotel, para evitar falatórios na cidade. Ficaria ali até segunda-feira de madrugada.

Jacira ficou chorando, pensando que Lucinda só aparecera para acabar com sua vida.

O Centro Espírita

AO CHEGAR À CASA DE LUCINDA, Alberto lhe contou o acontecido.

— Alberto, não seria melhor você voltar para sua casa? Só vai para São Paulo na segunda-feira!

— Não! — disse Alberto ressentidamente. — Minha mãe nos ofendeu. Quem ela pensa que somos? Enquanto eu estiver vivo, não permitirei que ninguém a magoe.

— Mas, Alberto — disse Lucinda tentando mudar a ideia do namorado —, o sacrifício vale a paz no lar!

— Eu sei disso. Até tentei, fiquei com ela hoje, levei-a para almoçar, fiz de conta que não estava acontecendo nada; e o que ela fez na primeira oportunidade? Fez questão de me chatear. Minha mãe pode até ter espíritos ao seu lado, mas hoje pude ver que muitas coisas são dela mesma, não são influências

de espíritos! Já não suporto mais ficar ao seu lado, suas mesqui-
nharias e seu preconceito...

— Eu sei, querido, mas ela é sua mãe. Compete a você tentar ajudá-la; pense no que o dr. Alfredo falou: sua mãe, muitas
vezes, age de maneira que ultrapassa a compreensão humana.
Se você tiver paciência, quem sabe ela se livra dessas influências
e passa a ver o mundo de forma mais humana, libertando-se das
aparências.

— Meu amor... Minha mãe a ofende, diz coisas absurdas
sobre você, e ainda você a defende?

— Não, Alberto, procuro entender, só isso.

— É por essa razão que eu a amo cada vez mais. Demorei
para encontrar alguém assim, que me compreenda e me faça ver
o mundo de forma mais bonita.

— Vamos à casa do dr. Alfredo? Aposto que ele terá um
bom conselho para lhe dar.

— Mas a esta hora? Nem sabemos se ele está em casa.

— Ele nos disse que quando precisássemos ele estaria sempre pronto. E hora de vermos se realmente foi sincero conosco.

— Está bem, mas nada de se empoar, tenho pressa.

Lucinda foi ao banheiro, penteou os cabelos, passou um
batom rosa e disse que estava pronta para ir à casa do médico.
Ao chegarem, Alberto notou que o portão da garagem estava se
abrindo e viu o carro do médico saindo. Isabel os viu e avisou
ao marido, que ficou feliz em vê-los. Descendo do carro, foi até
o carro do rapaz com um sorriso nos lábios. Alberto já fora do
carro, foi ao seu encontro, abraçou-o e disse:

— Lucinda teve a ideia de vir até aqui, mas vejo que estão
de saída.

— Sim, mas nenhum lugar ao qual vocês não possam ir.

— Aonde vão? — perguntou Alberto.

— Estamos indo ao Centro Espírita. Faremos uma vibração a todos os irmãos que estão nos hospitais.

— Que bonito! Vocês sacrificam uma noite do mês em favor dos outros? — perguntou Alberto sorrindo.

— Não, Alberto. Não sacrificamos nada. O bem que fazemos é para o nosso próprio progresso.

— Então poderíamos acompanhá-los!

— Para nós será um imenso prazer. Isabel e eu combinamos que assim que sairmos do Centro Espírita, vamos a uma pizzaria. Se quiserem, poderão nos acompanhar.

— Será um imenso prazer. Vou segui-lo com meu carro.

Alfredo foi até o carro e cumprimentou Lucinda, que respondeu educadamente:

— Prazer em vê-lo dr. Alfredo.

— O prazer é todo meu.

— Muito bem, combinei com Alberto de irmos ao Centro Espírita e, depois de terminadas as vibrações, a uma pizzaria.

Lucinda, sorrindo, concordou, e Alberto entrou no carro e disse:

— E então, meu amor, vamos ao Centro Espírita? Se não quiser ir, arranjo uma desculpa.

— De maneira alguma. Quero ir sim, tenho certeza de que lá tem algo interessante para nós.

— Então está bem. Vamos e depois você decide se vamos ou não à pizzaria.

— Meu amor, quero ir sim. Gosto da companhia de dona Isabel. Não se preocupe comigo, estou bem.

— Ótimo! É por essas e outras que eu te amo. Está sempre disposta a ficar ao meu lado.

— Meu amor, quero ser sua companheira.

Alberto acompanhou o carro e logo chegaram diante de uma casa. Lucinda, ao chegar, disse:

— Mas aqui é um Centro Espírita? Uma casa?

— Sim, é simples, não? — perguntou Alfredo.

— Realmente, o lugar deve ter algo muito especial — disse Lucinda.

— Vamos entrar — disse Alfredo.

Ao entrarem, Alfredo convidou:

— Alberto e Lucinda, vamos até a câmara de passes. Todos os que chegam aqui tomam um passe de limpeza antes da reunião.

Ambos ficaram na fila aguardando a sua vez. Ao saírem, Lucinda e Alberto sentaram-se no local indicado por Alfredo. Ao se sentarem, Alberto leu uma placa na parede: "O SILÊNCIO É UMA PRECE".

Lucinda ficou observando tudo e logo pensou: "Que paz indescritível que estou sentindo! Nunca pensei sentir isso antes". Olhando para a frente, viu uma mesa comprida coberta por uma toalha de renda branca e um vaso com rosas brancas. Mais além, viu um grande quadro de Jesus e ficou admirando-o. Em alguns minutos, a reunião começou e o palestrante deu início com uma prece. Lucinda ficou atenta a tudo o que estava acontecendo, e, ao mesmo tempo, prestava atenção na palestra, que abordava o benefício da prece.

Alberto também sentia muita paz, e estava atento a cada palavra que o palestrante dizia. Assim que terminou a palestra, novamente foi realizada uma prece. Nesse momento, Lucinda sentiu a presença de sua mãe.

Assim que todos saíram, rumaram à pizzaria, que ficava próxima ao Centro Espírita. Lucinda, sentada ao lado de Isabel, contou o que havia sentido durante a reunião e perguntou:

— Eu não sabia que era tão sugestionável, parecia que minha mãe estava no Centro Espírita, senti tanta paz...

— Não, minha filha, você não é sugestionável. Certamente sua mãe estava lá, pois, como sabemos, o corpo físico dela morreu, mas seu espírito continua vivo, pois é eterno.

— Mas, se isso for verdade, é maravilhoso saber que ela continua viva em outro mundo. Não sabe como sinto sua falta! Desde que ela morreu, tive de aguentar muita coisa em casa: um pai bêbado, um irmão envolvido com más companhias, uma irmã que fugiu com um mascate, entre outras coisas...

Alberto, percebendo que Lucinda talvez viesse a se arrepender de suas palavras, tirou-a daquele momento, dizendo:

— Meu amor, vai querer uma pizza de quê?

— Qualquer uma, estou meio sem fome.

Alfredo sentiu que Lucinda tinha coisas guardadas no escaninho da alma e se perdeu observando-a por alguns instantes. Logo depois, perguntou para Alberto:

— O que achou da palestra, Alberto? Espero que tenha gostado.

— Sim, gostei muito. Fiquei pensando na simplicidade daquele lugar, que transmite paz! Alfredo, por que depois da palestra mencionou-se aqueles nomes? Quem são aquelas pessoas? Eu quero saber mais, muito mais sobre o Espiritismo.

— Alberto, aqueles nomes são de irmãozinhos encarnados que estão com problema de saúde. Foi por este motivo que a cada nome citado todos ficaram em silêncio, emanando muita luz para que se recuperem logo. Lembre-se de que o silêncio é uma prece, e cada um dos presentes fazia essa emanação transmitindo paz, paciência e resignação para mais esta prova difícil de enfrentar. Alberto, saiba que o Espiritismo não é uma religião dogmática como as demais, é uma doutrina formada por três pontos básicos: religião, filosofia e ciência.

— Verdade, mas o que o Espiritismo tem a ver com a ciência?

— Tudo, meu filho! Você sabia que Conan Doyle foi um grande adepto das ciências espiríticas?

— Conan Doyle? O criador de Sherlock Holmes? — perguntou Alberto intrigado.

— Sim, ele mesmo.

— Poxa, quando soube que o senhor estava envolvido com o Espiritismo, pensei: "Como que um homem que estudou tanto pode se deixar levar por essas crendices?".

— Alberto, quando comecei a estudar o Espiritismo, foi porque havia visto e sentido a presença de nosso filho que havia morrido em um acidente. Eu, como não acreditava que a vida continuava depois da morte do corpo físico, demorei para entender certas leis naturais da vida, como a vida e a morte, para onde vamos quando morremos, por que estamos aqui, por que há tanta desigualdade social, entre outras coisas; e saiba que o Espiritismo foi a única religião que me respondeu sem fantasias e dogmatismos o que é tão simples para o homem.

— Muito bom — disse Lucinda — quero conhecer mais o Espiritismo também.

Os dois casais ficaram cerca de uma hora e meia na pizzaria. Lá mesmo se despediram, e no caminho de volta Lucinda disse para Alberto:

— Você acha que eles podem ter razão? Que a morte é simplesmente uma viagem?

— Sinceramente, digo que sim. Porque não faz sentido tudo acabar com a morte, pois, se fosse assim, Deus estaria faltando em sua inteligência, e ele não é a inteligência suprema?

— Sim! Deus é a inteligência suprema e, pensando dessa forma, não seria coerente que tudo acabasse com a morte, além disso, sinto minha mãe muito próxima de mim. Acho que eles estão com a razão.

— Então está decidido, vamos conhecer o Espiritismo. Vamos buscar ajuda para minha mãe, conversaremos com Alfredo na semana que vem.

— Amor, você se esqueceu que estará em São Paulo.

— Sim, estarei em São Paulo, mas não ficarei mais lá todo o tempo, voltarei nos fins de semana, salvo nos fins de semana que houver coisas a fazer lá.

Lucinda sorriu feliz e o abraçou ternamente, dando-lhe um demorado beijo nos lábios.

Alberto pegou suas malas e resolveu ir para a casa materna e ficou pensando em tudo o que havia combinado com Lucinda. Decidiu que encaminharia os papéis para se casar logo com a moça, pois sabia que não conseguiria ficar longe dela muito tempo.

Assim que entrou em sua casa, sentiu sede e se dirigiu à cozinha. Abrindo a geladeira, pegou uma garrafa de refrigerante e a levou para o quarto. Depois de tomar o refrigerante, ficou imaginando como seriam sua casa, seus filhos. Sentindo a mesma paz que adquirira no Centro Espírita, o rapaz adormeceu. Foi um sono pesado, sem sonhos.

No domingo, não estava muito bem, sentia-se triste em ter de ficar uma semana inteira sem ver a mulher de sua vida, mas procurou pensar em outras coisas. Viu sua mãe no jardim, regando umas flores...

Não sabia o porquê, mas nos últimos dias estava difícil conviver com Jacira. Sabia que a mãe não era uma má pessoa, apenas se prendia a regras sociais, e observando-a de longe pensou: "Como está enganada, dona Jacira, somos todos iguais perante Deus!".

Sua mãe casara-se com seu pai, homem rico e influente, que logo que saiu de São Paulo, começou a se dedicar à pecuária, deixando o controle da tecelagem nas mãos de um empregado muito honesto. O pai de Alberto ia toda a semana à tecelagem para resolver os problemas principais, voltando para casa para continuar seu trabalho como o mais novo pecuarista da região; afinal, esse era um trabalho que lhe dava prazer.

Ao lembrar do pai, Alberto sentiu imensa saudade. Parecia sentir o perfume da loção após barba que ele usava. Reagiu pensando que estava sugestionado com aquela história de espíritos. Não viu que a figura de um homem calvo e elegante estava com as mãos estendidas sobre sua cabeça, ministrando passes energéticos e eficazes. De repente, ele sentiu muita paz, tranquilidade, e pela primeira vez a presença do pai ali.

Aproximando-se da mãe, perguntou:

— Mamãe, a senhora ainda pensa em papai?

— Sim, meu filho. Desde que ele se foi, não me esqueço dele um minuto sequer, fico pensando por que ele teve de partir... Eu, na verdade, ainda o amo, mas fazer o quê? Ele se foi para sempre e tenho de me conformar com sua ausência.

— Mas, mamãe, você nunca acreditou que poderia existir alguma coisa além do corpo físico?

— Alguma coisa? — perguntou Jacira, sem entender aonde o filho queria chegar.

— Mamãe, o que a senhora acha que acontece depois da morte?

— Não sei, nunca ninguém voltou para contar.

— Eu estive conversando com Alfredo e ele me contou que os espíritos são eternos e que vivem em outro lugar, ou seja, nas muitas moradas da casa do Pai.

— Que bobagem! Alfredo sempre foi um homem tão lúcido! Mas se deixou levar por essas crendices.

— Mamãe, a senhora está sendo preconceituosa. Alfredo é um homem lúcido, sim. Saiba que ele estava me explicando que muitos intelectuais se interessaram pelo assunto.

— Não creio, ele diz isso para que possa se explicar diante de tanta ignorância.

— Talvez, mamãe. Mas acho que a senhora deveria se apegar à alguma religião, pois vive presa às convenções, nem mesmo pensa em Deus.

— Por favor, Alberto. Não me faça rir, aposto que Alfredo se bandeou para o lado daquela sua namorada ignorante. Isso é bem típico dele; afinal, sempre está às voltas com os pobres, e Isabel, que deveria controlá-lo, ainda concorda com ele. Para mim, os dois são caso de internação! Onde já se viu ter o espírito de Robin Hood? Ou seja, para Alfredo e Isabel mitigar a fome de um morto de fome é caridade, e essa mesma caridade os levarão ao céu!

Alberto, nesse momento, sentiu seu coração se oprimir, pois nunca antes havia percebido o quanto a mãe era medíocre e fria. Resolveu dar o assunto por encerrado; não tinha condições de conversar com ela sem se aborrecer. O moço saiu de casa, sem se preocupar se Jacira ia ou não almoçar sozinha, pois ele queria ver Lucinda. Na madrugada de segunda-feira viajaria rumo a São Paulo, onde teria de voltar ao seu cotidiano. Chegando à casa da noiva, disse:

— Meu amor, temo pelo que minha mãe possa lhe fazer, acho melhor você mudar-se para São Paulo comigo.

— Imagine, Alberto. Não posso sair daqui agora, tenho muitas clientes e encomendas para entregar.

— Mas, Lucinda, minha mãe está desequilibrada. Sei que não vai deixá-la em paz, e eu estando longe daqui, ela vai fazer o que quiser com você.

— Amor, entenda, sua mãe jamais fará alguma coisa comigo, porque eu não lhe dou razão para isso, ademais evito sair de casa.

— Mesmo assim, minha mãe é perigosa, chego a pensar que ela é quase uma psicopata.

— Não se preocupe, já sofri muito e sei me cuidar.

Ele convidou Lucinda para almoçar num restaurante da cidade, mas ela disse:

— Amor, gostaria muito, mas tenho de trabalhar a tarde toda, terça-feira preciso entregar esta encomenda de dona Marina, que vai a um jantar beneficente.

— Você, melhor que ninguém, sabe que não precisa fazer isso para viver, tenho mais que o suficiente para nós dois e, se dependesse de mim, alugaria uma casa e você não precisaria fazer roupas para mulheres insolentes como minha mãe.

— Amor, já conversamos sobre isso. Eu sempre trabalhei e não é porque você tem dinheiro que vou parar de trabalhar, nunca! O que é seu é seu, e tudo o que conseguir com meu trabalho será nosso.

— Tudo bem, minha mãe é cabeça-dura, mas você também é. Vou deixar meu telefone com você e, caso minha mãe a aborreça, é só me avisar que virei correndo para protegê-la.

— Não se preocupe, farei isso, amor. O que acha de eu fazer um almoço para nós?

— Eu preferia comer fora, mas aceitarei de bom grado.

Lucinda foi à cozinha e começou a fazer o almoço, enquanto Alberto saiu para comprar frango à passarinho, farofa, maionese e uma garrafa de vinho. A moça, na verdade, estava triste, sabia que durante a semana não veria Alberto, apenas falaria com ele por telefone.

Alberto chegou com as coisas que comprara para o almoço, e em pouco tempo eles estavam almoçando tranquilamente. Para Alberto o momento era perfeito e ele sonhava com a hora de estarem casados, sem o fantasma de Jacira para atrapalhar. Depois do almoço, enquanto Lucinda lavava os pratos e limpava a cozinha, Alberto deitou-se no sofá para dormir um pouco.

Lucinda, ao ver que Alberto dormia placidamente, resolveu não mais ligar a máquina para não acordá-lo, e deitou-se também no quarto, adormecendo... Sonhou que estava correndo de Jacira, e Alberto dizia:

— Não faça isso, Laura, ela é inocente...

— Faço sim, ela me paga, roubou meu marido e destruiu minha família.

— Não, mulher, ela não fez nada, é inocente dessa acusação infame... é inocente, está ouvindo?

Depois de muito correr, Lucinda acordou e viu Alberto sobre si dizendo:

— Acorde! Meu amor, acorde, você teve um pesadelo e estava gritando, acordei e tentei ajudá-la.

— Ah! Que bom acordar, tive um pesadelo. Sua mãe corria atrás de mim e você corria atrás dela dizendo que eu era inocente; ela dizia que eu havia destruído sua família. Foi horrível e eu senti muito medo.

Alberto abraçou-a e disse que ela havia se sugestionado por ele ter falado muito sobre a mãe, e que dali por diante não ia mais incomodá-la com determinados comentários. A moça pouco ouviu. Ainda sentia o corpo tremer pelas emoções. Ele decidiu que não iria para São Paulo, pois sabia que Arthur Xavier estava cuidando de tudo e mantendo-o bem informado. Alberto achou que o sonho havia sido premonitório e temeu pela sanidade emocional de Lucinda.

Depois de alguns momentos, Lucinda estava bem mais calma. Quando ele disse que não voltaria a São Paulo naquela semana, e sim na semana posterior, ela tentou tirar isso da cabeça dele, mas ele se manteve irredutível e não mudou de ideia.

— Podemos ir à casa de Alfredo para saber o que significa esse sonho, talvez ele possa nos explicar.

— De maneira alguma, já o incomodamos esta semana, não vamos importuná-lo com bobagens.

— Não, meu amor, faço questão. Conheço Alfredo desde criança e ele não vai se incomodar em nos ajudar, precisamos de esclarecimentos.

Naquela tarde, Alberto despediu-se de Lucinda e resolveu voltar para sua casa. Ao entrar em casa, viu Jacira sentada na sala de estar folheando uma revista. Para não ser mal-educado, ele se aproximou da porta e disse para a mãe:

— Boa tarde, minha mãe, como passou o dia de domingo?

— Poderia passar melhor, se não fosse um filho ingrato que deixa a mãe sozinha num dia deprimente como o domingo para correr atrás de um sirigaita qualquer.

— Mamãe, a senhora não desiste mesmo, não é? Quantas vezes terei de dizer que Lucinda não é nenhuma sirigaita, muito pelo contrário, ela trabalha para se sustentar, e além disso é a mulher que amo?

— Tudo bem, não vou discutir com você, filhos são todos ingratos mesmo, deixam a mãe sozinha e vão em busca de aventuras na rua.

— Mamãe, deixe de bobagem. Não fui buscar aventura nenhuma. Eu estava na casa de minha noiva, e é bom que saiba que logo vou me casar com Lucinda.

— Está bem, se quer casar com ela, case. Mas saiba que vou tomar a frente dos negócios da família, não permitirei que uma forasteira qualquer venha a ter parte no que seu pai nos deixou.

— Mamãe, sempre lhe disse que Lucinda não quer nada do que meu pai me deixou.

— Lógico! Ela agora está fazendo charme, mas deixe casar para você ver se ela vai querer voltar ao batente novamente. Conheço bem as mulheres dessa natureza, primeiro se fingem de santas, depois viram verdadeiros demônios.

— Mamãe, cada dia que passa fica mais difícil conversar com a senhora, que só entende o que quer entender. Saiba que meu dia hoje foi muito bom para perder tempo com comentários maldosos.

— É, bem que se diz que o amor é uma flor roxa que nasce no coração dos trouxas... você agora está cego e surdo, mas depois vai se arrepender e será a sua mãe que vai apoiá-lo.

— Não, minha mãe, Lucinda é a mulher mais doce que já conheci, e desinteressada também, por mais que a senhora torça ao contrário, nós nos entendemos muito bem.

Dizendo essas últimas palavras, ele se retirou, irritado. Ao entrar no quarto, jogou-se na cama e ficou pensando em como a mãe era amarga e ambiciosa. Foi neste instante que ele se lembrou de que não havia comunicado a mãe sobre a sua volta a São Paulo. Alberto teve a ideia de se casar com Lucinda às escondidas. Convidaria Alfredo e Isabel para padrinhos e contaria a eles sobre os seus planos.

Alberto ficou alegre ao pensar que se casaria com a mulher de seus sonhos, mesmo sem o consentimento de sua mãe. Ao pensar nisso, decidiu que iria à casa de Alfredo para aconselhar-se com ele antes mesmo de falar com Lucinda.

Saltou da cama, trocou de camisa e desceu para a garagem. Ao passar pela sala, viu que a mãe continuava sentada folheando a mesma revista.

Alberto logo pensou: "Ela está só fingindo que está lendo, só Deus sabe o que lhe vai na cabeça, garanto que boa coisa não é".

Ao ligar o carro, Jacira foi até janela da frente e viu o filho se afastando. Jacira não viu, mas dois vultos que lhe faziam companhia a distância aproximaram-se e começaram a dizer:

"Está vendo, ele está indo ao encontro daquela mulherzinha desqualificada, logo você será passada para trás".

Só de sentir esses pensamentos, a mulher ficou revoltada. Sentou-se tentando planejar algo que pudesse afastar definitivamente Alberto de Lucinda. Os dois vultos sorriram felizes; sabiam que Jacira era facilmente manipulada por eles.

Continuaram ali dizendo que, se ela quisesse acabar com aquele malogrado casamento, deveria descobrir algo que a desmoralizasse diante de todos. Alberto, ao tomar conhecimento, certamente se decepcionaria e acabaria com aquele namoro de uma vez por todas. Ela, alvo de comentários, não suportaria a pressão e iria embora. Riu feliz, e com um olhar perdido no infinito, ficou pensando em como faria tal coisa.

Alberto decide se casar

Enquanto isso, na casa de Alfredo, Alberto estava acomodado confortavelmente na sala de visitas do médico. Começou a relatar tudo o que estava acontecendo e contou que a mãe, a cada dia que passava, estava pior.

Alfredo, com calma, apenas prestava atenção nos comentários do rapaz. Isabel, sentada ao lado do marido, tinha pena e estava aflita ao pensar em Lucinda. Foi então que Alberto disse:

— Bem, Alfredo, como vê, não posso deixar Lucinda sozinha, porque sei que minha mãe não vai deixá-la em paz.

— Realmente. E o que pretende fazer já que a situação está assim?

— Bem, estou pensando seriamente em me casar com Lucinda às escondidas, porque sei que, se eu me casar como manda o figurino, minha mãe vai arranjar um jeito de acabar com minha alegria.

— Realmente, casar-se com a jovem parece ser uma boa saída. Mas já pensou quando sua mãe descobrir que você se casou?

— Alfredo, o senhor me conhece desde menino; sabe que sempre fiz o que quis, mesmo sem o consentimento de minha mãe. Lembra-se quando papai morreu e eu decidi que iria tomar conta dos negócios da família? Pois bem, estava fazendo o último ano do curso de Administração e, mesmo sem o consentimento de minha mãe, fiz o que achava certo. E me dei muito bem ao me inteirar dos assuntos de trabalho que até então somente meu pai conhecia. Depois de um tempo, voltei à faculdade em São Paulo e terminei. Na época, minha mãe achava que eu estava sendo inconsequente, mas depois reconheceu que eu fiz o que era certo. Portanto, saiba que nessa questão de me casar, farei o mesmo, porque sou um homem que está habituado a tomar decisões, e olha que é raro eu me arrepender de algo. Sei que essa atitude pode parecer drástica, mas é a única saída. Amo essa moça, como nunca amei ninguém em minha vida, e sei que ela nasceu para mim, e não será minha mãe nem ninguém que me fará mudar de ideia.

— Vejo que está decidido mesmo, Alberto!

— Realmente, dona Isabel. Estou decidido e não voltarei atrás em minha decisão.

— Está bem — disse Alfredo —, e onde entramos nesse seu plano de matrimônio?

— Alfredo — disse Alberto um tanto envergonhado —, eu gostaria de pedir ao senhor e a dona Isabel que aceitassem ser meus padrinhos.

Isabel sorriu satisfeita e disse alegremente:

— Que bom! Para nós será uma honra sermos padrinhos de vocês, sempre achamos vocês um belo casal.

Alfredo olhou para Isabel e, vendo a alegria dela, resolveu aceitar, sorrindo também.

— Está bem! Aceitaremos o convite, já que Isabel comportou-se agora parecendo a noiva. — Sorrindo, pegou na mão da esposa com um olhar carinhoso.

Alberto sentia-se imensamente feliz e sentiu que o casal era realmente amigo. Alfredo perguntou:

— E o que Lucinda achou ao saber que vão se casar às escondidas?

Alberto olhou para o tapete persa, na sala, e disse com uma voz sumida:

— Ela ainda não sabe, decidi isso ao chegar em casa, e resolvi que preferia falar com vocês primeiro, porque sabia que viria um bom conselho.

Alfredo, olhando de uma maneira carinhosa para o rapaz, disse:

— Como você mesmo falou, conhecemo-nos desde que você era menino. Dessa maneira, nós o temos como a um filho; portanto, como não ajudar a juntar duas pessoas que verdadeiramente se amam? Vou ajudá-los em tudo o que for preciso, e não me importarei com a língua ferina de Jacira. Ela vai cortar relações conosco, mas não me incomodo com isso, porque sempre sigo o meu coração; contem conosco para o que der e vier.

Alberto, sorrindo, estendeu a mão para apertar a do amigo, e foi Isabel quem disse:

— Bem, já que é assim, acho melhor comemorarmos, o que acham de tomarmos uma xícara de chá com torradas?

Alberto aceitou e foi encaminhado à copa, onde o chá seria servido. Com o coração aos pulos, começou a articular todos os planos para seu casamento com Lucinda.

A conversa fluiu tranquila e Alberto sentiu uma paz muito grande. Esqueceu até da hora de partir. Falaram sobre espiritualidade e Alberto cada vez mais sentia que as respostas às suas dúvidas eram satisfatórias. Foi quando percebeu o avançado da hora e tratou de se despedir e voltar para casa.

Ao se aproximar de casa, Alberto pensou: "Como dona Isabel é diferente de mamãe, não a vi falando mal dos outros". Enquanto era penoso ficar ao lado de sua mãe, era muito agradável falar com dona Isabel, pois sua bondade era sincera, e ela o tratava como a um filho. Ao pensar nos defeitos da mãe, sentiu-se triste, porque sabia o quanto ela era infeliz.

Guardou o carro, trancou e entrou pela porta dos fundos, passando pela sala, onde vira a mãe pela última vez. Lembrou-se o quanto ela se sentia sozinha, porém não tinha pena, ela é que se afastava de todos, achando-se superior. As poucas amigas que tinha eram imensamente falsas: riam, tratavam bem e depois falavam mal.

Alberto, passando a mão pela cabeça, como a afastar os maus pensamentos, entrou na sala e apagou a luz. Foi para o seu quarto e tirou a roupa. Depois de um banho quente, deitou-se e se pôs a pensar em como Lucinda reagiria ao pedido de casamento que ele faria a ela naquela segunda-feira. Ao pensar em muitas situações, Alberto finalmente dormiu, e seu sono foi tranquilo e sem sonhos.

ञ्ज

No DIA SEGUINTE, ele acordou ao ouvir a mãe bater na porta e entrar:

— Alberto! Alberto! Creio que você perdeu a hora, porque já são quase cinco horas da manhã, você tem de se apressar, se não vai pegar aquele trânsito horroroso de São Paulo. Suas férias acabaram!

— Que susto, mãe! Não perdi a hora coisa nenhuma, apenas decidi que não vou para São Paulo agora. Sei tudo que se passa na empresa e estou querendo aproveitar mais uns dias aqui na cidade.

— Meu Deus! O negócio está pior do que imaginei. Você, que sempre foi tão responsável com os negócios, agora está negligente e irresponsável! — gritou Jacira do lado de fora.

— Não é nada disso, mãe! Sei muito bem o que estou fazendo, se não vou para São Paulo por esses dias, é porque tenho coisas para fazer aqui.

— Ah já sei... O que você tem a fazer aqui? A coisa urgente que você tem para ajeitar aqui é com aquela ordinária, que está atrapalhando nossa vida.

— Não, mamãe, não quero discutir com a senhora a essa hora da manhã. Não vou para São Paulo e pronto! Chega de conversa, não acha que estou bem crescidinho para pedir palpites para a senhora ou para quem quer que seja?

— Malcriado! É isso que uma mãe ganha: põe um filho no mundo, sofre por ele e depois que cresce simplesmente age como verdadeiro ingrato! Foi isso que ganhei: ingratidão! Sempre achei que você fosse o melhor filho do mundo, mas agora percebo que você é como os outros, tão ou mais ingrato!

— Saia do meu quarto agora! Não estou aberto aos seus comentários. Se acha que sou ingrato, por que fica me policiando como um cão de guarda? Sou um homem, mamãe, e não vou aceitar que fique dando palpites na minha vida!

— Está vendo como você está mudado? Antes não me dizia coisas semelhantes a essas. Depois que essa mulherzinha apareceu em sua vida, você me trata como a um cão sarnento.

Ao dizer essas últimas palavras, Jacira saiu do quarto chorando e deixou Alberto sentado na cama, muito irritado, pensando: "Meu Deus! Não sei o que fazer com mamãe, sinto que ela está cada vez pior. Antes, quando eu tirava férias e vinha para cá, podia ficar quanto tempo quisesse, mas agora ela implica só por causa de Lucinda. Não enxerga que o problema está nela mesma, e que seu preconceito a está infelicitando demais. Se ela se desse uma chance de conhecer Lucinda, veria como é uma moça boa e despretensiosa. Mas mamãe é infeliz, e eu jamais vou me permitir ser infeliz como ela. Hoje mesmo vou à casa de Lucinda para pedi-la em casamento. Se ela aceitar, depois do casamento vamos para São Paulo, e lá mamãe não poderá interferir na nossa vida. Só tem uma coisa que me preocupa, se mamãe descobrir que Lucinda é ex-prostituta, vai desmoralizá-la ao máximo; portanto, temos de nos casar logo, antes que mamãe descubra alguma coisa".

Alberto sentiu seu coração oprimir-se e, passando a mão na testa, como a afastar maus pensamentos, começou a imaginar o semblante de Lucinda quando ele a pedisse em casamento. Em pouco tempo, adormeceu.

Enquanto isso, Jacira não via a hora de o dia clarear, precisava pensar em algo, pois não suportava a ideia de perder seu único filho para uma mulher qualquer, que ela nem sequer sabia a origem. Assim que o dia caiu sobre aquela casa perturbada, Jacira levantou-se e decidiu que investigaria a vida de Lucinda desde a sua infância até agora.

Sem perceber, os dois vultos que a acompanhavam, diziam:

— Vai à casa da Marieta, a dona daquela espelunca onde a moça mora, ofereça-lhe dinheiro e ela dirá tudo o que sabe sobre a moça.

Imediatamente, ela pensou em Marieta. Mulher muito simples, que passava por muitas dificuldades. Tinha um filho deficiente e sofria muito para mantê-lo desde que o marido morrera num acidente, na zona rural, quando tombou com o trator em um declive.

Ela resolveu que era melhor não ir à procura de Marieta naquela semana, porque sabia que Alberto não iria a São Paulo. Deixaria para fazer a visita na semana que Alberto decidisse voltar ao trabalho.

Alberto, levantando mais cedo que o habitual, encontrou a mãe sentada numa cadeira de vime, que ficava na varanda, perto da cozinha. Ela fingia olhar uma revista, mas a todo momento olhava para o relógio para ver a que horas o filho sairia.

Depois de tanto esperar, finalmente Alberto se dirigiu à garagem e, disfarçadamente, Jacira olhou para o grande relógio de parede que marcava exatamente dez e quinze. Fingindo não se importar, continuou a folhear a revista.

Alberto saiu de casa para tratar de um assunto deveras importante com Lucinda. Precisava cuidar de sua vida pessoal, pois tinha de voltar a trabalhar, tinha negócios prementes para resolver.

Ao chegar à casa de Lucinda, Alberto estranhou o silêncio. Sempre que chegava ouvia o ruído da máquina de costura, que vinha da pequena sala da moça.

Bateu à porta, porém não foi atendido. Indo até a janela do quarto, bateu insistentemente, mas não obteve resposta. Saiu correndo e foi até a casa de Marieta. Ela disse não ter visto

Lucinda naquela manhã e que também se assustara com o silêncio da casa.

Alberto, em desespero, logo pensou em sua mãe, pois sabia
que para conseguir o que queria iria até as últimas consequências. Sentindo um frio no estômago, ele voltou correndo até a
pequena casa e começou a bater ainda com mais força. Sem obter
resposta, olhou para Marieta e disse com voz embargada pela
emoção:

— Desculpe, dona Marieta, acho que devo arrombar a
porta, pois Lucinda jamais se negaria a abrir a porta para mim.

— Faça como quiser, meu filho!

Num ímpeto, Alberto se afastou e, com o ombro, bateu
várias vezes, até que o trinco cedeu e eles finalmente entraram
na modesta casa.

Alberto, ao olhar para a máquina de costura, logo percebeu que ela nem sequer havia sido ligada naquela manhã. Correu até o quarto e olhou para a cama. Estava intacta. Foi até a
cozinha e viu um maço de cigarros vazio sobre a mesa.

— A senhora sabe se alguém veio aqui depois que saí
ontem?

— Não que eu tenha visto! Estou achando muito estranho,
porque Lucinda nunca foi mulher de receber ninguém em casa.
Muito menos aos domingos. Se alguém entrou, fez de maneira
que a impossibilitou de gritar. Acho que há alguma coisa estranha nessa história.

Alberto, em desespero, começou a dizer que a mãe havia
feito alguma coisa para a moça e passou a se culpar por não ter
ido a casa dela na noite anterior, logo depois que saíra da casa
de Alfredo.

Marieta, ao ver o desespero dele, falou:

— Meu filho, você não pode acusar sua mãe de nada; afinal, nunca mais a vi aqui. Acalme-se, tudo dará certo, você vai ver.

— Mas, dona Marieta, minha mãe é a única pessoa nesta cidade que não gosta de Lucinda. Sempre a chama de pistoleira e faz da minha vida um verdadeiro inferno. Só pelo fato de eu estar namorando uma simples costureira.

— Eu sei, meu filho! Lucinda já me contou sobre seu drama pessoal, mas antes de acusar é bom averiguar.

— Pois bem, vou à delegacia de polícia e mandarei que a procurem. Preciso saber o que aconteceu.

— Sim, meu filho, faça isso! Vou à minha casa rezar para Nossa Senhora de Fátima. Ela sempre me ajuda em situações difíceis. Ademais, meu filho ficou sozinho.

Alberto nem sequer ouvira as últimas palavras da mulher. Entrou desesperado no carro e saiu a toda velocidade rumo à cidade.

Ronaldo aparece

Naquela tarde de domingo, Lucinda se despediu de Alberto no portão, e voltou ao interior da casa. Estava pensativa quanto ao seu futuro com Alberto, porém, dizia a si mesma que era com ele que queria se casar, porque ele era o único amor da sua vida. Preparou um café e, sentada à mesa da cozinha, resolveu abrir um pacote de biscoito. Comendo calmamente, ouviu alguém bater à porta da sala. Achou que pudesse ser Alberto, pois várias vezes ele ia embora e, em seguida, voltava, dizendo que havia esquecido alguma coisa para ficar mais uma ou duas horas. A moça foi abrir e, para seu espanto, não era Alberto, e sim Ronaldo, que havia descoberto seu paradeiro e viera forçá-la a ir embora com ele para outro lugar. Lucinda, tomada de horror, tentou gritar, mas Ronaldo rapidamente pulou em diante dela e tapou-lhe a boca. A moça tentou de todas as formas se desvencilhar das pesadas mãos de Ronaldo, mas seu esforço foi em vão.

Ronaldo, ironicamente, disse que estava sentindo cheiro de café e queria que ela lhe servisse. Lucinda resolveu lhe obedecer, enquanto pensava em uma forma de se livrar dele, que havia acabado com sua dignidade. O homem sorveu calmamente o café e, tirando um maço de cigarros do bolso, viu que era seu último. Acendeu calmamente e, com um sorriso sarcástico nos lábios, disse:

— Quem a viu, quem a vê! Vagabunda, você pode usar máscara, mas sua real natureza está lá. Você nasceu para a vida fácil, essa história de moça de família e dona de casa não combinam nem um pouco com você!

— Como que você conseguiu me encontrar aqui?

— Bem, depois que você saiu do bordel, confesso que fiquei sem chão, porque muitas das vadias que trabalhavam para mim fizeram o mesmo. Ficou somente Inesita, aquela vagabunda velha. E sabe como é, nenhum homem gosta de carne de terceira. As coisas começaram a ficar ruins. Pela falta de clientes, o aluguel da casa começou a atrasar e passei a comprar as bebidas fiado. No começo as coisas iam caminhando bem, mas depois de um certo tempo, Inesita disse que seria melhor renovar, levando travestis para o bordel. Achei estranho, mas você sabe que muitos homens têm vontade de fazer sexo com esse tipo de gente. Encontrei vários travestis, cinco deles tinham vindo da Bahia. Prometi-lhes vida fácil, casa, comida e um bom salário. A principio, comecei a lucrar muito com eles, e a clientela voltou. Foi então que um travesti, de apelido Paloma, começou a achar que eu estava roubando e passou a envenenar os outros, que até então nem sequer pensavam nisso. Paloma começou a me roubar, dizendo que não havia

recebido, mas como fazia programas quase a noite toda, desconfiei que estava passando a perna em mim. Sabia que Paloma era
muito inteligente, sendo assim, passei a tratá-lo melhor que os
outros. Você sabe como é, sei que sou um galanteador por exce-
lência, e passei a cortejar Paloma, que não demorou muito para
se apaixonar por mim. Foi fácil, passei a coabitar com Paloma,
assim como fiz com muitas prostitutas, incluindo você. Para
falar a verdade, sempre tive nojo do sujeito porque meu negócio
é mulher, mas fingia estar apaixonado. Paloma acreditou vee-
mentemente nas minhas promessas. Até que começou a pegar
no meu pé, dizendo que exigia que eu fosse fiel a ele. Que idiota!
Nunca fui fiel a nenhuma mulher, quanto mais a um pederasta
sem-vergonha!

— Mas você não sentiu remorso por ter usado o pobre
moço desse jeito? Fez isso somente para que ele não tirasse os
outros do seu prostíbulo.

— Sabe quando eu amaria aquele sujeito sem-vergonha?
Nunca! Nunca mesmo, em toda a minha vida eu só amei uma
pessoa, e essa pessoa foi você, Lucinda.

Ela sentiu repulsa pelo homem que estava à sua frente.
Suas roupas eram sujas e sua barba estava por fazer. Ela perguntava a si mesma como um dia se encantara por aquele homem
tão baixo.

Sem nada dizer, ela ouvia horrorizada o relato daquele
monstro, sem escrúpulos, que não tinha o menor pudor de usar
as pessoas.

Ronaldo continuou:

— Muito bem, esse maldito travesti, quando descobriu que
eu estava de caso com uma prostituta, ficou possesso de raiva e
começou a dizer para todo mundo que iria embora, mas levaria

as "colegas" de profissão com ele. Para evitar isso, resolvi fechar a boca dele. Certo dia, entrando no quarto vagarosamente, vi-o dormindo. Confesso que senti um misto de nojo e ódio; peguei um pedaço de pau que estava atrás da porta e desferi muitos golpes na cabeça dele. Descontei toda as vezes que tive de dormir com ele fingindo que estava gostando; que fui obrigado a beijar aquela boca nojenta e sentir aquelas mãos imundas em meu corpo. Confesso que senti prazer quando fiz aquilo. Ver o sangue jorrar por toda parte, encheu-me de satisfação. Só parei quando um dos olhos dele estourou pelas pauladas. Paloma morreu sem poder se defender. Logo nos primeiros golpes, ela começou a se debater, mas finalmente dei cabo da desgraçada. Saí do bordel sem que ninguém me visse. Voltei para a rua, esperei dar umas duas horas da tarde para voltar para casa. Ao voltar, qual não foi a minha surpresa quando as suas companheiras, que choravam copiosamente, relataram tudo sobre o meu envolvimento com aquele pederasta nojento a um dos policiais que estavam as interrogando. E foi aí que a polícia me prendeu e eu fiquei preso até o dia do julgamento, pois de tudo fizeram para me incriminar. Peguei dezenove anos e seis meses de reclusão em regime fechado. Mas, como não sou homem de ficar preso, enquanto voltávamos para o presídio, dei um jeito de tirar a atenção do guarda, fingindo que estava passando mal, e quando eles tiraram minhas algemas, consegui fugir. Os policiais foram no meu encalço, mas sem sucesso; escondi-me em Osasco, onde tenho um primo que já puxou doze anos de cana. Contei tudo a ele e fiquei escondido lá. A polícia me procurou por mais de um mês, mas como não me encontrou, começou a afrouxar a minha procura. Um comparsa começou a procurá-la, e foi por meio de um amigo dele, assaltante de banco, que consegui descobrir onde você estava. Muito bem, agora estou aqui para buscá-la. Quero ir para Cascavel, no Paraná, vou tirar novos documentos e começaremos uma vida nova, somente você e eu. Estou pensando seriamente em montar outro prostíbulo lá, e você será a minha gerente.

— E quem lhe disse que quero acompanhá-lo? Saiba que eu jamais sairei daqui, onde trabalho honestamente e me sinto digna. Quando me envolvi com você, não conhecia nada do mundo, mas você fez questão de me mostrar o lado escuro da vida, saiba que jamais irei com você a lugar algum!

Ronaldo começou a gargalhar das palavras de Lucinda e, com ironia na voz, comentou:

— Uma vez prostituta, sempre prostituta. Quem você pensa que é para falar comigo desse jeito? Saiba, sua ordinária, você é tão podre quanto eu; portanto, não estou perguntando se você quer ir, eu estou afirmando: você vai comigo e pronto! Prostituta não tem vontade própria.

— Eu não vou! Mesmo que para isso você me mate. Descobri o lado decente da vida e não vou jogar fora com alguém nojento como você.

Nesse instante, Ronaldo deu uma bofetada no rosto de Lucinda, que caiu perto do fogão. Ele não pode ver, mas ao seu lado havia vários vultos escuros, e com tamanha brutalidade, ele começou a socar Lucinda ainda no chão. Sem forças para reagir, ela sentiu quando ele a pegou pelos cabelos, levou-a à sala e começou a fazer todo tipo de abuso. Ela já não tinha forças para chorar e acabou cedendo aos instintos animalescos de Ronaldo, que vendo que ela estava sangrando muito, tanto pelo nariz, como por baixo, mandou que trocasse de roupa e colocasse a roupa suja em uma sacola, pois eles iriam embora dali e jogariam tudo fora. Estava quase desfalecida, mas conseguiu colocar roupas limpas.

Ronaldo pegou as roupas, limpou o chão, e ambos partiram.

Sem saber para onde iriam, ela viu quando Ronaldo pegou a chave da porta, que estava do lado de dentro, trancou por fora e saiu, puxando-a. Era tarde da noite, e já não havia ninguém na rua, naquelas imediações. Ronaldo resolveu pegar um atalho no meio do mato, que dava para a saída da cidade. Mas quando eles entraram no mato, Lucinda perdeu as forças e desmaiou.

Ele ficou desesperado, e por um instante chegou a se arrepender do que havia feito, mas o ódio que ele nutria por ela era tanto que aquele foi o início de sua vingança. Desacordada, ela não viu quando Ronaldo, mais uma vez, tirou a sua roupa e satisfez seus desejos bestiais, machucando-a ainda mais.

Ronaldo sentia prazer em ver o sangue de Lucinda jorrar naquela hemorragia brutal.

— Está vendo, sua prostituta, por sua causa perdi tudo, até mesmo a minha liberdade. Foi por sua culpa que eu me envolvi com um travesti sem-vergonha, sujei minhas mãos com o sangue podre daquele pederasta nojento. Você foi o grande mal da minha vida, e agora vai pagar.

Os vultos que rodeavam Ronaldo sorriam satisfeitos, e com gargalhadas de vitória, gritavam e pulavam à sua volta. Ronaldo não via a festa que as entidades maléficas estavam fazendo, mas por um instante sentiu um grande prazer em fazer aquilo à Lucinda, que ainda permanecia desacordada. Uma das entidades que acompanhavam Ronaldo disse:

— Não temos mais nada a fazer aqui! Nosso escravo já fez tudo o que queríamos. Acho melhor voltarmos, temos coisas mais importantes a fazer.

As entidades não viram a figura de uma mulher ao lado de Lucinda, afagando os cabelos da moça e aplicando-lhe passes benfazejos. A mulher que estava ao lado de Lucinda viu quando o espírito da filha saía mansamente do corpo. Lucinda sentia as dores atrozes no baixo-ventre, estava humilhada e envergonhada por ter sido estuprada por aquele homem. Foi quando olhou e viu a figura materna olhando-a com carinho. Chorando, disse:

— Mamãe, é a senhora? Como é bom saber que está sempre ao meu lado, leve-me com você, a senhora viu o que Ronaldo fez comigo? Ele é um monstro sem coração! — E, chorando, abraçou a mãe, que lhe transmitia paz e conforto.

— Minha filha, saiba que estou sempre ao seu lado. Hoje você saldou uma dívida com seu credor. Ronaldo não está de todo perdido, logo vai encontrar o caminho que leva a Jesus e vai encontrar a felicidade. Por ora, minha filha, a única coisa que tenho a dizer é que perdoe! Perdoe, minha filha, para que Deus possa perdoar também as suas faltas.

— Mas, mamãe, de qual dívida a senhora está falando? Não consigo entender.

— Minha filha, há coisas que não precisam ser entendidas, apenas ser perdoadas, mesmo sem compreensão. Perdoe Ronaldo, pois somente assim você vai sentir a paz fluir em seu coração.

— Como vou perdoá-lo, se me fez tanto mal? Abusou de meu corpo, de minha ingenuidade, dos meus sentimentos! Não, mamãe, nunca vou perdoá-lo.

— Perdoe-o, minha filha! Essas serão as palavras que você recordará ao acordar. Perdoe sempre, o grande homem não é aquele que simplesmente retribuiu uma ofensa, mas aquele que tem o dom divino de perdoar a seu irmão.

Marisa ficou olhando para Lucinda, que foi puxada pelo cordão fluídico de volta ao corpo. Ela acordou com muitas dores, principalmente nas suas partes genitais. Olhou para o lado e viu Ronaldo dormindo placidamente, como se tivesse a consciência mais tranquila do mundo. Ela se recordou de tudo que havia ocorrido e sentiu como se uma voz brotasse do seu coração:

— Perdoe-o, minha filha, perdoe este homem, que já está sofrendo demais pelo seu pouco adiantamento espiritual.

Neste momento, Lucinda olhou para Ronaldo e sentiu uma grande pena daquele que havia se mostrado seu algoz, e disse em voz alta:

— Ronaldo, não me importa o que tenha feito contra mim, saiba que eu o perdoo por todo o mal que me causou, que Deus tenha misericórdia de você.

Ronaldo não ouviu as palavras e aconchegou-se ainda mais tranquilamente no mato onde estava deitado. Sabendo que Lucinda estava completamente machucada, achou que seria impossível que fugisse dele. Lucinda, sentindo uma paz indizível, pensou em como Alberto estaria preocupado com ela. Naquele momento, percebeu que seu amor por ele era algo muito maior do que ela podia supor.

ריא

Alberto foi à delegacia e prestou queixa de desaparecimento. Foi atendido rapidamente e logo uma diligência da polícia saiu à procura de Lucinda. Foi feita uma busca na casa. Logo perceberam alguns pontos de sangue no chão. Testemunhas disseram que haviam visto um homem nas cercanias da casa da moça. Uma senhora, que de tudo sabia, disse ao policial:

— Eu vi um homem estranho olhando para a casa da moça. Nunca o tinha visto por aqui. Era alto, moreno, tinha as roupas sujas e uma fisionomia de alguém muito mau.

— E a senhora pode me dizer se ele tinha alguma marca que pudesse identificá-lo?

— Ah! Tinha sim! Uma tatuagem horrível de um dragão no braço... direito, não, era no braço esquerdo, eu acho. Sabe o que é, seu guarda, eu confundo direito com esquerdo. Mas deixe-me ver... Ah! Era no braço esquerdo mesmo, vinha do antebraço até o punho!

— Se a senhora fosse chamada à delegacia para identificar o tal homem, a senhora reconheceria?

— Bem, meu marido não gosta que eu me meta em confusão, o senhor me entende, não é? — disse Benedita assustada ao saber que poderia ser citada na delegacia para mais esclarecimentos.

— A senhora não vai se arrepender! — disse Alberto desesperado. Se ajudar a polícia a descobrir o paradeiro desse homem, vou gratificá-la regiamente.

A mulher, vendo o desespero de Alberto, perguntou:

— O senhor não é o namorado da costureira?

— Bem, na verdade, sou seu noivo, pretendo me casar com ela. Entenda o desespero de um homem apaixonado!

— Então eu vou, nem precisa me pagar nada. Se eu vir esse homem, saberei identificar sim. Vou ajudá-lo, seu moço, como puder.

— Alberto abraçou a mulher e disse para ela ficar de olho. Qualquer coisa, poderia ligar para ele. Deu seu número de telefone e depois de lhe agradecer, saiu.

Alberto, na viatura da polícia, perguntou:

— O senhor acha que aquele homem que dona Benedita disse pode estar com Lucinda? Mas, se está, por que escolheu justamente ela, que é pobre? Será que é a mim que ele quer? Saiba que se for, ele vai ter.

— Não faça bobagens — disse o investigador Magno —, deixe o caso para a polícia. Sei o quanto está aflito, mas não se intrometa em nosso trabalho.

— Bem, quero que saiba que o trabalho de vocês se concentra em minha noiva, há sangue na casa. Será que a esta altura ela ainda está viva? Por favor, investigador, permita que eu acompanhe seu grupo em todas as diligências desse caso.

O investigador, percebendo que Alberto poderia ser útil, resolveu consentir que ele acompanhasse na procura de Lucinda. Foi nesse instante que o investigador Magno decidiu saber se havia algum fugitivo com aquelas características, se houvesse, logo saberiam de quem se tratava.

Ao informarem sobre as características descritas por dona Benedita, logo ficaram sabendo que havia sim: um rapaz da capital que havia fugido da polícia no dia do julgamento, e que tinha realmente uma tatuagem em forma de dragão no braço direito, media tinha 1,87 metro, pesava 76 quilos e tinha uma falha no cabelo, como quem tinha uma cicatriz.

O nome do indivíduo era Ronaldo Monteiro, e ele estava sendo procurado pelo assassinato de Paulo Alves da Motta, nascido na cidade de Salvador, na Bahia. Segundo o que sabiam, o crime fora cometido com requintes de crueldade, já que o algoz havia roubado uma soma de dinheiro da vítima.

Alberto, quando ficou sabendo o nome do delinquente, estremeceu. Conhecia a história de Lucinda e sabia o nome do homem que havia enganado a pobre moça, introduzindo-a no mundo da prostituição. Não querendo expor Lucinda, nada contou sobre o passado dela. Esperava que a polícia colocasse as mãos no bandido para que ele pagasse pelo que havia feito.

O investigador Magno recebeu a foto do foragido e foi visitar Benedita, pois ela era a única que vira o rapaz naquelas imediações, dias antes do ocorrido.

— Dona Benedita, estamos com uma foto de um sujeito que está foragido da capital, ele cometeu um assassinato e fugiu assim que recebeu a sentença. Por favor, diga-me se foi este o homem que viu?

— Cruz-credo, Ave-Maria! Foi esse mesmo! Nossa, um assassino aqui perto de minha casa? Não posso crer nisso! E olhe a tatuagem de dragão no braço dele!

— Sim — respondeu o investigador —, mas a senhora não disse que ele tinha uma cicatriz na cabeça.

— Não vi a cicatriz, juro para o senhor, porque ele estava de lado, e o que ficou em evidência foi a tatuagem.

— Obrigado, dona Benedita! A senhora nos ajudou muito — disse o investigador, sorrindo.

— Mas eu ainda vou ter de ir a delegacia? — perguntou a mulher preocupada. Se Inácio souber, me mata!

— Não se preocupe! A senhora já nos ajudou muito; saiba que não precisará ir à delegacia. Já está completamente fora deste caso. Agora só nos resta saber para onde ele levou a noiva do sr. Alberto.

— Se eu souber de alguma coisa, tudo farei para ajudar, porque a costureira é uma boa moça. Ninguém tem nada que falar dela, sempre discreta e cordata. Todos gostam dela aqui no bairro — disse a fofoqueira solícita.

— Bem, muito obrigado, dona Benedita. Se souber de alguma coisa, é só me avisar — disse Alberto tenso.

Ao saírem da casa de dona Benedita, Alberto nada disse a Magno, pois sabia se tratar de um elemento inescrupuloso, e que poderia fazer muito mal a Lucinda. Voltou para sua casa angustiado, embora o investigador tivesse ficado de avisá-lo sobre qualquer eventualidade. Contudo, Alberto não se sentia em paz.

Foi então que se lembrou de Alfredo e da paz que sentira ao visitar o amigo e a esposa.

Ao sair para a garagem, encontrou a mãe sentada na rede. Ela foi logo dizendo:

— Nossa! Sua cara está horrível! Aconteceu alguma coisa?

— Não, mamãe. Não aconteceu nada. Vou à casa de Alfredo fazer-lhe uma visita.

— Posso ir com você, meu filho?

— Hoje não, mamãe. Outro dia, tenho negócios a resolver com ele; portanto, peço que a senhora me entenda.

— Está bem, meu filho — fingiu Jacira —, pode ir à sua visita, vou ficar aqui mesmo, aliás, saiba que adoro falar com as minhas flores.

— Que seja, mamãe! Saiba que hoje eu não estou para seus comentários maldosos! — Dizendo isso, Alberto se dirigiu à garagem e saiu.

Ao chegar diante da casa de Alfredo, pensou em não preocupá-los com seus problemas, mas ao lembrar em como fora bem tratado, tocou a campainha. Depois de alguns minutos, uma mulata aparentando aproximadamente trinta e oito anos o atendeu. Cordialmente disse:

— Boa tarde! O senhor gostaria de falar com quem?

— Bem, na verdade — respondeu Alberto —, gostaria muito de falar com o dr. Alfredo e sua esposa. Eles estão?

— Sim, o doutor acabou de chegar do hospital, e disse que não vai voltar ao consultório hoje. Um momento, vou chamá-lo.

— Então diga a eles que Alberto está querendo falar-lhes.

A mulata entrou e deixou o portão aberto. Alfredo, ao saber que Alberto estava em sua casa, mandou que Ida o fizesse entrar.

Ao entrar na casa, Alberto não conseguiu conter as lágrimas. Em soluços, contou tudo sobre o passado de Lucinda, o envolvimento com Ronaldo, a prostituição em que ele a obrigara a se envolver e sobre os últimos acontecimentos. Alfredo e Isabel ouviam tudo sem dizer uma única palavra. Embora a esposa do médico já soubesse de tudo, fingiu não saber, porque prometera a Lucinda que jamais contaria a ninguém sobre seu passado. Foi nesse instante que Isabel disse:

— Muito bem, já está na hora de recorrermos a Deus em busca de auxílio. Coitadinha de Lucinda, justo agora que estava prestes a ser pedida em casamento...

— Muito bem — disse Alfredo —, podemos chamar alguns dos médiuns trabalhadores da casa para nos ajudar em prece.

Isabel levantou prontamente e foi ao telefone para convidar alguns dos médiuns. Alberto ficou pensativo e perguntou:

— Alfredo, como Deus permite que pessoas más como esse Ronaldo continuem prejudicando pessoas inocentes como Lucinda e esse rapaz transviado?

— Vamos tomar uma xícara de chá, nervoso como está não vai entender muitas coisas que tenho a lhe explicar.

E, assim, os dois foram até a cozinha e sentaram-se à mesa, enquanto Isabel fazia os contatos com os trabalhadores da Casa Espírita.

Depois de alguns minutos, Isabel entrou exultante, pois havia conectado alguns dos médiuns, e todos eles prometeram que iriam ajudá-los naquele momento difícil. Alberto não sabia ao certo o que aconteceria, mas sabia que Deus não iria deixar Lucinda entregue à própria sorte num momento como aquele. Depois de sorver um gole do chá, que já estava pronto, Alfredo pediu para a esposa sentar-se com eles e, com calma, começou a falar:

— Bem, Alberto, realmente você tem razão, segundo o que aprendemos, não cai uma folha de uma árvore sem a permissão de Deus, de modo que tudo que acontece tem o consentimento

Dele, mas é importante ressaltar que Ele não provoca situações difíceis para ninguém. Se sofremos é por nossos próprios atos; portanto, meu filho, a culpa não é de Deus, mas de nós mesmos, pois Deus nos deu o livre-arbítrio, e assim nos tornamos autores do nosso próprio destino.

— Mas ela não provocou situação nenhuma! — disse Alberto, sem nada entender. — Esse malfeitor veio e sequestrou Lucinda. E o senhor vem me dizer que ela pode ter provocado essa situação?

— Bem, Alberto, digo isso pelo fato de que já vivemos muitas vidas, e na Terra há sempre um reencontro. Talvez Lucinda possa ter convivido com o seu algoz de hoje e lhe feito muito mal no passado, e hoje ele tenha apenas um rancor contra ela.

— Mas o senhor acha que isso é possível? Parece-me inverossímil, difícil de acreditar.

— Bem, quando você aprender mais sobre a espiritualidade, saberá quais são os mecanismos da vida.

— Bem, seja como for, eu quero que Lucinda volte para casa sã e salva.

— Percebo que no momento você não está em condições de ouvir nada, porque o seu desespero não permite, mas tenha confiança de que Lucinda voltará para casa viva.

Alberto não entendeu o que o médico estava tentando lhe explicar, mas resolveu, naquele momento, fazer algo que nunca se lembrava de ter feito: uma prece pedindo ajuda a Deus.

Isabel preparou a sala de jantar para receber os médiuns que viriam à reunião especial. Logo, todos os cinco médiuns chegaram. Primeiro, Edna e Jandira, depois Maximiliano e Glória, e finalmente Luiza, que ficou um pouco envergonhada por ter sido a última a chegar. Todos se sentaram à mesa e permaneceram calados. Cada qual fazia a sua prece. Alfredo, que estava sentado à cabeceira da mesa, iniciou a reunião:

— Meus irmãos! É com prazer que os recebo em minha casa para uma reunião especial em favor de Lucinda, noiva de nosso amigo Alberto aqui presente. Sabemos que este não é o local mais indicado para se fazer uma reunião como esta, mas Deus sabe a nossa intenção. Começaremos com uma prece pedindo a orientação divina para este caso e contamos com a ajuda de nossos irmãos da espiritualidade.

Depois da prece, Alfredo começou a falar sobre os sofrimentos e como eles nos ajudam a nos aproximar de Deus. Ressaltou também o poder da fé; possuindo a fé do tamanho de um grão de mostarda, por mais grave que se mostre o problema, conseguimos vencer, pois nada nos será impossível.

Depois de breve dissertação sobre a fé, finalmente Alfredo começou a fazer outra prece, pedindo a Deus ajuda para aquela moça que estava em poder de um homem cruel e violento. Depois da prece, Edna, que tinha o dom da vidência, disse:

— Vejo que ela está em um lugar que há muito mato em volta. Está viva, mas está sendo maltratada barbaramente nas mãos daquele homem.

Alberto, ao ouvir aquelas palavras, sentiu seu coração oprimir-se e, com lágrimas nos olhos, esperou que a mulher dissesse mais alguma coisa.

Alfredo pediu para que todos o acompanhassem em prece, e que enviassem muita luz para a moça. Depois de algum tempo, ele finalmente disse a todos que a reunião estava encerrada e pediu que fizessem uma prece pessoal em favor da moça.

A reunião terminou e todos continuaram em silêncio, fazendo cada qual uma prece, pois sabiam que somente Deus poderia ajudá-la. Alberto ficou calado, mas não conseguia esquecer as palavras de Edna, que afirmou que Lucinda estava no meio do mato com Ronaldo. Quando todos os médiuns se retiraram, Alberto perguntou a Alfredo:

— Meu amigo, como alguém pode ver algo se permanece com os olhos fechados?

Alfredo remexeu-se na cadeira onde estava sentado, e calmamente respondeu:

— Há diferenças entre ver com os olhos abertos e com os olhos fechados. Quando se vê com os olhos abertos, sabemos que são faculdades materiais que estão em uso, mas quando um médium está com os olhos fechados, ele pode perfeitamente ver, porque está vendo com os olhos do espírito. É por esse motivo que os médiuns que têm capacidade de ver, muitas vezes o fazem com os olhos fechados, mas permanecendo com os olhos do espírito abertos.

Alberto, à medida que ouvia aquelas explicações, perguntou:

— Mas por que somente alguns podem ver os espíritos?

— Para que um médium possa ver os espíritos, depende muito da sua organização física. O fluido do vidente tem de combinar com o do espírito; portanto, não é necessário que o espírito queira que o médium o veja, mas ele terá de encontrar no médium verdadeira aptidão para que este possa enxergá-lo.

— Então quer dizer que para que o médium possa ver os espíritos tudo depende da sensibilidade dos fluidos dele e do espírito?

— É basicamente isso, meu filho. É por essa razão que você nunca viu. Isabel é uma excelente vidente, mas quando está com a saúde debilitada, ou se sente estressada, não consegue ver nada, porque o seu fluido não está combinando com o fluido do espírito. Ela pode ficar várias horas sentada em volta de uma mesa e não enxergar absolutamente nada.

— Interessante — disse Alberto, observando a lógica da explicação.

Alberto lembrou-se de olhar no relógio, pois, para ele, estar conversando com Alfredo sobre assuntos espirituais tinha o dom de acalmá-lo. Depois de alguns minutos, ele finalmente disse:

— Meu amigo, já se faz tarde e ainda tenho de passar na delegacia para saber o andamento das coisas.

Na delegacia, ao chegar à recepção, perguntou pelo investigador Magno. Ouviu:

— Ele está conversando com o delegado Figueira, e logo poderá atendê-lo.

Alberto se sentou em um banco, com a cabeça entre as mãos. Não pôde precisar o tempo que ficara naquela posição, quando ouviu uma voz a seu lado dizer:

— Alberto, que prazer tê-lo conosco, por que não mandou me chamar?

— Não quis incomodar, Magno, visto que me informaram que você estava em uma reunião com o delegado.

— Realmente, estive conversando com o dr. Figueira sim, mas nada que você não pudesse ouvir.

— Magno, estou desesperado. Temo que algo de mal possa estar acontecendo com minha noiva.

— Faremos de tudo, Alberto, para resgatar a sua noiva com vida e em segurança. Mas o senhor precisará ter paciência, porque no momento não temos ideia de onde ambos possam estar. Se quiser, poderá acompanhar as investigações e até mesmo as diligências.

— Obrigado, investigador Magno. Vou acompanhá-las sim; pois não vou conseguir ficar apenas esperando notícias.

Ao dizer essas palavras, Alberto se despediu e resolveu ir para casa tomar um banho e descansar um pouco.

Ao chegar em casa, o moço viu a mãe, que estava no jardim, tirando as folhas mortas de algumas folhagens. Quando ela deixou o que estava fazendo para ir a seu encontro, viu que Alberto estava visivelmente abatido e regozijou-se em seu interior pensando que Lucinda tivesse voltado atrás com respeito ao namoro com seu filho. Fingindo preocupação, perguntou:

— Aconteceu alguma coisa, meu filho?

— Sim, mamãe, problemas, mas nada que não possamos resolver.

— Mas o que houve? Você está com uma cara...

— Mamãe, Lucinda foi sequestrada.

— O quê? Quando foi isso?

— Ontem à noite, mas a polícia já está no encalço do sequestrador.

— Meu filho, saiba que eu nunca quis que você se envolvesse com essa moça, mas também seria incapaz de fazer coisa semelhante com alguém. Mesmo que esse alguém fosse essa moça.

— Pare, mamãe! Eu sei que a senhora não tem nada a ver com isso. Sempre soube que jamais faria alguma coisa para prejudicar alguém, eu não a estou acusando de nada.

Como Alberto estava visivelmente preocupado, pediu licença à mãe e foi para o seu quarto. Avisou Rita que se o investigador Magno ligasse era para ela chamá-lo a qualquer hora.

Jacira começou a pensar:

— Quem será que fez o serviço? Seja como for, acho que esse alguém merece um prêmio; afinal, ele me poupou de um trabalho e tanto, tomara que ela não apareça mais...

Alberto entrou no quarto estarrecido, pois começara a pensar em como aquele homem tivera coragem de ir atrás de Lucinda depois de tanto tempo. O moço pensava em todo o mal que ele causara a Lucinda e decidiu que iria procurar por conta própria, não poderia esperar apenas a polícia encontrá-la, tinha de fazer algo. Com esse pensamento, decidiu ir à casa de Lucinda, na esperança de encontrar algo que viesse a esclarecer onde ela poderia estar. Ele saiu de casa apressadamente, e Jacira, vendo o filho sair com pressa, foi ao seu encontro e disse:

— Meu filho, aonde vai? O que aconteceu agora?

— Nada, mamãe. E é justamente isso que está me angustiando, vou até a delegacia, ou sei lá, acho que vou dar uma volta de carro.

— Tudo bem, meu filho, vá. Mas, se precisar de qualquer coisa, estou aqui, saiba que sou sua mãe acima de qualquer outra coisa e seu bem-estar me interessa.

— Obrigado, mamãe! Vou espairecer um pouco, a senhora sabe que quando estou nervoso adoro dirigir.

Ao chegar à casa de Lucinda, ele teve uma sensação de paz. Não soube entender o porquê, mas naquele momento não estava em condições de pensar em nada. Alberto não viu que uma mulher o esperava na soleira da porta de entrada da humilde casa. Era uma mulher muito bonita, que tinha um semblante muito sereno. Ao entrar, ele sentiu essa serenidade, mas não ouviu o que a bela mulher lhe dizia.

— Alberto, vá até a cozinha e procure algo na lixeirinha da cozinha, lá você vai encontrar um rascunho do lugar onde Ronaldo está pretendendo ir com a minha filha.

Alberto sentiu-se impelido a buscar alguma coisa na cozinha. Lembrou-se que fora lá que ele vira o maço de cigarros vazio sobre a mesa. Na cozinha, observou cada detalhe. Viu as parcas panelas, reluzindo, penduradas sobre a pequena pia, um copo sujo de café, mas nem olhou para a lixeira. Já estava saindo da cozinha quando, finalmente, teve a ideia de revirar o lixo para ver se encontrava algo.

Alberto, insanamente, pegou a lixeira e despejou tudo sobre a mesa. Viu um papel todo amassado. Na frente, o endereço de Lucinda, e atrás um rascunho malfeito de um mapa que mostrava como atravessar as cidades e chegar a Jacarezinho, a primeira cidade do Paraná. Depois, o mapa mostrava Santa Mariana e Ourinhos.

Alberto sabia que o homem não tinha carro, e deduziu que eles não estariam muito longe. Com o papel na mão, foi logo à delegacia procurar o investigador Magno, pois precisava muito falar com ele.

Depois de mostrar o mapa ao investigador, este mandou que mobilizassem várias diligências e fechassem todas as saídas da cidade, inclusive as que faziam parte da zona rural da cidade.

Alberto entrou em uma das diligências e não viu que a mesma entidade que o intuiu a procurar o mapa no lixo dizia-lhe para que fossem àquele mato não muito denso, que dava para a principal estrada da cidade. Alberto pediu a eles que fossem naquela direção, pois não ouvira o investigador mandar nenhuma diligência para lá.

Magno mostrou-se incrédulo, pois ninguém, em sã consciência, sairia da cidade por aquele mato. Aquele mato era um lugar de difícil acesso, ainda mais para quem queria fugir da cidade levando uma pessoa capturada. Mas como Alberto estava determinado, ele fez a vontade do rapaz. Ao se aproximarem do local, ele mandou que vários policiais procurassem algo que provasse que alguém teria estado ali. Imediatamente, os homens saíram em busca de algo, mas um deles disse ao companheiro:

— Isso é uma loucura! Por mais que o bandido fosse burro, jamais tentaria sair da cidade por aqui, facilmente seria pego.

— Eu penso da mesma maneira, Jair, mas ordens são ordens.

— Veja, alguém se deitou aqui, o mato está amassado.

— Realmente, Rubens, precisamos ter fé de que algo estranho está acontecendo aqui.

Andaram por mais alguns metros e encontraram uma calcinha suja de sangue. Imediatamente, voltaram e avisaram o investigador, que estava procurando em outra área.

Alberto, ao chegar no local, percebeu que algo muito grave havia acontecido ali. E não duvidou de que se tratava de peças íntimas de Lucinda, aquela peça fora dada a ela por ele.

Ficou em pânico, pois naquela altura imaginava que a amada pudesse estar morta. Foi quando ouviu o estampido de uma bala. O investigador, olhando assustado para Alberto, ordenou:

— Este barulho veio daquele lado. Vamos!

Alberto, com o coração em desespero, nada respondeu. Seguiu o policial correndo. Encontraram Ronaldo caído em uma poça de sangue, que banhava o mato. O policial correu e, mais adiante, viu Lucinda praticamente nua. Seu vestido estava sujo e rasgado na altura do seio e ela tinha arranhaduras por todo o corpo.

Alberto ficou desesperado, achando que ela estivesse morta, mas como o investigador Magno havia feito curso de primeiros socorros, logo constatou que ela estava viva. Ordenou que outro policial fosse até a viatura e passasse um rádio, dizendo que havia uma vítima no meio do matagal do Nabuco, e que era para mandar uma ambulância imediatamente.

O policial fez o que o investigador pediu e, em menos de dez minutos, uma ambulância chegou ao local. Alberto perguntou:

— Vai mandar também esse vagabundo para o hospital?

— Sim, Alberto, tenho de prestar socorro, mesmo que a pessoa seja foragida da Justiça.

— Mas não é justo, veja o que ele fez a uma moça honesta como Lucinda!

— Eu sei, mas ele terá de ser atendido em um hospital.

Uma segunda ambulância chegou e Ronaldo foi encaminhado ao hospital com Lucinda, que ia em outra ambulância.

Magno, imediatamente, perguntou a Jair:

— Por que atirou, soldado Jair? Sabia que ele não estava armado!

— Estava sim — disse o policial —, ele estava com uma faca e, quando nos viu, jogou-a no mato. Ele pretendia matar a vítima, por essa razão achei por bem atirar.

— Mas cadê a faca? Você a encontrou?

— Sim, dr. Magno. Está aqui!

Neste momento, o investigador percebeu que a faca não pertencia a Ronaldo, mas antes foi uma prova para incriminá-lo. Aquele tipo de coisa era comum, uma vez que o fugitivo havia cometido crimes hediondos, como o estupro.

Alberto, sem entender das armações policiais, disse:

— Muito bem, se eu estivesse em seu lugar teria feito o mesmo.

— Obrigado, doutor, mas agora sei o que me resta — disse o soldado abatido.

— Bem — disse Magno — você vai nos trazer um relatório completo de tudo o que houve. E como testemunha terá o relatório de Rubens. Saiba que teremos de nos preparar para articular um relatório convincente para que o processo seja arquivado.

— Mas, Magno, isso é um absurdo! Um homem que cumpriu com o seu dever ter de omitir determinados fatos somente para que seja exonerado da culpa? O sujeito estava foragido, cometeu crime de sequestro e abuso violento ao pudor, e ainda causa problema a um funcionário que estava capacitado para cumprir com seus deveres?

— Doutor, o senhor deve saber que, mesmo sendo militar, temos de prestar contas aos nossos superiores. Uma morte nunca deve ficar sem esclarecimento. Não importa o que o meliante tenha feito, a Justiça o quer vivo, mas infelizmente o pior aconteceu.

— O pior? — disse Alberto estupefato. — Isso foi o melhor que poderia ter acontecido para a sociedade. O policial Jair fez muito bem, e sabe o que mais? Eu quero que ele morra mesmo! Porque se algo acontecer à minha Lucinda, ele terá sorte de não estar mais aqui, porque eu mesmo daria um jeito nele!

Alberto estava nervoso e, ao chegar com o investigador Magno ao hospital, ficou esperando que o médico do pronto-socorro viesse falar com ele.

Depois de quase quarenta minutos, o médico disse que precisava chamar um médico-legista, pois, segundo constaram, a moça fora violentamente possuída, e o laudo só poderia ser dado por um médico especialista.

Alberto, quando ficou sabendo da suspeita do médico, quis por uns instantes que Ronaldo não morresse, porque queria acabar com o meliante com as próprias mãos. Depois de um tempo, o médico voltou e disse:

— Sinto muito, Magno, mas o bandido acabou de atestar óbito. Vou fazer as petições para que ele seja encaminhado ao Instituto Médico Legal da cidade vizinha, assim o médico dará o laudo da *causa mortis*.

Magno estava cansado, o dia havia sido muito cansativo. Desde cedo estava trabalhando no sumiço misterioso de Lucinda, a noiva de Alberto, um homem influente na cidade. Olhando para Alberto, perguntou:

— Como pôde supor que Lucinda estava naquele mato, com aquele facínora?

— Não sei, mas de repente me veio uma intuição muito forte, mas realmente não sei dizer como. Agora, o que me interessa é que Lucinda fique bem. Alberto não quis contar ao investigador sobre a paz indizível que sentira na casa de Lucinda. Preferiu dizer que a moça havia sido encontrada por mera coincidência. Magno disse:

— Bem, doutor, acho bom que depois que dona Lucinda voltar para a casa, ela seja encaminhada a um psicanalista, para fazer análise, pois depois de um estupro a mulher fica com sérias sequelas emocionais.

— Vou fazer isso, Magno, obrigado por tudo. Saiba que, seja o que for, se precisar de mim estarei aqui sempre para lhe ajudar.

Depois de apertarem as mãos, Alberto seguiu em direção ao corredor da UTI, pois Lucinda havia sido encaminhada para lá. Faria um tratamento intensivo. Magno voltou à delegacia para planejar um bom relatório para exonerar o policial Jair de qualquer culpa na morte de Ronaldo.

Os parentes de Ronaldo, depois de informados de sua morte, foram à cidade para cuidar do transporte do corpo para sua cidade natal, a fim de que fossem feitos o funeral e o enterro.

Lucinda permaneceu internada, seus ferimentos periféricos eram leves, mas a grande ferida estava em sua alma. Ela havia sido humilhada em todos os aspectos. Alberto custeou sua internação. No hospital, Lucinda ainda não sabia sobre a morte de Ronaldo. Estava confusa, ora ria histérica, ora chorava copiosamente.

Os médicos disseram que ela havia sofrido barbaramente, e psicologicamente estava perturbada. Alberto, ao ver o estado emocional de Lucinda, sentiu-se compungido. Pela primeira vez em toda sua vida sentia-se completamente impotente diante da situação. Sabia que a mulher de sua vida sofria horrivelmente, mas nada podia fazer para amenizar sua dor.

Ele ficava no hospital a maior parte do tempo, voltando para casa somente para banhar-se e trocar suas roupas. Em uma de suas idas para casa, Jacira olhou para o filho e constatou o quanto ele estava abatido. Preocupada com seu estado de saúde, disse-lhe:

— Alberto, como está a costureira?

— A costureira, mamãe, tem nome. Ela está melhorando e saiba que, assim que estiver bem, vamos nos casar. Ela precisa de alguém para protegê-la e eu vou cuidar dela.

— Tudo bem! Se é assim que você quer, assim será feito. Mas saiba que eu nunca vou aceitar que venha se queixar depois. É melhor que você se case com separação de bens, veremos se ela vai aceitar.

— Deixe de bobagem! Agora estou preocupado com o estado de saúde dela, e não será a senhora, nem ninguém, que vai me impedir de me casar. Saiba que pretendo dividir tudo o que temos com ela; portanto, vamos nos casar com comunhão de bens.

— Você não pode fazer isso! É o nosso patrimônio, e não vou permitir que você o compartilhe com a primeira forasteira que apareceu na cidade.

— Não quero discutir sobre isso, mamãe! Vou tomar um banho e voltar para o hospital!

— Não vai comer nada? Olha como emagreceu!

— Não se preocupe comigo, mamãe! Estou bem! Agora estou com pressa.

Jacira, ficou a pensar: "Por que aquela pistoleira sem-vergonha não morreu? Seria um alívio para mim. Alberto sofreria por uns tempos, mas depois superaria e mais tarde se casaria com alguém de mesmo nível...", enquanto pensava nisso, não percebeu que dois vultos a envolviam fazendo-a sentir um ódio muito grande de Lucinda.

Nova oportunidade

A CADA DIA QUE PASSAVA, Lucinda se sentia melhor, mas não conseguia esquecer a cena de ser aviltada por Ronaldo várias vezes, de modo que sempre estava em prantos. Alberto, com toda a paciência, que somente quem ama tem, dizia a ela para não pensar no passado, pois tudo havia ficado para trás e logo ela estaria bem, e que ele ficaria ao lado dela. Lucinda soluçava nos ombros dele. À medida que os dias foram passando, Lucinda começou a se sentir melhor, mas a tristeza não lhe dava tréguas.

A enfermeira entrava em seu quarto, exortava-a a tomar banho, mas Lucinda parecia não ouvir. Quando diziam a ela que comesse, ela fazia tudo de maneira mecânica, e Alberto estava sempre ao seu lado com palavras carinhosas.

A moça iria receber alta hospitalar, porém não queria voltar para a casa onde havia estado Ronaldo.

Isabel e Alfredo sempre lhe faziam visitas, e quando Alberto contou-lhes sobre o fato de a moça não querer voltar para casa, Isabel prontamente disse:

— Concordo com ela! Imagine ver a casa onde aquele monstro esteve! Para a pobrezinha será um suplício. Quero que ela vá passar uns tempos conosco.

Alberto esperou a decisão de Alfredo; afinal, ele era o chefe da família. Para sua surpresa, o médico finalmente se manifestou:

— Muito bem pensado, Isabel! Realmente, acho melhor que Lucinda vá passar uns tempos conosco. Se quiser, poderá visitá-la a qualquer hora.

— Obrigado, meus amigos! — disse Alberto sorridente. — Não saberei como lhes agradecer pelo belo gesto de amizade.

— Meu filho — disse Alfredo —, estamos fazendo isso porque gostamos muito de Lucinda. Saiba que mesmo que você não fosse noivo dela, e nós a conhecêssemos, faríamos tudo do mesmo modo.

— Obrigado, meus amigos, sem o apoio de vocês não sei o que faria num momento como este! Saibam que jamais vou esquecer o quanto estão sendo bons conosco — disse Alberto.

Alfredo, olhando para o rapaz, percebeu que ele estava muito abatido.

— Como médico, sugiro que você vá até o meu consultório amanhã, pois vejo que você está com olheiras profundas e um tanto pálido.

— Não se preocupe comigo, Alfredo. Estou bem! Vocês já fizeram muito por nós.

— Meu filho, o que está acontecendo com você? Vejo em seus olhos uma certa dor. Saiba que estou aqui, não na posição de médico, mas de pai; afinal, conheço-o desde pequenino.

— Vejo que você me conhece bem mesmo, hein, Alfredo?

— Claro que sim, meu filho! Quando nos preocupamos com o próximo, ficamos atentos até mesmo ao seu olhar. Percebo que no seu está havendo certa dor...

— Alfredo, meu amigo, não vou mentir para você. Realmente estou sentindo muita dor por tudo o que aconteceu a Lucinda!

— Alberto, o que essa moça passou nas mãos daquele homem não deve ter sido nada fácil, mas o que está incomodando não é só isso! Meu filho, o que realmente o aflige?

— Bem, já que quer saber, vou ser sincero. O que está me perturbando é o fato de Lucinda ter sofrido muito nas mãos daquele maníaco, mas acho que vou cuidar dela, vou providenciar tudo o que for necessário, e quando ela estiver melhor, vou terminar o noivado.

— Mas por que pretende terminar o noivado, Alberto? Acaso descobriu que não a ama o suficiente para se casar e constituir família com ela?

— Não, meu amigo! Eu a amo muito!

— Mas, então, o que está acontecendo para que você cogite essa ideia?

— Bem, Alfredo, fico pensando em tudo o que aquele canalha fez com Lucinda e sinto uma dor tão grande no peito, que não posso nem mesmo descrever como é. Muitas vezes, quando estou com ela no hospital, penso em tudo o que aconteceu e me pergunto se terei forças para aguentar a ofensa que aquele sujeito cometeu contra mim. E, principalmente, contra ela.

O médico remexeu-se na poltrona e, calmamente, perguntou:

— Se você pensa isso mesmo, por que não termina agora o noivado?

— Resolvi esperar que ela melhore, depois farei isso.

— Alberto, você sabe que sempre fui franco. Não gosto de rodeios, muito menos de mentira. Acho que você tem de fazer isso mesmo! Porque, na verdade, você não a ama, o amor é bem diferente do que você diz sentir.

— O que é isso, Alfredo!? Eu a amo sim! Se não a amasse, não estaria sofrendo tanto!

— Desculpe minha sinceridade. Mas você não a ama, pois se realmente a amasse, pensaria no quanto ela vai sofrer sem você. Ademais, quem ama sempre perdoa.

— Mas como que você pode dizer que eu tenho algo a perdoar, sendo que ela foi inocente nessa história?

— Mas, então, se ela foi inocente como você afirma, por que pensa em terminar?

— Porque sofro quando penso que alguém a possuiu depois de mim! Talvez, embora eu sempre tenha me mostrado moderno, sou tão conservador quanto foi meu pai.

— Bem, pelo que vejo, você não está preocupado com ela. Está preocupado com você e com sua dor, ao pensar que alguém a teve. Mas saiba que, se você a ama, não deveria levar essas coisas em consideração.

— Alfredo, você está colocando em xeque os meus sentimentos? Ninguém mais do que eu está sofrendo com essa situação!

— Eu acredito que você esteja sofrendo, mas não tanto quanto a pobre Lucinda, que ficou tantas horas nas mãos daquele insano! Foi humilhada de todas as maneiras, e não pense que ela não está envergonhada com tudo isso; afinal, ela sabe que a cidade é pequena e que todos já estão sabendo do fato. Quando eu digo perdoe, quero dizer: seja indulgente. Jesus foi mais abrangente que isso quando disse que perdoar é esquecer. Você não está sendo indulgente, meu amigo. O ciúme não o está deixando ver que, se houve uma vítima nessa história, foi a própria moça.

— Alfredo, como poderei ficar com ela, se a toda hora vem à minha mente o que aquele maníaco fez? Se for para fazê-la sofrer, é melhor que a deixe. Quem sabe no futuro ela encontre alguém que possa entender tudo isso? Sinceramente, não estou conseguindo digerir essa podridão.

— Então, vamos por partes. Você acha que ela quis que acontecesse tudo o que aconteceu?

— Claro que não!

— Pois bem, isso foi um fato que ocorreu sem o seu consentimento, independente de sua vontade. Se foi assim, por que ela deve ser responsabilizada?

— Não a estou responsabilizando. O que estou querendo que você entenda é que para mim está sendo difícil fingir que nada aconteceu.

— Alberto, desculpe, mas você está se comportando como um menino mimado, com ciúmes de um brinquedo. Pense um pouco sobre o sofrimento dela. Não a veja como responsável por tudo o que aconteceu, mas como uma vítima das circunstâncias. Se você a ama, trate de esquecer e procure ser feliz com a mulher que seu coração escolheu. Ficamos um bom tempo sem nos ver, mas saiba que sei que você nunca amou ninguém, tornando-se o solteirão mais cobiçado da sociedade. No entanto, você não quis nenhuma delas. Com Lucinda foi diferente, você a conheceu, apaixonou-se e chegou a cogitar a ideia de se casar com ela. Enfrentou sua mãe e agora, por conta de um incidente, está querendo desistir do grande sonho de constituir uma família?

Alberto começou a pensar no dia em que conheceu Lucinda. De como ela, com toda a sua simplicidade, chamou-lhe a atenção.

Lembrou-se também do início do namoro e de todos os momentos que haviam tido juntos e disse para si mesmo: "Meu Deus! Como posso amar tanto uma pessoa?"

— Meu amigo, você tem razão, eu a amo e não vou desistir de ser feliz com a mulher da minha vida. A mulher que me completa, entende, apoia e me faz feliz.

— Então, meu filho, procure não pensar no que lhe aconteceu. Em vez disso, procure apoiá-la, já que ela não tem ninguém. Seja feliz com ela, porque quando amamos dessa forma, talvez não tenhamos outra oportunidade de amar. Alberto, entenda uma coisa, todos nós podemos nos apaixonar várias vezes durante a vida, mas amar é algo singular, é o desejo de proteger, de estar ao lado, é uma benquerença que vai além da paixão física, aliás, muito além. Quando dois espíritos afins se encontram, eles desfrutam de uma cumplicidade sem igual.

— É o que vocês, espíritas, chamam de alma gêmea?

— Não, Alberto! Sou mais preciso, quem usa esse termo são os românticos que querem arranjar explicações para seus sentimentos. Na verdade, não existe alma gêmea, o que existem são espíritos afins, que se juntam para uma união feliz; que se completam em uma ou mais jornadas para atingirem o progresso espiritual. Eu, quando conheci Isabel, fiquei louco, perdia noites de sono, passava altas horas da madrugada em frente à sua casa, e o simples fato de pensar que ela estava perto de mim já me alegrava. Formei-me e sabia que tinha de prestar uma prova para conseguir entrar num hospital para fazer residência. Nesse ínterim, embora eu soubesse que seria melhor para mim, eu queria ficar onde estava. Fiz residência em um hospital da capital, mas não perdi o contato com ela. Depois de três anos, voltei e a pedi em namoro. Finalmente chegamos ao casamento. Muitas vezes penso que, se eu não tivesse me apaixonado por ela, certamente não teria amado mais ninguém, pois ela é a mulher de minha vida, não consigo imaginar minha vida sem ela. Graças a Deus, eu me apeguei à oportunidade de amar e somos felizes há mais de trinta e nove anos. É isso que eu quero que você experimente, meu filho: a felicidade de dividir sua vida com a mulher que seu coração escolheu, pois muitas vezes uma oportunidade dessa é única. Por que desperdiçá-la?

Alberto prestou atenção no relato do médico e não deixou de perceber o quanto aquele homem era apaixonado por sua esposa.

O médico continuou:

— Alberto, quando nos casamos estávamos apaixonados, mas com o passar dos meses a paixão feneceu, assim como uma flor colhida de manhã. Mas no lugar da paixão vieram sentimentos ainda mais duradouros, como o companheirismo, a cumplicidade, o respeito e a amizade. Se os unirmos, daremos a tudo isso o nome de amor.

Alberto, depois de observar o médico, comentou:

— Alfredo, obrigado. Hoje você me fez um grande bem; tem razão sobre o quanto eu estou sendo egoísta esquecendo-me da dor daquela que sofreu toda sorte de humilhação. Eu a amo, vou me casar com ela e quero ser feliz assim como você é com dona Isabel.

— Isso, meu filho! Sabia que seria inteligente o suficiente para entender que para o amor não há barreiras, pois ele nos faz esquecer determinadas coisas. Ame e seja feliz, viva ao lado daquela que vai alegrá-lo todos os dias, e tenha o prazer de envelhecer ao lado dela.

— Alfredo, por que Lucinda sofreu todos esses insultos? Por que Deus não a poupou de tamanho sofrimento?

— Bem, Alberto, saiba que o sofrimento nos faz crescer. Bem, sabemos que quando uma criança passa da infância para a adolescência sente determinados incômodos. Nós, homens, temos dores no peito e outras coisas desse tipo. Isso mostra que estamos deixando a infância para trás e vamos passar a nos interessar por outras coisas. Esse é um processo natural da vida. Resumindo, crescer dói. Da mesma forma, o sofrimento, embora nos doa muito, nos faz crescer e aprimorar o nosso espírito. Mas saiba que para entendermos a causa do sofrimento devemos fazer uma retrospectiva em nossa vida. Se não a encontramos na vida atual, certamente a resposta estará na vida anterior.

— Mas como na vida anterior, se não temos lembranças dela?

— O esquecimento do passado é um dom divino que conota o amor de Deus para conosco. No caso de Lucinda, não sabemos quem foi no passado nem o que fez para atrair todo esse sofrimento. Com certeza, meu filho, ela deve ter laços com esse Ronaldo e talvez tenha uma dívida para com ele. E ele, por ser imaturo espiritualmente, não soube responder de outra forma a não ser com violência. Imagine que ela o prejudicou muito em outra vida e tem essa lembrança, o sofrimento seria duplicado; primeiro, por encontrá-lo; depois, por se lembrar do mal que lhe fez. Está vendo por que o esquecimento do passado nos faz bem? Porque não trazemos à existência presente nossos sentimentos de culpa. Em vez de você ter raiva desse rapaz, tenha compaixão, porque talvez, em seu espírito, ele tenha trazido marcas dolorosas do passado, embora nem ele mesmo se lembre disso. Entenda uma coisa, o acaso não existe, e para tudo o que acontece em nossa vida há uma explicação plausível, que só entenderemos quando nos lembrarmos de nossas existências passadas, que só será recordada depois de nosso desencarne. Isso é, quando o espírito já estiver pronto para apoderar-se dessas lembranças.

— Então, pelo que está me dizendo, esse rapaz deve ser digno de pena depois de tudo o que fez?

— Sim, meu filho, saiba que ele não sabia agir de forma diferente, porque se soubesse não teria sofrido a agonia de ser perseguido e morto nas mãos de policiais. A sua maneira de agir trouxe para seu espírito atormentado mais dor e revolta.

Alberto ficou pensativo por alguns minutos, depois perguntou:

— Mas até quando teremos de reencarnar na Terra?

— Bem, meu filho, quantas vezes ainda forem necessárias, enquanto a vida neste planeta estiver dando respostas à nossa maneira de agir. Portanto, não sabemos ainda quantas vezes teremos de voltar, mas saiba que esse processo de aprendizagem é uma demonstração de amor por parte Deus.

Alberto ficou calado por alguns instantes, mas pôde ver a razoabilidade das palavras do médico. Com um sorriso no rosto, finalmente disse:

— Alfredo, creio que já abusei muito da sua bondade, mas saiba que você me fez tão bem que neste momento vou ao hospital para dizer à Lucinda que a amo e que nada nem ninguém vai nos separar.

— Isso mesmo, meu filho, vá ao encontro do amor da sua vida e não perca a chance que a vida está lhe dando de ser feliz. E quando esses pensamentos ciumentos vierem à cabeça, use a lei da substituição.

— Lei da substituição? Mas o que vem a ser isso?

— É um processo simples: substitua os pensamentos maus por pensamentos bons. A princípio, isso não será muito fácil, porque esse método requer esforço contínuo. Tudo dependerá muito da autodisciplina. Digamos que você tem um jarro cheio de água suja e precisa trocar a água, mas ele está colado ao chão. Como fará para jogar a água suja, se você não poderá entorná-lo?

Alberto pensou por alguns instantes e não respondeu nada. Alfredo continuou:

— É simples, meu amigo. Jogue água limpa no jarro e, com o passar do tempo, a água suja transbordará e ficará somente a limpa. E assim é com os nossos pensamentos. Quando eles estão na faixa negativa, é como se estivessem cheios de água suja, logicamente não podemos mexer em nosso cérebro para mudar isso, mas podemos preenchê-lo com pensamentos positivos e, sem percebermos, os pensamentos negativos serão dissipados. Não deixe que pensamentos negativos venham destruir sua felicidade ao lado daquela moça, que, afinal, parece-nos muito boa.

Alberto sorrindo, levantou-se simultaneamente ao médico e, num gesto repentino, aproximou-se e lhe deu um abraço.

— Muito obrigado, meu pai! Se não fosse você eu iria fazer algo que eliminaria a possibilidade de ser feliz.

— Pai é para essas coisas: para orientar os filhos quando eles necessitam.

Sendo assim, Alberto esperou que o médico fosse chamar a esposa para ele se despedir. Isabel, ao ver que ele estava mais alegre, disse:

— E quando vai buscar a nossa filha?

— Tudo vai depender de Alfredo dar alta hospitalar a ela.

— Não seja por isso. Vou pedir alguns exames e amanhã ela terá alta.

Alberto sorriu feliz com a notícia, sabia que agora estaria sempre às voltas com Alfredo. O jovem se despediu e saiu. Isabel disse sorrindo para o marido:

— Você tem o dom de acalmar as pessoas...

— E você tem o dom de alegrar minha vida — respondeu sorrindo, enquanto colocava a mão no ombro da esposa.

Um convite

Ao ENTRAR NO CARRO, Alberto pensou em como ele seria infeliz sem Lucinda e no quanto estava sendo egoísta quando pensou em terminar o compromisso com aquela que era a mulher de sua vida. Ademais, havia sofrido muitas humilhações e, com certeza, sofreria sem ele. Resolveu passar na floricultura antes de ir ao hospital visitá-la. Ao chegar à floricultura, pensou em comprar rosas, mas achou que era uma flor muito comum, assim resolveu comprar um lindo vaso com uma bromélia vermelha.

Ao entrar no quarto do hospital, encontrou uma enfermeira administrando um calmante a Lucinda, pois ela tivera uma crise de nervos. Ao olhá-la, ele pôde ver que ela havia chorado muito. Com ternura na voz, disse:

— Meu amor, saiba que, haja o que houver, estarei sempre ao seu lado.

— Alberto, bendita a hora em que eu o conheci, se não fosse você, juro que acabaria com todo esse sofrimento pondo fim à minha vida.

— E que bom que Deus colocou Alfredo em nosso caminho, pois, se não fosse ele, eu estaria me sentindo o pior homem da face da Terra.

Ela não entendeu o que ele havia dito, mas preferiu não pensar no assunto. Alberto, com lágrimas nos olhos, disse:

— Meu amor, tire esses pensamentos de sua cabeça, pois estamos juntos e nada, nem ninguém, vai nos afastar um do outro.

Depois de ouvir essas palavras, ela desatou a chorar novamente. Alberto, nesse momento, também não conseguiu conter a emoção e deixou que as lágrimas tivessem livre curso. Ficaram assim por alguns instantes. Alberto, tentando amenizar a dor do momento, completou:

— Meu amor, vamos esquecer tudo isso, o que passou, passou, e nós não conseguiremos mudar isso.

— Eu sei, meu amor, mas por ora não consigo esquecer um só minuto o que me aconteceu. Sei que Ronaldo está morto, mas o mal que me fez será levado para o meu túmulo.

— Bem, mas vamos ao que interessa. Olhe o que eu lhe trouxe!

Levantando-se, ele foi até uma pequena mesa que ficava perto da porta, e mostrou à moça o lindo vaso enfeitado com papel brilhante e laços cor de violeta.

Lucinda sorriu, mas seu sorriso não escondia a dor estava estampada em seu rosto.

Foi nesse momento que Alberto pôde ver o quanto a moça havia emagrecido. Sentindo seu coração despedaçar, ele disse à moça, fingindo uma naturalidade que estava longe de possuir:

— Não quero ver a mulher que amo com esse rosto triste; portanto, alegria, pois sou portador de uma boa notícia. Alfredo me disse que amanhã você terá alta.

Lucinda sentiu um aperto no coração. Alberto, tentando alegrá-la, disse:

— Meu amor, não quero que fique sozinha, por essa razão conversei com Alfredo e ele me disse que dona Isabel quer que você vá passar uns tempos com eles, pois sabem que precisará de cuidados.

— Não, meu amor! Não quero incomodar ninguém, vou para a minha casa e, assim que for possível, vou procurar uma outra casa, pois não quero ficar lá por muito tempo.

— Lucinda, já conversamos, Alfredo, Isabel e eu, e decidimos que você vai, sim, para a casa deles; e segundo me contaram o seu quarto já está pronto.

— Mas eu não posso me hospedar lá, Alberto. Seja como for, eles estão fazendo isso por você, não por mim!

— Não seja injusta! Dona Isabel me disse que a quer como filha, e você vem dizer uma coisa dessas? Eles já deixaram claro que estão fazendo isso por você, e não por mim, e que mesmo sem mim eles iriam acolhê-la! Eu já lhes disse que você vai; afinal, não é de bom-tom que você recuse um convite deles, que são nossos amigos.

— Mas não quero atrapalhar a vida de ninguém; saiba que já estou melhor e tenho condições de voltar para a minha casa.

— Tudo bem! Se é assim, não farei nada para demovê-la dessa ideia, mas saiba que não terei coragem de falar com nossos amigos; portanto, diga você mesma.

— Está bem, eu direi.

— Então não se fala mais nisso. Tudo será como você quiser — respondeu Alberto insatisfeito. Dissimulando a contrariedade, disse que precisava voltar para a casa, pois a mãe já devia estar preocupada.

Lucinda começou a sentir a reação do calmante. Alberto esperou que Lucinda dormisse e resolveu ir até a recepção ligar para a mãe e dizer que não iria jantar. Só voltaria tarde da noite.

Depois, ligou para Isabel e contou-lhe tudo o que estava acontecendo. Principalmente o fato de Lucinda não querer ficar hospedada na casa dela. Isabel lhe disse que iria ao hospital dentro de uma hora. Alberto a avisou que não adiantaria, pois ela estava dormindo e talvez só acordasse mais à noite.

Isabel respondeu com veemência:

— Muito bem, veremos se Lucinda vem ou não para minha casa!

Alberto sentiu um alívio ao ouvir aquelas palavras e, finalmente, disse que iria ao quarto do hospital onde estava ficando naqueles dias e procuraria descansar um pouco.

Isabel disse ao rapaz que, assim que a moça acordasse, era para ele ligar para ela, pois iria visitá-la no mesmo instante. Alberto, depois de se despedir de Isabel, foi para o quarto. Ao se deitar, começou a pensar em tudo o que Lucinda havia dito e sentiu grande sentimento de culpa. Disse em voz alta:

— Meu Deus, como fui egoísta quando pensei em abandonar Lucinda! Não tenho direito de magoá-la ainda mais.

Depois alguns minutos, ele adormeceu, só acordando duas horas depois, quando uma enfermeira bateu à porta. Alberto, ainda sonolento, foi atender. Viu uma moça com pouco mais de trinta anos, que sorrindo, disse:

— Desculpe, sr. Alberto, mas Lucinda acordou e chamou pelo senhor. Como deu ordens para que quando ela acordasse o chamasse, vim até aqui.

— Fez bem — disse Alberto com a roupa amarrotada — diga a Lucinda que vou lavar o rosto e pentear os cabelos e, em seguida, irei ter com ela.

Já passava das dezenove horas, e ele disse:

— Nem eu sabia que estava tão cansado, dormi por mais de duas horas.

Ao sair do banheiro, completamente recomposto, foi até a recepção e ligou para Isabel contando-lhe que Lucinda já estava desperta. Ela disse que dentro de quarenta minutos estaria lá.

Após desligar o telefone, o moço foi para o quarto da noiva, e ela, ao vê-lo, disse:

— Meu amor, que bom que está aqui. Estou me sentindo com a boca seca, acho que foi aquele remédio que a enfermeira me deu. Dormi muito e estou com a cabeça pesada.

— Isso é assim mesmo, meu amor, visto você estar muito nervosa. Acho que por um tempo você terá de tomar calmantes.

— É, também penso que sim. Se não fosse esse bendito remédio, eu estaria péssima.

— Muito bem, fique calma. Veja o jantar chegou e você estava dormindo. O pessoal da copa o deixou aqui para que você não acordasse. Vamos jantar?

— Alberto, sinto desapontá-lo, mas não quero jantar, estou sem fome.

— Lucinda, você precisa se alimentar. Veja, emagreceu muito e está precisando recompor as energias.

— Mas eu não estou com fome, peço que respeite isso.

— Está bem, vou respeitar, embora não aceite sua decisão; acho que você tem de se esforçar para comer um pouco.

— Alberto, eu poderia morrer, não é mesmo? Já estou cansada de sofrer!

— Lucinda, nunca imaginei que você fosse tão egoísta! Já pensou em mim, caso morresse? Como eu ficaria? Saiba que estou a seu lado por amor, mas perdê-la seria um grande sofrimento.

— Você me chama de egoísta? Não pensou no quanto estou sofrendo por tudo o que passei? Egoísta aqui não sou eu, mas você, que me quer a seu lado de qualquer jeito, mesmo sabendo que estou levando uma chaga enorme no coração.

— Não, meu amor, eu não sou egoísta, apenas quero que você viva para sermos felizes. Sei que é uma dor muito grande, mas farei de tudo para amenizá-la, pagarei bons psicólogos; enfim, farei tudo mesmo.

Lucinda, vendo o desespero de Alberto, começou a chorar. Nesse instante, eles ouviram as batidas leves na porta. Foi Alberto que prontamente se levantou e foi atender. Ficou feliz por ver Isabel e Alfredo. E, sorrindo, falou:

— Que bom que vieram, Lucinda está dizendo bobagens e me deixando desesperado!

Isabel, com um sorriso, disse:

— Olá, minha filha, como está passando?

— Fisicamente estou bem, mas emocionalmente eu estou destruída. Nunca pensei que fosse passar por tudo o que passei.

— Bem, minha filha, por que não tenta esquecer o que houve e começa a reagir? Lembre-se, somos o que pensamos. Se você continuar a se colocar na posição de vítima, será pior!

— O que disse? Colocar-me na posição de vítima!? Saiba que realmente eu fui a vítima, e é normal me sentir da maneira que estou me sentindo.

Alfredo interveio, dizendo:

— Bem, fico feliz em saber que fisicamente você está bem. Amanhã vou lhe dar alta e poderá voltar para a casa.

— Obrigada, dr. Alfredo, esse clima de hospital faz com que me sinta pior.

— Dona Isabel, a senhora me disse que estou me colocando na posição de vítima? Pode me explicar melhor?

— Sim, minha filha! Sei que esse desgaste emocional pelo qual passou é muito difícil, por esse motivo, você vai precisar seguir três passos importantes: disciplina, determinação e coragem para enfrentar os problemas!

— Mas como assim? Não estou entendendo, eu sofri abusos sexuais e fui vítima de grande monstruosidade. Isso está me fazendo ter pesadelos.

— Bem, minha filha, compreendo que não deve estar sendo fácil, mas o que eu quero que você entenda é que ficar remoendo o mesmo assunto só vai lhe fazer sofrer. É muito comum, quando sofremos, ficarmos pensando no assunto. Mas esses pensamentos só fazem a dor aumentar. Mas reflita bem, minha filha, quando agimos assim, colocamo-nos como vítimas e o outro como algoz. Esse sentimento nos faz pensar que somos vítimas das circunstâncias, que não merecíamos isso e que seria melhor se tivéssemos morrido. Já pensou dessa maneira?

— Sim! Sofro desde que minha mãe morreu. Sofri muito com meu pai, nas mãos de Ronaldo, como não me colocar como vítima?

— Se você se coloca como vítima, você será. Ninguém poderá ajudá-la, minha filha. Não posso saber o que está sentindo, mas sei em que está pensando. Ao fazer um retrospecto da sua vida, se enxerga como coitadinha, e pensa que somente a morte vai lhe fazer bem. Saiba que as coisas não são assim, não! Vamos por partes. A Terra não é um lugar de delícias, onde todos chegam para ser plenamente felizes, pelo contrário, aqui é um lugar de expiação e provas, de modo que todos que vêm até este planeta estão sujeitos à dor e aos sofrimentos. Mas quando damos muita importância à dor, ela tende a aumentar significativamente; portanto, é comum nos colocarmos na posição de vítimas, crer que sofremos injustamente, que nunca fizemos mal a ninguém e que teremos de carregar o fardo da vida até quando Deus quiser.

— Acaso não é assim, dona Isabel?

— Se enxergarmos nossos sofrimentos do ângulo correto, veremos que tudo está certo como está, e que teremos de aprender algumas qualidades, como: paciência e resignação. Temos de entender que tudo o que nos acontece serve para a nossa evolução espiritual.

— Mas eu nunca fiz mal nenhum a ninguém. Pelo contrário, sempre fui vítima das pessoas que cruzaram meu caminho, começando por meu pai e depois por Ronaldo. Minha vida foi só sofrimento.

— Digamos que você realmente nunca tenha feito mal algum a ninguém, mas já parou para pensar nas vidas pretéritas? Por que justamente essas pessoas ficaram perto de você?

— Então a senhora quer me dizer que essas pessoas já estiveram comigo em outras vidas?

— E que outra explicação teríamos? Se formos observar bem, o acaso não existe, e nosso sofrimento nunca é sem merecimento.

— Então a senhora está me dizendo que eu mereci passar por tudo isso?

— Minha filha, há duas maneiras de aprendermos: pelo amor ou pela dor. Infelizmente, nosso espírito ainda está em período de aprendizagem, de modo que o sofrimento nos faz crescer. Se muitas vezes experimentamos o sofrimento, é para que cresçamos, para que nosso espírito evolua; afinal, é para evoluirmos que estamos aqui na Terra. Nunca ouviu falar que a Terra é uma escola?

Lucinda não respondeu, ficou pensando nas coisas que Isabel dizia. Depois de alguns segundos, ela continuou:

— Segundo o que a senhora está me dizendo, eu sofri com essas pessoas e isso é justo para Deus.

— É comum perguntarmos por que sofremos, e como determinados problemas chegam até nós sem que possamos evitá-los. Mas a resposta é uma só: a reencarnação. Quando não encontramos respostas nesta existência, encontraremos em uma anterior. O que nos faz pensar é: "Será que as pessoas que achamos que nos prejudicam já não foram nossas vítimas no passado?". É muito fácil acharmos que não merecemos, que não fizemos nada nesta existência e, finalmente, nos colocarmos na posição de vítimas. Muitas vezes, quando o sofrimento nos bate à porta, achamos injusto e colocamos a culpa nos outros, menos em nós. Sabemos que não temos as lembranças das outras existências, mas é nosso dever aprender a ser resignados e sinceros para conosco mesmos, pois só assim aprenderemos que nada acontece por acaso e que ninguém faz parte da nossa vida por mera casualidade. Por tudo isso, minha filha, quando achamos que somos inocentes, temos de analisar tudo muito bem, pois assim não nos sentiremos vítimas. Sempre existirá algo que fizemos que nos prejudica no momento atual. Isso serve para amadurecermos. Aí entra uma lei imutável de Deus: a Lei de Causa e Efeito. Para cada ato, um efeito diferente. Pense da seguinte maneira: seja o que for que eu tenha feito no passado, isso está refletindo em minha vida agora. Você jamais poderá sentir ódio pelos que a prejudicaram, como seu pai, Ronaldo e outros. Tenha o mesmo pensamento do Cristo: devemos perdoar para sermos perdoados. Somente quando perdoamos, conseguimos nos livrar dos laços que nos prendem àqueles que nos prejudicaram.

— Mas como é que eu posso perdoar àqueles que me prejudicaram tanto, como meu pai e Ronaldo? Eles fizeram da minha vida um mar de tormentas.

— Minha filha, para que você entenda, vou lhe contar uma história. Em uma das classes nas quais lecionei, algumas crianças não iam bem em Matemática, enquanto outras iam muito bem. Sem maiores esclarecimentos, já compreendiam o que o exercício pedia. Eu me esforçava, pedia àqueles que não iam bem ficarem trinta minutos a mais todos os dias para fazermos a revisão. Alguns conseguiam assimilar, mas, infelizmente, outros não. Por mais que fizessem os exercícios em casa, quando chegavam na prova tiravam notas baixas. O que estou querendo dizer é que muitas vezes um espírito vem e aprende bem a lição, mas há aqueles que não conseguem assimilar de modo satisfatório e, ao fazerem a prova, erram sempre. Acontece a mesma coisa quando os espíritos chegam à Terra. Alguns aprendem rápido, outros têm dificuldades e, quando chegam as provações, geralmente erram. Da mesma forma que eu jamais poderia perder a paciência com os alunos que apresentavam dificuldades, nós hoje, na grande classe da vida, não devemos perder a paciência com nossos companheiros de jornada, porque eles, por mais que passem pela prova, nem sempre conseguem bons resultados. Devemos evitar criticá-los; temos de perdoá-los; sentir por eles o amor cristão, que o próprio Jesus nos ensinou; sempre compreendendo que eles fizeram aquilo que estava ao seu alcance. Portanto, minha filha, em vez de ficar remoendo o que lhe aconteceu, procure perdoar. Eles vão aprender, mas talvez leve mais alguns anos. Façamos nós a nossa parte, perdoemos para que nos sintamos perdoados por Deus, e quanto àqueles que nada podem fazer de diferente, tenhamos para com eles o amor fraternal que perdoa todas as coisas. Se começar a pensar dessa maneira, verá que logo suas dores já não vão lhe incomodar mais.

Lucinda, com lágrimas nos olhos, disse comovida:

— Dona Isabel, obrigada por me fazer entender que enquanto eu pensar em Ronaldo e em meu pai com rancor continuarei sofrendo.

— Isso mesmo, minha filha, perdoe e deixe o passado para trás; lembre-se resignadamente de que nada acontece sem a permissão de Deus e que tudo está certo da maneira como está.

Alberto, que ouvia a conversa calado, ficou surpreso ao ver como Isabel era uma mulher lúcida, conseguindo até chegar ao coração de Lucinda.

— Bem — disse Alfredo —, acho que Alberto já conversou com você, que a partir de amanhã teremos uma nova hóspede em nossa casa.

— Obrigada por se preocuparem comigo. Mas não vejo razão para incomodá-los, acho melhor voltar para a minha casa; afinal, tenho algumas costuras para entregar.

Alberto, vendo o embaraço de Lucinda, completou:

— Não seja por isso! Na casa da senhora tem espaço para uma máquina de costura, dona Isabel?

— Claro, meu filho! Afinal, o que mais temos naquela casa é espaço. Pode levar a máquina de costura para a minha casa. Assim Lucinda volta a trabalhar o quanto antes, pois o mal só encontra espaço em cabeça vazia.

— Mas eu não quero incomodar; em minha casa há sempre minhas freguesas que entram e saem, e isso talvez possa lhe aborrecer.

— Não se preocupe, minha filha — disse Alfredo sorrindo —, há um quarto nos fundos onde você poderá trabalhar tranquilamente e receber quem quiser.

— Ah! Que bom. Não vou precisar sair de casa para tirar medidas.

— Lucinda, não vou aceitar um não com resposta — brincou Isabel sorrindo.

Dessa maneira, Lucinda não pôde escapar àqueles apelos e, sorrindo, aceitou, mas ressaltou que seria por pouco tempo.

Alberto estava feliz pelo fato de Lucinda ficar na casa de Alfredo. Ele poderia voltar para São Paulo despreocupado. E depois de tudo acertado, Alfredo e Isabel resolveram voltar para a casa, dizendo que tinham de arrumar o quarto, que outrora fora do filho, para Lucinda.

Alberto ficou ali por mais algumas horas. Quando viu o adiantado da hora, resolveu ir para a casa pegar algumas roupas. Como Alfredo disse que Lucinda estava bem, ele também foi acertar a conta do hospital. Finalmente, dormiria em sua cama, pois já havia vários dias que não dormia em casa.

Alberto entrou em sua casa e dirigiu-se ao seu quarto; estava exausto e queria tomar um banho e dormir. Quando estava se arrumando, ouviu leves batidas em sua porta. Ao entrar, Jacira falou:

— Pensei que tivesse saído de casa de uma vez! O que o fez voltar para esta casa? Acaso a costureira morreu?

— Não, mamãe! Para sua tristeza, a minha costureira está muito bem. Ouvindo as recomendações de Alfredo, resolvi dormir em casa, pois estou muito cansado!

— Você não está percebendo, mas essa moça está lhe atrapalhando a vida; veja você, já nem trabalha mais, está deixando tudo nas mãos dos funcionários! É bom que nunca se esqueça de que o que engorda os bois são os olhos do dono.

— Não precisa se preocupar, minha mãe. Saiba que, mesmo não estando em São Paulo, estou por dentro de tudo o que está acontecendo. Dou as coordenadas por telefone.

— Mas por telefone não se resolve tudo; e você sabe como são os funcionários! Quando o dono não está, eles fazem o que bem entendem.

— Não se preocupe, mãe, sei bem o que estou fazendo. Fique tranquila.

— Está vendo como você trata sua mãe, que apenas zela por sua tranquilidade e segurança? Acho que não vou mais me preocupar, vou deixá-lo fazer bastante coisas para se arrepender mais tarde.

— Fique tranquila, mãe. Não precisa se preocupar comigo, pois já estou bem crescidinho. Agora, deixe-me dormir que amanhã Lucinda vai receber alta e eu quero estar lá para levá-la para casa.

— Maldita! Mil vezes, maldita! Essa mulher está destruindo sua vida e só você não vê.

— Deixe de dramalhão mexicano, minha mãe. Se era só isso o que tinha a me dizer, já disse; agora preciso descansar, o dia hoje foi bem agitado.

— Não faltava mais nada, meu próprio filho me enxota de seu quarto, que humilhação!

Ao dizer essas últimas palavras, ela saiu do quarto do filho, deixando-o extremamente nervoso. Ele disse si mesmo: "Se eu soubesse disso, teria dormido no hospital, ela não me dá sossego! Acho que nunca dará".

Alberto deitou-se e pegou no sono. Jacira foi para o seu quarto, mas o sono não veio. E ela ficou pensando em um jeito de afastar Lucinda do filho.

Lembrou-se de Lucélia, que, certo dia, num bazar benefi-cente, contou-lhe que para o marido parar de se encontrar com a amante, ela havia ido a um pai de santo que dizia resolver quais-quer problemas familiares. Decidiu que ligaria para Lucélia logo pela manhã para pegar o endereço. Enquanto pensava, não viu que as duas entidades que estavam a lhe fazer companhia, sorriam satisfeitas. Dessa maneira, não demorou a pegar no sono, pois não via a hora de chegar o dia seguinte para ligar para a amiga.

Ao clarear o dia, ela se levantou e perguntou à Rita se Alberto já havia se levantado. Sem saber o que dizer, falou que não o havia visto naquela manhã.

Jacira resolveu ir até a garagem para ver se o carro dele estava lá. E como não estava, não foi difícil deduzir que ele havia saído sem tomar café.

Pai João

"Está vendo, o mal que aquela interesseira está fazendo ao meu filho? Antes ele não saía sem me dar um beijo. Agora sai até mesmo sem tomar café. Preciso tirar essa intrusa de nossa vida de uma vez por todas!"

Voltou à copa para tomar seu café, mas, como estava irritada, engoliu apenas uma xícara de café preto. Foi para o quarto e ia ligar para Lucélia, mas quando olhou para o relógio da cabeceira da cama, viu que eram apenas oito e quinze da manhã. Decidiu que ligaria mais tarde. Depois de uma hora e meia fez a ligação.

— Alô, gostaria de falar com a dona da casa! Diga-lhe que é Jacira de Almeida Prado.

— Vou chamá-la!

Após alguns minutos, Lucélia atendeu o telefone:

— Alô, aqui é ela quem está falando.

— Bom dia, Lucélia. Como vai, tudo bem?

— Tudo ótimo, e você?

— Bem, para falar a verdade, estou com problemas e gostaria de obter a sua ajuda.

— Em que posso ajudá-la, Jacira?

— Fico envergonhada de lhe dizer. Gostaria que viesse até minha casa para conversarmos. Assim, posso lhe explicar o que está acontecendo.

— Muito bem, posso ir agora? Estou com compromisso marcado à tarde.

— Para mim está ótimo.

Transcorrida mais de uma hora, Lucélia finalmente chegou à casa de Jacira, que estava impaciente.

— Desculpe pela demora, mas infelizmente tive um probleminha em minha casa que não podia deixar para depois.

— Não se preocupe, eu estava ansiosa para que você chegasse, pois quanto ao meu problema só você poderá me ajudar.

— Sim! Mas diga logo, Jacira, você está me pondo em desespero de tanta curiosidade. Sei que dinheiro não é, pois vocês nunca tiveram esse tipo de problema.

— Não é dinheiro. Meu filho se engraçou por uma costureirazinha e eu preciso que ela saia do nosso caminho. Lembra-se quando me disse que quando estava em dificuldades você foi atrás de um pai de santo? Pois bem, eu gostaria que você me levasse até lá, pois somente alguém muito poderoso conseguirá me ajudar. Alberto parece enfeitiçado por ela, já fiz de tudo e nada consegui.

Lucélia riu gostosamente.

— Desculpe pelo riso, mas lembra que quando lhe contei que havia ido a um pai de santo você se escandalizou e depois caiu na gargalhada? Pois bem, jamais imaginei que você um dia iria me pedir justamente para levá-la até lá.

Por alguns instantes, ela se arrependeu de pedir tal coisa para Lucélia.

— Você vai me ajudar ou não?

— Claro que sim! Se quiser, posso ligar agora mesmo para ele perguntando se poderá atendê-la.

Depois de ligar, Lucélia conseguiu que o famoso pai João atendesse Jacira naquele mesmo dia, depois do compromisso de Lucélia. Na hora marcada, Jacira estava pronta. Sentia-se muito feliz, pois iria ter com pai João e lhe ofereceria uma boa soma em dinheiro para que ele tirasse Lucinda de uma vez do caminho de Alberto. As duas saíram no carro de Lucélia, pois Jacira preferiu assim, para que José Carlos não soubesse onde ela havia ido. Depois de andarem por mais de meia hora, chegaram a uma vila muito pobre, onde as águas das casas escorriam pelas ruas de terra formando pequenas fendas de lama. O lugar era fétido e as crianças que brincavam na rua davam a impressão de ser subnutridas.

— Que lugar feio! Como que esse pai João consegue viver aqui?

— Se ele vive aqui é para ajudar a quem precisa. Saiba que ele ganha muito bem pelos trabalhos realizados. Jacira, controle-se, está certo que o lugar aqui não é nada agradável, mas você não ficará aqui mais que o tempo necessário. Vamos até a casa de pai João, depois que ele nos atender vamos embora. Eu também não gosto deste lugar, mas muitas vezes temos de engolir o nosso orgulho para atingirmos nossos objetivos.

Ao chegarem à pequena casa, Lucélia bateu e um menino de aproximadamente doze anos as atendeu. Estava sem camisa e sujo. Jacira estava espantada não somente com a pobreza do lugar, mas principalmente com a falta de higiene dos moradores.

— Por favor, gostaria de falar com pai João. Ele já está me esperando, diga que é Lucélia Gusmão.

O menino correu para o interior do casebre, e poucos minutos depois voltou correndo ao portão e disse:

— Está bem, entre, pai João, está esperando a senhora.

Ambas entraram e puderam ver apenas um pequeno banco na sala, num canto uma grande imagem de São Jorge, e sob a imagem várias velas acesas. O mau cheiro causava náuseas. Um pano vermelho dividia o pequeno ambiente. Havia um enjoativo cheiro de incenso, misturado com charuto, e um forte odor de bebidas alcoólicas.

Jacira pensou: "Como alguém pode cheirar à cachaça uma hora dessas? Não sei onde estava com a cabeça quando pedi para Lucélia me trazer aqui! Isso é pior que a pocilga do nosso sítio, ou melhor, os porcos são mais cheirosos que esse tipo de gente".

Caminhando chegaram na antessala, onde estava pai João. Um rapaz com pouco mais de vinte anos, que usava muitos colares. Sorrindo, ele disse:

— Dona Lucélia, pai João está esperando-a.

— Desculpe, mas hoje quem veio para ser atendida é minha amiga, que está precisando dos serviços dele.

— Então, entre.

Jacira, não estando nem um pouco à vontade com o ambiente, entrou um tanto temerosa e, ao entrar, viu um altar. O rapaz foi logo dizendo: este é um congá, portanto curve-se diante dele. Jacira obedeceu-lhe e fez um leve gesto abaixando a cabeça. Olhando logo abaixo do altar, viu um homem que aparentava ter mais de cinquenta anos, que lhe disse:

— A senhora está precisando dos meus serviços?

— Sim! — disse Jacira, vagarosamente. — Estou precisando de ajuda, quero que senhor afaste uma interesseira da vida de meu filho, pois ele está tão cego que não vê que ela quer apenas o dinheiro dele.

— Eu sei por que a senhora veio até aqui! Está mentindo. A moça não é interesseira não. Ela realmente gosta de seu filho e seu filho dela. Mas a senhora está fazendo de tudo para atrapalhar a união dos dois.

— Mas farei o que o senhor quiser para conseguir libertar meu filho das garras dessa moça. Ela não tem classe, muito menos nome para se casar com ele.

— Bem, a senhora está pensando que está falando com pai João, mas não está. Tudo o que é pedido para nós tem um preço. Nada do que é feito sai de graça. Posso separar os dois, mas a senhora vai ter de pagar!

— Eu pago o preço que for necessário, quero meu filho de volta; portanto, coloque o preço que eu faço o cheque agora. Se o senhor não aceitar o cheque, posso ir ao banco e pegar o que me pede.

A entidade começou a rir e, dando uma baforada no cachimbo, tomou um gole de cachaça e cuspiu um pouco. Sorriu e disse:

— Vejo que a senhora não tem ideia de quem eu seja, não é mesmo? Sou um espírito e, para mim, o seu dinheiro não tem valor. Trate com o meu cavalo,[1] pois ele vai orientá-la.

De repente, pai João abriu os olhos, levantou a cabeça e disse:

---

1. Cavalo: denominação de médium, na umbanda (Nota do Médium).

— Muito bem, minha senhora! Vejo que conversou com o meu guia, e ele disse para a senhora acertar o preço do trabalho[2] comigo.

— Sim, fiquei com um pouco de medo.

— Não tenha medo, pois meu guia trabalha nas duas linhas, tanto na esquerda como na direita; e hoje é dia de direita, fique tranquila.

Logo que começaram a falar de dinheiro, Jacira pensou que estava caindo no conto do vigário e disse que não tinha certeza se iria fazer o trabalho, pois aquilo, para ela, estava cheirando à charlatanismo. Ela pensou que não deveria cair naquela armadilha, pois nunca fora influenciável. Lucélia aplaudiu um trambiqueiro ao pensar que ele havia solucionado o problema dela, mas, certamente, seu problema teria se resolvido com ou sem ajuda do médium.

O homem, ao olhar para Jacira, disse com voz pastosa:

— Meu guia está ressentido com a senhora, pois está duvidando dele. Saiba que o problema da sua amiga foi ele quem resolveu, porque, se ela não tivesse feito nada, estaria sem marido e sem nada.

Jacira olhou para o homem abismada e sentiu um arrepio percorrer-lhe a espinha. Ficou sem palavras, sentindo-se descoberta. Sendo assim, ela tentou consertar dizendo:

— Sei que fui errada, mas, por favor, ajude-me. A única coisa que quero é que meu filho seja feliz.

— Está bem, o guia está dizendo que vai ajudá-la, mas para isso a senhora terá de fazer um trabalho para a moça que a senhora quer afastar. Isso fica um pouco caro.

---

2. Trabalho: despacho, oferenda, constituída de velas de todas as cores, bebidas, comida etc. para entidades (N.M.).

— Não se preocupe com dinheiro, eu pago o que for necessário para tirar aquela pistoleira de nossa vida.

E assim o médium pediu uma alta soma em dinheiro para realizar o trabalho. Jacira, pedindo licença, foi ter com Lucélia:

— Minha amiga, preciso que me leve ao banco, tenho de pegar dinheiro para o pai João fazer um trabalho.

— Ah, é? Pensei que não iria voltar aqui nunca mais!

— Minha amiga, eu estava enganada, esse homem é muito poderoso mesmo. Até falei com um espírito que conseguiu adivinhar o que eu estava pensando!

— Eu não disse para você que pai João era um homem sério? Ele sabe o que faz, se resolveu fazer o trabalho, fez muito bem, porque agora você conseguirá o que deseja.

Nesse instante, os dois vultos que sempre estavam ao lado de Jacira gargalharam, dizendo:

— É, ela está pensando que descobriu a fonte dos desejos, só quero ver quando tiver de pagar!

Jacira foi até o banco e fez o saque. Olhando para as notas com ar de vitória, falou em voz alta

— Agora quero ver a pistoleira insistir com essa maluquice de se casar com meu filho.

Lucélia ouviu as palavras de Jacira e sentiu-se satisfeita. A amiga estava convencida de que pai João iria ajudá-la.

Ao voltar à casa, tiveram de esperar que pai João terminasse um atendimento. Logo que a mulher saiu, pai João também saiu, dizendo que iria descansar um pouco, pois estava se sentindo cansado.

Jacira ficou contrariada, ao saber que teria de esperar, pois seu desejo era sair dali o mais rápido possível. Tudo ali parecia sujo e isso a deixava desgostosa.

— Pois bem, o senhor vai descansar e eu vou esperar no carro, preciso conversar com Lucélia sobre alguns assuntos que estão acontecendo.

— Faça como quiser, preciso de alguns minutos para me restabelecer.

Ao dizer essas palavras, o homem foi em direção a um corredor, deixando-as paradas na pequenina sala. Jacira e Lucélia saíram e foram até o carro. Jacira começou a falar incontidamente:

— O que esse pobretão está pensando? Está parecendo médico que faz os pacientes esperar sua vontade.

— Jacira, não diga bobagens, pai João foi descansar; também pudera, ele atendeu você e outra pessoa na manhã de hoje!

— Mas não posso ficar aqui enquanto esse homem vai descansar. Antes de sair, eu disse que iria buscar o dinheiro e que logo voltaria. Ele atendeu mais pessoas porque quis, eu não tenho nada com isso! Ademais, esse homem, apesar de ser pobre, pareceu-me um tanto orgulhoso. Aposto que fez isso de propósito, somente porque eu duvidei dele e o guia fofocou.

— Jacira, deixe de reclamar! Você não quer resolver de uma vez por todas seu problema? Pois, então, dê graças a Deus por achar alguém que poderá ajudá-la.

— Eu sei, mas nem por isso eu tenho de esperar todo esse tempo. Não estou pedindo esmolas, estou pagando pelo seu serviço. E, afinal de contas, estou pagando muito bem para fazer umas rezas!

— Jacira, você é impossível! Acaso não sabe que os espíritos tudo veem e tudo sabem? Você não acha que, ao entrar lá dentro, ele não estará sabendo de tudo o que você está falando? Deixe de fazer exigências, saiba que aqui não somos nós quem mandamos, e sim eles, os espíritos. Portanto, seja mais humilde porque se acaso pai João decidir que não vai ajudá-la, eu nada poderei fazer.

Depois de mais de vinte minutos, o mesmo menino que viera atendê-las no portão se aproximou do carro de Lucélia dizendo:

— Pai João está esperando a senhora lá dentro, acho melhor não demorar. Ele não gosta de esperar.

— Ah! Ele não gosta de esperar, não é? Mas adora deixar os outros esperando. Quanta petulância! — disse Jacira inconformada.

As duas mulheres saíram do carro e novamente voltaram à casa. Ao entrarem, esperaram na improvisada antessala e, depois de mais de dez minutos, pai João mandou que Jacira entrasse. Diante dele, ela ainda estava contrariada pelo fato de ter ficado esperando por mais de trinta minutos. Queria sair dali o quanto antes e pensava em tomar um bom banho ao chegar em casa, pois estava se sentindo suja.

— Minha senhora, acho que não vou poder fazer o trabalho. Meu guia me contou tudo o que a senhora estava falando à sua amiga. Para nós, o pior tipo de gente é aquele que se acha bem mais que os outros e, além disso, não compreende, apenas acusa.

— Mas eu não fiz nada disso; estou com um pouco de pressa, tenho de coordenar o almoço, pois meu filho vai estar presente hoje!

— Não, ele não vai almoçar com a senhora, tem feito a refeição sozinha nos últimos dias e hoje será apenas mais um desses dias.

— Não! Não. A pistoleira já está melhor. Não vejo por que ele não voltar para a casa.

— Eu acho que a senhora não merece nossa ajuda. É muito orgulhosa, prepotente e mesquinha. Seu filho tem razão em não querer fazer as refeições em sua presença. Saiba que a senhora é um ser que perturba tanto o encarnado como o desencarnado. Fique com seu dinheiro e procure outro cavalo para atendê-la.

— Por favor, seu guia, eu preciso da ajuda do senhor. Se vim até aqui é porque estou desesperada.

— Não está, não! Se estivesse, não se valeria da sua posição de madame e aceitaria o fato de ser como qualquer outra pessoa.

— Não! Por favor, não faça isso comigo, pai João. Preciso de sua ajuda, não me deixe num momento tão angustioso como esse!

— Está bem! — disse a entidade. — Acho que vou pegar o caso da senhora somente para provar que não estou brincando, mas saiba que ficará duas vezes mais caro, porque a senhora desconfiou de mim. E saiba que tenho isso como desfeita.

— Mas o senhor não acha que esse trabalho já está muito caro? — perguntou Jacira inconformada.

— Isso é com o cavalo, mas saiba que a vida da senhora vai melhorar, e vamos tirar essa mulher do seu caminho de uma vez por todas.

— Está bem. Vou ao banco buscar mais dinheiro.

Pai João pendeu a cabeça para trás, respirou fundo e, abrindo os olhos, disse:

— E, então? O que ficou decidido.

— O senhor ainda me pergunta? Acha certo dobrar o preço do trabalho?

— Bem, meu guia não gosta de pessoas arrogantes, e a senhora, desde que chegou, foi presunçosa, de modo que meu guia resolveu dar-lhe um corretivo.

— Mas para onde vai essa outra parte do dinheiro?

— Bem, para eu tratar do meu guia ele pede muitas coisas: cachaça, comidas etc.

— Está bem, vou ao banco, mas, por favor, ao chegar aqui peço que apenas receba o dinheiro e me libere para que eu possa ir embora.

— Vai agora! Não temos muito tempo a perder, pois o meu guia está querendo começar logo o trabalho.

Jacira saiu e Lucélia, já impaciente, disse:

— Ainda bem que vamos embora! Não aguentava ficar mais aqui, o calor está de matar.

— Desculpe, Lucélia, mas terei de voltar ao banco. O guia pediu mais dinheiro.

— Mas por que ele pediu mais dinheiro? Comigo não fez isso!

— Bem, segundo o que me disse, foi para me punir pela minha impaciência e arrogância.

— Jacira, você tem de entender uma coisa, aqui não é um clube ou o melhor restaurante da cidade, onde podemos desfrutar de luxo. Tanto pai João como o guia que trabalha com ele são simples. Vou voltar com você ao banco, mas saiba que ao chegar aqui não poderei esperar muito tempo, pois daqui a pouco será hora do almoço e eu tenho de estar em casa.

— Está bem, vamos logo. Pai João me garantiu que logo que chegarmos ele apenas pegará o dinheiro e nos dispensará.

— Tomara! Não estou gostando dessas idas e vindas ao banco.

— Obrigada, Lucélia, você tem se mostrado uma amiga e tanto.

Conversando animadamente as duas chegaram ao banco. Norberto, o gerente, vendo-a disse:

— A senhora vai falir nosso banco se continuar tirando dinheiro assim — brincou o homem bajulando a melhor cliente.

— Não seja exagerado, não tenho tanto dinheiro assim.

— Bem, venha, vou atendê-la pessoalmente.

Jacira e Lucélia sentaram-se diante daquele homem elegante, que usava um perfume que o diferenciava dos demais.

— A senhora vai fazer novo saque?

— Sim.

Depois de alguns minutos, as duas mulheres saíam do banco. Não perceberam um carro que estava estacionado em frente ao banco, com quatro homens, que desceram fortemente armados e puxaram Jacira e Lucélia para trás, impedindo-as de sair do banco. Era um assalto.

Os assaltantes gritavam desesperados:

— Assalto! Levantem as mãos e passem todo o dinheiro.

O outro assaltante ficou tentando conter os guardas de segurança, enquanto os outros dois roubavam os clientes.

Jacira, que até então estava pálida como cera, caída perto de um vaso de folhagens, ficou prestando atenção em tudo, sem acreditar que aquilo realmente estava acontecendo com ela.

Um dos assaltantes aproximou-se de Lucélia e mandou que ela abrisse a bolsa. Como não costumava andar com dinheiro, ele mandou que ela tirasse os anéis de ouro, um colar de pérolas e o relógio.

O outro se aproximou de Jacira gritando:

— Abre a bolsa, tia! Abre! Não estou brincando! Se não der o que tem vai levar uma bala na cabeça e lamentar por não ter cooperado!

Jacira, trêmula, abriu a bolsa e tirou todo o dinheiro que havia sacado minutos antes. Deu os anéis, os brincos e a pulseira de brilhante que havia ganhado do marido em um dos seus aniversários de casamento.

Depois que os bandidos foram embora, o gerente passou mal. Uma moça que havia levado uma coronhada na cabeça estava sangrando. Um aposentado que estava na fila do banco sofreu um enfarte... Chamado o resgate, todos foram encaminhados para o hospital. Lucélia estava tão trêmula que mal conseguia se suster nas próprias pernas.

Um dos guardas foi até ela e Lucélia e ofereceu-lhes água. Jacira recusou, pois sabia que em pouco tempo os jornalistas estariam ali para fazer a matéria do dia. Passados alguns minutos, Jacira olhou para Lucélia e pediu:

— Vamos embora antes que venham alguns dos repórteres do jornal e tirem fotos de nós aqui. O que vou dizer a Alberto sobre o fato de estar no banco?

— Você, sempre você! — disse Lucélia irritada. — Pois se não tivesse ultrajado o guia de pai João, não teríamos passado por isso! Quanta humilhação!

— Eu não tive culpa de o banco ser assaltado justamente na hora em que estávamos saindo. Foi uma infeliz coincidência.

— E agora, o que vai fazer?

— Vou pedir um último favor, vou até a casa de pai João e contarei a ele o porquê de eu não levar o dinheiro, e avisá-lo de que levarei em outra ocasião.

Ao chegar ao bairro, Jacira se arrependeu ferozmente pelo fato de ter ido na conversa de Lucélia, que sempre lhe parecera lunática. Entrou na casa. Ao chegar ali, viu que pai João estava com a cabeça baixa e, em poucos instantes, começou a gargalhar e a dizer:

— Está vendo o que acontece com quem desconfia de mim? Eu disse que a punição sempre vem? Que isso sirva de lição. Comigo você não é melhor do que ninguém.

Jacira estranhou o fato de a entidade a estar chamando de você, pois nas duas vezes anteriores a tratara de senhora. Atônita com aquelas palavras, ela perguntou:

— Então, já que sabe tudo o que me aconteceu?

— Cadê o dinheiro? Cadê a pulseira que estava enfeitando seu braço? Olha, está sem brincos... — e assim continuou a gargalhar.

Gaguejando, Jacira olhou para a figura de pai João e disse:

— Por favor, perdoe-me. Sei que não fui humilde, jamais farei isso novamente.

Pai João, de cabeça baixa, continuou falando:

— Acho que agora você aprendeu a lição, ninguém deve brincar comigo ou desfazer de mim. Não tolero esse tipo de coisa. Se fizer novamente, vai se arrepender.

— Bem, hoje não foi possível que eu trouxesse o restante do dinheiro. Quando poderei trazer?

— Não precisa trazer nada! Só fiz tudo isso para lhe mostrar que não estou aqui para brincar.

Logo depois, o médium pendeu a cabeça para trás, respirou fundo e abriu os olhos. Jacira, percebendo que era novamente pai João, disse com voz chorosa:

— Fui assaltada no banco onde estava, conversei com o seu guia e ele me disse que não preciso mais trazer o dinheiro. Queria apenas me castigar.

— Bem, dona Jacira, vou lhe dizer uma coisa, nunca duvide ou brinque com meu guia. Ele é justo e, quando precisa, ensina por meios duros.

— Aprendi a lição, mas agora precisamos voltar para casa. Ainda estamos muito nervosas. Lucélia mal está conseguindo dirigir o carro.

— Fique calma! Agora tudo dará certo! A senhora vai ver, o importante é que a senhora aprendeu.

— E quando terei de voltar aqui?

— Bem, não precisa voltar, se não quiser, apenas observe o que vai acontecer em poucos dias.

Ao entrar no carro, Jacira ainda estava trêmula. Com lágrimas nos olhos contou à amiga tudo o que havia conversado com o guia do pai João. A amiga apenas respondeu:

— Bem-feito! Sua falta de fé me causou um enorme prejuízo. O que vou dizer ao meu marido sobre o roubo das joias?

— Não se preocupe, faça as contas do prejuízo que eu pago. Agora seja mais rápida, preciso voltar para casa e ver se Alberto já voltou; afinal, já estamos passando da hora do almoço e, se ele estiver lá, vai me crivar de perguntas.

Depois do assalto

Os ladrões que haviam assaltado o banco da cidade estavam radiantes. Já estavam a mais de cinquenta quilômetros da cidade e diziam felizes uns para os outros:

— Não pensei que seria tão fácil! Valdo, você é um louco! Mas é um gênio. Por um momento, pensei que iríamos ser pegos pelos policiais, pois não havia estratégia alguma. Você avisou o carro-forte que iríamos assaltar o banco! Confesso que achei uma ideia louca, mas deu certo.

— Bem, foi um golpe de sorte! — respondeu Valdo, satisfeito. — Quando elaboramos muito um plano, estudamos, fazemos cálculos de tempo e tudo mais, sempre acontece alguma coisa que dá errado. Desta vez, foi tudo de momento e nós conseguimos dinheiro para levar uma vida boa por mais seis meses.

Precisamos chegar logo ao lugar onde vamos fazer a divisão correta.

— Você é demais! — disse o terceiro elemento, vulgo Negão. A primeira coisa que vou comprar é uma moto. Se a polícia não nos pegou até agora, podemos respirar aliviados.

Assim, os elementos estavam felizes por o assalto ter dado certo e ninguém ter sofrido um arranhão.

ﻙﻙ

JACIRA SAIU DO CARRO e se despediu de Lucélia. Entrou em sua casa nervosa com os últimos acontecimentos. Como explicaria ao filho a soma do dinheiro que havia sacado da conta, visto que os dois tinham conta conjunta?

— Alberto já chegou? — perguntou para Rita.

— Não, senhora. Ele não voltou depois que saiu pela manhã.

— Ótimo! Não vou almoçar, mas deixe a mesa posta, pode ser que Alberto venha almoçar.

— Sim, senhora!

Afastando-se de Rita, Jacira dirigiu-se ao quarto dizendo que estava com muita dor de cabeça e que não era para ela dizer ao filho que havia saído.

Ao chegar ao seu quarto, tirou a roupa, pois a pobreza e a falta de higiene do lugar onde estivera pareciam impregnados em sua roupa. Tomou um demorado banho, deitou-se e ficou ruminando tudo o que lhe havia acontecido naquela manhã. Pensou: "Não devia ter ido àquele lugar, que só me trouxe aborrecimentos. Como vou explicar a Alberto quando ele perceber que foi sacada a mesma quantia duas vezes, e o pior, no mesmo dia? Bem, vou precisar vender alguma coisa para repor o dinheiro. Se ele souber que dei aquela quantia a um pai de santo, ele me mata. E o pior é que a segunda quantia foi levada pelos assaltantes. E ainda aquele guia me fez ameaças! Meu Deus, já ouvi falar que, quando se mexe com isso, a vida só vai para trás. Mas agora já está feito, vou vender duas joias e repor o dinheiro".

Depois disso, não querendo mais pensar no assunto, relaxou e adormeceu. Seu sono não foi tranquilo; ela sonhou que estava em um lugar sujo e fedorento, e olhando mais à frente viu a figura de um homem, que estava sentado em uma grande mesa. Ouviu uma voz, mas não sabia precisar de onde vinha, apenas sabia que tinha alguém atrás dela, mas não pôde ver de quem se tratava.

— Senhor, pediu-me para trazê-la até aqui, fiz o que mandou.

— Ótimo! Aproxime-se, Jacira!

— Mandei que a trouxesse aqui para que você saiba que o acaso não existe, e que se houve tudo aquilo no banco foi porque fizemos com que acontecesse. Saiba que seu orgulho para nós não vale nada, muito menos nos intimida. Meu cavalo, pai João, sabe muito bem que não sou de brincadeira. Você duvidou de mim, mas terá o que tanto almeja: seu filho não ficará com a moça. No entanto, você não terá paz.

— Mas quem é o senhor?

— Não importa. Só mandei lhe trazer aqui para que saiba que toda aquela situação foi provocada por nós, e que não estamos brincando. Se acaso você abusar da minha paciência, vai pagar caro.

— De maneira alguma! Eu não estou brincando com o senhor. Saiba que farei de conta que nunca fui àquele lugar.

— Agora, não tem como fugir! Você, quando aceitou os nossos serviços, aceitou também a condição de voltar lá tantas vezes quantas fossem necessárias. Quando isso for necessário, mandarei que pai João a chame.

— Está bem!

Jacira acordou suando e, observando o quarto, viu que tudo estava em ordem. Pensou: "Ah! Que sonho maluco! Fiquei sugestionada com tudo o que aconteceu. Vou ver se Alberto chegou! Acho que vou almoçar.

Ao sentar-se à mesa, que havia mais de três horas estava posta, Jacira finalmente olhou para o relógio e viu que já estavam na metade da tarde. Chamando Rita, disse:

— Alberto não veio almoçar?

— Não, senhora.

— Está bem. Por favor, esquente o almoço e, quando estiver pronto, me chame, estou com uma fome de leão.

Ao dizer essas palavras, foi ao seu jardim e em pouco tempo a empregada a chamou para o almoço. Não estava com apetite algum, só almoçou para não chamar a atenção dos empregados, pois se havia algo que ela odiava era ser alvo de comentários por parte deles. Embora se esforçasse para parecer normal, todos estavam percebendo que ela não estava tranquila. Rita disse:

— Dona Jacira, se a senhora precisar de alguma coisa é só chamar.

— Obrigada, Rita, mas no momento não estou precisando de nada, pode tirar a mesa.

Depois que almoçou, voltou para o quarto e ficou pensando em tudo o que lhe ocorrera naquele dia, desde a ida ao terreiro de pai João até o sonho estranho que teve.

֍

ALBERTO SE LEVANTOU CEDO e foi ao hospital esperar que Lucinda tivesse alta, ficou lá até as nove e meia, quando Alfredo entrou sorrindo e disse:

— Chega de moleza, menina. Acabou a sua estada no hotel cinco estrelas da nossa cidade, acho melhor se levantar e ir para casa.

— Bem, se o médico está nos expulsando daqui, acho melhor irmos, se não seremos colocados para fora pelos seguranças.

— Também não é para tanto, Alberto. Saiba que gosto muito de Lucinda, mas amo minha esposa, e ela está parecendo uma menina que está esperando a amiguinha chegar de viagem. Já arrumou o quarto, mandou limpar o quarto dos fundos, para onde será levada a máquina de costura de Lucinda, trocou as cortinas do quarto; enfim, já está aguardando o momento em que sua noiva vai chegar à nossa casa. Confesso que tinha muito tempo não via Isabel tão animada; portanto, se eu não der alta para Lucinda e você não levá-la para casa, vou receber umas broncas da patroa.

— Doutor Alfredo, não sei como agradecer-lhe por tudo o que o senhor e dona Isabel têm feito por mim. Alberto me contou que fizeram até uma reunião especial em sua casa, saiba que lhe sou muito grata pelo carinho.

— Minha filha, não agradeça a mim, primeiro o faça a Deus, por permitir que você esteja viva. Depois, saiba que Isabel gosta verdadeiramente de você, e para nós é um imenso prazer tê-la em nossa casa.

— Obrigado, Alfredo, por esse gesto de amizade, não sei como poderei lhe agradecer pela extrema preocupação — disse Alberto.

— Se você realmente faz questão de nos pagar, saiba que eu aceito.

Lucinda olhou surpresa para o médico, que permaneceu sério olhando nos olhos de Alberto, que nada respondeu, pois sabia que o médico estava com alguma piada engatilhada.

— Está bem, se quer pagar eu aceitarei, deixe para casar bem mais para a frente. Quero Lucinda conosco por mais uns três anos, depois estaremos quites.

Alberto gargalhou e Lucinda sorriu embaraçadamente. Depois de algumas recomendações de praxe, finalmente Lucinda e Alberto se retiraram da presença do médico e, vagarosamente, andaram até o estacionamento do hospital.

Ao chegarem à casa de Isabel, Lucinda, nervosa, disse:

— Não sei se foi uma boa ideia ter vindo para cá; sou muito simples e eles são ricos.

— Não, meu amor, eles não são ricos, acontece é que Alfredo tem uma boa profissão; portanto, não se acanhe, saiba que esse casal gosta de você pelo que é.

Alberto desceu do carro e tocou a campainha. Quem os atendeu foi Isabel, que já os esperava, pois o marido ligara avisando que a moça já havia tido alta.

— Ah! Meus filhos, como demoraram!

Lucinda pôde ver, embora ainda estivesse no carro, a sinceridade da boa senhora. Ficou mais aliviada, pois temia que eles estivessem fazendo aquilo por Alberto, mas depois da recepção não teve mais dúvida de que estavam fazendo tudo por ela mesma. Assim, ela começou a admirar ainda mais o casal.

— Realmente, antes de sair, tive de acertar as contas com o hospital, e a senhora sabe como a burocracia atrapalha a vida da gente.

— E como, meus filhos! Mas agora deixem de rodeios e entrem. Vou abrir o portão e você pode colocar o carro na garagem.

Alberto estava feliz. O fato de Lucinda ficar hospedada na casa do amigo permitiria que ele conversasse livremente com os amigos sobre a espiritualidade. Além disso, ele sabia que somente assim ela teria o verdadeiro consolo de que estava necessitando.

Lucinda ficou com vergonha, pois a maior parte de suas roupas estava em sua casa, porém nada disse.

— Bem, no momento não temos muitas coisas — adiantou Alberto —, mas vou à casa dela para pegar seus pertences.

— Muito bem, meu filho. Agora coloque o carro na garagem, para que Lucinda possa descer. Fiz um bolo de milho e quero que tomem o café da manhã comigo.

Alberto, satisfeito, fez o que a mulher lhe propôs, e em poucos minutos Lucinda estava descendo do carro. Foi com alegria no olhar que Isabel disse:

— Seja bem-vinda, minha filha! Estou muito feliz por tê-la aqui conosco, e não se preocupe com nada, pois tudo de que precisar é só falar, pois teremos prazer em ajudá-la.

— Obrigada, dona Isabel — disse a moça —, mas não pretendo ficar muito tempo, temo atrapalhar a rotina da família.

— Que bobagem! De maneira alguma, você acha que se fosse atrapalhar nós a teríamos convidado para passar uns tempos conosco? Aliás, espero que esse tempo não seja muito curto, pois saiba que aqui nós a estimamos muito, e será um prazer tê-la em nossa casa.

Isabel abraçou a moça e deu-lhe um beijo na face. Lucinda sentiu que gostava dela como se fosse sua mãe. Depois de entrarem, Alberto falava sem parar e Isabel sorria feliz em poder mostrar como se prepararam para receber Lucinda. A moça ficou feliz ao ver o quarto que Isabel havia lhe preparado. Ela mandara colocar uma cortina de renda na janela.

No quarto, havia um guarda-roupas que estava com as portas abertas, para que Lucinda colocasse suas roupas. Uma cômoda servia de mesa para a pequena TV que estava sobre ela; as gavetas estavam abertas; a cama de solteiro era no estilo colonial; sobre a cama havia uma colcha branca de renda que combinava com a cortina. Havia dois travesseiros de penas de ganso.

Lucinda não deixou de observar os pequenos tapetes que estavam em volta da cama. Ela ficara feliz, pois nunca em sua vida imaginou que dormiria num quarto daqueles.

Isabel levou-a ao banheiro do corredor e acrescentou:

— Lucinda, sei que você é uma moça operosa, mas quero que saiba que não deve se preocupar com a limpeza da casa, pois tenho duas secretárias que me auxiliam nessa tarefa. Encare sua estada em minha casa como em um hotel, faça apenas coisas que lhe tragam prazer; vem, vou lhe mostrar a biblioteca, se gostar de ler, poderá fazê-lo; afinal, livros é o que mais temos aqui.

Alberto olhava para Lucinda e não pôde deixar de ver a admiração da moça para com a dona da casa. Ao chegarem à biblioteca, ela viu um quarto de tamanho regular, com algumas estantes. A madeira da estante combinava com a mesa que ficava no centro. Num canto havia uma pequena sala, com sofás, mesa de centro, tapete persa; enfim, tudo de extremo bom gosto.

— Olhe, minha filha, quando quiser ficar sozinha é só vir à biblioteca, pois entendemos que quando alguém quer refletir sobre a vida, vem para cá e não o incomodamos. Muitas vezes, Alfredo se tranca aqui para não ser incomodado.

Lucinda foi até uma das estantes e viu muitos livros dos mais variados assuntos: medicina, ciência prática, fisiologia humana, anatomia humana e muitos outros.

— Esses livros chatos são de Alfredo. Nunca vi, ele fica horas e horas estudando, mas a parte que ele mais gosta da biblioteca, e eu também, é aquela. Vem, vou lhe mostrar.

Numa estante, em uma encadernação de luxo, estavam as obras de Allan Kardec, revestidas em capa dura de cor verde e letras douradas. Eram: *O Livro dos Espíritos*, 1857. *O Livro dos Médiuns*, 1861. *O Evangelho Segundo o Espiritismo*, 1864. *O Céu e o Inferno*, 1865. *A gênese*, 1868.

Lucinda achou linda a encadernação, mas nada disse para não parecer ignorante. Continuou olhando com atenção os livros daquela parte da biblioteca. Ali estavam muitos livros de Chico Xavier. Um deles chamou a atenção de Lucinda, era um livro intitulado: *Nosso lar*, de André Luiz, psicografado por Chico Xavier. Isabel, sentindo que a moça havia gostado daquele título, falou:

— Se quiser, pode levar para o seu quarto, ou, se preferir, pode ficar lendo aqui na biblioteca. Isso fica à sua escolha.

Depois de mostrar a biblioteca, Isabel mostrou a ela o quarto dos fundos, onde ficaria a sua máquina de costura. A moça pensou que não merecia tanto. Depois de andarem pela casa inteira, a dona da casa fez questão de lhe apresentar as duas secretárias:

— Bem, essa é Ida, que já me aguenta por mais de quinze anos. E está é Cida, que já está conosco há mais de oito anos.

Lucinda, sorrindo, abraçou as duas mulheres, que retribuíram o abraço. Alberto ficou encantado com a simplicidade da noiva, pois para ela não havia distinção entre empregados e patrões. Pensou: "Quanta diferença de minha mãe, que sempre se mostrou superior aos empregados, ela só se dirigia a eles quando estava precisando de alguma coisa".

Depois que Lucinda conheceu todas as dependências da casa, finalmente Isabel disse:

— Vamos tomar café. Já é tarde e o bolo deve estar uma delícia. Você gosta de bolo de milho, minha filha?

— Adoro. Quanta coisa! Não precisava se preocupar comigo, sou simples e estou acostumada a tomar apenas um café preto pela manhã.

— Minha filha, não sabe que o desjejum é a refeição mais importante do dia? Saiba que, enquanto estiver aqui, você vai fazer seu desjejum calmamente, pois é como minha mãe sempre dizia: "O café da manhã deve ser sorvido como uma rainha, o almoço como uma plebeia, e o jantar como uma mendiga". Ou seja, o café da manhã é a refeição mais importante do dia, uma vez que o corpo já ficou cerca de oito horas sem se alimentar.

— Está vendo, meu anjo — disse Alberto —, aqui você vai aprender muitas coisas.

— Dona Isabel, eu sempre gostei da senhora, mas saiba que estou gostando ainda mais, pois vejo-a como a mãe que me falta.

— Minha filha, vou lhe confessar uma coisa, eu também vejo em você uma filha. E isso não é de agora, não. Aliás, aconteceu desde o primeiro dia em que a vi.

— Dona Isabel, gostaria que minha mãe fosse assim como a senhora, desprovida de soberba e afetuosa — completou Alberto.

Depois das boas-vindas, todos estavam alegres e Lucinda, por um momento, esqueceu do que lhe acontecera e estava falante. Aprovou o bolo e começou a passar algumas receitas para Isabel, mas Alberto a interrompeu:

— Sinto muito acabar com a sessão de culinária, mas vou até a casa de Lucinda pegar seus pertences. Vou arrumar alguém para trazer a máquina de costura hoje mesmo. Tem alguma coisa em especial que quer que eu traga? — perguntou a Lucinda.

— Bem, eu gostaria muito que você trouxesse também a caixinha de costura, pois ali está o meu caderno, onde tenho anotadas as medidas das freguesas e qual é a encomenda e o prazo da entrega.

— Mas onde está essa caixinha?

— É uma caixa de sapato azul. Está dentro do roupeiro.

— Está bem, vou buscar, mas não sei quanto tempo vou demorar. Não me esperem. Vou aproveitar para fazer algumas ligações importantes para a capital para saber como estão as coisas.

— Façamos o seguinte — disse Isabel —, se acaso não der tempo de fazer tudo antes do almoço, venha almoçar conosco. Depois, faça o que restou.

— Está bem — disse Alberto, sorrindo pelo convite — vou ver se faço tudo antes do almoço, mas virei para o almoço.

Lucinda estava se sentindo tão à vontade que até se esqueceu da ideia de ficar somente por um tempo ali. Alberto logo saiu e Lucinda ficou conversando animadamente com Isabel e com as secretárias.

Alberto foi à casa de Lucinda e uma entidade o acompanhou e disse em seus ouvidos: "Não acredito que você vai perdoar essa moça depois de tudo o que aconteceu. Ela pertencia a outro enquanto você estava todo preocupado. Você merece coisa melhor, encontre uma mulher melhor".

O moço sentiu o coração oprimir-se e começou a imaginar a cena de Lucinda sendo obrigada a fazer tudo que Ronaldo queria. Seu ódio por ele aumentou vertiginosamente.

Pensou em deixar as coisas de Lucinda na casa e viajar para São Paulo, mas começou a se lembrar da conversa que tivera com Alfredo e, com lágrimas nos olhos, recordou-se de uma das vezes que esteve no Centro Espírita e ouviu que, para evitar maus pensamentos, deveríamos seguir as instruções de Jesus, que pediu: "Orai e vigiai". Assim começou a proferir uma prece com muita dificuldade; afinal, não estava habituado a fazer isso. Pediu a Deus que o ajudasse a esquecer o que Lucinda havia passado, pois ela precisava dele, assim como ele não poderia viver sem ela.

Depois da prece, sentiu como que se tivessem tirado uma tonelada das suas costas, e aliviado começou a fazer tudo o que havia combinado com Lucinda.

Enquanto ele estava sendo obsidiado, um espírito de luz se aproximou transmitindo-lhe energias benéficas. As entidades temerosas se afastaram, escondendo-se.

O homem que energizou Alberto disse:

— Meu filho, você passará por problemas difíceis, mas deve apegar-se à prece constantemente, pois isso vai lhe ser de muita ajuda nos momentos de angústia. Saiba que Deus, em seu infinito amor, proverá também a saída, mantenha-se intrépido, pois tudo será resolvido a seu tempo. Muitas vezes somos postos diante de dificuldades para aprendermos, assim como um bom soldado só é experimentado no campo de batalha, ou melhor, aprende lutando, sofrendo e chorando. Sois forte, meu filho, não tema porque Deus está convosco.

De repente, a dona da casa entrou e perguntou preocupada:

— Lucinda está se mudando?

— Não! Ela apenas vai ficar hospedada na casa do dr. Alfredo por uns tempos. A senhora sabe tudo o que lhe aconteceu, e voltar para cá não seria bom.

— Pobrezinha, o senhor tem razão, mas eu não posso deixar de receber o dinheiro do aluguel, pois vivo disso.

— Não se preocupe — disse Alberto. Tirando a carteira do bolso, pediu à mulher para se sentar e começou a fazer algumas contas. — Vou pagar para a senhora cinco meses de aluguel adiantado, mas, se acaso nesses cinco meses Lucinda não voltar, eu vou lhe pagar outros cinco meses.

— Deus há de protegê-lo muito, moço, porque no momento nós estamos passando por muitas dificuldades. Tenho um filho doente e sou viúva. Não posso trabalhar, vivo do aluguel e da ajuda que alguns me oferecem.

Ele pensou rapidamente: "Não posso deixar essa mulher apenas com o valor de cinco meses de aluguel; afinal, isso é pouco". Com ternura no olhar, perguntou:

— Diga-me, do que a senhora está precisando?

A mulher, envergonhada, disse:

— Bem, já que o senhor vai pagar cinco meses de aluguel terei como comprar comida e também remédios, pois no posto de saúde não consigo nada, dizem que o remédio que preciso é caro e que eu tenho de comprar, mas a situação não é fácil.

— Vamos fazer o seguinte: eu vou lhe pagar dez meses de aluguel e a senhora vai me dizer do que está precisando. Vou providenciar. Esse dinheiro fica como reserva para a senhora.

— Imagine! O senhor já está sendo bondoso demais em me pagar esses meses de aluguel adiantado. Não posso me aproveitar de sua bondade!

— Mas quem foi que disse que a senhora está abusando de minha bondade? Saiba que Deus me deu mais que o necessário para viver, e, no entanto, ajudá-la faz parte de meu dever cristão!

— Eu fico com vergonha! Sinto-me uma aproveitadora!

— Eu estou fazendo isso porque quero! — disse Alberto. — Vou ao banco e já volto. Depois, vamos ao mercado comprar coisas para a casa e também à farmácia, comprar os remédios de que seu filho precisa.

— O senhor não sabe como está me ajudando! Vou falar a verdade, hoje meu filho pediu para lhe dar café com leite, e não tinha. Não temos nada há vários dias. Todo fim de mês é assim, mas depois que Lucinda paga, eu compro algumas coisas para a casa. Hoje fiz uma prece a Deus para que Lucinda saísse logo do hospital, primeiro por ela, depois porque preciso receber o dinheiro do aluguel para garantir o almoço de hoje.

— Está bem, mas não se preocupe, vou ao banco e já volto.

Com alegria no coração, Alberto disse a si mesmo: "Alfredo sempre diz que há mais felicidade em dar do que em receber, ela fez uma prece e Deus a ouviu, quanto a mim farei tudo o que estiver ao meu alcance para ajudá-la".

Chegando ao banco, percebeu alguns movimentos estranhos. Aproximou-se de um dos guardas e perguntou:

— O que houve aqui?

— Doutor Alberto, o banco foi assaltado e houve uma grande confusão.

— Mas levaram muito dinheiro — perguntou Alberto.

— Ainda não se sabe — respondeu o guarda amedrontado, mas eles estavam fortemente armados e foram muito violentos. Deram uma coronhada na moça do caixa e ela está hospitalizada. Inclusive, sua mãe por pouco não desmaiou, pois eles não a pouparam.

— Minha mãe? Você tem certeza?

— Sim, doutor. O gerente a atendeu pessoalmente. Ela estava com a esposa do seu Mário.

— A Lucélia?

— Essa mesma.

— Mas a que horas elas vieram ao banco?

— Vieram bem cedo e depois, quase na hora do almoço, quando houve o assalto.

— Quer dizer que ela veio duas vezes ao banco?

— Sim, doutor. Levaram todo o dinheiro delas e as joias também. Não pudemos fazer nada, pois os bandidos não estavam brincando quando nos ameaçaram de morte.

Alberto foi procurar o gerente.

— O que aconteceu, Jurandir?

— Fomos assaltados! Uma de nossas funcionárias recebeu coronhadas na cabeça e está no pronto-socorro. Aliás, preciso saber como está.

— Diga-me, Jurandir, minha mãe esteve aqui hoje?

— Sim. Por favor, peça desculpas a ela pelo infeliz incidente. Foi tão repentino que não pudemos evitar, espero que compreenda; reforçaremos a segurança e faremos de tudo para que essa situação constrangedora não venha a prejudicar a imagem do banco!

— Não se preocupe com isso. Só quero saber o que minha mãe veio fazer aqui?

— Como sabe, esse é um assunto confidencial, mas como é filho dela e houve esse lamentável incidente, vou lhe contar a verdade. Ela sacou duas vezes a mesma quantia, mas, infelizmente, os ladrões levaram a segunda quantia, deixando-a desesperada!

— E quanto ela sacou no dia de hoje, Jurandir?

O gerente, não querendo ser indiscreto, pegou os dois comprovantes de saque e mostrou a Alberto, que ficou estarrecido com a alta quantia retirada por sua mãe.

— Mas você tem certeza de que mamãe pegou essa quantia?

— Sim, Alberto, inclusive fui eu mesmo quem a atendeu.

— Mas, se ela vier novamente ao banco, não a deixe saber que estou a par desses acontecimentos.

— Está bem, doutor. O prejuízo maior foi o roubo da pulseira de brilhantes que dona Jacira estava usando. Os bandidos a levaram e ela ficou inconsolável. Coitada!

— O quê? A pulseira de brilhantes Não posso acreditar que mamãe saiu com aquela pulseira, sempre a avisei para não usar joias durante o dia; isso serve de isca para ladrões, porém ela nunca me ouve. Como pode ser tão irresponsável desse jeito?

O gerente ficou observando os comentários de Alberto, e este lembrou-se do motivo que o levara ao banco. Pegou o cartão e informou a quantia que desejava retirar.

Logo após, o moço saiu com o dinheiro e preferiu não pensar mais no assunto. Voltou à casa de Lucinda, e a mulher ainda estava lá. Alberto contou que demorou porque o banco havia sido assaltado e todos os funcionários estavam nervosos.

— Todos pensam que no interior do estado há paz e tranquilidade, mas as coisas estão mudando. Atualmente, todos os lugares estão perigosos. Tudo por causa das drogas. Esses jovens estão cometendo cada vez mais loucuras.

— Concordo com a senhora, mas saiba que usuários que matam e roubam por conta da droga são apenas um tripé da máfia que esconde gente importante.

— Tenho de concordar com o senhor.

— Bem, deixemos esse assunto nas mãos da polícia e vamos resolver o problema da senhora, que é mais urgente.

— Ah, seu moço, saiba que tenho vergonha de aceitar isso do senhor, só o vi algumas vezes aqui na casa de Lucinda, não estou achando certo.

— Deixe de bobagem, vamos até a casa da senhora, quero conhecer seu filho.

A mulher, um tanto envergonhada, aceitou o pedido e levou-o à sua casa, que ficava a menos de cinco minutos da casa de Lucinda. Ao entrar, Alberto sentiu o coração oprimido. Nunca imaginara existir tanta pobreza; afinal, sua realidade era bem diferente. Ao conhecer o filho daquela mulher sofrida, disse ao menino:

— O que acha de levantar daí e tomar um sorvete comigo?

O menino olhou para Alberto envergonhado e, com simplicidade, disse:

— Bem que eu gostaria, mas saiba que eu não posso me levantar, sou aleijado.

— Que bobagem, menino! — repreendeu a mãe, que não gostava da expressão "aleijado". — Você só não pode andar, mas nas demais coisas é como outro menino qualquer.

— Isso mesmo — advertiu Alberto —, você é um menino que precisa de cuidados especiais, mas isso não o faz menor que ninguém.

— Mas sou aleijado mesmo! Nunca andei em minha vida. Quando minha mãe me coloca na cadeira de balanço lá fora, fico vendo os meninos correr, brincar, andar de bicicleta e eu sem poder fazer nada. Se minha mãe não me der o que comer, morro de fome; se não me der o que beber, morro de sede; se não me der banho, fico sujo; dependo dela para tudo. Não acho isso justo; não queria ser rico, só gostaria de poder andar para poder trabalhar e ajudar a minha mãe.

Alberto emocionou-se com a sinceridade do menino, e com ternura perguntou:

— E aí, como você se chama?

— Marcelino, tenho dezessete anos. Sabe, na verdade, queria ir à escola e aprender a ler, assim não ficaria sem fazer nada o tempo todo, poderia ler jornais, revistas, livros...

— Ah! Mas isso já é meio caminho andado, mostra que você tem interesse em fazer alguma coisa.

— Como o senhor se chama?

— Alberto, muito prazer! — E, pegando na mão que o menino estendeu, ele continuou: — bem, vim aqui para ver do que você está precisando, pois desejo ajudá-lo.

— Não precisa, seu moço! Somos pobres, mas minha mãe, apesar de todas as dificuldades, consegue me sustentar.

— Vamos fazer um trato?

— Que trato?

— O que você faz a maior parte do tempo?

— Fico ouvindo o rádio e aprendendo a cantar as músicas que estão fazendo sucesso. Assim o dia passa: procuro cantar para não pensar na desgraça que é a minha vida.

— Pois bem, posso lhe oferecer algo que tenho em minha casa e já não uso mais?

— O que, seu Alberto?

— Eu tenho uma televisão que já não uso há muito tempo. Ela está boa, pega todos os canais, e se quiser eu posso trazer aqui para você ver desenhos, filmes, novelas e muitas outras coisas.

— Ah! Seria ótimo! Mas não posso aceitar, embora seja usada, é cara, e nós não temos como lhe pagar.

— Eu estou oferecendo como presente! A não ser que você não queira, aí a história muda.

— Por favor, seu Alberto, ter uma televisão é tudo o que eu sempre quis, mas sinto que não posso aceitar.

— Não pode? Vou trazer aqui para você, entendeu? Estou lhe dando de presente para que você possa se distrair.

A mãe do menino olhou para o rapaz e pensou que no mundo ainda existia gente boa. Marcelino ficou conversando com Alberto e, vez por outra, cantava as músicas que sabia.

Alberto não percebeu o avançado da hora e, assim que se lembrou que tinha um almoço marcado na casa de Isabel, disse que precisava fazer uma ligação. Correu até a casa de Lucinda, ligou para Isabel e avisou que iria se atrasar.

Isabel disse que não tinha importância, pois o almoço estava atrasado. Alberto agradeceu e desligou. Ao voltar à casa de Marieta, recomeçou a conversa com Marcelino e não pôde deixar de notar que o menino era demasiadamente inteligente.

— Se o colocássemos em uma cadeira de rodas, você se acomodaria, não?

— Sim. Mas estou esperando há mais de três anos a cadeira de rodas que o serviço social da prefeitura prometeu. Enquanto isso, ele fica na cama — disse a mãe do menino.

— Então hoje ele não ficará na cama. O que acha de irmos ao supermercado, Marcelino?

— Eu gostaria muito — disse o menino —, mas não tenho como sair daqui. Quando vou ao médico é aquele trabalhão todo, um homem vem e me carrega até a Kombi. O senhor não pode imaginar como isso é cansativo para mim.

— Bem, se esse é o problema, eu o carrego até o carro. Dona Marieta, peço que arrume Marcelino para um passeio. Vou providenciar uma caminhonete de aluguel para buscar a máquina de Lucinda; quando voltar, vamos sair, tomar sorvete, ir ao mercado; enfim, passear um pouco.

Ele saiu apressado em direção à casa de Lucinda. Só terminaria de arrumar as coisas e chamaria um amigo seu, que fazia frete, para pegar as coisas de Lucinda. Ao voltar, Alberto pôde ouvir a mãe dizendo para o filho:

— Marcelino, sei que você está precisando de roupas, de tudo, mas faço o que posso, meu filho!

— É mãe, sei que a senhora faz o que pode, mas se eu não fosse aleijado, já estaria trabalhando e teria dinheiro para comprar as coisas de que preciso e não seria um peso para a senhora!

— Não diga isso, meu filho! Não gosto quando você diz que é um aleijado, você é um deficiente físico. E, como você, há muitos. Pare de ter pena de si mesmo. Quando você diz que é aleijado, tenta despertar pena nos outros. Se soubesse como isso me machuca, não falaria assim!

— Eu não quero que ninguém tenha pena de mim não, mamãe! Sou realista e digo a verdade, por acaso sou um rapaz normal? Claro que não, essa história de deficiente físico é só para amenizar a palavra aleijado.

Nesse instante, Marieta começou a chorar, sem perceber que Alberto estava do lado de fora. Ele, não querendo se mostrar indiscreto, começou a cantar para que soubessem que ele estava chegando. Não queria que a mulher se sentisse ainda mais avexada do que já estava.

— Olá, moradores, tem alguém aí, ou foram todos embora para não me atenderem? Já estão todos prontos para o passeio?

— Seu Alberto, saiba que lhe sou muito grata por tudo o que o senhor nos fez, mas não estou em condições de sair, só o dinheiro do aluguel que o senhor nos deu já vai dar para fazer muitas coisas.

— De maneira alguma! Vamos ao mercado e depois veremos o que fazer.

— Mas nós não temos nem roupas para sair com o senhor.

— Faço questão de que venham ao mercado, e não aceito não como resposta!

— Marcelino está zangado porque não tem roupas decentes para vestir.

— Vamos, deixem de lorota, cadê Marcelino? Vou carregá-lo até o carro e você verá como é bem diferente da kombi em que está acostumado a andar.

Alberto se aproximou da cama do menino e pegou em seus braços. Ao chegarem à pequenina sala, Alberto disse a mulher:

— Dona Marieta, feche a casa e me acompanhe, pois o meu carro está trancado e, como estou carregando Marcelino, preciso que a senhora abra o carro para colocarmos tão ilustre passageiro lá dentro.

Alberto, dirigindo, percebeu o quanto o menino estava feliz, e resolveu ir à cidade vizinha. Marieta, ao perceber que o rapaz estava tomando um rumo diferente, ficou atenta e temerosa, pensando se havia feito bem em aceitar a ajuda de Alberto. Estava temerosa porque não o conhecia direito. Como a cidade vizinha era muito próxima, logo chegaram lá. Alberto perguntou:

— Você já veio aqui, Marcelino?

— Sim, na última vez em que fiquei internado, com pneumonia. O dr. Alfredo mandou trazer-me aqui porque tinha um médico especialista.

— Você também conhece o dr. Alfredo? Que ótimo. Vamos a uma loja primeiro, quero que você escolha a cadeira de rodas que gostar, que eu comprarei.

Marcelino não parava de falar, estava tão eufórico que começou a dizer para a mãe:

— Mamãe, como Deus é bom, este moço bondoso vai me dar uma cadeira de rodas. Não vou mais precisar ficar na cama, sem fazer nada, vou poder ir para todos os cantos da casa com minha cadeira.

Alberto sentia-se tão feliz que acabou se esquecendo do almoço na casa de Isabel. Marcelino foi colocado em uma cadeira de rodas que a loja emprestou e pôde escolher a que queria. Optou pela mais barata.

O vendedor, percebendo que Alberto era um moço de posses, mostrou-lhe as mais caras, mas Marcelino fingiu não se interessar. Alberto, porém, era observador e percebeu que o menino não queria gastar.

— Pelo jeito, você já escolheu, não é mesmo, Marcelino?

— Não, eu só a achei bonita, mas não quero esta.

Mas Alberto, vendo a qualidade da cadeira, disse ao vendedor:

— Vamos levar esta! Já está escolhido.

— Não, dr. Alberto. É muito cara. Pode ser aquela simples ali. Ficarei feliz. É como se eu estivesse ganhando minha primeira bicicleta.

— Não é a primeira bicicleta, mas é como se fosse. Veja, tem duas rodas assim como uma bicicleta — brincou o moço.

Marcelino saiu da loja, de posse de seu novo meio de locomoção. Marieta, aflita, disse a Alberto:

— Doutor Alberto, jamais vou ter condições de pagar ao senhor tudo o que está fazendo por nós. Mas saiba que Deus há de abençoá-lo grandemente.

— Bem, ele já está me abençoando. Vou me casar com a mulher que amo, e tenho certeza de que serei muito feliz.

— Bendita a hora em que o senhor apareceu em nossa casa — disse Marcelino, sorrindo e passando as mãos nas rodas da cadeira com carinho.

O rapaz voltou à loja para fazer uma ligação para Lucinda.

— Amor, não vou chegar a tempo para o almoço, mas saiba que, se dona Isabel não se importar, vou para o jantar. Depois lhes conto o porquê da minha demora.

— Está bem, meu amor, dona Isabel está dizendo que não tem importância.

— Ok. Saiba que estou muito feliz.

— Isso é o que importa — respondeu Lucinda sorrindo — vamos esperá-lo para o jantar.

Ao se aproximar dos dois novos amigos, Alberto disse:

— Estou morrendo de fome, o que acham de irmos a um restaurante almoçar?

— De jeito nenhum! Já podemos voltar para casa. O senhor é um homem ocupado e deve ter muita coisa para fazer.

— Agora o meu compromisso é só com vocês. Vamos almoçar, sim, não se preocupe, vamos a um lugar bem simples e onde a comida é bem-feita.

Alberto sabia que eles eram tímidos, assim os levou a um restaurante na beira da estrada. Lá, eles comeram muito bem. Depois de almoçarem, pediram sorvete como sobremesa. Dona Marieta estava feliz, pois Deus havia atendido sua prece, e pela primeira vez não ouviu o filho dizer que era um aleijado.

Depois do almoço, retornaram para a cidade. Lá, Alberto abriu a cadeira de rodas e levou Marcelino e Marieta para escolherem algumas roupas.

— Dona Marieta, hoje vocês vão comprar o que quiserem, saiba que, se Deus me deu o que tenho, é para dividir com meus irmãos; portanto, com vocês, e não quero que escolha pelo preço, e sim pela qualidade. Assim, mãe e filho ficaram mais de duas horas escolhendo roupas, enquanto Alberto dava alguns palpites.

Feliz, Alberto pagou a conta e, sorrindo, disse a Marcelino:

— O que acham de tomarmos mais uma taça de sorvete, está um calor horrendo.

Marcelino, sentindo-se à vontade, disse:

— Iria adorar, mas minha mãe já está sem jeito com tanta demonstração de bondade por parte do senhor. Acho melhor irmos embora, se não vamos acabar levando-o à falência.

— De jeito nenhum! Ainda não fizemos tudo o que combinamos.

E, assim, os três ficaram na praça da matriz tomando sorvete. Pela primeira vez, Marieta teve a impressão de que já conhecia Alberto de algum lugar, mas não se lembrava de onde. Depois que tomaram sorvete, Alberto decidiu que iriam a pé até a farmácia.

Lá, Alberto disse:

— Nós não queremos nada, só quero abrir uma conta aqui na farmácia para pagar quinzenalmente. Você me conhece, não é Chico, sou filho de Jacira.

— Ora, claro, é um dos rapazes mais ricos da cidade!

— Por favor, deixe disso — disse Alberto irritado. — A conta que estou abrindo agora é para dona Marieta e seu filho Marcelino. Tudo de que eles precisarem, você pode vender, a cada quinze dias, passo para acertar.

— Mas claro! — disse o farmacêutico sorridente. — Saiba que para nós é um imenso prazer tê-lo como cliente.

Alberto comprou algumas coisas e pagou. Para Marcelino, aquilo não passava de um sonho bom, do qual ele não queria acordar. Sorrindo para Alberto, disse:

— Você terá em mim um eterno amigo!

— Eu tenho um amigão! É você, seu bobo!

Os três caíram na gargalhada. Finalmente, Alberto levou-os ao supermercado e fez questão de comprar tudo de que os dois precisavam, para pelo menos dois meses.

Marieta nunca tinha visto tanta coisa junta, e com lágrimas nos olhos disse:

— Doutor Alberto, não sei como lhe agradecer, mas Deus há de lhe pagar por tudo.

— Ele já me deu! Agora vamos para casa. Amanhã, Marcelino, vamos fazer sua matrícula em uma escola.

O rapaz ficou triste, e Alberto, percebendo, falou:

— O que foi, meu amigo? Fiz algo errado?

— Não, doutor Alberto. Pelo contrário, fez-me ver a vida de outra forma e, principalmente, a bondade das pessoas. Mas estou triste porque já estou muito velho para frequentar a escola. Só criancinhas começam cedo, e eu terei vergonha de ficar no meio deles.

— Então é isso? Vamos fazer o seguinte, vou contratar uma professora que virá até aqui ensiná-lo.

— Quero aprender a ler, escrever, fazer conta e prometo ao senhor que farei o melhor que puder para aprender. Um dia quero me formar e cuidar de minha mãe.

Assim o dia transcorreu tranquilamente para Alberto e seus protegidos. Voltando para casa lembrou-se da alegria estampada no rosto dos novos amigos e, por um momento, teve a impressão de que já os conhecia. Lembrou que havia combinado de jantar na casa de Isabel. Chegando em casa, foi tomar um banho e se arrumar para o jantar. Ao ver a mãe, que estava sentada tranquilamente na sala de jantar, decidiu que nada comentaria sobre os saques daquele dia. Aproximou-se dela e disse:

— Boa noite, mamãe! Como passou o dia?

— Sozinha, como sempre.

Alberto percebeu que a mãe não estava bem, em seu semblante havia um quê de sofrimento. Por essa razão, ele tentou conter a irritação que a resposta lhe causou.

— Não entendo o motivo dessa solidão. Quando estou em São Paulo a senhora não passa a maior parte do tempo sozinha, minha mãe?

— Sim, passo. Mas quando você está trabalhando é mais aceitável. Você não imagina com é passar o dia sem falar com ninguém! Mas é como diz o ditado: "Uma mãe é por dez filhos, e um filho não é para uma mãe" — ironizou Jacira.

Ao ouvir isso, Alberto percebeu que a mãe estava ficando cada dia pior. Dessa maneira, resolveu ir tomar um banho para sair.

Jacira disse:

— Meu filho, eu estava esperando você para jantar. Não acha que mereço pelo menos as migalhas de sua atenção?

— Pelo amor de Deus, minha mãe, saiba que ficar com uma pessoa que reclama de tudo o tempo inteiro não é fácil, a senhora só reclama, ora de mim, ora de Rita, ora de Zé Carlos, ora de suas amigas. Saiba que eu estou farto, e viver ao seu lado está se tornando um pesado fardo. Prefiro ficar na rua a ficar vendo sua cara de vítima. Vou tomar um banho, pois tenho algo importante a fazer!

— Ah! Já sei! Vai ao encontro daquela messalina, não é?

— O que a senhora disse, minha mãe?

— Que vai se encontrar com aquela messalina. Se achou que eu iria deixar de repetir isso, enganou-se, pois é o que ela é. Se não fosse assim, não viria um homem, sabe-se de onde, para abusar dela!

— Como pude ser tão cego durante todos esses anos? Não via a cobra venenosa que a senhora é! Vê maldade em tudo, ninguém presta, nem aquelas que dizem ser suas amigas! Pensando bem, entendo por que fica tanto tempo sozinha! Ninguém gosta de conviver com uma cobra peçonhenta; a senhora está intratável!

— Maldita! Maldita! Mil vezes maldita! Essa desgraçada tirou meu filho de mim!

— Não, minha mãe, não foi Lucinda que está me fazendo me afastar da senhora, e sim suas atitudes mesquinhas.

Alberto saiu de vez. Trancando-se no quarto, tirou a roupa, irritado, e falou:

— Por que minha mãe tem de ser assim? Tão arrogante, tão possessiva! Quando vai entender que sou apenas seu filho, e não sua propriedade? Para mim já chega, ela está passando dos limites. Vou me casar com Lucinda o quanto antes e levá-la para São Paulo, somente assim serei feliz com a mulher que amo.

Jacira ficou na sala chorando e amaldiçoando Lucinda com tudo de ruim que conhecia. E, com um sorriso indefinido, ela olhou para o nada e disse:

— Aproveite bem esse romance, seu tolo, pois logo não terá mais a costureira para se apoiar. Hoje você se sente forte, poderoso, mas logo virá a mim para juntar os pedaços!

A discussão

ALBERTO TOMOU um banho rapidamente, trocou-se e, quando estava saindo, viu a mãe olhando a mesma revista. Passou pela sala de jantar e viu que a mesa estava posta. Nesse ínterim, sentiu pena dela, mas, ao se lembrar das suas palavras, ficou irritado. E sem remorso pegou o carro e ganhou a rua em direção à casa de Alfredo.

Lucinda passara um dia maravilhoso na casa de Isabel, conversou muito com ela, depois do almoço descansou, foi à biblioteca e pegou o livro *Nosso Lar* e entregou-se a leitura. Algumas horas depois, foi se arrumar.

A noite chegou e todos estavam à espera de Alberto, que ao chegar mostrou-se um tanto quieto. As palavras da mãe não lhe saíam da cabeça.

Alfredo cumprimentou-o:

— Boa noite, Alberto. Cheguei a pensar que estávamos esperando o príncipe de Gales, pois as duas não permitiram que eu nem sequer beliscasse alguma coisa.

— Desculpe pelo atraso. Hoje foi um dia cheio, mas um dos melhores da minha vida.

— Mas se foi um dos melhores de sua vida, por que está com essa cara? — perguntou Lucinda.

— O dia realmente foi maravilhoso, mas ao chegar à minha casa foi o mesmo tormento de sempre, minha mãe falando coisas que me irritam.

— Alberto — disse Alfredo —, se sua mãe age dessa maneira é porque não sabe fazer diferente. Se ela dá tanto valor ao dinheiro e ao *status* social, é indício de que ainda não aprendeu os sinais que a vida lhe está dando. E você, como filho, precisará ter paciência para que ela veja que está presa a uma ilusão.

— Mas a que tipo de ilusão ela pode estar presa, Alfredo?

— À ilusão de que é uma pessoa que está acima do bem e do mal. Ela está se iludindo com a posição que ocupa e com os bens que ostenta; sabemos que isso é bobagem, pois tudo que seu pai deixou, assim como ele não levou a lugar algum, ela também não levará; tomara que abra os olhos a tempo, pois o preço de uma ilusão pode ser muito alto.

— Não estou entendendo, dr. Alfredo. Por que o preço de uma ilusão pode ser alto? — ajuntou Lucinda.

— Voltemos ao assunto de Jacira. Ela é tão apegada aos bens materiais que para ela isso está em suas prioridades. Como já sabemos, para ela, moça de boa família, é aquela que tem dinheiro e *status*. Se tiver só dinheiro não resolve, a moça tem de ter certa projeção positiva na sociedade. Essa é a moça ideal para casar-se com Alberto. Ela não percebe que os verdadeiros valores são aqueles que vêm do coração. Ela está pensando no nome da família, e não propriamente na felicidade do filho. Alberto pode se casar com uma moça desse tipo, mas será que ficaria tão feliz como se encontra hoje ao seu lado? Acredito que não, pois para sermos felizes com alguém temos de amar, pois só o amor nos faz felizes em companhia de outro. Jacira ainda não aprendeu a dar valor a coisas significantes, quando ela aprender a fazer isso, vai descobrir que o que importa é o que realmente sentimos, e não o que possuímos. E por ser apegada às coisas materiais poderá ter problemas ao desencarnar.

— Mas como alguém apegado pode ter problemas — perguntou Alberto —, visto que já está morto?

— Meu amigo, a morte também é uma ilusão que muitas vezes carregamos durante muitos anos, ou talvez a vida toda. Digo isso porque, se passarmos a conhecer as leis imutáveis de Deus, chegaremos a uma conclusão: a morte não existe.

— Alfredo, gosto de ouvi-lo, mas dizer que a morte não existe é algo inusitado, pois você convive com a morte todos os dias. Afirmar que ela não existe é um tanto bizarro.

— Disse bem, meu amigo, convivo com a morte todos os dias e lhe afirmo com todas as letras que ela não existe. Já lhes disse que quando uma pessoa morre, o espírito abandona o corpo e volta à realidade espiritual, de modo que o que vocês veem nos cemitérios são apenas lápides onde estão corpos mortos. O espírito está vivo em outro lugar, pois continua a ser o que era enquanto estava na carne; tendo os mesmos gostos, nutrindo as mesmas simpatias e antipatias. Na verdade, o que somos não está na matéria, mas no espírito. Alberto, não cobre de sua mãe o que ela ainda não está em condição de compreender; tenha paciência com ela; procure não se irritar; dê-lhe carinho, mostre-se compreensivo, ame-a incondicionalmente e a perdoe por sua maneira errônea de ver a vida. Deus dá oportunidade a todos de crescer e evoluir. E, para isso, permite a reencarnação, para que tenhamos tempo de nos melhorar e de aprimorar o nosso espírito.

— A conversa está animada, mas vejo que todos esqueceram o jantar, saibam que me sentirei muito magoada se em dois minutos todos não estiverem à mesa — disse Isabel com seu jeito brincalhão.

Todos riram, Alfredo e Alberto levantaram-se imediatamente, e Lucinda, que estava sentada no braço do sofá participando da conversa, deu a mão a Alberto e, de mãos dadas, se dirigiram à sala de jantar.

O jantar transcorreu tranquilamente. Alberto, ao lado de Lucinda, pôde sentir o quanto ela estava feliz por estar hospedada em casa de gente tão boa.

Depois do jantar, todos voltaram para a sala de visitas e ficaram conversando por mais algum tempo, quando Alberto olhou no relógio e disse:

— Já são quase dez horas, preciso ir. Não posso abusar da bondade de vocês.

— Você falou que hoje teve um dia maravilhoso, posso saber o que fez meu noivo tão feliz?

— Fui à casa de dona Marieta e conheci o Marcelino. Eles são adoráveis, passei horas muito boas na companhia deles.

— Realmente, são muito bons, mas muito pobres também. Tenho pena de Marcelino, que teve poliomielite e não tem uma cadeira de rodas. Dona Marieta é uma mãe primorosa, e faz o possível e o impossível para não deixar faltar nada ao menino.

— Conheci o menino e o achei muito inteligente. Ah, meu amor, paguei vários meses de aluguel adiantado, já que ela precisa tanto!

— Que bom, você me tirou uma agonia do coração, pois já que estou aqui, estava preocupada com eles — disse Lucinda.

— Não se preocupe, tudo está sob controle, você não tem um noivo, tem um supernoivo.

Alberto nada comentou do que realmente havia feito e, mesmo sem saber, aplicou uma das mensagens do Mestre Jesus: "O que sua mão direita faz, não deixe que a esquerda fique sabendo".

Ao entrar no carro, Alberto se lembrou de tudo o que Alfredo lhe dissera a respeito da mãe e, com tristeza, disse em voz alta:

— Ah, dona Jacira de Almeida Prado, acho que Alfredo tem razão, não adianta esperar algo da senhora que infelizmente não pode dar. Peço a Deus que um dia possa compreender as razões de eu ter escolhido Lucinda.

Ao chegar em casa, viu que as luzes estavam acesas, mas não estranhou. Calmamente foi apagando todas as luzes e, quando chegou à sala onde travara a discussão com a mãe, viu-a adormecida no sofá e, sentindo pena dela, chegou mais perto e começou a chamá-la:

— Mamãe, acorde!

— Que horas são?

— Pouco mais de meia-noite.

— Você chegou tarde!

— Fui jantar na casa do dr. Alfredo.

— Ah, que bom! Mesmo que ele seja meio louco com essa história de espíritos, é uma pessoa do nosso nível, um profissional liberal.

— Está bem, mamãe, vou acompanhá-la até o quarto.

— Fiquei folheando a revista e peguei no sono. Mas o que está acontecendo com você?

— Nada, mamãe, por quê?

— Há muito tempo não o vejo tão atencioso comigo. Alfredo lhe disse alguma coisa?

— Sim, mamãe, que devo honrar pai e mãe, pois este é um dos reforços que o Mestre Jesus fez aos dez mandamentos que Moisés transmitiu às pessoas de seu tempo.

— Para mim pouco importa no que realmente Alfredo acredita, mas saiba que hoje ele me fez um favor: trouxe um pouco do meu filho de volta. Amanhã eu gostaria muito que você me levasse às compras, quero fazer um almoço especial.

Alberto, alisando os cabelos da mãe, concordou. Jacira foi levada ao quarto e, com lágrimas nos olhos, disse para Alberto o que sempre dizia quando ele era pequenino.

— Meu filho, sabe que tenho muitos defeitos; afinal, não sou perfeita, mas se tem uma pessoa que eu amo neste mundo é você, nunca se esqueça disso.

ॐ

A NOITE TRANSCORREU tranquila na casa dos Almeida Prado. Quando finalmente os raios do sol começaram a bater na janela, dando uma entonação diferente para aquele dia que estava se iniciando, Jacira levantou-se e, abrindo a janela, não pôde deixar de achar que o dia estava lindo naquela manhã.

Ela estava feliz, sentia que o filho estava se reaproximando, e, cantarolando uma velha canção, foi à cozinha, enquanto Rita ainda preparava o café.

— Rita, se Alberto levantar, diga que estou no jardim. Prepare também a vitamina de morango que ele gosta e arrume tudo bem direitinho.

— Sim, senhora! — disse Rita, estranhando o entusiasmo da patroa. — Posso colocar o café no bule de porcelana que a senhora gosta?

— Sim, minha filha! Faça isso!

Jacira foi ao jardim e começou a molhar as plantas. Quando começou a pensar em Alberto, passou a temer que aquele rompante de afeto fosse algo passageiro. Mas, não querendo perder a alegria, preferiu não pensar no assunto.

Não percebeu quando Alberto se aproximou e disse carinhosamente:

— Mamãe, vim buscá-la para que possamos tomar café juntos. Depois, preciso falar com a senhora, pois acho que temos nos desentendido muito nesses dias e precisamos parar com isso. Saiba, minha mãe, que depois da conversa que tive com Alfredo, ontem à noite, devo ser razoável e também compreensivo.

— Está bem, meu filho!

— Mamãe, não quero mais ser grosso com a senhora, mas lhe peço que não faça comentários maldosos contra Lucinda, estamos noivos, vamos nos casar. E se me ama como afirma, tem de tratá-la bem, pois não sabe como eu me sinto quando a senhora começa com suas ofensas. Eu a amo, minha mãe, mas também amo Lucinda; portanto, vamos combinar o seguinte: vou ser o filho de sempre e a senhora a mãe de sempre.

— Mas continuo sendo a mesma, meu filho, quem mudou foi você, depois que começou a namorar essa moça.

— Está bem, mamãe. De hoje em diante, vou almoçar todos os dias em casa para que não fique sozinha, mas no jantar estarei com minha noiva.

— Está bem, meu filho!

— Bem, minha mãe, a senhora disse que quer que eu a leve a algum lugar hoje, aonde vamos?

— Sinceramente, estava pensando em almoçar fora, mas se você não quiser tudo bem, mando preparar algo de que você gosta.

— Então, mamãe, vamos ao supermercado, compramos algo especial para o almoço, e depois vamos ao sítio do seu Nicolau buscar umas garrafas de vinho tinto.

— E Lucinda, como está? — Jacira só perguntou da moça para alegrá-lo, pois na realidade estava pouco se importando com a moça.

— Bem!

— Onde ela está?

— Ela ficará hospedada na casa de Alfredo. E, por mim, sou sincero em dizer que ela só deveria sair de lá quando nos casarmos.

Jacira sentiu o coração oprimir-se, porque o filho estava mesmo pretendendo se casar com a costureira, e porque se julgava traída por Alfredo.

Depois de fazerem tudo o que haviam combinado, Alberto passou a tarde toda conversando com a mãe.

À noite, Alberto disse à mãe que iria à casa de Alfredo, convidou-a, mas ela disse não estar muito bem. Ele lhe deu um beijo e se afastou.

Jacira ficou pensando: "Eu gosto tanto de você, meu filho. Não permitirei que nenhuma pistoleira se aproveite de sua ingenuidade! Essa infeliz vai sair de nossa vida. Você vai sofrer, mas eu estarei aqui para ajudá-lo".

Um casal amigo

ALBERTO SENTIA-SE MAIS LEVE. Ligou o rádio do carro e começou a acompanhar uma canção. Ao chegar à casa de Alfredo, tocou a campainha e foi atendido por Isabel, que, sorridente, disse:

— Ah, apareceu! Pensei que tivesse desistido do casamento.

— Desistir? Nunca, dona Isabel, não tive tempo de vir até aqui, mamãe hoje me ocupou, além disso não quero abusar da bondade de vocês.

— Deixe de cerimônias, você não tem de ficar encabulado por vir aqui, saiba que nós o temos como a um filho, e você tem a nossa permissão para vir quando quiser.

— Obrigado, dona Isabel! A caminhonete trouxe as coisas de Lucinda?

— Sim, meu filho, trouxe logo pela manhã. Lucinda trabalhou quase o dia todo; disse-me que tem encomendas para entregar.

— Eu já falei para Lucinda que ela não precisa trabalhar, estou aqui para ajudá-la no que for preciso.

Os dois entraram na casa e encontraram Alfredo sentado na sala, folheando *O Livro dos Médiuns*.

Depois de cumprimentar Alfredo, Alberto perguntou:

— Desculpe a minha curiosidade, mas que livro está lendo?

— Eu estou lendo *O Livro dos Médiuns*, de Allan Kardec.

— Mas do que ele trata?

— Fala sobre todo tipo de manifestação dos espíritos e das comunicações com o mundo invisível, bem como do desenvolvimento dos médiuns.

— Que interessante, não sabia que Allan Kardec havia escrito um livro especialmente para esse fim. Alfredo, sempre ouvi dizer que os mortos jamais voltam à Terra para se comunicar com os vivos. Esse livro diz alguma coisa sobre isso?

— Bem, cabe-nos pensar se seres inteligentes não gostariam de entrar em contato com aqueles que deixaram. Vou exemplificar, digamos que você decida fazer uma viagem à Europa. Para começar, você foi para a Itália e viu coisas lindas, como a Torre de Pisa, o Coliseu e outros lugares. O que lhe vem à cabeça no mesmo instante?

— Bem, se eu deixasse Lucinda aqui, pensaria em mandar um cartão-postal do lugar e escreveria que da próxima vez que voltasse lá iria levá-la para conhecer.

— Digamos que esses seres inteligentes tenham vontade de dizer como estão, onde estão e que sentem saudades. Entende por que não é impossível que um espírito entre em contato com os que deixou na Terra? Porque o espírito continua sentindo as mesmas coisas que outrora, nada mudou, apenas a sua vestimenta carnal.

— Mas, por que alguns são médiuns e outros não?

— Na verdade, todo aquele que sente em um grau qualquer a influência dos Espíritos é, por esse fato, médium. Essa faculdade é inerente ao homem e não se constitui um privilégio exclusivo de alguns. Podemos dizer que todos somos médiuns. Mas nem todos os médiuns são iguais, tudo depende da sensibilidade. Alguns têm a sensibilidade para os fenômenos especiais desta ou daquela ordem.

— Que interessante, Alfredo, pensei que os médiuns fossem pessoas diferentes. E por que uns nascem com mais ou menos sensibilidade?

— O que é preciso entender é que os médiuns não são pessoas especiais. A maioria, quando tem essa capacidade desenvolvida, serve para trabalhar em prol do próximo e abreviar as dívidas do passado. Nenhum médium é santo, mas, antes, está passando pela difícil tarefa de ajudar o próximo. Dizem que ser médium é uma missão.

— Não é bom ser médium?

— Para alguns não. Pois fogem à responsabilidade, nem sequer querem ouvir falar em espíritos. Para outros é como uma ferramenta a mais de trabalho, que quando usada para o fim certo, dá frutos pacíficos e, em vez de se constituir um fardo, é visto como um prazer ajudar ao próximo que está em aflição.

Lucinda entrou na sala e disse:

— Vejo que nem sentiu minha falta. Chegou e ficou conversando com o dr. Alfredo. Esqueceu-se de mim?

— Que é isso, Lucinda. Estava conversando sobre *O Livro dos Médiuns*, e a conversa estava tão boa...

— Que você se esqueceu de mim!

Isabel respondeu:

— Bem, minha filha, vá se acostumando, pois dizem que mulher fala muito, mas quando os homens começam temos de entrar no meio da conversa, se não ficamos num canto apenas os observando.

— Alberto, vamos deixar que as nossas "pequenas" falem um pouco. Se ficarem quietas por mais alguns minutos, vamos ter de interná-las — brincou Alfredo.

— Interná-las? Por quê?

— Já ouviu falar daquela doença que só dá em mulheres? A famosa cãibra na língua?

Depois de alguns minutos, todos foram encaminhados para a sala de jantar. Após a refeição, voltaram à sala e começaram a falar sobre as banalidades do dia a dia.

Passados alguns minutos, Lucinda se aproximou de Alberto e, pegando-o pela mão, pediu licença aos amigos e levou-o ao jardim.

— Lucinda, você está tão bonita hoje!

— Obrigada, meu amor. O senhor também está muito elegante.

— Você está feliz aqui?

— Alberto, estou me sentindo como se eu sempre tivesse morado aqui. Dona Isabel é desse jeito o dia todo. E não é só comigo que ela é tão amável, até mesmo com as suas secretárias. Todos nesta casa têm por ela uma afeição profunda, e pelo dr. Alfredo também, sempre muito gentil, atencioso e educado. Os dois riem de tudo. Será que estão felizes?

— Claro! Se assim não fosse, ficariam presos cada qual em seu mundo, mas eles fazem o contrário, incluem-na em suas conversas e percebo que dona Isabel a trata como filha.

— Realmente, Alberto. Também sinto isso, mas preciso lhe contar uma coisa, vai lhe parecer loucura, mas deixe para rir depois.

— O quê? Diga-me!

— Na verdade, eu me sinto como se já os conhecesse há muito tempo. A rotina de dona Isabel não me é estranha. Ela se levanta bem cedo e, quando as secretárias chegam, o café já está pronto e a mesa arrumada. No primeiro dia, quando chegamos, eu vi a mesa ainda arrumada e tive a certeza de que fora ela quem arrumara. Sinto por ela um carinho muito grande, como se ela fosse uma pessoa especial para mim, assim como uma mãe.

— E por que eu iria rir, Lucinda, de um assunto tão sério? Acho melhor entrarmos e conversarmos um pouco com eles, garanto que Alfredo terá uma resposta satisfatória para nos dar.

Ao verem o casal retornar, Isabel comentou:

— Que bom que voltaram, saibam que precisamos da jovialidade de vocês. E tê-los aqui conosco é sempre muito agradável.

— Pode ter certeza de que para nós também — disse Alberto amavelmente. — Eu estava conversando com Lucinda e tivemos uma dúvida, que tenho certeza vocês têm a resposta.

— O que ocorreu para vocês voltarem tão cheios de mistérios? — questionou Alfredo.

— Estive conversando com Alberto sobre algo estranho que está acontecendo desde que aqui cheguei.

— Mas o que está lhe acontecendo? Você não está gostando de alguma coisa, minha filha — perguntou Isabel aflita.

— Calma, Isabel, deixe a menina falar — disse Alfredo tentando acalmar a esposa.

— Não, dona Isabel, estou adorando ficar com vocês. Mas, muitas vezes, tenho a impressão de que já convivi com vocês. Não sei explicar, tudo que a senhora faz é como se eu previsse antes. Por exemplo, a maneira como arruma a mesa do café é justamente a maneira que gosto. Levantar-se cedo e deixar tudo encaminhado para as secretárias, inclusive o almoço. Tudo isso me é familiar, não sei se estou ficando louca, mas o fato é que muitas vezes parece que eu já vivi essa situação antes.

Isabel sorriu e respondeu:

— Ainda bem que é só isso. Jamais iria me perdoar se estivesse fazendo algo que você não aprovasse, minha filha.

— Não, dona Isabel, lembra-se quando eu vim aqui pela primeira vez?

— Sim!

— Naquela noite, senti-me como se já a conhecesse de algum lugar, mas não sei explicar de onde.

— Mas isso é muito fácil de entender. Na primeira vez que você esteve aqui, eu também senti algo familiar em você. Talvez pense que você está aqui somente por Alberto, mas saiba que não, minha filha. Você está aqui porque sinceramente gostei muito de você e foi uma simpatia à primeira vista.

— Bem, vamos ao que interessa — disse Alfredo pegando na mão da esposa. — Não é a primeira vez que estamos aqui neste planeta, de modo que não será também a última. Esse é simplesmente um ato de amor de Deus: termos reencontrado alguém que nos foi muito caro no passado.

— Isso você já nos explicou — disse Alberto —, mas acha que as duas, por se gostarem mutuamente, já viveram juntas em outra existência?

— Quem sabe!? — disse Alfredo, sorrindo levemente para as duas mulheres. — Tudo é possível, pois, como eu já afirmei, muitas vezes reencontramos o afeto ou o desafeto, dependendo do caso. Essas duas meninas levadas talvez possam ter sido mãe, filha, irmãs, quem sabe?

— Que bom! Já imaginou se a senhora foi minha mãe, dona Isabel, eu iria adorar saber que tive uma mãe como a senhora — disse Lucinda sorrindo.

— Mas, veja bem, não estou afirmando nada, Lucinda — apenas disse que tudo é possível.

— Eu sei, doutor. Mas o interessante é que gosto muito de dona Isabel.

— E eu também gosto de você, minha filha.

ఴ

Duas semanas haviam se passado desde que Lucinda chegara à casa de Alfredo e de Isabel. Aqueles dias foram de muita paz e tranquilidade para os três, mas quando Alfredo e Isabel convidavam Lucinda para ir ao Centro Espírita, ela sempre arranjava uma desculpa para não os acompanhar: ora dizia que se sentia cansada, ora amedrontada. E o casal nunca a forçava a ir.

Certa manhã, Isabel se levantou e estranhou o fato de Lucinda ainda não ter se levantado. Era comum Isabel se levantar e, em poucos minutos, a moça já estar lhe fazendo companhia e ajudando no preparo do café.

Alfredo tinha por hábito levantar-se às seis e meia. Naquele dia, chegou à cozinha, deu um beijo de bom-dia na esposa, e perguntou:

— O que foi, Isa?

— Alfredo, estou preocupada com Lucinda. Já são seis e quarenta e sete e ela ainda não se levantou! Será que aconteceu alguma coisa?

— Deixe de bobagem! Vai ver ela resolveu dormir até um pouco mais tarde; afinal, ontem ela não ficou a tarde toda na máquina de costura?

— Sim! Mas o que me preocupa é que mesmo que ela trabalhe muito tempo na costura, ela tem por costume se levantar cedo.

— Não se preocupe! Com certeza, ela não estava com vontade de se levantar e resolveu ficar mais um pouquinho na cama. Isso é natural.

Isabel não se deu por vencida, e sem nada a dizer, sentou-se à mesa e só tomou uma xícara de café preto. Alfredo, percebendo sua preocupação, comentou:

— Isabel, deixe de ser negativa. Não aconteceu nada, senão ela teria nos chamado durante a noite.

— Alfredo, acho que alguma coisa está acontecendo a Lucinda.

— Está bem, vamos até lá! — disse Alfredo, não querendo ir. — Fique sabendo que é a última vez que passo vergonha com seus pressentimentos.

— Vamos! Não estou aguentando mais esperar.

Ao se aproximarem do quarto, encontraram a porta fechada. Isabel achou estranho, pois todas as noites Lucinda tinha por mania dormir com a porta semifechada para deixar com que a luz do corredor pudesse entrar, pois, segundo dizia à Isabel, tinha medo de escuro.

Alfredo, não percebendo nada de anormal, bateu à porta. Bateu uma, duas, três vezes, sem obter resposta. O médico, já preocupado, chamou-a pelo nome, sem êxito.

Isabel, achando que alguma coisa havia acontecido, juntou a mão e começou a pedir a Jesus que a amparasse. E sem se segurar, deixou que lágrimas escorressem por seu rosto.

Alfredo quem disse:

— Pegue o molho de chaves auxiliares, pois não vou ao hospital enquanto não souber o que está acontecendo.

Isabel saiu correndo em direção ao quarto onde ficava a máquina de costura de Lucinda e encontrou com Ida, que acabava de chegar.

— Ida, por favor, vá até o quarto dos fundos e traga-me o molho de chaves auxiliares que estão penduradas atrás da porta. Tome, aqui está a chave!

— Mas o que está acontecendo, dona Isabel? — perguntou a moça nervosa.

— Não tenho tempo para explicar, depois conversaremos.

A mulher saiu correndo com a chave do quarto na mão, e em poucos segundos trazia o molho de chaves reserva, enquanto Alfredo continuava a chamar insistentemente pela moça.

Ida acompanhou Isabel até o interior da casa. Ao chegar com as chaves, Alfredo, apesar do medo e da incerteza, procurava manter os pensamentos elevados a Deus, já que as duas se mostravam desesperadas.

Tanto Ida quanto Cida gostavam muito de Lucinda. A moça se mostrava atenciosa e prestativa, de modo que sempre estava às voltas ora com uma, ora com outra, conversando sobre diversos assuntos.

Alfredo não conseguia abrir a porta, pois a chave permanecia na fechadura do lado de dentro.

Isabel pediu:

— Alfredo, terá de arrombar a porta!

— Mas como vamos fazer isso?

— Não sei, dê um jeito, acho que vou chamar o seu Wilson para ajudá-lo.

— Calma, Isabel! Vamos ver se consigo abrir a porta. Se eu conseguir empurrar a chave, ela vai cair e assim abrirei com facilidade.

Isabel, em desespero, já estava quase gritando, quando Alfredo conseguiu empurrar a chave que estava do lado de dentro. Alfredo entrou no quarto e deparou com Lucinda deitada de lado, as pernas à mostra e completamente desacordada.

Isabel cobriu-a rapidamente com o lençol, enquanto Alfredo correu para pegar a sua valise com os seus equipamentos de trabalho. O médico chegou e viu que a moça estava com a boca coberta de saliva espumosa. Sua tez estava um tanto esgazeada, ela parecia morta. Procurando seus sinais vitais, constatou que tanto a temperatura como a pressão estavam normais.

Isabel passava a mão nos cabelos de Lucinda e chamava-a insistentemente. O marido, percebendo o desespero da esposa, pediu a Ida que a levasse à cozinha para que ele pudesse examinar a moça com mais tranquilidade.

Isabel saiu a contragosto. Não parava de chorar. Ida a levou à cozinha, deu-lhe um copo com água e açúcar. Cida, que já havia chegado, ficou sabendo que Lucinda não estava passando bem e que Alfredo a estava examinando.

As duas empregadas começaram a rezar para que a moça ficasse boa. Depois de algumas tentativas de fazer com que ela recobrasse a consciência, Alfredo foi até a sala e ligou para que uma ambulância viesse à sua casa buscar a moça.

Isabel, em desespero, lembrou de avisar Alberto. Segundo o que ele havia dito na noite anterior, iria para a capital somente na semana seguinte. Alberto atendeu o telefonema de Isabel e rapidamente pegou uma roupa, arrumou-se e saiu em disparada em direção à casa dos amigos.

Ao chegar, Alberto viu que a ambulância já estava diante da casa. Pálido, desceu do carro e perguntou para Isabel o que havia acontecido. Isabel relatou tudo o que houve naquela manhã e Alberto, assim que ambulância saiu com a sirene ligada, levando Lucinda desacordada ao hospital, foi atrás. Como Alfredo era médico e responsável pela moça, foi dentro da ambulância, prestando socorro à moça.

A ambulância chegou ao pronto-socorro do hospital da cidade e Alberto chegou em seguida, levando consigo Isabel, que estava visivelmente nervosa.

Alfredo mandou que levassem a moça para a internação e, correndo, mandou que se fossem feitos alguns exames para saber a causa do aparente coma. Como sua especialidade era clínica geral, chamou o amigo e colega de trabalho, Gustavo Leme neurocirurgião, para que assistisse a Lucinda, que permanecia no mesmo estado.

Gustavo, que acabava de chegar ao hospital, logo foi atender Lucinda, a pedido do colega de trabalho. O neurocirurgião, abrindo os olhos da moça, logo viu que as pupilas estavam um tanto dilatadas, e constatou:

— Não posso adiantar nada, Alfredo, mas parece que ela está com morte cerebral.

Alfredo, ao ouvir as palavras do colega, sentiu suas pernas bambear, e, segurado por um enfermeiro que estava próximo, sentou-se. Gustavo era um médico experiente. Mandou que levassem a moça para fazer um eletroencefalograma de urgência.

Alfredo, sentado, colocou as mãos no rosto e, olhando para o chão, pediu a Deus que amparasse a moça naquele momento e também por Isabel e Alberto, que estavam na sala de espera.

Sem perceber, deixou uma lágrima escorrer pela face. Nesse momento, pediu a Deus para que o ajudasse a enfrentar aquela situação. Passados pouco mais de quinze minutos, finalmente Gustavo se aproximou do colega e disse:

— O eletro ficou pronto. Agradeça a Deus, o gráfico mostra que os sinais cerebrais da moça estão em pleno funcionamento.

Alfredo fechou os olhos e agradeceu a Deus pela ajuda recebida e perguntou:

— Mas, então, o que ela tem?

— Pelo que vejo aqui no eletroencefalograma, tudo está normal, e basicamente ainda é prematuro dizer alguma coisa.

— Mas como está normal se ela está basicamente em coma?

— Não sei, Alfredo! Em tantos anos de profissão, nunca deparei com um caso como este. Veja bem: pupilas dilatadas, cor esgazeada, que significa dificuldade de circulação periférica, tudo nos leva a crer que ela está com um quadro de morte cerebral; mas ao fazer o eletroencefalograma vemos que os sinais cerebrais estão normais, a pressão arterial também, a respiração um pouco pesada, fazendo-nos crer que ela tenha algum problema pulmonar. Chamei o Sérgio, pneumonologista, e depois dos raios X, ele vai nos dizer se o pulmão está limpo. Sinceramente, posso lhe dizer que não sei o que ela tem. Pelo seu estado, tem mais saúde que nós dois juntos.

— Não posso acreditar que isso esteja acontecendo — disse Alfredo, preocupado.

— Daqui a pouco vou mandar que se faça outro eletroencefalograma para ver se acusa alguma coisa, mas pelo que vi, dificilmente vai apresentar diferença.

— Mas, então, pelo que você está dizendo, Gustavo, Lucinda não tem nada!

— É prematuro dizer alguma coisa, vamos ver como a moça reage nas próximas vinte e quatro horas.

Alfredo pediu licença e foi ter com Alberto e Isabel, que já estavam agoniados na sala de espera. Alfredo, vendo o desespero da esposa, disse:

— Venham comigo, precisamos conversar!

— Alfredo, o que Lucinda tem? Ontem, quando saí da casa de vocês, ela me parecia tão bem disposta! — questionou Alberto.

Alfredo permaneceu calado e, abrindo porta de seu consultório, mandou que Alberto e Isabel se sentassem. Depois de sentar-se começou a falar.

— Lucinda ainda não acordou, mas já foram feitos exames que nada indicaram; os sinais vitais estão bons, tudo parece normal, mas a causa desse coma repentino ainda desconhecemos.

— O quê? Ela está em coma, Alfredo? — perguntou Isabel aflita.

— Sim! Ela não acorda, mas seus sinais cerebrais estão absolutamente normais.

— Meu Deus! — disse Alberto olhando para o teto. — Alguma coisa ela deve ter; afinal, não é normal uma pessoa se deitar e não conseguir acordar.

— Realmente, Alberto. Gustavo está perplexo com o quadro de Lucinda e me disse que nunca viu coisa parecida.

— Talvez seja o trauma que ela passou nas mãos daquele facínora, não é mesmo Alfredo? — perguntou Isabel nervosa.

— Não posso adiantar nada. Ela está na UTI, para que possa ter um acompanhamento mais preciso, ou seja, a cada 15 minutos seus sinais vitais serão verificados, e novos exames serão realizados.

— Alfredo, pelo amor de Deus, não a deixe morrer!

— Vamos colocar nas mãos de Deus, meu filho. Por ora, voltem para casa. Qualquer alteração, eu os aviso.

Isabel se lembrou do caso de um homem que havia ido ao Centro Espírita por conta de dores horríveis nas pernas. Foram feitos vários exames, que nada acusaram. O homem começou a emagrecer muito e se alimentar mal. Como era um católico praticante, jamais poderia supor que seu mal fosse espiritual. Até que um dia, um amigo que frequentava o Centro Espírita lhe disse que a causa poderia ser espiritual. A princípio, ele não acreditou, mas depois achou melhor tentar. Foi ao Centro Espírita e descobriu que tinha uma entidade que estava com a perna comprometida, e ele só melhorou depois que a entidade foi ajudada.

Isabel, que nem sequer prestava atenção na conversa do marido e de Alberto, disse:

— Já sei o que Lucinda tem!

— Como?

Com calma, ela contou-lhes a história do homem. Alfredo se lembrou do ocorrido e disse:

— Creio que você tem razão, Isabel. Lucinda não apresenta nada; portanto, não podemos descartar a hipótese de que seja um mal espiritual, pois somente assim o coma poderia se justificar.

— Mas como um mal espiritual? Ela não faz mal a uma mosca, além disso, tem muita fé em Deus! — inquiriu Alberto.

— Sim, Alberto — completou Alfredo. — Mas só isso não basta para nos protegermos de irmãos menos esclarecidos. Lucinda sempre se mostrou atenciosa quando conversamos sobre a doutrina espírita, mas nunca manifestou o desejo de participar de nossas reuniões. Podemos presumir, então, que ela esteja sendo assediada por irmãos menos esclarecidos.

— O que podemos fazer para ajudá-la?

— Isabel, contate os amigos frequentadores da Casa Espírita e convide-os para participar de uma reunião em benefício de Lucinda, pois seja qual for o problema, os amigos espirituais vão nos orientar. Ademais, não devemos entrar em pânico, pois a fé sempre nos traz serenidade. Gustavo é ateu e, para ele, a moça tem algo incomum, mas para nós, que já presenciamos muitas coisas, tudo nos leva a crer que ela está obsidiada.

— Alfredo, farei isso. Você não poderá participar em razão de seu trabalho aqui no hospital e também no consultório.

— Vou ligar e pedir para Alice cancelar todas as consultas de hoje. Quanto ao hospital não se preocupe, fico aqui somente na parte da manhã.

— Dona Isabel, vamos. A senhora tem muitas coisas para fazer, e pelo que Alfredo está nos dizendo, não vai adiantar ficarmos aqui.

— Vamos, meu filho.

Isabel, ao chegar em casa, encontrou Ida, que começava a preparar o almoço. Tinha os olhos vermelhos, mostrando que havia chorado.

— Dona Isabel, como está Lucinda?

— Ida, não vou mentir, Lucinda está em coma. Os médicos já fizeram todos os exames e nada foi constatado. Estamos achando que o mal é espiritual.

— Também pensei nisso! Isso é coisa feita.

— Isso é o que veremos — disse Isabel, indo à sala fazer os devidos contatos com os médiuns, seus companheiros de trabalho na Casa Espírita.

O grupo de amigos era composto de: Edna, Jandira, Maximiliano, Glória e Luísa. A reunião foi marcada para as quinze horas, daquele dia.

Alfredo chegou para almoçar, e com ansiedade Isabel perguntou:

— E aí, como está Lucinda?

— Continua na mesma, não houve alterações em seu quadro.

— Marquei a reunião e todos virão. Você vai participar, Alfredo?

— Sim! Já avisei Alice para cancelar as consultas de hoje, não vou trabalhar.

— Eu vou para a casa e volto lá pelas duas e meia — comunicou Alberto.

— Não, meu filho! Fique para o almoço, você não está bem.

Alberto aceitou o convite; não queria que a mãe ficasse sabendo que Lucinda estava internada.

A prece

Os MÉDIUNS COMEÇARAM a chegar para os trabalhos da tarde em favor de Lucinda.

Alfredo preparou-se para a palestra e, ao dar as boas-vindas ao grupo, o iniciou dizendo:

— Sejam bem-vindos à minha casa, meus amigos e companheiros de trabalho. Talvez vocês não estejam inteirados dos fatos que ocorreram com a nossa irmã Lucinda! Ela está na UTI do hospital em que trabalho, em estado de coma, mas desde já os aviso que os exames nada acusaram; assim, fomos intuídos a pensar que se trata de um mal espiritual. Por essa razão, pedimos aos irmãos da espiritualidade maior que se façam presentes e que Deus nos ajude. Iniciaremos com uma prece pedindo auxílio ao alto para que possamos descobrir a causa da aparente doença de Lucinda.

Depois da prece, todos continuaram sentados ao redor da mesa, onde dona Isabel havia colocado uma toalha branca de renda, *O Livro dos Espíritos* e *O Evangelho Segundo o Espiritismo*. Alfredo leu o seguinte:

Amai os vossos inimigos: fazei o bem aos que vos odeiam e orai pelos que vos perseguem e caluniam. Porque, se so-mente amardes os que vos amam, que recompensa tereis disso? Não fazem assim também os publicanos? Se unica-mente saudardes os vossos irmãos, que fazeis com isso mais do que outros? Não fazem o mesmo os pagãos? Sede, pois, vós outros, perfeitos, como perfeito é o vosso Pai celestial. (S. Mateus, 5:44,46 a 48.)

E continuou:

— Se Deus possui a perfeição infinita em todas as coisas, esta proposição: *Sede perfeitos, como perfeitos é o vosso Pai celestial,* tomada ao pé da letra, nos faria acreditar que a criatura é tão perfeita quanto o Criador. E isso é inadmissível. Em que consiste a perfeição? Em amarmos os nossos inimigos, fazermos o bem aos que nos odeiam e orarmos pelos que nos perseguem. A essência da perfeição é a caridade, tantas vezes ditas pelo nosso divino Mestre Jesus, pois isso implica a prática de todas outras virtudes. Hoje, estaremos demonstrando a prática tão fortemente exortada por Jesus, vamos orar por nossos inimigos e pedir por eles com a plena convicção de que se o mal da nossa irmã for espiritual, os irmãos que a estão induzindo ao coma possam receber esclareci-mentos e ser auxiliados por meio de nossas preces.

Alfredo fez uma prece agradecendo a Deus pela oportuni-dade que estavam tendo de praticar a caridade em toda a sua extensão, tanto para Lucinda como para os irmãos menos esclarecidos. Depois, Maximiliano serviu de intérprete para uma entidade que se fez presente.

— O que estou fazendo aqui? Deixe-me sair, preciso terminar o que começamos.

Alfredo, que tinha o dom de ver os espíritos, enxergou uma entidade suja e com a fisionomia horrível. Com toda afabilidade, ele disse:

— Boa tarde, meu irmão. Obrigado por ter atendido aos nossos apelos e vindo ter conosco. Você está precisando de esclarecimentos.

— Que esclarecimentos? Preciso sair daqui para fazer o que nos foi mandado.

— Mas o que o mandaram fazer, meu irmão?

— Nós viemos aqui, Tenório e eu, realizar um trabalho.

— De que trabalho se trata?

— Não vou dar explicações a ninguém; portanto, a nossa conversa está encerrada.

— Meu irmão, os demais não estão o vendo. Só eu o vejo. Não acha que já está na hora de pensar mais em você e procurar ajuda? Deus nos fez para sermos felizes! Ninguém deve aceitar ser escravo de ninguém. Você cumpre ordens, mas será que não tem vontade própria? Deus, que criou tudo, deu a cada um de nós a livre escolha, ou livre-arbítrio. Ele não impõe nada a nós, simplesmente nos deixa escolher o caminho. Você não acha que já está na hora de procurar aprender a respeito de Deus e de Jesus para ser livre?

— Eu não posso. Se souberem, vão me castigar. Meu chefe é muito perigoso e vingativo, acho melhor ir embora.

— E se eu lhe disser que para onde você vai não há senhores nem escravos? Lá, todos são iguais e aprendem um pouco sobre o amor de Deus.

— Para falar a verdade, gostaria muito de sair desta vida, mas tenho uma dívida. Quando desencarnei, eles me acolheram e, como fui brutalmente assassinado, clamei por justiça. Finalmente, vinguei-me do homem que havia me tirado a vida.

— Agora eu lhe pergunto, meu irmão, quem foi o maior perdedor nessa empreitada de vingança? Quem perdeu o que Deus nos deu de maior valor: a própria liberdade? Você quis se vingar, mas hoje talvez perceba que nada disso valeu a pena.

— Pensando assim, é verdade.

— Então, aceite ir com esses irmãos a mundos melhores, pois Jesus disse que na casa do Pai há muitas moradas, e é em uma delas que o convidamos a ir para ser feliz.

— Eu vou, mas antes me deixe contar uma coisa para vocês. O meu chefe mandou que ficássemos com a moça e não a deixássemos voltar ao corpo. Estou aqui com Tenório, mas tememos o nosso chefe; eu não queria fazer nada com ela, mas fui obrigado. Preciso muito sair daqui antes que me encontrem.

— Não se preocupe.

— Mas você disse que isso foi um trabalho? E da parte de quem?

— Não sou fofoqueiro, mas vou dizer: foi a mãe de Alberto.

Ao ouvir aquilo, Alberto sentiu uma forte pancada no estômago. A entidade continuou falando:

— A mãe dele é muito orgulhosa. Foi pedir ajuda ao pai João, e o nosso chefe, que trabalha com ele, mandou-nos para fazer o serviço.

— Muito bem, meu irmão. Mas e Lucinda?

— Já está voltando ao corpo. Não vai se lembrar de nada.

— Ótimo! Pedimos a você e seu companheiro que acompanhem a irmã que está do lado de vocês. Meu desejo é que sigam para mundos melhores, pois, quando descobrirem o pleno valor da liberdade, saberão que essa foi a melhor escolha que poderiam ter feito.

Alfredo encerrou a reunião com uma prece de agradecimento e todos foram convidados para tomar o café da tarde com Alfredo e Isabel.

Depois do café, todos se despediram, ficando apenas Alberto, que estava apalermado com tudo o que ouvira. Não acreditava no que havia escutado. Sua mãe jamais iria a um terreiro! O moço perguntou:

— Acredito que houve um equívoco; minha mãe jamais iria a um terreiro. Isso eu posso lhes assegurar!

— Saiba que o que ela mais quer é que você deixe Lucinda. E uma mãe desesperada é capaz de qualquer coisa.

— Não posso acreditar! Desculpe, Alfredo, mas acho que o médium inventou essa história para aparecer!

O telefone tocou e Ida atendeu. Olhando para Isabel, disse:

— Dona Isabel, é do hospital!

— Eu atendo — disse Alfredo, levantando-se rapidamente. — Alô, sim é ele. A que horas se deu isso? Certo, estou indo para aí.

Alberto, que estava ao lado de Alfredo, com o coração aos saltos, perguntou:

— Alfredo, pelo amor de Deus, o que houve com Lucinda? O que está havendo? Lucinda morreu? — perguntou Alberto com os olhos rasos d'água.

— Acho que tenho de ir ao hospital. Vá com seu carro e Isabel e eu vamos com o nosso. Vamos nos encontrar lá.

— Mas adiante alguma coisa, homem! — disse Isabel ansiosa.

— Vamos, não podemos perder tempo!

Alberto, desesperado, ficou esperando que o médico saísse com o carro, e saiu em seguida. No trajeto, Isabel perguntou:

— Mas o que aconteceu, Alfredo? Lucinda morreu?

— Claro que não, Isabel. Ela acordou e está querendo nos ver.

— Mas por que você não contou a novidade a Alberto?

— Porque ele estava dizendo que não acreditava em nada do que ouvira na reunião e que achava que Maximiliano estava querendo aparecer.

— Ah! Foi por isso? Não vejo a hora de chegar para dar um abraço em Lucinda; afinal, ela quase nos matou de susto!

— Minha querida, estamos nos afeiçoando muito a essa moça. Não vou mentir para você, ela é a filha que não tivemos.

Alberto, que seguia o carro do médico, sentia-se angustiado, pois presumia que algo muito grave havia acontecido com Lucinda; afinal, Alfredo ficara sério ao telefone e pouco falara. O moço pensou que iria chegar ao hospital e encontrar Lucinda morta. Pensou: "Como pude ser tão crédulo? Acreditar naquele farsante que se dizia estar em domínio de uma entidade? Imagine eu, filho de empresário, tendo estudado nas melhores escolas da capital, feito duas boas faculdades, acreditar nessa crendice?".

Com esses pensamentos, Alberto estacionou o carro ao lado do carro de Alfredo. Com o coração aos saltos, ele perguntou:

— Alfredo, pelo amor de Deus, o que aconteceu com Lucinda?

— Vamos entrar — disse o médico.

— Mas por que você não diz logo de uma vez? Estou preparado para tudo.

— Não vou dizer nada, controle-se — disse o médico, conciso.

E assim os três se dirigiram para o interior do hospital, na área em que estava localizada a UTI, e no corredor encontraram Gustavo que, sorridente, disse:

— Boa tarde, amigo! A sua protegida acordou como se nada tivesse acontecido e, ao perceber que estava num hospital, entrou em desespero.

— A que horas isso aconteceu?

— Era pouco mais de três e meia da tarde. Veja no prontuário, a enfermeira que estava acompanhando a moça deixou anotado.

— Muito bem — este é Alberto, o noivo da moça.

— Acho melhor você levar a sua noiva para se tratar na capital. Lá há mais recursos que aqui. Se aconteceu uma vez, pode acontecer de novo, e pode ser pior.

Alfredo olhava o desespero de Alberto e respondeu ao médico:

— Fique tranquilo, meu amigo, isso não vai mais se repetir!

— Mas como pode afirmar? Afinal, não sou eu o neurocirurgião?

— Sim, meu amigo, você é, mas saiba que o problema dela não é coisa para especialistas. Ela precisa de algo mais simples e ao mesmo tempo mais complexo.

Ao dizer essas palavras, ele foi andando, deixando Gustavo pensativo atrás de si. Alberto, vendo a cena, ficou um tanto embaraçado, despediu-se do médico e acompanhou Alfredo, que já estava a cinco passos à sua frente seguido por Isabel.

— Querido, ele não entendeu nada do que você disse!

— Eu sei, mas ele não é o sabichão? Enquanto achar que cuida de todos os problemas de saúde, vai ficar apalermado por muitas vezes.

Alberto, ouvindo o que os dois diziam, ficou pensando se realmente a melhora de Lucinda tinha algo a ver com a reunião. Ao chegarem à porta da UTI, Alfredo disse:

— Esperem aqui! Vou ver se consigo permissão para que entrem para ver Lucinda. Já passou do horário de visita, e este é um lugar restrito.

Alfredo entrou na UTI e logo viu o leito onde Lucinda estava. Ela, ao vê-lo, perguntou:

— Doutor Alfredo, por que estou aqui? O que aconteceu?

— Fique calma, minha querida. Como se sente?

— Estou um pouco tonta, mas estou bem. Por que estou recebendo soro?

— Tranquilize-se, depois ficará sabendo de tudo; o importante é que já passou.

Alfredo foi até o prontuário de Lucinda e verificou algumas anotações. Observando o nome da enfermeira de plantão que atendera Lucinda, foi conversar com ela.

— Boa tarde, Ana, tudo bem?

— Sim, doutor, tudo ótimo!

— Diga-me, foi você quem viu Lucinda acordar?

— Sim! O dr. Gustavo mandou que eu observasse a pressão arterial dela de quinze em quinze minutos e checasse o gotejamento do soro. Quando eu estava fazendo isso, ela acordou.

— E como acordou?

— Tranquilamente, embora sem entender o que estava acontecido.

— A que horas foi isso?

— Três e trinta. E ela logo perguntou pela esposa do senhor.

— Muito bem, onde está a enfermeira-chefe?

— A Margaret está ali, doutor. Há alguma coisa errada?

— Não, minha filha. Não há nada errado, fique tranquila.

Dizendo essas palavras, Alfredo seguiu em direção à enfermeira-chefe, que fazia algumas anotações.

— Boa tarde, Margaret, tudo bem?

— Boa tarde doutor. Tudo bem.

— Como sabe, Lucinda, do leito oito, está hospedada em minha casa e hoje de manhã deu entrada no hospital aparentando um quadro de coma. Agora acordou, minha esposa e o noivo da moça estão aí fora querendo vê-la. Será que eles poderiam entrar?

— É evidente, doutor. Só peço que os mande lavar as mãos e colocar o avental antes de entrarem. O senhor sabe que não existe lugar mais contaminado que hospital.

— Sim, fique tranquila, farei isso!

Depois de fazerem a assepsia, Isabel e Alberto colocaram os aventais e entraram. Para a surpresa do moço, Lucinda parecia que tinha acabado de acordar depois de uma boa noite de sono.

— Meu amor, como está?

— Estou ótima! Mas agora preciso saber o que estou fazendo aqui?

— Depois falaremos sobre isso — respondeu Isabel, toda sorridente para a moça.

Alberto deixou que duas lágrimas escorressem por seu rosto e, sem muito entender, perguntou:

— Minha querida, você sentiu alguma coisa ontem, antes de dormir?

— Que eu me lembre não, estava ótima, mas com muito sono. Por quê?

— Por nada, minha filha! — adiantou-se Isabel, interrompendo a indagação do moço. — É que você foi trazida aqui para alguns exames enquanto dormia, só isso.

— Mas eu não tenho nada! Estou bem! E confesso que não estou gostando de ficar aqui, principalmente com o braço imobilizado por causa desse soro.

— Não se preocupe, talvez hoje mesmo você volte para casa.

— Estou querendo me levantar, mas veja, estou usando fraldas. O que está acontecendo?

— Nada, minha querida — respondeu Isabel pacientemente. — Daqui a pouco você vai se levantar e vai embora conosco.

Enquanto Alberto e Isabel entraram na UTI para conversar com Lucinda, Alfredo foi ao encontro de Gustavo para saber até quando a moça ficaria na UTI.

— Gustavo, espere um pouco! Preciso saber de algo.

— O que foi, Alfredo?

— Fui ver Lucinda e percebi que ela está muito bem. Não vejo por que ela continuar na UTI, talvez possa voltar conosco para casa.

— Eu posso tirá-la da UTI e mandá-la para um quarto, mas não posso mandá-la para casa, pois ela estava em coma hoje pela manhã! Não sei se você se lembra.

— Claro que me lembro, Gustavo. Mas agora ela já está bem.

— Alfredo, não posso dar alta hospitalar a ela sem saber o que realmente tem. Fizemos o eletroencefalograma e agora estou querendo mandá-la para a capital para fazer uma ressonância magnética. Preciso descobrir o que ela tem para tratá-la de maneira mais específica.

— Então, por favor, meu amigo, tire-a da UTI. Não tem necessidade de permanecer lá, talvez esteja usando o lugar de outro que realmente precisa.

— Está bem, vamos lá! Vou mandá-la para a enfermaria. Está bem?

— Não! Peço que a mande para um dos apartamentos particulares, pois o noivo dela não vai gostar de vê-la em uma enfermaria.

— Está bem. Vou ligar para a UTI e pedir que deixe a moça pronta para ir a um apartamento.

Alfredo voltou à UTI e pediu a Isabel e Alberto que o acompanhassem ao corredor, pois precisava conversar com eles.

— Estive conversando com Gustavo e disse para ele que não havia motivos para segurar Lucinda na UTI, de modo que tomei a liberdade, Alberto, de pedir que ela fosse transferida para um dos apartamentos particulares do hospital. Se acaso você tiver algo contra, posso mudar o quadro e mandá-la para a enfermaria.

— De maneira alguma! Fez bem, Alfredo, em mandar Lucinda para um apartamento, pois eu já me sinto responsável por ela e, ademais, no apartamento podemos ficar com ela o tempo necessário, já na enfermaria há horários para visitas.

— Foi justamente isso o que pensei. Mas a estada do hospital corre por minha conta; afinal, foi em minha casa que ela entrou em coma.

— Não posso aceitar isso! Pode deixar que arcarei com todas as despesas do hospital. Aliás, vou agora mesmo cuidar disso.

— Está bem. Vamos fazer o seguinte: você arca com metade das despesas. O que você acha, Isabel?

— Acho mais que justo!

— Não! Por favor, meus amigos, vocês têm sido muito bons com Lucinda, ademais ela está hospedada na casa de vocês, que não querem nem uma ajuda de custo. Pode deixar, aliás, dinheiro serve para isso — finalizou Alberto.

— Está bem — aquiesceu o médico —, faça o que está querendo, mas vá logo à área de internação e providencie um apartamento.

Alberto pediu licença, saiu e foi cuidar dos assuntos pertinentes à transferência de Lucinda para o apartamento. Isabel ficou ao lado do marido, que resolveu andar pelas dependências do hospital. No horário do plantão isso era impossível, quando não estava dando consultas, estava fazendo visitas aos pacientes.

Ficaram andando por cerca de quinze minutos. Logo encontraram Alberto, que já havia resolvido tudo sobre a internação de Lucinda. O moço estava com o rosto desanuviado, mas em seu semblante havia uma dúvida, a qual o médico logo percebeu, mas ignorou.

— E, então, Alberto, tudo certo?

— Sim — respondeu o rapaz —, ela ficará no apartamento sessenta e dois, creio que já deve estar lá.

— Ainda não, meu filho — disse o médico sorrindo — para removê-la leva um tempo. Tenha paciência, acredito que em menos de uma hora ela já estará no apartamento.

— Temos de ir à nossa casa para pegar algumas coisas de Lucinda. Eu não posso ficar aqui sem fazer nada — disse Isabel sorrindo.

— Está bem — disse o médico —, vamos para casa, enquanto você arruma as coisas para Lucinda, Alberto e eu ficaremos conversando um pouco.

Enquanto a enfermagem cuidava da transferência de Lucinda, os três voltaram à casa do médico. Ao chegarem, Alberto perguntou:

— Alfredo, se não tivéssemos feito aquela reunião, Lucinda não teria acordado, não é?

— Alberto, você tem de entender, Lucinda clinicamente não tem nada, aliás, possui excelente saúde. O que houve foi que as entidades não a deixavam retornar ao corpo. Isso, para nós, encanados, é chamado de coma; portanto, acredite ou não, ela foi vítima de entidades malfazejas, que queriam prejudicá-la, e Deus, em sua infinita bondade e misericórdia, intuiu-nos para enxergarmos que seu mal era espiritual.

— Alfredo, sei que fui injusto ao dizer que não acreditava naquele homem. Mas daí a pensar que minha mãe tem algo a ver com isso, parece-me um tanto inverossímil, não posso aceitar.

— Acreditar ou não é com você, mas lembre-se de que fui ver no prontuário e Lucinda despertou às três e meia. Não acha curioso o fato de ser o mesmo horário que terminou a reunião?

— Realmente, enquanto estava cuidando da transferência dela para o apartamento, esse detalhe não me saiu da cabeça. Seria coincidência demais, você não acha?

— Não vejo coincidência alguma, acho que em tudo que nos acontece há um motivo embutido, o qual nos passa despercebido.

— E quanto ao espírito dizer que foi feito um trabalho? Não consigo pensar que minha mãe seja capaz de uma coisa dessas! Sempre afirmou que isso não existia e que eram coisas de pessoas incultas.

— Existe a magia negra, trazida pelos negros da África para o Brasil, juntamente com seus Orixás, cultura e idioma, entre 1549 e 1888. Era um ritual destinado originalmente à população de escravos, proibidos de entrar na Igreja Católica e discriminados por alguns governos. O Candomblé prosperou nos últimos quatro séculos e se expandiu desde o fim da escravatura, em 1888, estendendo-se até os dias atuais. Mas isso não se aplica somente ao Candomblé, mas também à Quimbanda e outros cultos religiosos. Há médiuns que trabalham com espíritos que pedem algo em troca e que se comprazem com bebidas alcoólicas, comidas e tabaco. Eles simplesmente atendem ao pedido do médium em troca de pouca coisa. Na época da escravidão, os negros mantinham seus cultos religiosos, e às vezes usavam de magia para matar os senhores e, principalmente, os capitães do mato, a quem consideravam verdadeiros monstros.

— Ainda não consigo acreditar que minha mãe tenha se envolvido com esses rituais.

— Todos esses trabalhos são pagos regiamente. Esses espíritos não fazem nada de graça; é só você verificar se sua mãe teve algum gasto extra que fugiu do seu conhecimento.

Alberto se lembrou da quantia sacada pela mãe. Sentiu, então, um desprezo muito grande pela mãe. Não estava nem com vontade de voltar para casa, mas sabia que tinha de conversar com ela, pois aquilo tudo não poderia ficar sem uma boa resposta.

ℋ recuperação de ℒucinda

Ao sair da casa do médico, Alberto decidiu que passaria no hospital e ficaria com Lucinda. No quarto da moça, encontrou-a fazendo a última refeição da noite. Ao vê-la, comentou:

— Boa noite, meu amor. Vejo que você está bem mesmo!

— Olá, estou muito bem. Na verdade, não sei o que estou fazendo no hospital, pois nunca me senti melhor.

— Você não se lembra de nada mesmo, Lucinda?

— Não! Aliás me lembro apenas de ter ido dormir. E de hoje ter acordado dentro deste hospital. Diga-me, Alberto, o que realmente aconteceu para que eu viesse parar aqui?

— Ontem você foi dormir e hoje simplesmente não acordou. Todos ficamos muito preocupados e a trouxemos para cá, para fazer uma avaliação com o dr. Gustavo. Alfredo e dona Isabel ficaram em desespero.

— Mas eu não me lembro de nada! E o que médico disse que tenho?

— Nada! Absolutamente nada.

— Mas como que não tenho nada?

— Foi feita uma reunião na casa de dona Isabel, hoje, para saber se seu mal era espiritual, e foi constatado que era.

— Mas, é aí? O que aconteceu nessa reunião?

— Recebemos uma entidade que disse que estavam impedindo que você voltasse ao corpo porque alguém havia feito um trabalho para você.

— Verdade? Não posso crer nisso!

— Essa é toda a verdade — respondeu Alberto, alisando carinhosamente os cabelos da moça.

Lucinda se lembrou que, depois que ela adormeceu, dois homens a seguravam querendo levá-la a um lugar desconhecido e disse:

— Meu amor, não sei quem eram aqueles homens, mas eram horríveis. Fiquei com muito medo. Um deles estava sujo e malcheiroso, o que me causou náuseas e um mal-estar muito grande.

Alberto se lembrou que na reunião disseram que havia um espírito muito sujo. Ele estremeceu e tentou contornar a situação:

— Meu amor, foi só um pesadelo! Esqueça isso, logo você vai ter de dormir, e se tiver outro pesadelo não vai descansar direito.

— Eu não vou dormir! E se acontecer de novo e ninguém conseguir me acordar novamente?

— Calma, meu amor. Não tem por que temer. Saiba que estarei aqui e nada vai lhe acontecer. Lembrei-me do que Alfredo disse: "Orai e vigiai". O que acha de fazermos uma prece pedindo a proteção de Deus para que você tenha um sono tranquilo?

— Alberto, estou com medo! Por favor, não me deixe dormir! Fique comigo!

— Está bem, meu amor, estou aqui, não tem o que temer.

E assim, segurando na mão de Lucinda, Alberto fez uma sentida prece pedindo proteção a Deus para que a moça tivesse uma boa noite de sono. Depois da prece, percebeu que a noiva estava mais calma e tratou de mudar de assunto.

Depois de pouco mais de duas horas, Lucinda começou a mostrar sinais de cansaço. Logo adormeceu. E seu sono foi tranquilo e sem sonhos.

Alberto ficou ao lado dela e, depois de quatro horas, acabou dormindo também. Já passava das sete e meia da manhã, quando uma enfermeira entrou no quarto dizendo que ela precisava tomar um banho. Lucinda acordou sobressaltada, e, ao olhar para o lado, viu Alberto a sono solto.

Lucinda, sorrindo, pediu que ela ficasse aguardando do lado de fora, enquanto ela tomava seu banho. A enfermeira simpatizou com a moça e, enquanto ela tomava banho, trocou a roupa de cama.

Alberto acordou e, ao ver a moça arrumando a cama, perguntou:

— O que aconteceu? Onde está Lucinda?

— Acalme-se, ela está no banho! Dormiu muito bem e mostra-se bem disposta.

Depois de alguns minutos, Lucinda saiu do banho com os cabelos molhados. Sentindo-se refeita, ela disse:

— Não vou me deitar mais! Afinal, ontem fiquei deitada o dia todo. E cama é para doente, e isso eu juro que não estou.

— Meu amor, a cada dia que passa eu te amo mais.

— Eu também te amo, seu dorminhoco.

A enfermeira saiu e não demorou muito para Alfredo entrar no quarto, todo sorridente.

— Bom dia, meus filhos! Como você está se sentindo?

— Estou me sentindo muito bem; portanto, peço que me deixe ir embora. Se ficar aqui mais uma hora, ficarei doente de verdade!

— E até gostaria de lhe dar alta, mas não posso. Quem fez a avaliação em você foi Gustavo, e só ele poderá lhe dar alta.

— Mas eu não tenho nada, dr. Alfredo!

— Eu sei! Mas seria antiético da minha parte tomar a frente de Gustavo; afinal, foi ele quem se responsabilizou por você.

Depois de lhe contar sobre o pesadelo, Alfredo sorriu feliz e disse:

— Confie em Deus, pois se for da vontade Dele, você nunca mais vai dormir em casa e acordar numa UTI do hospital.

— Assim espero!

Alfredo se retirou e, depois de uma hora, Gustavo entrou no quarto de Lucinda para saber como ela estava. Para a sua surpresa, encontrou-a bem disposta e alegre.

— Como está a moça recém-saída do coma?

— Eu não estava em coma! Apenas não consegui acordar, só isso!

— Bem, você há de convir que isso não é uma coisa normal, não é?

— Sim! Mas dr. Gustavo, eu já estou bem. Peço-lhe que, por favor, permita-me voltar para casa. Prometo que tudo que o senhor mandar eu fazer, farei; exames, tudo; mas não me deixe nem mais um dia aqui, pois acabarei doente de verdade.

— Está bem! Mas quero que faça alguns exames e vá ao meu consultório para que eu faça uma avaliação periódica.

— Sim, doutor, eu prometo.

— Se é assim, vou atestar sua alta.

— Obrigada, doutor!

— Você é incrível, pensei que o médico não fosse lhe dar alta.

— Meu amor, tudo depende do jeito que se pede.

Lucinda, lembrando-se de que seu mal era espiritual, disse a Alberto:

— Meu amor, estive pensando em tudo o que me contou e cheguei à conclusão que neste mundo há espíritos por toda a parte. Devemos nos proteger e, para falar a verdade, eu sempre gostei muito do dr. Alfredo e de dona Isabel, mas sempre achei que eles eram exagerados com relação à doutrina de Kardec. Agora, depois de tudo o que aconteceu, creio que está na hora de eu tomar uma decisão: vou frequentar o Centro Espírita com eles e gostaria muito que você fosse comigo.

— Meu amor, penso da mesma forma. Saiba que frequentaremos o Centro Espírita com eles, não tenho dúvida de que você estava com problemas de ordem espiritual. Minha mãe sempre disse que Alfredo era um bom sujeito, mas que, apesar de ser um homem letrado, ainda estava preso às crendices populares, mas depois de conversar muito com ele, não tenho dúvida alguma de que ele sempre esteve com a razão. Você sabia que o codificador do Espiritismo, Allan Kardec, era um homem movido pela razão, e sua sensatez o fez dizer estas célebres palavras: *Só acreditarei quando vir e quando me provarem.* Portanto, ele não era um homem ingênuo que acreditava em tudo o que lhe contassem, ademais, possuía conhecimentos apurados em Ciências e Letras, tanto que foi bacharel e falava vários idiomas, como alemão, francês, espanhol, italiano e holandês. Foi um homem de grande inteligência, digna de nota, e não iria codificar algo de que não tivesse certeza.

— Eu já havia tomado essa decisão antes de acontecer tudo isso. Agora, estou mais convencida ainda. Não quero passar por tudo de novo, principalmente ter pesadelos com seres horríveis.

— Muito bem, arrume tudo para voltar para casa. Enquanto isso, vou ao setor de internação pagar a conta. Volto em pouco tempo.

Alberto sorriu e beijou a face de Lucinda, retirando-se. Quando voltou, encontrou a noiva apreciando a paisagem e perguntou:

— O que você está olhando?

— Eu estou vendo aquela árvore, com aquelas flores roxas, são lindas, não?

— Sim, meu amor. É o ipê-roxo, mas por que chamou tanto a sua atenção?

— Estava pensando em nossos filhos, brincando sob uma árvore dessas.

— Realmente, meu amor, saiba que assim que comprarmos a nossa casa, plantarei uma árvore dessa para que nossos filhos brinquem. E ela será o símbolo do nosso amor.

Depois que os dois saíram do hospital, Alberto, dirigindo, disse:

— Tenho de saber de minha mãe o que ela foi fazer em um terreiro.

— Por favor, Alberto, não diga nada a ela, pois jamais vai confessar.

— Mas, meu amor, ela passou dos limites. Não posso fingir que nada aconteceu.

— Está bem, meu amor. Se é assim, faça como quiser. Mas ela jamais vai lhe dizer a verdade.

— Sei disso, conheço-a bem. Mas preciso lhe dizer poucas e boas.

Alberto estacionou diante da casa de Alfredo, e quem foi recebê-los foi dona Isabel.

— Minha filha, que bom que está de volta! Como está se sentindo?

— Particularmente, estou muito bem, tentaram me enfeitiçar, mas Deus é maior.

— Realmente, minha filha, e como é! Entre, nossas secretárias ficarão felizes em vê-la.

Na sala, Isabel falou:

— Sente-se, minha filha. Deve estar cansada.

— De jeito nenhum, dona Isabel. Estou muito bem.

— Lucinda, acho bom você se cuidar espiritualmente, pois tudo isso foi um malfeito, e nós temos sempre que nos proteger.

— Eu sei, dona Isabel. Decidi que a partir desta semana vou ao Centro Espírita com a senhora e o dr. Alfredo.

— Que bom, minha filha. Você verá que isso nunca mais ocorrerá, mas terá de se apegar à prece. Minha filha, se as pessoas soubessem mais sobre a interferência dos espíritos na vida delas, seriam mais precavidas.

— Realmente, nunca acreditei em determinadas coisas, mas depois do que aconteceu comigo, não tenho dúvida de que, se não nos cuidarmos, vamos nos tornar presas fáceis de espíritos menos esclarecidos.

— Bem, minha filha, todos nós vivemos nesta Terra com a finalidade de crescer e evoluir nosso espírito. Basicamente, temos duas maneiras de aprender: pelo amor, quando nos atentamos às boas intuições fornecidas por nossos mentores espirituais, quando nos preocupamos com o porquê das coisas, quando estudamos e nos equilibramos com vibrações, evitando que esses irmãos suguem as nossas energias e interfiram em nossos pensamentos, pedindo sempre para que Deus nos dê a força necessária para fazermos mudanças positivas em nossa vida, visando ao aprimoramento espiritual de cada um de nós. A outra, é pela dor, ou seja, quando nós simplesmente descartamos todas as formas de aprender por bem e partimos, muitas vezes, para experienciar todas as emoções, colhendo os frutos amargos de nossas escolhas erradas.

— Vamos ver o seu caso. Já faz um tempo que está conosco e teve a oportunidade de sanar todas as suas dúvidas e aprender, mas não havia dado importância a tudo isso, ou seja, não havia cedido ao chamado de aprender por amor. Agora teve a grata surpresa de aprender pela dor, pois imagino quão difícil é dormir em seu quarto e acordar em uma UTI. Mas saiba que Deus nos chama de diversas maneiras e, muitas vezes, só atendemos ao chamado quando passamos por uma dor intensa.

— Realmente, dona Isabel — disse Alberto —, Lucinda está tendo a oportunidade de se aprofundar no assunto, e há, também, muitos livros na biblioteca, e agora que ela entendeu o chamado, vai passar a compreender os fenômenos naturais.

— Isso mesmo, Alberto — disse Isabel —, o importante é que ela tenha compreendido que está sendo chamada para conhecer os mecanismos espirituais e exercer a fé em Deus. Isso é o que importa.

— Seja como for, saiba que nunca estive tão decidida a conhecer uma religião profundamente como eu estou agora! Isso me será benéfico em todos os sentidos — disse Lucinda.

— Lucinda, vou para minha casa. Tenho algumas coisas para resolver, voltarei aqui à noite para irmos ao Centro Espírita. Já que temos de ir, que seja logo.

— Alberto, acho que está havendo um equívoco — disse Isabel olhando para o rapaz —, você não deve ir ao Centro Espírita ou a qualquer outra igreja simplesmente para cumprir um protocolo; antes de tudo, saiba que devemos fazer tudo por amor ao próximo e, principalmente, a tudo o que nos está sendo ensinado. Ir ao Centro Espírita ou ler um livro deve ser, sobretudo, um ato de amor, e não de obrigação. Não temos de ir, temos de colocar em nosso coração a vontade de ir. Não quero que se sinta coagido a nada, pelo contrário, Deus nos deu o livre-arbítrio para que façamos nossas próprias escolhas, se não fosse assim, ele teria feito robôs para que agissem dessa ou daquela maneira.

— Desculpe, dona Isabel. Entendo o que a senhora está querendo dizer, mas saiba que antes realmente eu nunca havia parado para pensar sobre a importância de Deus em nossa vida, e, graças à senhora e Alfredo, foi despertado em mim algo que eu desconhecia: a fé. Portanto, saiba que quando digo que tenho de ir ao Centro Espírita, é porque tudo o que tenho aprendido nesses últimos tempos com vocês tem me feito muito bem, e nunca ninguém me fez pensar tanto na vida e em seus fenômenos quanto o Espiritismo. Faço por amor, e não por imposição, esta é uma escolha que fiz, e tenho certeza de que é a correta.

— Fico feliz por sua decisão, pois ser espírita é ter a felicidade de encontrar a verdade, e como viveremos com ela dependerá de cada um de nós. Allan Kardec já afirmava: ser seguidor da doutrina é empreender um esforço pessoal para ser hoje melhor que ontem e amanhã melhor que hoje, pois o verdadeiro espírita tem uma autocrítica positiva e construtora da sua própria felicidade, e não foge à razão o que essa doutrina pode nos oferecer. Ela tem efeitos morais, pois, como diz um antigo ditado: "façamos um bom presente para termos um passado limpo e um futuro promissor". A doutrina espírita é baseada nos princípios que Jesus nos deixou, é uma doutrina que tem a capacidade de modificar o ser e construir uma vida mais feliz, respondendo à atitude de cada um.

— Que interessante, dona Isabel. Geralmente quando se fala em Espiritismo pensamos que as pessoas ficam presas ao tratamento com espíritos — disse Lucinda sorrindo —, mas agora vejo que é uma doutrina lógica, que nos move à razão; portanto, saiba que serei espírita e farei de tudo para melhorar meus defeitos, transformando-os em virtudes.

— Muito bem, minha filha. Essa é uma das finalidades do Espiritismo: fazer com que as pessoas procurem se melhorar a cada dia, transformando-as em pais melhores, irmãos melhores, filhos melhores, enfim, melhorando-as diariamente diante das mais diversificadas situações.

Alberto olhou para as duas e, sorrindo, disse:

— Estou adorando ficar com vocês, mas preciso ir. Terei uma conversa muito séria com minha mãe.

— Mas, Alberto, eu preferia que você não dissesse nada a ela; tenho certeza de que ela vai se aborrecer com você e acabará dizendo coisas desagradáveis.

— Alberto — disse Isabel —, Jesus nos ensinou que devemos honrar pai e mãe, e isso inclui tratá-los com respeito. Portanto, não sou contra que converse com sua mãe, mas não deixe que o desrespeito faça parte da conversa. Procure mostrar a ela o quanto está enganada em relação à Lucinda e o quanto agiu mal, tudo de maneira respeitosa e amorosa.

— Mas a senhora não sabe o quanto minha mãe é maldosa! Não posso fazer de conta que não sei de nada, ela precisa saber que eu sei de todas as suas tramoias.

— Eu sei de tudo isso, meu filho. Mas fale com ela com respeito e comiseração.

— Está bem, dona Isabel.

O moço beijou a noiva e Isabel. Sorrindo, foi em direção à garagem pegar o carro. Logo ganhou a rua.

Perdão

AO SE APROXIMAR DE CASA, o rapaz parou o carro em uma viela e estacionou. Ficou pensando como abordar o assunto com a mãe.

Ao estacionar o carro, viu um garotinho que brincava com bolinhas de gude e se lembrou do que Lucinda lhe havia falado sobre os filhos brincarem sob a copa de um ipê. Ficou pensando em como seria prazeroso ter uma família, filhos, e deixou o coração se enternecer.

Viu uma mulher no portão gritando:

— Ricardo, venha! Daqui a pouco você terá de ir ao colégio!

— Já estou indo, mamãe! Vou recolher minhas bolinhas.

Neste momento, Alberto viu um caminhão completamente desgovernado entrar na ruela, indo

em direção ao menino, que estava de cócoras recolhendo as bolinhas de gude.

Ele saiu rapidamente do carro e, em poucos segundos, colo-
cou-se diante do menino, puxando-o. A mãe do menino não conseguiu fazer nada, pois estava completamente paralisada diante da
rapidez dos fatos. Alberto, ao puxar o menino, caiu em direção à
guia, e o caminhão só parou quando chocou-se com um muro.
Alberto olhou para o menino e viu que os cotovelos estavam ra-
lados e o nariz sangrando. Tentou se levantar, mas não conseguiu.
A mãe do menino se aproximou trêmula e, chorando, perguntou:

— Ricardinho, você está bem?

— Estou, mamãe, mas veja, o moço parece que não está!

— Vou entrar e chamar uma ambulância para socorrê-lo.

Alberto ouvia a tudo, mas, vez por outra, seus sentidos
desapareciam. Não se lembrava do que realmente havia lhe acontecido. Em poucos minutos, a ambulância chegou. O rapaz, na
ambulância, não conseguiu se manter acordado, e fechou os
olhos. No hospital, Alfredo estava atendendo no pronto-socorro,
pois era seu plantão. Para sua surpresa, viu que se tratava de Alberto. Desesperado, atendeu-o e ouviu a história contada pela
mãe de Ricardinho. Ela ainda disse que o motorista do caminhão
parecia estar bêbado.

Alfredo mandou Alberto ao raio X para ver se havia fraturado algum osso, mas o moço estava aparentemente bem. A
única coisa que o preocupava era que ele não conseguia acordar,
talvez tivesse batido a cabeça. E, novamente, Alfredo chamou
Gustavo, que, olhando para o rapaz, disse:

— Vou pedir para fazerem os devidos exames. Ainda é
muito cedo para dizer alguma coisa.

— Que pena! É um rapaz rico e bem-apessoado, mas quis
dar uma de herói e está aqui, praticamente em coma.

— Não diga isso, Gustavo! — repreendeu Alfredo. — Ele fez o que um homem de bem faria se visse uma criança em perigo.

Alberto reagiu bem ao tratamento e não mostrava ter nada grave. Acordou lentamente, e a primeira figura que viu foi Alfredo que, sorrindo, disse:

— Alfredo, o menino se salvou?

— Sim! Está aí no corredor com a mãe para saber notícias suas.

— Que bom, então vejo que valeu a pena eu ter brincado de super-homem!

— Não brinque com uma coisa dessas, meu filho! Você fez o que qualquer homem de bem faria; portanto, acalme-se e durma.

— Você avisou Lucinda sobre o que me aconteceu?

— Ainda não. Graças a Deus, você logo estará bem. Por ora acho melhor dormir um pouco; vou avisar sua mãe e Lucinda.

— A minha mãe, não! Sei que ela virá até aqui e dirá despautérios para Lucinda.

— Mas ela é sua mãe, Alberto. Você precisará ter paciência, sei que não é fácil vermos uma pessoa ser acusada de muitas coisas injustamente, mas tenha calma que tudo dará certo. Se quiser, posso dizer a Lucinda que você está bem e que ela não precisa vir até aqui, pois à noite você irá embora.

— Não! Se eu tenho de escolher alguém para me fazer companhia, saiba que escolho a minha noiva e dispenso minha mãe.

— Mas, Alberto, Lucinda vai entender se não puder vir aqui. Mas e sua mãe? Esqueceu que ela tem todos os direitos sobre você?

— Alfredo, ela pode até ter direito sobre mim, mas não suporto a presença dela, ainda mais depois de tudo o que fez. Para falar a verdade, prefiro que ela nem fique sabendo o que aconteceu.

— Não posso deixar de avisá-la. Coloque-se no lugar dela. Se souber mais tarde que você sofreu um acidente, ficará furiosa, e com razão.

— Está bem, Alfredo, protetor das mães desamparadas. Avise dona Jacira que sofri um acidente e que estou no hospital. Mas avise Lucinda também.

Alfredo saiu e ligou para Jacira e Lucinda. Jacira, quando ficou sabendo que o filho estava no hospital, entrou em completo desespero. Não perdeu tempo em se arrumar, chamando José Carlos para levá-la ao hospital. No trajeto até o hospital, ela apenas chorava. Jacira mandou que ele ficasse estacionado diante do hospital. Jacira entrou e encontrou Gustavo.

— Boa tarde! Sou mãe do jovem Alberto de Almeida Prado. Gostaria de saber quem é o médico responsável por ele?

— Ah, o rapaz que sofreu um acidente ao salvar a vida do menino?

— Para mim não importa quem ele salvou, quero saber como meu filho está! — disse com arrogância.

— Ele está em observação, mas já está tudo bem. Foram feitos exames, que não acusaram nenhuma fratura. Ele deu entrada desacordado, mas acredito que tenha sido pelo susto, pois tudo está bem.

— Estou preocupada com meu filho. Não quero que me esconda nada!

— Estou lhe dizendo a verdade, senhora! Acabei de estar com seu filho e tudo parece bem.

— Acho melhor tirar meu filho daqui e levá-lo para a capital, pois vejo que nesta cidade só tem incompetentes!

— O que está dizendo, minha senhora? Saiba que todos os exames foram feitos; portanto, se a senhora quiser levá-lo à capital, fique à vontade, mas saiba que o médico aqui ainda sou eu.

— Pelo que já deu para perceber, o senhor tem diploma, mas não é um médico, pois médico que se preze tem certeza em seus diagnósticos.

— Faça como quiser, pois sua petulância está me fazendo mal, passe bem!

Jacira entrou na sala de observação e viu o filho conversando com Alfredo.

— Olá, Jacira! Fique tranquila, Alberto está ótimo! Vai ficar algumas horas aqui, mas logo poderá voltar para casa.

— Vou ligar agora mesmo para o meu advogado na capital pedindo que arranje um lugar no melhor hospital, pois meu filho não ficará nesta espelunca nem mais um minuto.

— Mamãe, chega! Saiba que estou sendo muito bem tratado e, se a senhora não está gostando, peço que se retire. Não precisa ficar aqui.

— Meu filho! Estou preocupada com o seu estado de saúde.

— Meu estado de saúde está ótimo. E agora não me faça passar vergonha. Daqui a pouco Lucinda chegará e não quero que diga nada que a ofenda. Espero que a senhora tenha entendido!

Alfredo olhou surpreso para Alberto, pois jamais pensara que ele fosse tão firme com a mãe. Por outro lado, via que o rapaz tinha razão: Jacira sempre se mostrou caprichosa e inútil.

— Meu filho, você não pode dizer isso para mim. Sou sua mãe e me preocupo com o seu bem-estar.

— Mamãe, saiba que sou um homem, esse cuidado todo me faz mal, por essa razão, peço-lhe que vá embora, logo mais estarei em casa.

— Não me peça para fazer isso! Eu não vou embora! Tenho de cuidar de você.

— Se a senhora não implicar com Lucinda pode ficar, mas não quero ouvir nenhuma gracinha sua para com ela. Estamos entendidos?

— Está vendo? Você está preferindo ficar na companhia de uma pistoleira a ficar com sua mãe. Se ela aparecer aqui, vou colocá-la para fora!

— Se a senhora fizer isso, eu coloco a senhora para fora; portanto, sem ofensas!

— Ingrato! Você é um ingrato sem coração!

Alfredo sentiu-se mal com aquela discussão e pediu a Alberto que se acalmasse e descansasse. O moço entendeu o que ele estava querendo e fechou os olhos pedindo silêncio.

ເວ

JÁ FAZIA QUASE uma hora que Jacira estava com Alberto quando Lucinda chegou. O moço fingia dormir. A mãe, ao ver a costureira, não escondeu o rancor que tinha em seu coração e começou a agredi-la verbalmente. Embora falasse baixo, com medo de acordar o filho, suas palavras eram cortantes. Lucinda ficou calada, sem nada responder.

— Veio ver se ele morreu e incluiu você no testamento, sua interesseira? Saiba que ele não vai se casar com uma desqualificada como você. E tem uma coisa que você talvez não saiba, ele é como o pai, adora carne nova. Não pense que ele vai se casar com você, porque não vai. Meu filho sempre foi um grande galanteador, talvez ainda não tenha conseguido o que deseja, mas, assim que conseguir, vai dispensá-la como uma toalha de papel.

Alberto ouvia a tudo calado, e vez por outra abria os olhos lentamente para observar o rosto de Lucinda, que estava em pé ao seu lado.

A mulher ainda continuou:

— Tenho uma oferta a lhe fazer. O que acha de pegar uma boa quantia em dinheiro e ir embora daqui?

— Vejo que a senhora é incapaz de entender o amor. Não é mesmo? Saiba que jamais vou abandonar Alberto, nem por todo o dinheiro do mundo. Eu o amo, e só vou deixar seu filho se ele não quiser mais nada comigo, não será a senhora nem ninguém que me fará desistir do único homem que realmente amei em toda a minha vida. Se a senhora está brigando comigo pelo dinheiro, peço que nos deixe em paz e fique com tudo que seu marido lhe deixou, pois tenho certeza de que Alberto não vai se importar em levar uma vida simples comigo.

— Não se iluda, menina, meu filho é um boa-vida. Jamais deixaria o luxo para viver numa choupana. Vejo que, além de pobre, você também é burra.

— Não, dona Jacira, não sou burra. Pobre sim, mas digna. E saiba que eu jamais namoraria seu filho se não o amasse.

Nesse instante, Alberto abriu os olhos e, sorrindo para Lucinda, disse:

— Vejo que a senhora não me conhece mesmo, não é mamãe? Saiba que por Lucinda eu abriria mão de todos os nossos bens, pois isso pode ser importante para a senhora, mas não é para mim. Minha mãe, saiba que até hoje eu detesto os bajuladores. Isso é para a senhora, é por essa razão que prefiro ficar com a mulher que amo e ter paz a viver ao lado da senhora naquela imensa casa, solitária e vazia; vazia de afeto de pessoas de bom coração. Posso viver no luxo, mas também sou capaz de viver no lixo; portanto, o que a prendeu a meu pai durante todo o tempo não será capaz de me prender. Sua ganância desmedida só faz parte da sua personalidade. Se quiser que eu me afaste das empresas que meu pai me deixou, tudo bem, mas saiba que jamais falarei com a senhora novamente.

— Está vendo, sua meretriz? Você conseguiu jogar o meu filho contra mim!

— Não, minha mãe, Lucinda não fez nada. Ademais, se eu não explodi com a senhora antes, foi a pedido dela, mas agora a senhora já passou dos limites e peço que vá embora!

— Não vou embora! Sou sua mãe e quero ficar ao seu lado!

— Ficar ao meu lado pode ficar, mas sem me ofender, nem os médicos, nem o hospital, nem Lucinda, que é a mulher que amo.

— E, por falar em determinadas coisas, acho que logo mais à noite voltarei para casa e a senhora terá de me explicar os dois saques que fez no banco. Pensa que não sei que procurou um pai de santo? Se há alguém baixo aqui, minha mãe, sinto dizer que esse alguém não é minha noiva, mas a senhora!

Jacira saiu dali e parou diante do bebedouro de água. Lembrando das últimas palavras do filho, sentiu raiva de si mesma por ter acreditado nas palavras de Lucélia, e com fúria pensou: "Com o problema ele não acabou, mas diminuiu o meu patrimônio, aquele charlatão".

Neste momento Isabel se aproximou de Jacira e disse:

— Mãe leva cada susto, não é mesmo, Jacira?

— Sim, além de susto aguenta também muitas traições, principalmente daqueles que julga serem seus amigos.

— Do que está falando?

— Se você não acha traição o que você e Alfredo estão fazendo, não sou eu quem vou dizer.

— Acho melhor você tirar de seu semblante esse ar de vítima, pois acolhi Lucinda em nossa casa, sim! E se ela não fosse uma boa moça, jamais teria feito isso. Ela é honesta, trabalhadora, simples e digna, aliás, tem mais dignidade que muitos da sociedade.

— Nossa! Vejo que ela arranjou uma boa advogada de defesa!

— Eu não sou advogada, apenas procuro ser justa. Você é tão pequenina e ambiciosa que não consegue ver o que a pessoa realmente é, e só vê o que a pessoa tem. Gosto de Lucinda, e tem mais, se ela quiser, só sairá casada de minha casa.

— Preciso conversar com Alfredo que sua esposa está acolhendo meretrizes em sua casa. Se continuar assim, você logo descobrirá uma boa fonte de renda.

— Que pena que não consegue ver o quão errada está, Jacira. Faço minhas as palavras do nosso mestre Jesus. "Pai, perdoa porque ela não sabe o que está fazendo". — Falando isso, Isabel se afastou de Jacira, pois percebeu que nada do que dissesse iria lhe servir.

Jacira, sugestionada pelos espíritos que a acompanhavam, com raiva de Alfredo e Isabel, disse a si mesma: "Esses traidores vão pagar caro, se não fosse nossa família, eles jamais teriam se firmado nesta cidade. Mas agora não vou sossegar enquanto não os tirar daqui, devo pensar em algo urgentemente".

Jacira ficou ali parada e lembrou que Alfredo era um homem que atendia a qualquer chamado, a qualquer hora do dia ou da noite. Assim, resolveu arranjar uma forma de prejudicar a reputação dele.

Sorrindo maldosamente, ela saiu do hospital. Ao chegar ao carro, José Carlos estava lendo um livro que havia pego emprestado de Maximiliano, o companheiro de trabalho de Alfredo e Isabel na Casa Espírita. Era *O Livro dos Espíritos*, e ele estava lendo sobre o número de existências corporais. Encantado com a leitura simples, que dizia que a cada nova existência o espírito dava um passo na senda do progresso e que, quando se despojava de todas as impurezas, não mais precisava das provas da vida corpórea, não se deu conta quando Jacira se aproximou do carro. Batendo no vidro do veículo, ela pediu que ele abrisse a porta. Ele deu um salto e saiu do carro, correndo para abrir a porta de trás do luxuoso automóvel. Como Jacira já estava irritada, gritou:

— O que você está fazendo que não me viu chegar, José Carlos?

— Eu estava lendo, dona Jacira, distrai-me, perdoe-me.

José Carlos queria saber sobre o estado de saúde de Alberto, mas não ousou perguntar, conhecia suficientemente bem o gênio de Jacira. Em silêncio, manobrou o carro e logo estavam na casa de Jacira, que estava muito irritada com tudo o que havia acontecido.

Ao sair do carro, ela entrou em casa e foi para o seu quarto. Tomaria um banho para relaxar e depois pensaria em como faria para acabar com aquele farsante, o pai João.

Jacira não percebia que suas atitudes, cada vez mais, afastavam Alberto de si. Para ela, Lucinda era a culpada por tudo. Depois do banho, ela se deitou e ficou pensando em pai João, que prometera tirar Lucinda do caminho. Mas nada lhe acontecera. Jacira ignorava completamente o que havia acontecido com Lucinda e sua internação. Ela sentia muito ódio de pai João.

Orai e vigiai

ALFREDO FOI ATÉ A SALA de observação e providenciou a alta da observação do pronto-socorro. Alberto sentia-se feliz, pois queria voltar para casa, mas antes pediria a José Carlos que fosse buscar seu carro, que ele deixara na viela.

A mãe do menino que fora salvo por Alberto, depois de ver Jacira, mudou de ideia e decidiu que não mais iria visitá-lo, pois arrogante como aquela mulher mostrara ser, seria capaz de mandar que ela fosse embora.

E assim, Alberto levantou-se da cama e disse ao amigo:

— Alfredo, estou bem mesmo, não entendo como não fraturei nada. Creio que houve um verdadeiro milagre, pois da maneira que caí e bati a cabeça, era para eu ter fraturado o crânio.

— Seja como for, agradeça a Deus. Mas, mudando de assunto, devo lhe dizer que está terrivelmente impossível de se lidar com Jacira. Você acredita que ela e Isabel andaram quase às voltas de uma discussão no corredor?

— Não brigue com dona Isabel, conheço bem minha mãe, ela é tão soberba que acha que só pelo fato de ter dinheiro está acima de tudo e de todos. Ela ofendeu Lucinda todo o tempo em que esteve aqui. Minha mãe é má e tem prazer em machucar as pessoas.

— Bem, eu não diria que sua mãe é má, apenas ignora certos fatos, mas terá o tempo necessário para aprender a ver e a trabalhar com essas verdades, se não for nesta encarnação, será em outras, graças à misericórdia do nosso bondoso Pai Amoroso.

— Sim. Mas, mesmo assim, preciso ter uma conversa com ela sobre o saque que ela fez no dia do assalto. Certamente, deve ter dado a um pai de santo, no terreiro ao qual foi para prejudicar a Lucinda.

— Não se preocupe com isso, pense apenas em fazer o que nosso mestre nos ensinou, orar e vigiar, pois se fizer isso ninguém poderá prejudicá-lo, nem a você, nem a Lucinda.

— Está certo, Alfredo, mas minha mãe precisa saber que sei de todas as suas tramoias. E essa conversa não poderá ser evitada. Ela tem de entender que eu sou um homem, e não um menino facilmente manipulável.

— Está bem, meu filho, não lhe tiro a razão, mas peço que seja firme, porém amoroso. Não a magoe, pois se ela está reagindo dessa maneira é porque não sabe agir diferente. Sinta compaixão por ela e mostre que, apesar de tudo, você a perdoa.

— Você, com seu jeito calmo de ver a vida, Alfredo, me tranquiliza.

— Isso é bom! Mas saiba que essa serenidade que você observa em mim está ao alcance de todos, basta ver a vida de maneira simples e descomplicada, sempre pedindo ajuda a Deus para ter a serenidade necessária quando se vai perder a calma, pois isso é de muita valia.

Alberto sentiu-se compelido a dar um abraço em Alfredo, que o retribuiu como somente um pai abraça o filho.

— Alfredo, sempre gostei de você desde menino, mas nesses últimos tempos que tenho convivido mais com você confesso que tenho por você amor de filho.

— Que bom, já que meu filho está longe, tenho um outro filho aqui para me fazer companhia — brincou Alfredo, dando tapinhas nas costas do rapaz.

Alberto pediu para Alfredo deixá-lo em casa, pois sabia que o bom médico já estava um pouco atrasado para a reunião na Casa Espírita.

Ao chegar em casa, o moço viu que tudo estava como de costume, as luzes acesas e a mãe trancada no quarto. Dirigiu-se até lá e bateu suavemente à porta. Ouviu uma voz sumida, que disse:

— Entre!

O rapaz finalmente entrou e encontrou a mãe deitada no escuro, alegando estar com uma terrível dor de cabeça.

Alberto, suavemente, sentou-se na cama e foi perguntando à mãe:

— Mamãe, será que podemos conversar?

— Hoje não, Alberto. Encontro-me neste estado por sua culpa, pois nunca me senti como hoje, uma cachorra vira-lata, que foi escorraçada pelo próprio dono.

— Não seja melodramática, minha mãe! Tente entender que tudo o que lhe aconteceu foi exclusivamente por culpa sua.

Jamais teria agido daquela maneira se a senhora não tivesse provocado a situação.

— Está vendo! Eu tento protegê-lo e ainda a culpa é minha! Sabe, Alberto, até bem pouco tempo atrás você era o mesmo menino que eu coloquei no mundo, mas de repente virou-se contra mim e ainda fez com que nossos amigos também ficassem contra mim.

— Bem, acho que vou precisar refrescar sua memória, pois ao chegar no hospital sei muito bem que foi hostil com o dr. Gustavo, dizendo que iria me levar à capital, e ainda o ofendeu a tal ponto que Alfredo foi me dar alta. Que vergonha, minha mãe! Quem pensa que é para pisar assim nos outros? Entenda que sua posição social e seu dinheiro não podem comprar a verdadeira amizade. E tem mais, eu não saio por aí falando mal da senhora, mas saiba que suas atitudes mesquinhas para com os outros estão a deixando ainda mais na solidão. Quando o mundo nos vira as costas, é sinal de que o problema é conosco, e não com os outros. Mãe, eu a amo, mas confesso que nos últimos tempos venho sentindo pena da senhora, pois está sozinha e ficará ainda mais sozinha se não mudar sua atitude.

— Bem, não vou mudar. Se as pessoas se afastaram de mim, foi justamente por não serem minhas amigas, pois se fossem iriam me apoiar.

— Não, minha mãe, as pessoas éticas jamais concordarão com seu modo de agir. E quem apoiá-la vai fazê-lo por bajulação, e não por amizade. Entenda, minha mãe, cada um tem o seu valor, e ninguém é mais que ninguém.

— Você, às vezes, me preocupa, pois tendo a posição que tem, insiste em namorar uma costureirazinha e fica passeando com ela por todo o canto, ou pensa que não estou sabendo?

— Mamãe, não faço nada às escondidas. Namoro com Lucinda e não me envergonho disso, saiba que o que nos une é o sentimento mais puro que o ser humano pode nutrir por outro: o amor.

— E quando o amor acabar, meu filho? Vai se arrepender por não ter me escutado, mas será tarde demais, porque já dividiu com essa mulher tudo o que é seu, e se não abrir seus olhos ficará sem nada, pois ela vai tirar tudo de você.

— Mamãe, se o seu medo é esse, saiba que vou me casar com Lucinda com separação parcial de bens, pois ela quer assim. Tudo o que você me disse não fará com que eu mude de ideia, pois o que é importante para a senhora não o é para mim. Dinheiro, posição social e viver cercado por bajuladores, nada disso me atrai, aliás, nunca me atraiu.

— Se somos tratados com bajulações ou não, isso não me importa, para mim o importante é que eu seja tratada com distinção e respeito, e tudo isso devemos ao dinheiro e à posição social que ocupamos.

— Vejo que somos diferentes em tudo, mas o motivo que me trouxe aqui é outro. Preciso saber por que a senhora sacou dinheiro no dia do assalto e, aliás, duas vezes e a mesma quantia.

— Não acredito que agora vou ter de dar satisfação de como gasto o meu dinheiro! Você nunca foi mesquinho, meu filho, e não acredito que será agora.

— Mamãe, o que estou tentando lhe dizer é que não estou preocupado com o dinheiro em si, mas em que esse dinheiro foi empregado.

— Se faz tanta questão de saber, eu comprei uma joia para mim. Já que meu filho não me dá de presente, eu mesma vou comprar, e não quero mais falar nesse assunto, pois saiba que antes de você ser dono desse dinheiro eu fui primeiro.

— Então me deixe ver o que comprou, minha mãe, pois não entendi por que sacou duas vezes a mesma quantia.

— Não vou lhe mostrar nada; afinal, não tenho por que lhe dar satisfações.

— Bem, se não quer me falar nem mesmo me mostrar o que comprou, é porque não comprou nada. Não estou aguentando mais tantas mentiras, mamãe — explodiu o rapaz —, sei muito bem o que a fez retirar o dinheiro. Você foi a um pai de santo, não é mesmo? Pensa que não estou sabendo? Sempre soube que tinha uma mãe voluntariosa e caprichosa, mas, para mim, é novidade saber que tenho uma mãe mentirosa, que vai a esses lugares pedir ajuda a espíritos! Nunca pensei que desceria tão baixo, envergonho-me da senhora. E tem mais, acho que não vou conseguir mais dividir o mesmo teto com uma mulher ardilosa, capaz de qualquer coisa para conseguir o que quer. Chega! Eu amo Lucinda e vou me casar com ela!

Neste momento, Jacira sentiu suas vistas ofuscar, e com lágrimas nos olhos começou a gritar:

— Veja, você nunca me ofendeu tanto, Alberto! Está fazendo uma escolha, e eu estou vendo que terei de aceitar. Já que quer se casar, case, mas não vou permitir que você continue a cuidar do nosso patrimônio. Você age dessa forma porque nunca passou necessidade alguma, sempre teve de tudo, do bom e do melhor, estudou nos melhores colégios, cursou uma excelente faculdade, sempre se vestiu com esmero e teve os carros que queria, e ainda usufrui de uma posição invejada por muitos! Eu vou cuidar do que é meu, para não morrer na mais completa miséria. Essa moça só vai se casar com você porque você é rico, bonito e de boa família, mas garanto que se fosse o contrário, ela nem olharia para você!

— É aí que a senhora se engana! Lucinda me ama pelo que sou, e não pelo que tenho, e saiba que ela até me aconselhou a deixar tudo para a senhora, pois se propôs a trabalhar para me ajudar. Não fez como a senhora que, depois que se casou com um homem rico, simplesmente se portou como uma nova-rica, esquecendo-se de sua origem humilde, filha de uma lavadeira de roupas. A senhora, mais que ninguém, deveria apoiar nosso casamento, mas, em vez disso, o que vem fazendo? Opondo-se simplesmente para continuar a manter a fama de poderosa da cidade. Nunca pensei que fosse dizer o que vou lhe dizer agora: eu simplesmente a desprezo e, enquanto não mudar, vou continuar desprezando-a! — disse Alberto nervoso ao extremo.

Nesse momento, Jacira começou a chorar copiosamente, mas Alberto continuou:

— Se a senhora quiser, comande os negócios. Eu vou sair desta casa agora mesmo! Viva sozinha com seu dinheiro e sua posição social!

— Vá, seu ingrato! Vá viver como mendigo ao lado daquela miserável! Eu não vou lhe dar nenhum tostão, e quero ver você voltar para casa como um cachorro vira-latas!

— Fique tranquila, não levarei nada além de meus pertences pessoais. Quanto ao carro, tudo o que tenho, pode ficar para a senhora. Aproveite, mas lembre-se, terá de ir a São Paulo para cuidar dos negócios pessoalmente, pois, se não cuidar, logo o seu grande gerente lhe tomará tudo, pois, ambicioso como é, vai crescer rapidamente!

Neste momento, Alberto saiu do quarto da mãe e se dirigiu ao seu. Enquanto arrumava as malas, ouviu a mãe gritar:

— Eu cuidarei de tudo! Não preciso de você! Morra como mendigo, seu ordinário!

Alberto, embora ouvisse os gritos da mãe, voltou ao quarto e disse:

— Vou embora, não estou levando nada. Não esqueça de checar se José Carlos foi buscar o carro, pois ele ficou aberto.

Ao dizer essas palavras, Alberto saiu de casa com uma mochila nas costas e uma mala.

Jacira chorava copiosamente e tremia, jamais imaginara que o filho seria capaz de ir tão longe! Tinha certeza de que ele era completamente dependente dela. Agora percebera que ele havia crescido e se tornado um homem, que tomava suas próprias decisões.

Alberto decidiu que iria para um hotel, pois tinha dinheiro para isso. No dia seguinte, iria à casa de Alfredo e lhe contaria tudo o que acontecera. Ficou hospedado no hotel da cidade, mas naquela noite não conseguiu dormir, estava agitado ao extremo, lembrando-se da cena da mãe a lhe dizer palavras cortantes. Pensou em seus amigos, e como não pôde deixar de lembrar como Isabel era diferente, lúcida, sensata, uma pessoa que não se prendia a bobagens. A mãe sempre fora mesquinha, nunca se importara com ninguém, a não ser com ela mesma, e sempre se mostrara intransigente, como se tivesse nascido em berço de ouro.

Já passava das quatro da manhã quando Alberto finalmente, vencido pelo cansaço, adormeceu. Seu sono foi agitado, mas sem sonhos.

❧

No dia seguinte, o rapaz levantou-se e desceu para tomar o café da manhã. Depois, foi a um jornaleiro comprar um jornal para ver se conseguia um emprego; pois não podia ficar sem trabalhar.

Andando, chegou à casa do médico e tocou o interfone. Quem o atendeu foi Ida. Sorridente, ela disse:

— Bom dia, sr. Alberto! Todos estão tomando café. O doutor pediu para que entrasse.

— Obrigado!

Ao chegar à porta da copa, o médico percebeu que algo de grave havia acontecido. Primeiro, por ele estar muito cedo à sua procura, depois, por não ter ouvido o ronco do carro de luxo do rapaz. Preocupado, disse:

— Alberto, desculpe-me, mas vejo que você está péssimo!

— Realmente, meu amigo! Saí de casa. Minha mãe está intratável, para ela o importante é o dinheiro e o *status*. Não gosto disso, ela não aceita de maneira alguma meu namoro com Lucinda. Resolvi sair de casa, e ela, não se dando por vencida, mandou que eu deixasse os negócios para ela comandar. Estou hospedado em um hotel. Desculpe por chegar a uma hora dessas, mas esta noite foi terrível, mal consegui dormir. Vim aqui à procura de paz.

— Sente-se, meu filho! Ontem, depois que falei com você, pude sentir que algo sério aconteceria, mas agora que aconteceu saiba que estamos aqui para apoiá-lo em tudo o que precisar, e não vou permitir que fique em um hotel, temos quartos vagos e faço questão de que fique em nossa casa até a situação se firmar — disse o médico pacificamente.

— Não posso aceitar. Obrigado, mas não vou me sentir à vontade sabendo que estou atrapalhando.

— Mas quem disse que você vai nos atrapalhar, Alberto? — perguntou Isabel sorridente.

— Não posso ficar aqui, pois, sabe como é, uma pessoa a mais é um gasto a mais, e...

Lucinda, que até então ouvia atenta e nada dissera, finalmente comentou:

— Bem, façamos o seguinte: você fica aqui na casa do dr. Alfredo e eu volto para a minha casa.

— Meu amor, não poderei ficar aqui. Se você voltar para a sua casa, saiba que minha mãe jamais vai lhe dar sossego.

— Então está decidido — disse o médico —, vá buscar suas coisas e fique em nossa casa. Saiba que para nós será grande alegria hospedá-lo aqui.

Alberto, percebendo que não tinha mais argumentos, arrependeu-se de ter contado o que acontecera, mas, por outro lado, sentiu uma ternura muito grande pelos amigos e pelo aconchego de uma família.

Vingança

Naquela noite, Jacira ficou andando pela casa, pois não conseguia acreditar que seu único filho havia tomado uma decisão tão séria como aquela. Pensou também em como faria para administrar os negócios, e lembrou que realmente seu gerente era muito ambicioso e que nunca se importara em saber como as coisas estavam indo.

Arrependeu-se de ter sugerido ao filho que fosse embora e também abandonasse os negócios da família. Ela sentiu grande ódio por Lucinda. As duas entidades que estavam próximas a Jacira começaram a dizer:

— Isso mesmo, sinta esse ódio com toda a força de seu coração, pois, se não fosse aquela intrometida, tudo estaria como sempre, seu filho continuaria a ser o mesmo filho amoroso de sempre, e estaria convivendo com você. Coisa que ele não faz desde que essa moça apareceu em sua vida! Arrume um jeito de se livrar dela de uma vez por todas, mate-a, se preciso for, mas livre-se dela.

O ódio por Lucinda foi aumentando a tal ponto que, de repente, veio a ideia de mandar matar Lucinda sem levantar suspeitas. Jacira olhou para um ponto indefinido e repetiu:

— É isso! Mandarei matá-la. Somente assim terei meu filho de volta!

A partir daquele dia, Jacira começou a pensar em uma forma de sumir com Lucinda de uma vez.

ꙅꙅꙅ

ALBERTO FICOU hospedado no hotel apenas por uma noite. No dia seguinte, já estava na casa de Alfredo, em quem confiava e sabia que gostava dele independentemente de quem ele era ou do que ele tinha.

Alberto, embora estivesse noivo de Lucinda, não desrespeitou a casa do amigo, de modo que preferiu ficar no quarto de fora. Lucinda, a princípio, não entendeu, mas aceitou a decisão do noivo de ficar no quarto de fora, ao lado da sua máquina de costura.

O médico confiava no casal, de modo que nada disse, e assim os jovens passaram a frequentar a Casa Espírita e também a fazer parte do Evangelho no Lar, feito por Alfredo e comentado muito bem por Isabel.

As noites eram sempre agradáveis, pois quando não estavam envolvidos com assuntos ligados à Casa Espírita, ficavam conversando até tarde da noite na sala. O verão estava terrível, e Isabel habituara-se a dormir pouco.

Alfredo gostava muito da presença dos jovens em sua casa, pois lhe reformulava o ânimo, fazendo-o esquecer os aborrecimentos diários.

Certo dia, estando Alberto a vasculhar o quarto onde dormia, encontrou um velho violão sem cordas, e como ele era um exímio tocador, imediatamente comprou as cordas e afinou o instrumento, e não raro tocava até a hora de dormirem.

Isabel servia bolo com chá, sucos ou apenas um cafezinho, mas, para eles, o importante era a união, e pela primeira vez em toda sua vida, Alberto sentiu o quão agradável era a convivência em família.

À medida que se passavam os dias, Alberto e Lucinda sentiam-se mais preparados para se casar, pois se davam muito bem. As empregadas gostavam de Alberto, pois ele manteve seu lado moleque mesmo na fase adulta, e vez por outra pregava peças em Ida e Cida.

Lucinda não saía sozinha, pois quando não estava com Alberto, estava com Isabel. Enquanto isso, Jacira não aguentava a ausência do filho, pois havia se passado um mês que Alberto saíra de casa e nem sequer voltara para buscar o restante das roupas.

Ela telefonava a todo instante para o gerente da empresa e dizia que Alberto estava doente e que ficaria por algum tempo afastado. Mas como era desconfiada, mandou que se fizesse uma auditoria na empresa para saber como estava sendo gasto o dinheiro, pois não confiava no gerente.

Certo dia, ela resolveu ir a São Paulo e chegar de surpresa, pois queria saber como estavam os trabalhos. Tudo estava aparentemente normal, a auditoria já estava sendo concluída, e ela decidiu que voltaria para casa.

Alberto, desde que deixara a casa da mãe, cortou todos os vínculos e procurou não ter notícia nenhuma dela, mas Jacira, a cada dia, se definhava em tristeza pela falta do filho.

Embora ela dissesse que estava tudo bem, os sinais do abandono eram visíveis, as rugas começaram a surgir, principalmente na área dos olhos, e seu ódio por Lucinda se acentuava ainda mais.

Alberto tentava conseguir emprego, e depois de duas semanas arrumou um trabalho em uma revendedora de carros novos. Cuidava da administração. O dono, que era muito amigo de seu pai, sabia da aptidão do rapaz para os negócios e de sua honestidade.

Certa manhã, estando Jacira em seu jardim, Rita veio chamá-la para atender o telefone, era Lucélia. Jacira, depois de se sentir enganada por pai João e ignorada por Lucélia, que nunca mais a havia procurado, sentia que ela era de uma falsidade monumental.

Jacira, irritada por ser tirada de seu jardim, foi atender o telefonema com visível mau humor.

— Alô.

— Alô, Jacira! Tudo bem? Aqui é Lucélia, estou ligando para saber das coisas. Está tudo bem com você?

— Está tudo ótimo! Estou cuidando da minha vida como Deus pede.

— Ah, que bom! Amiga, sente-se que tenho uma notícia para lhe dar que você vai cair dura na sala.

— Conte logo, sua fofoqueira, sei que sua ligação não é à toa.

— Credo, Jacira! Não pensei que você fosse me tratar assim! Acho melhor desligar. Quando puder, liga para mim, mas saiba desde já que eu jamais a destratarei como você acabou de fazer comigo.

— Vai falar ou não? — disse Jacira irritada.

— Tenha um bom dia, Jacira!

E sem dar tempo de Jacira se despedir, Lucélia desligou o telefone, e ao olhar para a sua mesinha de telefone disse em tom áspero:

— Sua megera, sei que vai retornar a ligação e será com extremo prazer que contarei àquela arrogante que seu filho está trabalhando em uma loja de carros.

Jacira desligou o telefone irritada e pensou: "Eu, com tantos problemas, não tenho tempo para conversa de comadre. Se Lucélia quiser, que me ligue, se não quiser, que não me conte, pois minha vida já está pesada demais para eu me preocupar com assuntos da sociedade".

Jacira voltou ao jardim, mas as duas entidades novamente começaram a influenciá-la, dizendo:

— Você foi muito mal-educada com sua amiga; afinal, ela tem algo importante para lhe dizer, e ela não tem culpa por tudo o que está lhe acontecendo.

Jacira, que estava replantando algumas flores, pensou: "Acho que fui muito grossa com Lucélia; afinal, depois que Alberto se engraçou por aquela mulher, todo mundo me virou a cara. Acho que vou ligar para Lucélia e pedir desculpas".

Assim, foi até a sala para ligar para Lucélia, quando Rita disse:

— Dona Jacira, o José Carlos vai levar o carro do seu Alberto para lavar, a senhora quer que ele traga alguma coisa?

— Não quero nada e pare de me atormentar, Rita! Tenho tantos problemas que não estou com cabeça para nada!

A empregada olhou para Jacira com raiva, mas conteve-se; afinal, ela precisava daquele emprego. Depois que a empregada saiu, Jacira foi direto ao telefone e discou o número de Lucélia.

— Ah, é você Jacira? O que deseja?

— Desculpe, Lucélia, estou tendo muitos problemas, Alberto saiu de casa, tenho de sempre estar indo a São Paulo e isso está me deixando com os nervos à flor da pele.

— Entendo, Jacira, mas não é justo me destratar, pois eu não tenho nada a ver com seus problemas pessoais.

— Eu sei — falou Jacira dissimulando a irritação —, mas para que você me ligou?

Lucélia sentiu prazer em dar a notícia a Jacira, pois sabia que o orgulho dela não iria permitir que Alberto trabalhasse de empregado para ninguém.

— Bem, Jacira, ontem eu fui a uma concessionária de veículos, pois pretendo trocar o carro, e adivinha quem eu vi na loja?

— Como vou saber, Lucélia?

— O Alberto! Ele está trabalhando na revendedora de carros do dr. Maciel.

— O quê? Alberto trabalhando em uma loja de carros? Não posso admitir isso. Preciso ir até lá e trazer aquele cabeça-dura para casa; afinal, ele não pode largar os negócios do pai dessa maneira!

— Eu a avisei porque pensei que você pudesse evitar isso; afinal, pode desmoralizar o nome dos Almeida Prado.

Jacira não disse mais nada, desligou o telefone e chamou a empregada.

— Rita!

— Senhora, dona Jacira!

— Mande José Carlos tirar o carro, vamos sair dentro de quinze minutos!

E, assim, a empregada foi avisar José Carlos sobre as ordens de Jacira.

— Zeca! A mulher está uma fera! Aquela cobra da dona Lucélia deve ter contado para ela que o seu Alberto está trabalhando para o dr. Maciel!

— Mas por que fez isso?

— Por que seria? Para envenenar! Aquela mulher destila veneno pelos poros e não se sente feliz enquanto não vê o circo pegar fogo.

— Ah! É hoje! Sabe, Rita, preciso arrumar outro emprego, não dá mais para aguentar dona Jacira! Ela é tão arrogante que levá-la aos lugares me faz mal! Mas fazer o quê? Sou pobre e tenho de aceitar todas as humilhações dela.

— Do jeito que está indo, ela vai acabar sozinha. O filho já a abandonou, e logo ela não terá ninguém para socorrê-la! Deixe-me entrar, porque se ela vir que estou conversando com você, já sabe o que acontece!

— Sim, sei!

Em pouco tempo, Jacira saiu, vestindo uma roupa muito chique, joias, e com o cabelo muito bem arrumado. Pensou que não suportaria ver o filho trabalhando em uma loja de carros, e era melhor se humilhar a ver seu nome ridicularizado pelas fofoqueiras da sociedade.

Instantes depois, Jacira entrava na loja. Logo avistou Alberto sentado atrás de uma mesa, com uma máquina de calcular. Aproximando-se dele, que estava compenetrado em seu trabalho, disse, fingindo humildade:

— Bom dia, meu filho!

— Bom dia, mamãe! Como está passando?

— Meu filho, estou sofrendo muito com sua ausência, e quando fiquei sabendo que estava trabalhando aqui, vim vê-lo. Acho que precisamos conversar!

— Mamãe, não posso conversar com a senhora aqui! O que acha de almoçar comigo?

— Está bem, meu filho! O que acha de almoçarmos em nossa casa?

— Não, mamãe! Prefiro ir a um restaurante. Só tenho uma hora e meia de almoço, e não posso chegar atrasado.

— Está bem, meu filho! A que horas sai para o almoço?

— Vou sair perto da uma hora.

— Está bem, passo aqui com José Carlos; iremos ao restaurante e conversaremos.

— Está bem, mamãe. Passe aqui, vou ligar para dona Isabel avisando que não vou almoçar.

— Você combinou de almoçar com Alfredo e Isabel?

— Sim, mamãe, almoço lá todos os dias e janto também.

— O quê? Você faz as suas refeições naquela casa?

— Sim, mamãe! Eu estou morando com eles.

Jacira sentiu seu ódio por Lucinda aumentar, mas dissimulando naturalidade, disse:

— Então faça isso, meu filho! Volto perto das treze horas para irmos almoçar.

— Está bem, mamãe, combinado.

Depois de se despedir, Alberto pensou: "Por que mamãe não é como dona Isabel? Uma pessoa amável e bondosa!".

Jacira se afastou sentindo um ódio mortal no coração; começou a pensar novamente em dar um fim em Lucinda e se vingar de Alfredo e Isabel.

∞

Na hora marcada, Jacira esperava por Alberto na porta da concessionária, quando finalmente o viu sair todo sorridente conversando com um vendedor.

Ela achou aquilo um absurdo. Seu filho, que teve a melhor educação, as melhores roupas, e a melhor situação financeira da cidade, dar atenção a um simples vendedor de carro e deixá-la esperando.

Alberto logo a viu e seguiu em sua direção.

— Se tem uma coisa que sempre gostei na senhora, minha mãe, é sua pontualidade, desculpe pelo atraso, mas estava terminando de conferir as notas dos carros que chegarão amanhã.

— E se tem uma coisa que sempre admirei em você, meu filho, é sua responsabilidade.

Alberto entrou no carro e cumprimentou José Carlos. Assim, todos se dirigiram a um belíssimo restaurante. Jacira sentou-se confortavelmente à mesa e, depois de escolherem o que iriam almoçar, ela apenas disse:

— Meu filho! Vamos almoçar depois conversamos. Mas antes me diga como está sua vida?

— Mamãe, minha vida está boa. Estou hospedado na casa de Alfredo, ele é como um pai para mim, arranjei esse trabalho com Maciel, do qual estou gostando muito e, se Deus quiser, logo me casarei com Lucinda. Frequento a Casa Espírita e, para falar a verdade, havia muito tempo não sentia tanta paz como venho sentindo.

— Que bom! — dissimulou Jacira — preciso conversar seriamente com você, mas deixemos para depois.

Alberto notou que ela estava abatida e sabia que para ela não estava sendo fácil a vida de executiva e de dona de casa, mas preferiu não tocar no assunto.

Almoçaram calmamente e Jacira, embora estivesse contrariada com o filho, sentia-se feliz por estar ao seu lado. Depois do almoço, ela finalmente passou a dizer:

— Meu filho, preciso de você e nossa casa está vazia. Quero lhe pedir humildemente que volte para casa e retome sua vida.

Não tenho tino para os negócios e, para falar a verdade, fui uma estúpida! Você é meu único filho e eu o amo muito.

Alberto observou as súplicas da mãe, que vez por outra deixava escorrer uma lágrima.

— Mamãe, a senhora é muito importante para mim, sou-lhe grato por tudo o que fez por mim, mas acho que não posso voltar atrás. Estou me adequando a uma nova vida, uma nova realidade, onde nem tudo é fácil. Pretendo ficar trabalhando com Maciel, onde estou aprendendo outras coisas. Papai sempre foi um homem que teve tino para os negócios e conquistou seu espaço, mas eu não gostaria de ser como ele, ou seja, escravo do trabalho e do dinheiro.

— Mas, Alberto, você não pode jogar tudo para o alto e viver como uma pessoa a quem a vida tudo negou. Lembre-se de que somos só nós dois. Não podemos deixar tudo se acabar, temos a empresa em São Paulo, somos uma família.

Alberto sentiu pena dela, pois sabia o quanto era difícil para ela retroceder, mas procurou fazer com que a mãe entendesse sua posição.

— Bem, meu filho, acho que já me intrometi demais em sua vida pessoal. Fui intransigente com Lucinda, mas saiba que, se você voltar para nossa casa, não voltarei a implicar com ela, eu juro.

— Mamãe, o que eu queria até aquela noite em que saí de casa era justamente isso, que a senhora fizesse um esforço para conhecer Lucinda, e entendesse o porquê de eu ter me apaixonado por ela. Mas a senhora me forçou a tomar outras decisões, e agora vejo que isso foi o melhor para mim. É como ouvi em uma palestra ontem na Casa Espírita: muitas vezes o que pensamos ser o mal, o que não entendemos, é o melhor remédio. Graças ao que aconteceu, pude provar-lhe que Lucinda me ama realmente, pois quando resolvi aceitar o convite de Alfredo para ficar em sua casa, minha noiva sabia que eu só tinha o dinheiro para pagar minha estada no hotel, e mesmo assim não só me aceitou como me tratou como sempre ou até mesmo melhor. E, naquela noite, ela disse: "Agora, sim, sou feliz! Meu noivo é igual a mim, sem eira nem beira, e saiba, meu amor, que tudo farei para ajudá-lo. Continuarei com minhas costuras e poderei lavar roupas para fora para que nada nos falte". Sabe, minha mãe, foi nesse momento que tive certeza de que a senhora estava completamente enganada a respeito de Lucinda e que realmente ela me ama pelo que sou, tanto que por ela voltaria para a casa dela ao meu lado naquele mesmo dia, quem a impediu foi dona Isabel, que disse que não seria justo que nós nos juntássemos sem nos casar e aconselhou-me a arrumar um emprego. Por tudo isso, minha mãe, pude ver que sou forte e capaz de enfrentar qualquer situação.

Jacira ouvia o relato do filho com desprezo, mas dissimulou o quanto pôde para que o filho não notasse seu desagrado. Finalmente respondeu:

— Meu filho, saiba que se você não tomar a frente de nossos negócios, poderemos ruir. Imagine acabar com tudo o que seu pai e seu avô lutaram tanto para manter? Estou aqui em paz e querendo me redimir perante você e Lucinda. Nesse tempo em que você esteve distante de mim, aprendi muita coisa, principalmente a aceitar essa moça, se ela lhe fizer feliz, pois é isso é que me importa.

Alberto sorriu feliz, a mãe estava começando a entender, e ele decidiu que faria de tudo para que ela e a noiva se dessem bem.

— Minha mãe, estou feliz, jamais pensei que esse momento chegaria, mas, infelizmente, meu horário de almoço está acabando, tenho de voltar ao trabalho.

— Sim, meu filho, compreendo, mas antes quero lhe pedir uma coisa, aceite seu carro de volta, sei o quanto você gosta dele.

— Está bem, mamãe, à noite vou buscá-lo.

Jacira sorriu feliz, achou que não demoraria muito para o filho voltar para casa. Alberto pegou na mão dela e completou:

— Dona Jacira, entenda uma coisa: ninguém vai tomar o seu lugar em meu coração.

Jacira ficou feliz com as palavras do filho e, sorrindo, disse:

— Vamos, meu filho! Não vou admitir que Maciel diga que meu filho é um irresponsável!

Alberto sorriu e, oferecendo o braço à mãe, ambos saíram do restaurante. Ao deixar o filho na loja, ela fechou o cenho e disse para José Carlos:

— Que intimidades foram aquelas com Alberto, José Carlos?

— Dona Jacira, o dr. Alberto sempre foi um rapaz muito educado, e eu nunca tive liberdade alguma com ele.

— É bom mesmo que não tenha; afinal, ele é seu patrão e não um de seus amigos!

— Sim senhora, dona Jacira!

Jacira voltou para casa pensando apenas em uma frase feita, que ouvia quando ainda era menina: "Se não se pode com ele, junte-se a ele".

Finalmente, ela disse sorrindo:

— Por que não pensei nisso antes? Devia ter agido assim desde o início.

Ao chegar em casa, ela se dirigiu ao quarto. Sentia-se feliz, pois sabia que em pouco tempo estaria com Alberto em casa, e se tivesse tato tiraria de uma vez Lucinda de seu caminho. Pensou em pai João e sentiu seu ódio contra ele voltar. Decidiu que iria acabar com ele.

Reaproximação

Alberto trabalhou feliz naquela tarde, Maciel estava gostando do esforço do rapaz e da maneira lúcida que ele tomava as decisões. O rapaz entregou ao dono da revendedora o relatório das notas e de como havia planejado as formas de pagamento de cada veículo. Maciel o ouvia feliz, pois desde que ele começara a trabalhar na loja, o trabalho do proprietário havia diminuído. Assim que Alberto saiu do trabalho, resolveu passar em uma floricultura e comprar flores para Lucinda e Isabel. Ao chegar em casa, depois de entregar as flores de Isabel, ele perguntou por Lucinda.

— Está no seu quarto costurando, parece que tem uma entrega para fazer amanhã, e dona Mila é uma mulher que exige pontualidade e perfeição.

— Então vou até lá, pois preciso falar a ela sobre o almoço que tive com minha mãe hoje.

— Ah, que bom, Alberto. Fico feliz por você estar se entendendo com sua mãe, imagino como ela deve ter sofrido durante esse tempo que você está fora de casa.

— Realmente, dona Isabel. Minha mãe envelheceu e confesso que senti pena dela, pois sua expressão é triste; mas o que me deixou feliz foi ela reconhecer que estava enganada em implicar com Lucinda.

Isabel ficou pensativa quanto à mudança repentina de Jacira e imaginou que talvez ela estivesse dissimulando, mas, para não acabar com a alegria do rapaz, resolveu ficar calada.

Alberto pediu licença a Isabel e foi até o seu quarto. Encontrou Lucinda com uma fita métrica em volta do pescoço e vários alfinetes pregados em sua blusa e um na boca. Ao ver Alberto, ela perguntou:

— E então, como foi o almoço com sua mãe?

— Confesso que fiquei surpreso com as mudanças de minha mãe, ela diz que eu preciso voltar para a empresa e também para casa e que não vai mais implicar com você, pois você está me fazendo feliz e isso é o que importa.

— Que bom! — disse Lucinda sorridente, ficando séria em seguida. Alberto, percebendo o silêncio de Lucinda, perguntou:

— Meu amor, por que você está tão quieta?

— Alberto, não sei por que, mas estou achando que sua mãe deve estar aprontando alguma coisa, pois ninguém muda de uma hora para outra. Acho suspeita a mudança de sua mãe.

— Acredito que não, meu amor. Ela está sofrida, acho que aprendeu a lição, que não pode ser tão arrogante e prepotente!

— Sim, Alberto. Mas acho que você deve ficar atento, pois ela deve estar querendo aprontar alguma coisa.

— Tenho de concordar com você, ficarei mais atento.

— Então, meu amor, fique esperto, pois ela é inteligente o suficiente para saber que você não vai voltar atrás na decisão que tomou — disse Lucinda.

— Meu amor, devo confessar uma coisa: sei que a amo muito, mas também sei que minhas responsabilidades me chamam. Quando saí de casa, sabia que minha mãe iria voltar atrás porque temos uma empresa em São Paulo e ela não tem ideia de como administrá-la; portanto, sei que devo voltar às minhas origens, espero que compreenda.

Lucinda olhou assustada para Alberto, e não havia pensado que a saída de Alberto de sua casa fosse somente para mostrar à mãe que ele era indispensável. E, com lágrimas nos olhos, disse:

— Eu sabia que você jamais se acostumaria a uma vida simples, mas tudo bem, eu aceito. Volte para sua casa e para seu mundo, mas não sei se eu farei parte de tudo isso.

— Claro que fará, Lucinda. Tenho de continuar o que meu pai me deixou e pretendo me casar com você!

— Eu sei, Alberto, mas agora que sua mãe mudou a estratégia, vai dar uma de boazinha somente para nos atrapalhar!

— Não se preocupe, meu amor. Peço que confie em mim! Se ela está planejando isso, não vai conseguir, porque pretendo morar com você em São Paulo e ela não irá junto.

Lucinda olhou para Alberto e, pela primeira vez, sentiu medo.

෴

NAQUELA TARDE, Jacira ficou pensando em como iria acabar com a farsa de pai João. Foi quando, finalmente, decidiu que o denunciaria à polícia. Assim, ligou para Lucélia e pediu que a amiga fosse com ela à casa de pai João.

Lucélia aceitou de bom grado o convite, ignorando por completo a intenção da outra. Combinaram de ir no dia seguinte. Lucélia chegou à casa de Jacira perto das nove e meia da manhã, e Jacira já estava pronta. Depois de algumas conversas, Jacira quis sair sem demora, pois pretendia voltar antes mesmo do almoço. Ao chegarem à casa de pai João, elas não o encontraram e resolveram esperá-lo.

Jacira foi atendida mais uma vez pelo mesmo rapaz que a atendera da última vez em que esteve lá. Com uma voz triste, disse:

— Sinto muito, mas pai João não está atendendo hoje, sua esposa faleceu e ele está lá com os parentes.

— Mas como isso aconteceu? — perguntou Lucélia.

— Bem, dona Alzira já não estava bem havia algum tempo. Depois que enfrentou o guia de pai João, ele disse que ela iria secar como uma árvore e, a partir daí, ela nunca mais foi a mesma.

— Minha nossa! Mas por que essa mulher cometeu uma sandice dessas? — perguntou Lucélia horrorizada.

— Ela o desafiou quando disse que ele não tinha poder algum, pois tudo o que ela pedira a ele não tivera êxito. E o interessante é que a doença de dona Alzira foi completamente ignorada pelos médicos. Pai João tentou intervir por ela junto ao guia, mas não conseguiu, ele estava furioso. Primeiro, ela começou com uma dor no estômago, depois apareceram manchas na pele e, finalmente, seu pé começou a ficar preto. Ela consultou um médico, mas não conseguiu nada, todos os remédios pareciam água, até que finalmente ela perdeu o pé e, em seguida, contraiu uma infecção nos pulmões que não tinha antibiótico que desse jeito.

— E o guia do pai João, o que dizia? — perguntou Lucélia.

— Dizia que ela não iria se curar e que não era para pai João gastar dinheiro com ela, pois ele iria conversar com ela de perto.

— Agora, se ela está com ele eu não sei, mas aqui nesta casa todos estão tristes, pois todos gostavam muito de dona Alzira.

— Posso imaginar — disse Lucélia —, mas ela, convivendo com pai João, devia saber que com essas entidades não se brinca. Voltaremos na semana que vem.

Ambas saíram e, uma vez no carro, Lucélia disse a Jacira:

— Que mulher louca, desafiar o guia do pai João. Com essas coisas não se brinca!

Caladas, elas voltaram para casa. Lucélia deixou Jacira diante de sua casa. Jacira deu ordens para que Rita não a incomodasse e tomou um remédio para dor de cabeça. Em sua cama, deitada, ela começou a pensar em tudo o que havia acontecido com mulher de pai João e disse em voz alta:

— A doença e a morte dessa mulher não passaram de coincidências, pois ninguém me tira da cabeça que aquele guia de pai João é uma farsa. Na semana que vem, vou voltar lá e dizer poucas e boas, pois ele prometeu que nos livraríamos de Lucinda e nada aconteceu. Agora vou ter de agir à minha maneira, pois esse pai de santo nada conseguiu!

Jacira procurou não pensar mais no assunto. Quando se aproximava da hora do almoço, decidiu sair do quarto e ligar para Alberto, pedindo que ele almoçasse com ela.

Alberto disse que naquele dia não poderia, pois os carros novos haviam chegado e ele estava atarefado conferindo as notas, colocando preço e formas de pagamento. Ao falar com ela, sentiu uma dor de cabeça desagradável, mas pensou que fosse pelo fato de estar com muito trabalho.

Jacira voltou ao quarto e, embora quisesse mudar seus pensamentos, não conseguia esquecer o que o rapaz havia dito. Embora tivesse tomado remédio para dor de cabeça, este não fez efeito, e ela começou a pensar: "Eu acordei bem, estava sem essa dor de cabeça, mas depois que fiquei sabendo que a mulher havia morrido, essa dor não me deixa mais em paz. Que bobagem! Estou sugestionada, só isso! Essa dor de cabeça nada tem a ver com a morte da mulher. Mas se pai João pensa que vou me calar diante de suas falcatruas, está muito enganado, quero falar para aquele guia que ele não passa de invencionice daquele homem para tirar dinheiro do povo. Charlatão, isso é que ele é!".

Assim, ela começou a planejar uma forma de se aproximar de seus inimigos, Lucinda, Alfredo e Isabel, e como se livraria deles. Ela almoçou e passou o resto do dia no quarto.

ରଙ୍

Rita e José Carlos, que almoçavam depois de Jacira, estavam na cozinha falando sobre o comportamento estranho da mulher.

— Zeca, você viu como dona Jacira está estranha? Não sei por que, mas quando olho para ela vejo uma expressão preocupada.

— Também não é para menos, Rita. Desde que ela brigou com o filho, ficou assim. Não vejo coisa boa nos seus olhos. Tenho pena da namorada do rapaz, pois ela não vai descansar enquanto não acabar com o namoro deles.

— E o dr. Alberto é tão diferente! Sempre gentil, educado, sem aquela arrogância peculiar da mãe. Para ele não há diferença entre nós e eles; e assim também era o pai de Alberto. Confesso que, se fosse somente por dona Jacira, eu já teria me demitido desta casa há muito tempo, mas há certas vantagens em aguentar essa chata. Primeiro, paga rigorosamente em dia o nosso salário e, segundo, sempre faz reajustes.

— É por tudo isso que seu Maximiliano diz que ninguém é totalmente bom nem totalmente ruim, e que cada espírito está na intermediária, de modo que todos são passíveis de mudanças e misericórdia.

— Realmente, posso lhe garantir uma coisa, muitas vezes tenho pena de dona Jacira, pois ela tem tudo isso, mas não é feliz.

— É aí que entra a lei imutável de Deus: a cada ação, uma reação. Veja bem, ela tem tudo para ser feliz: saúde, um filho que a ama, conforto material. Se não é feliz, é por conta de suas ações; portanto, minha amiga, como disse o dr. Alfredo em uma de suas palestras no Centro Espírita: somos os autores do nosso próprio destino.

— Sabe, José Carlos, gosto quando você diz essas coisas. Muitas vezes, quando estou aqui dentro cumprindo com meus deveres, fico pensando nisso.

— Realmente, minha amiga, a doutrina que estou aprendendo agora nos faz pensar e procurar melhorar a cada dia, perdoando os nossos inimigos, corrigindo as nossas falhas e aproveitando nossa estada na Terra como uma nova oportunidade oferecida por Deus.

— José Carlos, desde que você começou a frequentar o Centro Espírita venho percebendo que você já não fica irritado com dona Jacira, e que também não volta estressado com o trânsito, noto que está mais calmo.

— Para falar a verdade, quando dona Jacira vai a qualquer lugar e demora, eu até gosto, pois fico lendo este livro — disse isso mostrando-lhe um livro de bolso que estava em seu paletó.

— Que livro é esse?

— É *O Livro dos Espíritos*, codificado por Allan Kardec. Muitas das dúvidas que eu tinha foram elucidadas por esses espíritos da codificação.

— Gostaria de ler, você me empresta?

— Este é de Maximiliano, mas quando eu for à cidade comprarei um para você.

— Acho melhor sairmos da mesa, pois se dona Jacira sair do quarto e nos encontrar conversando, vai nos chatear a tarde toda.

— Nisso tenho de concordar.

José Carlos saiu e Rita ficou pensando: "Essa religião realmente é interessante, nunca achei que Zeca pudesse mudar tanto! Antes vivia reclamando da sorte, lastimava-se por não entender por que uns nasciam rico e outros pobres, por que uns nasciam deficientes e outros perfeitos, e coisas assim. Percebo que desde que ele começou a frequentar o Centro Espírita não é mais aquele resmungão que nos atormentava a todo instante. Acho que vou conhecer essa doutrina, pois se fez bem ao Zeca, fará bem a mim também.

ഇരു

JACIRA FICOU EM SEU QUARTO a tarde toda. Quando saiu, já não estava mais com a dor de cabeça. Encontrou Rita guardando o ferro de passar.

— Rita, que horas são?

— Já são quase cinco horas, dona Jacira.

— Poxa! Dormi a tarde toda, estava com tanta dor de cabeça que tomei alguns analgésicos que me deram sono. Mas foi bom, estou sem dor. Alguém ligou?

— Sim, dona Jacira, o dr. Alberto ligou dizendo que ontem não pôde vir buscar o carro, virá hoje à noite e jantará com a senhora.

— Que maravilha! Então tenho de pensar no que servirei para o jantar, pois é uma ocasião especial. Diga-me uma coisa: ele disse se vai trazer a namorada também?

— Não, senhora! Não disse nada!

— Tomara que não traga! Se essa moça sentar-se à minha mesa, vai me fazer mal. Rita, sei que seu horário já terminou, mas pagarei as horas que você ficar a mais. Diga, também, a José Carlos para ficar, pois não gosto de pagar a você e deixá-lo de fora.

— Está bem, dona Jacira! Vou avisá-lo.

José Carlos não gostou de saber que teria de ficar até mais tarde, pois naquela noite ele iria ao Centro Espírita, mas resolveu aceitar, pois estava apertado em seu orçamento doméstico, e todo dinheiro a mais era bem-vindo.

Passava das sete da noite quando Alberto chegou. Estava bem disposto. Ao ver a mãe, notou que as coisas para ela não estavam nada fáceis, mas resolveu não tocar no assunto.

Às sete e meia, Rita foi informada por Jacira que poderia servir o jantar. Alberto ficou satisfeito com o cardápio: estrogonofe, seu prato preferido.

A conversa transcorreu amena. Eles conversaram sobre muitas coisas, e Jacira fez questão de mencionar que não gostaria que o filho ficasse a pé, e que era para ele pegar o carro de volta. Alberto aceitou, pois se tinha algo que ele realmente gostava era de dirigir seu carro.

— Mas diga-me por que não trouxe Lucinda para jantar conosco? Afinal, ela fará parte de nossa família, creio que teremos de nos conhecer melhor.

— Mamãe, não a convidei, pois sabia que ela não aceitaria.

— É uma pena, meu filho, na verdade estou querendo me dar bem com minha futura nora.

— Mamãe, o que a senhora está pretendendo?

— Meu filho, por que você acha que estou armando alguma coisa? Saiba que pensei bem esse tempo em que ficamos sem conversar e pude perceber o quanto eu estava sendo intransigente, e como disse Lucélia: se quisermos ter nossos filhos perto de nós é imprescindível que aceitemos suas decisões. Na verdade, nunca vi uma pessoa fazê-lo mudar tanto.

— Mamãe, saiba que Lucinda é uma pessoa maravilhosa e que vai esquecer tudo o que houve.

— É o que espero, pois somente assim poderei ser feliz.

Alberto não percebeu, mas a cada vez que Jacira se via obrigada a dizer o nome de Lucinda seus olhos mantinham uma expressão singular. Depois do jantar, mãe e filho foram à sala de visitas, e Jacira comentou:

— Meu filho, nesta casa está começando uma nova era; portanto, faço questão de que traga Lucinda aqui para conhecer a casa e me conhecer também. O que acha de marcarmos um jantar para amanhã? Poderá trazer Alfredo e Isabel também.

— Mamãe, pensando bem, a melhor coisa que fiz foi ter saído de casa, pois somente assim a senhora está pensando que pode ser feliz me tendo por perto com Lucinda.

— Que bom, meu filho! Saiba que estou dizendo isso de coração. E quando pretende se casar?

— Bem, mamãe, ganho pouco na concessionária, e ainda não temos nada marcado.

— Mas por que você não volta a cuidar da empresa de seu pai? Afinal, está na hora de se casar e me dar netos. Além disso, você tem de tomar cuidado com o que lhe pertence, pois, se deixar em minhas mãos, ficará sem nada. E o que oferecerá aos seus filhos?

— Façamos o seguinte: amanhã voltarei com uma resposta definitiva, pois preciso conversar com Lucinda.

— Mas, filho, ela certamente não se oporá, pois o futuro de seus filhos é que está em jogo.

— Mamãe, a senhora não sabe o quanto Lucinda é orgulhosa. Ela mesma disse que não quer um tostão de nossa família!

— Que ela não queira, tudo bem, posso compreender, já que é uma moça de princípios, mas não pode negar uma boa vida aos filhos.

— Conversarei com ela e diremos amanhã durante o jantar. O que a senhora acha?

— Está bem. Não quero que se sinta coagido, faça o que seu coração mandar.

Jacira dizia essas palavras com sofreguidão, pois não queria dividir nada do que lhe pertencia com Lucinda e com os mortos de fome que viriam. Alberto, porém, não percebeu e achou que a mãe realmente estava arrependida por tudo o que havia feito para a moça e dito sobre ela.

— Preciso voltar para casa, com certeza todos estão me esperando, pois temos o hábito de fazer uma prece antes de dormir.

— Prece?! Mas você nunca foi dado à religião alguma! Lembra-se quando eu queria levá-lo às missas, aos domingos, e você sempre arrumava desculpas para ficar na praça?

— Sim, mamãe, nunca dei muita atenção a religião, mas agora, que estou maduro, vejo a diferença que certos conhecimentos fazem em nossa vida.

— Não vá me dizer que você está acompanhando Alfredo em suas maluquices de Espiritismo.

— Mamãe, não é maluquice alguma. Vejo que tudo o que tenho aprendido faz parte de um conjunto de ideias que vem acompanhado por ciência, filosofia e religião, e nunca pensei que uma religião viesse a elucidar tantas perguntas, por exemplo, de onde viemos? Para onde vamos depois que o nosso corpo físico acaba? Quem na verdade somos?

— Interessante, meu filho, nunca havia pensando nisso, mas o que acha de tomarmos um cafezinho?

Alberto, percebendo que ela estava se esquivando da conversa, não insistiu e disse:

— Sinto muito! Mas tenho de ir, amanhã eu ligo para confirmar o jantar.

— Está bem, mas vá com seu carro. Ele é todo seu, os documentos estão com José Carlos, que a uma hora dessas deve estar jantando.

— Mas, mamãe, por que José Carlos não foi embora?

— Pedi para Rita ficar até mais tarde para preparar o jantar e, como vou pagar as horas adicionais a ela, faço questão de pagar a ele também, mesmo sabendo que não iria precisar dos serviços dele. Sabe como é, os dois são ótimos! E a faxineira que vem aqui três vezes por semana também.

Alberto, finalmente, pôde ver algo de bom em sua mãe, pois ela realmente sempre se preocupava com os criados. Sorrindo, ele se levantou, beijou a fronte da mãe e disse carinhosamente:

— Dona Jacira, a senhora me surpreende.

— Que bom que eu o surpreendo para o bem.

Alberto pegou os documentos, as chaves do carro e voltou para a casa do médico. Jacira ficou sentada com a cabeça transformada em um torvelinho, pois para ela seria difícil fingir que estava aceitando aquele noivado. Contudo, para ter o filho perto, faria qualquer sacrifício.

Alberto, enquanto dirigia seu carro, ficou pensando na mudança repentina da mãe, e ao mesmo tempo lembrando-se das palavras de Lucinda.

E com esses pensamentos, tocou o interfone, esperando que Lucinda fosse atender.

Ela, ao ver o noivo chegando com seu carro, logo desconfiou que a mãe o havia feito acreditar que tudo estava bem. Embora não aceitasse, resolveu nada dizer, pois, pela primeira vez, Alberto parecia estar bem. Ela sabia que embora Jacira fosse manipuladora, ele a amava.

Ao entrar, Alfredo disse:

— Vejo que meu filho mais jovem não quer mais dirigir meu carro! — brincou o médico.

— Não é nada disso! Minha mãe quis que eu ficasse com o carro e eu aceitei.

Lucinda nada disse. Isabel, que era observadora, disse à moça:

— Minha filha, vamos à cozinha? Quero fazer aquele chá. Arrume a mesa enquanto o preparo.

— Está bem, dona Isabel. Vamos lá, pois um chá a uma hora dessas sempre cai bem.

Estando as duas na cozinha, Isabel comentou:

— Minha filha, percebi que você está preocupada ou estou enganada?

— Bem, dona Isabel, a senhora já me conhece mesmo, não é? Vou lhe dizer o que me vai no coração.

— Diga, minha filha!

— Para ser sincera, não acredito que dona Jacira tenha mudado assim da água para o vinho, da noite para o dia, ninguém me tira da cabeça que tudo faz parte de um plano diabólico.

— Minha filha, ontem estive conversando com Alfredo e ele acha que todos nós somos passíveis de mudanças, e quem sabe a falta de Alberto a levou a mudar!

— A senhora acredita realmente nisso, dona Isabel?

— Prefiro ver o lado bom das pessoas; por que não dar um voto de confiança a Jacira? Se tem algo que Jesus nos ensinou é não julgarmos os outros, pois da mesma forma que julgamos seremos julgados.

— Sim, dona Isabel, acredito nisso, mas só estou estranhando o fato de dona Jacira mudar assim em menos de um mês. Pelo que tenho ouvido no Centro Espírita e nas conversas que temos aqui em casa, para um espírito mudar é necessário que ele esteja disposto a mudar e se arrepender de seus maus atos e pensamentos; e muitas vezes isso pode levar várias reencarnações.

— Concordo com você, mas não fique preocupada com isso, inclua Jacira em suas preces e peça a Deus ajuda para ela.

— Está bem, dona Isabel, farei isso, mas não acredito na mudança dela — disse Lucinda convicta.

Isabel sorriu e pediu que a moça levasse os biscoitos à sala. Alberto estava visivelmente feliz, e passada uma hora e meia, finalmente disse a todos:

— Desculpem, mas hoje estou um pouco cansado. Maciel está deixando tudo em minhas mãos, dizendo que confia em mim.

— Isso é bom, meu filho — disse Alfredo —, pois vejo que em tudo o que diz respeito à área administrativa você se dá bem.

— Para falar a verdade, gosto do que faço, mesmo que papai não nos tivesse deixado nada, eu iria estudar Administração, pois é algo prazeroso.

Depois de mais alguns minutos, Alberto deu um beijo em Lucinda e desejou uma boa noite a todos.

O jantar

Lucinda, naquela noite, estava preocupada, mas nem ela mesma sabia o que a afligia. Fez a prece que costumeiramente fazia ao dormir e não demorou muito estava entregue ao sono profundo. Na manhã seguinte, todos estavam em volta da mesa tomando café, quando Alberto comentou sobre o convite que Jacira havia feito.

Lucinda não disse uma palavra sequer, e Alberto logo percebeu:

— O que está acontecendo com você, querida?

— Para ser sincera, não estou gostando nada disso, pois sua mãe não é mulher de desistir fácil, não acredito em sua mudança.

— Seja como for, meu amor, entenda, vou me casar com você e ficaria muito triste se ela não estivesse presente. Talvez ela tenha percebido que nada vale a sua opinião, pois vou me casar de qualquer jeito com você.

— Quando o dia começa com declarações de amor, transcorre muito bem — disse Isabel.

— Você vai ao jantar?

— Ainda não sei, vou pensar e depois lhe digo — respondeu Lucinda.

— Está bem, meu amor, mas pense até a hora do almoço, para que eu possa avisá-la a tempo.

— Você vai almoçar novamente com sua mãe, Alberto?

— Não! Por quê?

— Não sei, quando você não vem almoçar em casa, confesso que sinto sua falta.

— Fique tranquila, meu amor, voltarei para o almoço.

— Está bem, prometo que até a hora do almoço você terá a resposta.

Alfredo olhava calado a reação de Lucinda e, a seu ver, achava natural a desconfiança da moça; afinal, a sogra nunca escondera que a odiava.

Alberto saiu feliz em direção à garagem, pois precisava chegar cedo para abrir a loja. Sabia que Maciel havia viajado para a capital para cuidar de alguns negócios.

Lucinda, depois que tomou o café da manhã, foi sentar-se à máquina de costura. Embora não dissesse nada, estava visivelmente triste, pois sentia que desta vez poderia perder o único homem que realmente amara em toda sua vida.

Isabel sabia que, quando a moça estava preocupada ou triste, ela se distraía trabalhando, assim esperou que Alfredo saísse para conversar com ela.

Ao chegar ao quarto dos fundos, encontrou Lucinda chorando e perguntou:

— Lucinda, por que está chorando?

— Sinto perigo se avizinhando e, infelizmente, Alberto não está vendo. Sua mãe é inteligente e sabe que se continuasse a fazer o que estava fazendo nada conseguiria, então resolveu mudar de tática, e somente Alberto não está vendo. Temo perdê-lo.

— Acalme-se, Lucinda! Concordo com você, mas Alfredo também acha que ela pode ter mudado. Penso que somente o tempo poderá provar, espero sinceramente que eles estejam com a razão.

— Mas, dona Isabel, eu não costumo me enganar com as coisas, muito menos com as pessoas. Essa mulher continua sendo a mesma de sempre!

— Você está muito nervosa, o que acha de fazermos uma prece pedindo orientação?

— Acho uma boa ideia, pois somente Deus para nos ajudar a ver melhor. Agora, se eu estiver errada, vou pedir perdão a ela.

E, desta forma, Isabel fez uma sentida prece, pedindo orientação a Deus. Depois da prece, Lucinda se sentiu melhor e contemporizou:

— Dona Isabel, a senhora acha que devo ir ao tal jantar que aquela mulher está planejando?

— Por que não devemos ir, minha filha? A melhor maneira de nos protegermos é ficando perto de nossos inimigos, assim podemos avaliar se eles estão sendo sinceros ou não.

— A senhora está com a razão, mais tarde vou me arrumar e irei ao jantar, mas peço que me ajude a observar dona Jacira.

Depois da conversa, Lucinda se sentiu melhor e ligou para Alberto para avisar que iria ao jantar na casa da sogra.

O moço, ao ouvir o aceite da noiva, ficou radiante, pois o que ele mais queria era que Lucinda e sua mãe se dessem bem. Logo avisaria a mãe que todos iriam ao jantar em sua casa.

Jacira, ao ficar sabendo que o filho iria com todos para o jantar, pensou: "Devo fazer esse sacrifício, pois preciso fazer as coisas de uma maneira que não levante suspeitas, mas essa infeliz vai me pagar muito caro por ter se metido entre mim e meu filho!".

E assim o dia transcorreu tranquilamente, embora Lucinda não estivesse tranquila, procurou não tocar mais no assunto. Na hora do almoço, ela ficou esperando por Alberto, mas este não foi almoçar, pois tinha muitos assuntos a resolver naquele dia, visto que Maciel estava viajando.

Lucinda logo pensou no que aconteceria quando estivesse morando em São Paulo com Alberto, pois sabia que ele não ficaria muito tempo longe dos negócios da família.

Faltavam quinze minutos para as oito da noite quando todos chegaram no carro de Alfredo. Alberto estava radiante, pois para ele era um sonho que estava se concretizando: as duas mulheres que amava se dando bem.

Lucinda, ao entrar na casa, não se sentiu à vontade, e pouco falou. Jacira sabia acolher as visitas muito bem, e procurou agir com naturalidade, inclusive deu três beijos na face da moça. Naquele momento, ela pôde perceber que a mulher não havia mudado, pois tudo lhe pareceu falso.

Alberto abriu uma garrafa de vinho e serviu a todos. Pegando uma taça, resolveu brindar, dizendo:

— Esta noite é a mais importante de minha vida, pois estou ao lado das duas mulheres que mais amo!

Todos conversavam tranquilamente, e logo Rita veio anunciar que o jantar estava servido. O cardápio consistia em alcachofra no vinho, arroz branco e carne picada com molho amadeirado.

Alberto ficou feliz em ver a mesa muito bem-posta. Ao se sentarem, todos sorriam. Lucinda observava Jacira discretamente, e logo percebeu que a mulher fazia o mesmo.

Jacira, querendo saber mais sobre a vida do filho, disse:

— E então, Lucinda, quando estão pretendendo se casar?

— Não temos nada marcado, dona Jacira, sabemos que vamos nos casar, mas não sabemos quando, pois Alberto tem muitas coisas para resolver.

— Se precisarem de alguma coisa, é só falar.

Jacira ficou quieta e olhou para Lucinda com um brilho expressivo no olhar. A moça não teve dúvidas sobre sua suspeita, olhou para Alberto, e este não havia percebido nada. Alfredo começou a falar sobre as últimas notícias que havia visto no jornal, enquanto Isabel e Jacira falavam sobre plantas. Lucinda permanecia calada, apenas observando.

Depois da sobremesa, todos foram à sala conversar um pouco, e Lucinda resolveu ajudar Rita. Alberto, vendo que Lucinda não havia voltado, foi atrás dela e a encontrou limpando a mesa.

— O que você está fazendo, meu amor?

— Estou ajudando Rita a limpar a cozinha, e a nossa conversa está muito boa.

— Mas do que vocês estão falando? Será que posso saber?

— Ela está dizendo que José Carlos lhe deu um exemplar de *O Livro dos Espíritos*, de Allan Kardec.

Rita simpatizara com Lucinda e conversava com ela como se já a conhecesse havia muito tempo. Quem não gostou de saber que Lucinda estava na cozinha foi Jacira, e a situação piorou ainda mais quando Alberto foi atrás dela.

Isabel percebeu Jacira olhando em direção à porta a todo instante e, tentando tirar a atenção de Jacira, passou a dizer:

— No ano passado, quando fui a Paris, trouxe vários perfumes. Quando se fala que os melhores perfumes estão nos menores frascos, não pensei que fossem tão pequenos — brincou a mulher.

— Eu também, na primeira vez em que fui a Paris e entrei em uma loja do *Boulevard*, fiquei impressionada com o tamanho dos frascos. Mas posso lhe garantir que em nenhum lugar do mundo há perfumes tão agradáveis quanto a França.

Isabel não gostava daquele tipo de conversa, mas, sabendo quão fútil era Jacira, esse era um de seus assuntos preferidos.

Passados alguns minutos, Alberto e Lucinda entraram na sala e Jacira perguntou:

— Por que ficou na cozinha, minha filha?

— Estava ajudando Rita a tirar a mesa. Na casa de dona Isabel sempre faço isso.

— Bobagem, Rita faz isso muito bem, venha, junte-se a nós, a conversa está muito animada.

— Dá para perceber, dona Jacira.

— Por favor, não me chame mais de dona Jacira, pois você, em breve, será minha nora e fará parte da família, não deve haver cerimônias entre nós.

Alfredo percebeu a falsidade daquelas palavras e pensou: "Lucinda tem razão, Jacira é como um cerne, enverga, mas não quebra".

Tentando desviar seus pensamentos, começou a falar sobre outros assuntos. Alberto estava tão feliz que não notou o velho antagonismo de sua mãe para com sua noiva. Jacira perguntou a Alberto se ele voltaria a São Paulo para cuidar dos assuntos da família, e o rapaz respondeu:

— Temos de cuidar do que é nosso, mas, para falar a verdade, eu só voltarei depois que me casar, pois pretendo morar com Lucinda na capital.

— Mas, meu filho, os negócios não podem ficar abandonados, é imperioso que volte com urgência.

Lucinda percebeu que aquela falsa mudança se devia ao fato de Jacira querer que Alberto retomasse os negócios da família, mas, mesmo assim, nada disse, deixando para Alberto decidir.

— Está bem, mamãe, vou voltar para nossos negócios, mas antes vou me casar.

— Ótimo, meu filho! Faça isso, se quiserem podem marcar a data o quanto antes, pois os negócios não podem esperar.

— Acho melhor pensarmos com calma — disse Lucinda —, ainda não temos nada arrumado, não tenho nem enxoval.

— Não se preocupe com isso, minha filha. Posso ajudá-la a comprar tudo para o enxoval, mas não gostaria que se mudassem de uma vez para a capital. Preciso de Alberto ao meu lado.

Isabel percebeu o que ela queria, e nesse momento lançou um olhar significativo para Alfredo, que disfarçou.

— É isso mesmo, meu amor, enxoval não é problema. Você poderá comprar, ademais, me casar com você é tudo o que mais quero.

— Eu também, Alberto, mas você tem de resolver sua situação com o dr. Maciel, pois ele não vai gostar de saber que você vai deixá-lo na mão.

— Não se preocupe, Lucinda, Maciel logo encontrará outro tão bom ou melhor que meu filho. Esqueceu que moramos no Brasil, e o que mais se tem aqui é mão de obra?

— É verdade, mas não acho direito abandonar uma pessoa que abriu as portas para Alberto no momento em que ele mais precisava.

— Mas ele não vai perder nada com isso — disse Jacira. Finalmente, Alberto percebeu o tom de voz de sua mãe para com Lucinda.

Depois de alguns minutos, Alberto se manifestou:

— Mamãe, Lucinda tem razão. Maciel estava gostando de me ter no quadro de funcionários, já estava deixando tudo para que eu resolvesse, ele confiou em mim e não posso fazer isso com ele, que sempre me tratou com deferência.

— Então façamos o seguinte, converse com Maciel e dê tempo para que ele arranje outro, e aí, sim, você pede demissão. Mas não esqueça que isso requer certa urgência, pois nossos negócios estão precisando de você.

— Está bem, mamãe.

Conversaram por mais uma hora, depois se despediram e voltaram para a casa do médico.

ॐ

EM SEU QUARTO, Jacira pensava: "Vou tomar um banho, pois já me sinto contaminada só de olhar para aquela sujeita, desqualificada. Nem pegar nos talheres sabe! Não sei o que meu filho viu nessa mulherzinha sem berço. Mas, se tudo der certo, logo começarei a levantar suspeitas contra ela para Alberto. Enquanto esse casamento não sair, vou ficar colada nela, e qualquer movimento contarei a Alberto como quem não quer nada. Farei da vida deles um verdadeiro pandemônio".

Na casa de Alfredo, Alberto perguntou a Lucinda:

— Por que está tão calada, meu amor? Percebi isso quando cheguei do trabalho e também durante e após o jantar. Você não gostou?

— Não se trata de gostar ou não, Alberto. Saiba que não confio nas mudanças de sua mãe, e tudo o que ela fazia era falso, até mesmo suas risadas. Ela está armando alguma coisa, e saiba que boa coisa não é.

— Meu amor, você está vendo coisas onde não existem. Tenha calma, sinto que mamãe mudou e estou feliz por isso.

Lucinda resolveu não dizer mais nada para não tirar a sua felicidade, mas estava preocupada. Depois de conversar um pouco com Alberto, ela pediu licença e foi dormir.

Alberto ficou pensando na cisma da noiva e disse em tom incrédulo:

— Mulheres! Não se pode conviver com elas, mas também não se pode viver sem elas!

∞

No DIA SEGUINTE, Jacira acordou eufórica. Estava decidida a ir à casa de pai João, sozinha, sem Lucélia. Embora ela não gostasse de dirigir, disse a José Carlos:

José Carlos, tire o carro para mim, vou sair!

— Sim senhora, dona Jacira!

— José Carlos, hoje estou com vontade de dirigir; portanto, eu mesma guiarei, pode ficar aí ajudando Rita no que for necessário.

José Carlos achou estranho, pois Jacira nunca escondeu de ninguém que não gostava de dirigir, tanto que o contratou para levá-la onde ela quisesse.

Depois que ela dobrou a esquina, ele pensou: "Tem alguma coisa errada! Ela não pega no carro nem mesmo em caso de morte, alguma coisa deve estar aprontando". Ao entrar na cozinha, viu Rita cuidando de seus afazeres e lhe contou o que Jacira havia feito.

Rita, olhando admirada para José Carlos, disse:

— Que coisa estranha! Ela não dirige há mais de cinco anos. Por que acha que ela quis sair sozinha?

— Não sei! Mas boa coisa não é, Rita. Ninguém me tira da cabeça que vai prejudicar a noiva do dr. Alberto.

— Dona Jacira deveria ser mais complacente com a moça, pois ela me pareceu muito boa. Fico triste por ela ter se apaixonado justamente por Alberto, pois dona Jacira nutre um amor doentio por ele.

— Seja como for, você tem de entender uma coisa: se essa moça veio de não sei onde e se apaixonou pelo rapaz mais cobiçado da cidade, talvez seja porque já tiveram uma história em uma vida anterior. Somente assim se explicaria o fato de essa moça ter vindo e fisgado Alberto.

— Não sei, José Carlos. Você, depois que começou a frequentar o Centro Espírita com seu Maximiliano, tornou-se um homem conformado com tudo.

— Não é que me tornei conformado, agora entendo que tudo tem uma razão de ser, apenas isso, Rita.

— Está bem! Venha me ajudar a tirar o tapete da sala, pois ele é muito pesado e também há os móveis que precisam ser afastados do lugar.

O bom homem sorriu e acompanhou Rita até a sala de visitas.

ENQUANTO ISSO, Jacira se dirigia à casa de pai João. Durante o trajeto, ela ia pensando que iria desmascarar aquele farsante e que não tinha medo de nada que ele dissesse. Assim, em pouco mais de vinte minutos, Jacira chegou à rua onde morava pai João. Deixou o carro no mesmo lugar que Lucélia costumava deixar e fez o trajeto de poucos metros a pé.

Ao chegar diante da pequena casa, sentiu ímpetos de voltar, mas manteve-se firme. Após algumas batidas de palmas, o rapaz de sempre veio atendê-la.

— Bom dia! Pai João está?

— Está sim, senhora.

— Por favor, diga-lhe que Jacira de Almeida Prado está aqui.

— Por favor, entre! — disse o rapaz tímido diante da empáfia da mulher.

Ele entrou e Jacira o acompanhou. Chegaram à antessala e ela ficou aguardando enquanto o rapaz foi chamar o homem. Depois de alguns minutos, o rapaz voltou e disse:

— Pai João vai atendê-la, aguarde um pouco.

Jacira nada disse, apenas pensou: "Como eu, uma mulher instruída, rica, vim parar nesta pocilga! Não entendo. Depois que conversar com esse impostor, vou me afastar de Lucélia, pois vejo que ela não é companhia para mim".

De repente, ela viu uma mulher negra saindo da sala de atendimento com um sorriso no rosto. Pensou: "Idiota! Garanto que está dando tudo o que tem a esse vigarista! Não posso permitir que ele fique enganando as pessoas dessa maneira".

Logo depois, o rapaz a chamou:

— Pai João está esperando a senhora, pode entrar.

Jacira entrou. Sentia muita raiva do homem e de seus rituais. O homem disse:

— O que a senhora quer, dona Jacira?

— Quero o meu dinheiro de volta! Acabei de crer que o senhor é um farsante, que engana pessoas ingênuas. Mas saiba que eu não sou assim, e digo mais, se o senhor não devolver o meu dinheiro, inclusive aquele que os ladrões levaram, vou chamar a polícia e acusá-lo de estelionatário. Saiba que sou uma pessoa influente e tenho ótimos advogados!

— Espere um pouco, dona Jacira, tudo o que a senhora pediu que fizéssemos, nós fizemos; portanto, não tem o direito de chegar aqui me cobrando o que não lhe devo.

— Deve sim, seu farsante! Cadê o seu guia? Ele não disse que iria afastar a intrusa do nosso meio? Pois bem, saiba que nada aconteceu.

— O meu guia me falou que fez o trabalho, mas a moça tinha proteção, e foi prontamente ajudada; portanto, se ela tem o corpo fechado, eu não tenho culpa.

— Pare com essas lorotas! — gritou Jacira histérica. — Quero falar com o seu guia! Cadê ele?

— Dona Jacira, não brinque com essas coisas, minha esposa também o desafiou e veja o que aconteceu, ela morreu. Nem mesmo os médicos da Terra conseguiram salvá-la.

— Cadê o seu guia poderoso? Onde ele está? Acho que ele deve estar escovando os dentes! — gritava histericamente.

Nesse instante, pai João pendeu a cabeça para a frente. Seus olhos estavam fechados e uma voz raivosa começou a dizer:

— Você me chamou! Estou aqui! Mas saiba que todas as pessoas insolentes costumam ter uma correção!

— Pai João, você não me engana, saiba que não tenho medo de você.

— Eu não sou pai João, ele é meu cavalo! Soube que você queria falar comigo.

— Então por que não permitiu que eu viesse antes?

— Eu não permito ser interrogado dessa forma. O serviço foi feito à moça, ela até foi parar no hospital, mas os espíritos da Luz vieram e a ajudaram. Quanto a você, vou lhe dizer uma coisa, vai precisar do sangue dessa moça para continuar vivendo, porque vou colocá-la num leito de morte e, durante esse tempo, farei questão de conversar com você de perto, sua arrogante.

— O que vai fazer, seu guia de meia-tigela?

— Espere e verá! — respondeu a entidade para Jacira, que ria sem parar. — Você não vai conseguir separar aqueles dois, pois a ligação deles vem de muito tempo, e tem mais, vou fazer com que você sofra um acidente tão grave que vai ver que não estou brincando.

— Se realmente vou sofrer um acidente, acho que vou tropeçar num pé de rosa, seu estelionatário, vou chamar a polícia!

— A polícia não poderá fazer nada contra mim. Acho melhor não fazer nada de que venha a se arrepender depois.

— Eu já me arrependi de ter confiado que você, pai de meia-tigela, pudesse me ajudar!

— Olhe aqui, sua insolente, você vai pagar muito caro por ter me desafiado. Em nove luas você vai ver quem é quem. Vou quebrar a sua crista. Agora vá embora, que hoje ainda vou lhe fazer uma visita.

— Eu já estou querendo sair daqui mesmo! E saiba que vou chamar a polícia!

Ao sair da casa de pai João, Jacira sentiu um leve mal-estar e pensou: "Esse idiota vai devolver o meu dinheiro, ah, se vai! Acho que minha pressão subiu por ver tanta encenação!".

Dirigindo, ficou com medo de desmaiar, por essa razão resolveu ir devagar. Depois de quase quarenta minutos, chegou em sua casa. Ao entrar, viu o motorista e disse:

— José Carlos, guarde o carro. Não vou sair mais hoje, e, por favor, ligue para Alfredo vir até aqui, pois não estou me sentindo bem.

O motorista ajudou-a a entrar em casa e pediu a Rita que ligasse para o médico, pois Jacira estava lívida como cera, e vez por outra seu corpo estremecia.

Depois de colocar o carro para dentro, ele voltou à sala e Rita lhe disse que Alfredo não poderia vir, pois estava atendendo no hospital. Só poderia vê-la após o almoço. Jacira começou a pestanejar:

— Incompetente! Então chame o dr. Bruno. Sei que ele não vai se recusar a me atender!

Rita fez o que Jacira havia mandado, e em poucos minutos o médico estava em sua casa para prestar serviços. Jacira estava estirada no sofá. Ao ver o médico, ela disse:

— Bruno, obrigada por ter vindo! Não estou me sentindo muito bem, acho que estou com a pressão alta.

— Então vamos ver, dona Jacira.

Imediatamente, o médico colocou o aparelho no braço direito de Jacira e começou a verificar a pressão.

— A pressão da senhora está boa, aparentemente a senhora está bem, mas a palidez mostra que está com um visível mal-estar. A senhora ficou nervosa hoje, dona Jacira?

— Sim! Irritei-me com um ordinário, mas nada sério.

— Acredito que isso seja uma reação nervosa. Vou lhe administrar um calmante.

Jacira mandou que Rita pagasse os honorários do médico e que mandasse José Carlos comprar o remédio prescrito. Depois que o médico e José Carlos haviam saído, ela permaneceu deitada no sofá com um cansaço incontrolável. Ao fechar os olhos, ela se lembrou-se de pai João lhe dizendo aquelas palavras absurdas. A cada vez que ela rememorava as últimas palavras de pai João, mais sentia seu estômago dar voltas.

Em poucos minutos, José Carlos voltou com o calmante. Jacira tomou um comprimido e disse que iria se deitar e não queria ser incomodada.

— Dona Jacira está estranha, acredito que ela tenha alguma coisa, mas não é físico, é espiritual — disse José Carlos.

— Que bobagem, Zeca — disse Rita —, depois que você começou a frequentar esse grupo espírita, todo mal é espiritual. Você não viu como ela está pálida?

— Sim! Estranho, o médico revirou dona Jacira e disse que ela não tem nada. Se o médico procura doença e não encontra, pode ter certeza de que o problema é espiritual.

— Cruz-credo, Zeca, se for espiritual como é que vamos ajudá-la?

— Não sei, mas acho que ela terá de procurar ajuda em um Centro Espírita.

— Está louco? Se ela ouvir você dizendo isso é bem capaz de mandá-lo embora sem direito a nada! — benzeu-se Rita.

— Acho melhor você ficar atenta, qualquer coisa vou avisar o dr. Alberto para ver o que fará com a mãe.

Dizendo essas palavras, ele saiu em direção ao carro, que havia deixado do lado de fora da casa. Rita, ao observá-lo, sentiu um arrepio que a induziu a se benzer novamente.

∞

No QUARTO, Jacira estava estirada em sua cama. Sentiu um torpor embaraçar-lhe a vista, e em poucos minutos dormiu. Rita, preocupada com a patroa, vez por outra ia até a porta e observava o sono de Jacira, que estava agitado. Ora ela resmungava, ora se mexia.

Jacira debatia-se em terríveis pesadelos. Ouvia a gargalhada de pai João, sentia muito frio e um cheiro ruim. Ficou nessa agitação terrível, até que acordou suando muito. Levantou-se sentindo os músculos completamente relaxados e pensou ser efeito do remédio.

Olhou no relógio e viu que havia passado mais de três horas dormindo. Ligou a banheira, colocou seus sais, e resolveu relaxar com um banho. Lembrou-se de que não havia almoçado. Trocou-se e, ao sair do quarto, não estava mais com os sintomas que sentia quando chegou em casa. Pensou: "Maldito! Fez-me passar mal de tanto ódio!".

Cinco entidades a acompanhavam. Uma delas disse:

— Jerônimo, essa mulher está perdida! Que ideia desafiar o chefe! Ela vai se dar muito mal!

— Bem-feito para ela! Ninguém mandou mexer no vespeiro!

Jacira foi até a cozinha e mandou que Rita lhe preparasse um prato, pois iria almoçar ali mesmo. Sentia muita fraqueza. Rita a serviu e não pôde deixar de perceber que a patroa estava pálida. Suas mãos estavam trêmulas, mas, sabendo do gênio da mulher, resolveu ficar calada e fazer somente o que Jacira havia mandado. Ela comeu pouco e disse que voltaria ao quarto. Se alguém ligasse ou chegasse, não era para incomodá-la.

Jacira foi sozinha ao quarto e, ao entrar, sentiu um arrepio percorrer sua espinha dorsal. Deitou-se novamente e em pouco tempo adormeceu. Seu sono foi agitado e cheio de imagens espectrais.

José Carlos, preocupado, avisou Alberto, que estava trabalhando. O motorista lhe contou todos os detalhes da saída misteriosa de Jacira, de como ela voltou, e que o dr. Bruno a havia examinado e não encontrara nada de anormal. E falou sobre suas suspeitas de ser um mal espiritual. O moço respondeu:

— Por favor, Zeca, não deixe mamãe ouvir isso, você sabe o quanto ela detesta esse tipo de conversa. Fique atento a tudo e, assim que eu sair do trabalho, vou vê-la.

— Mas, por favor, doutor, não diga que eu o avisei.

— Fique tranquilo, homem!

Alberto olhava para um ponto indefinido da mesa e se pôs a pensar: "Algo me diz que mamãe andou se metendo em confusão, e por mais que tente, não está conseguindo encontrar um caminho".

Embora Alberto pensasse em tudo o que sua mãe havia feito para afastá-lo de Lucinda, não conseguia ter ressentimentos para com ela. Sendo assim, disse em voz alta:

— Dona Jacira, eu ainda consigo sentir pena da senhora, e por tudo isso vou procurar ajudá-la! — e concluiu: — A vida tem uma lei imutável, a Lei de Ação e Reação. Se mamãe está sofrendo por algo que fez, mais cedo ou mais tarde terá de arcar com as consequências.

E, assim, Alberto trabalhou tranquilamente naquela tarde. Ao término do expediente, decidiu que ligaria para a casa de dona Isabel e avisaria Lucinda que demoraria a chegar, pois iria visitar a mãe.

೧೧

E ASSIM SE DEU, quando chegou em sua antiga casa, Alberto percebeu que Rita já havia ido embora. Encontrou José Carlos sentado na sala de estar, vendo TV.

— E aí, José Carlos, onde está dona Jacira?

— Ela está no quarto, mas, pelo jeito, não está nada bem, diz sentir tonturas, achei que fosse mal do fígado, qual nada, fiz um chá para ela e não melhorou.

— E como ela está agora?

— Do mesmo jeito! Mandou que Rita fechasse a janela, dizendo que queria ficar no escuro, pois somente assim a tontura melhora.

— Que estranho! Você disse que ela acordou bem e que saiu de carro. Sabemos que mamãe não gosta de dirigir.

— Sim, doutor. Mas hoje fez questão de sair de carro e não quis que eu a acompanhasse.

— Mas ela não disse aonde iria?

— Não!

— Então vou até o quarto dela!

Ao abrir a porta, o rapaz sentiu um arrepio percorrer-lhe a espinha. Ouviu Jacira dizer:

— Quem está aí?

— Sou eu, dona Jacira! Não tem vergonha de dormir a esta hora? — brincou o rapaz.

— Ah, meu filho! Estou passando mal desde cedo, já chamei o médico e nada resolveu.

— Mas o que a senhora está sentindo?

— Estou sentindo uma tontura terrível, que chega a revirar o estômago, e não há nada que melhore. Além disso, estou sentindo tanto frio, que mesmo com todos esses cobertores estou gelada, acho que o meu problema é pressão alta.

— Mas o que o médico disse?

— Bruno! Esse médico idiota me receitou calmante e eu estupidamente mandei comprar. Só piorei!

— Mas, mamãe, você não está com febre, e hoje está calor. Veja, estou usando camisa de mangas curtas.

— Eu sei, meu filho. Posso sentir que está calor, mas ao mesmo tempo me parece que estou coberta com um saco de gelo.

— Mamãe, posso chamar Alfredo?

— Não vai adiantar, meu filho! Se o primeiro disse que é sistema nervoso abalado, ele vai dizer a mesma coisa.

— Não, minha mãe, não julgue todos por um. Talvez Alfredo, com toda a sua experiência, peça alguns exames e descubra o que a senhora tem.

— Está bem, meu filho! Chame Alfredo!

— Ótimo, minha mãe! Vou chamá-lo agora mesmo!

— Certo, meu filho! Mas vou lhe pedir algo e espero que você possa me atender.

— Peça, minha mãe.

— Eu quero que você durma aqui hoje, pois tenho medo de me acontecer algo e não ter ninguém para me socorrer.

Alberto não gostou do pedido da mãe, mas resolveu concordar. Nesse mesmo momento, ele deixou Jacira estirada na cama e foi à sala para ligar para o médico. Quem atendeu o telefone foi Isabel, que disse:

— Alô?

— Oi, dona Isabel. Aqui quem está falando é Alberto, eu gostaria de saber se Alfredo já chegou.

— Ainda não, meu filho, talvez esteja no consultório.

— Dona Isabel, Lucinda está por aí?

— Sim, vou chamá-la.

Em alguns instantes, Alberto ouviu do outro lado da linha a voz feminina mais linda que já ouvira.

— Alô, Alberto!

— Oi, meu amor, dona Isabel lhe deu o recado que eu chegaria mais tarde?

— Sim! Avisou-me, mas o que está acontecendo?

— Minha mãe está na cama, liguei para chamar Alfredo e pedi para falar com você para lhe dizer que a amo muito.

— Eu também o amo, bobinho!

— Meu amor, quis falar com você também para lhe dizer que vou dormir com minha mãe hoje, e que não me espere para o jantar.

— Mas o que sua mãe tem é tão grave assim, Alberto?

— Ainda não sei! Preciso falar com Alfredo, por quê?

— Porque não acredito que sua mãe tenha alguma coisa, isso é um truque para levá-lo, aos poucos, para o lado dela!

— Amor, não seja maldosa, sei que dona Jacira é ardilosa, mas hoje realmente não está nada bem.

— Tudo bem, Alberto. Se quer acreditar nela, acredite, e saiba que ainda não somos casados para você me dar satisfações da sua vida!

— Amor, não seja tão intempestiva! Digo isso porque quero que fique despreocupada comigo!

— Eu, intempestiva?! Pense como quiser! Mas sua mãe está armando para que nós não fiquemos juntos.

— Por favor, Lucinda?! Seja caridosa, ela realmente não está bem. Se você não acredita, por que não vem visitá-la?

— Eu?! De maneira alguma, sei que sua mãe quer minha cabeça, mas se você não quer acreditar em mim, tudo bem, a mãe é sua, vire-se com ela!

Lucinda desligou o telefone e se pôs a chorar. Isabel, mesmo ouvindo parte da conversa, nada disse, pois temia se intrometer na vida do casal. Ficou esperando que a moça se manifestasse.

Alberto pensou: "Como ela pode julgar minha mãe assim? Sei que dona Jacira é caprichosa, mas desta vez não me parece capricho. Ela não está bem mesmo. Se Lucinda pelo menos visse as olheiras de mamãe, logo mudaria sua maneira de pensar".

Magoado com Lucinda, ligou para o consultório de Alfredo e, por telefone, contou os sintomas de Jacira. O médico não quis fazer nenhuma avaliação sem antes ver Jacira. Sua última paciente havia desmarcado a consulta e ele disse que estaria na casa de Jacira em dez minutos. Ao entrar na casa, encontrou Alberto preocupado.

— Alfredo, minha mãe não está bem e temo por sua saúde.

— Fique calmo, meu filho, confie em Deus, que não desampara a ninguém, e tem mais, temos de pedir muito a Deus por ela.

— Ela está tão pálida, abatida e desmotivada, chego até a pensar que seja alguma coisa séria.

— Fique tranquilo, vamos ver dona Jacira, pois não posso dizer nada sem vê-la antes.

— Venha, ela está em seu quarto!

Ao entrar no quarto, o médico encontrou a mulher deitada. Estava pálida como cera, e as olheiras já eram visíveis.

— Olá, Jacira, o que está sentindo?

— Alfredo, estou me sentindo muito mal.

— E quando isso começou?

— Começou hoje.

— Ah! vou examiná-la e fazer-lhe algumas perguntas, peço que tenha a paciência somente de responder.

O médico pegou o aparelho de pressão e constatou que a pressão estava boa. Auscultou o coração, os batimentos estavam normais e a respiração também.

— Jacira, o que está sentindo? Seus sinais vitais estão normais.

— Alfredo, você está dizendo que estou fingindo?

— De maneira alguma! Eu apenas disse que seus sinais vitais estão normais, e preciso saber como você está se sentindo para pedir que faça alguns exames.

— Estou sentindo tontura e enjoo. Pensei que fosse fígado, tomei chá, mas não resolveu. Bruno disse que poderia ser sistema nervoso, mas não acredito, pois estou me sentindo calma desde que reatei minha amizade com Alberto.

— Já que é assim, vou lhe pedir que faça alguns exames e leve para mim no consultório.

— Pode deixar, Alfredo, ela fará — precipitou o rapaz.

— Ótimo!

E, assim, Alfredo passou a fazer o requerimento de todos os exames. Jacira o olhava desconfiada, mas a entidade que a acompanhava desde o terreiro de pai João começou a dizer em seu ouvido:

— Não faça exame algum! Esse médico vai prejudicá-la, nós somos seus amigos e você não vai precisar dele. Esqueceu que ele está acobertando seu filho e a costureira? Não seja boba, mande-o embora agora!

Jacira sentiu um ódio muito grande de Alfredo e começou a gritar:

— Não farei exame algum! Estou ótima! Não preciso de seus serviços, ou pensa que esqueci que você está apoiando pouca--vergonha em sua casa? Chega! Vá embora! Eu não preciso de você! Eu o odeio!

Alberto, atônito, tentou controlar a mãe, dizendo:

— Mamãe, a senhora não está bem, e Alfredo é nosso amigo! Pare com essa infantilidade!

— Você ainda fica a favor dele, não é, seu ingrato! Pensa que não sei que você está coabitando com aquela marginal na casa de Alfredo?

O médico olhou e viu um vulto ao lado de Jacira, e logo pensou: "Então é esse o mal de Jacira, não é? Baixando os olhos, começou a pedir a Deus para que ajudasse aquela mulher que estava sendo obsidiada por aquela entidade.

Enquanto isso, Jacira gritava coisas tresloucadas ao médico, e Alberto tentava controlá-la. Alfredo saiu do quarto e ficou no corredor fazendo uma sentida prece. Depois de alguns minutos, a mulher já não estava mais gritando, porém se sentia terrivelmente cansada.

Alfredo continuava a fazer a prece por Jacira, até que Alberto saiu; visivelmente preocupado, perguntou:

— Alfredo, você acha que mamãe está ficando louca?

— Não, Alberto. Posso lhe garantir que fisicamente sua mãe não tem nada, seu mal é espiritual.

— Mas como pode dizer isso, meu amigo?

— Como ela está agora?

— Dormiu, mas sua fisionomia está estranha.

Então vamos à sala, preciso conversar com você. Tenho coisas sérias a partilhar. Alfredo acompanhou Alberto até a sala e, sentando-se diante do rapaz, comentou:

— Alberto, assim que cheguei, senti um arrepio percorrer minha espinha. Ao entrar no quarto, senti um frio estranho, olhei para a janela e ela estava fechada. No momento em que sua mãe começou a gritar daquela maneira, vi um vulto ao seu lado. Essa entidade está prejudicando-a, e isso explica por que tudo nela parece anormal.

— Mas como isso aconteceu?

— Saber como isso pôde acontecer não vai ajudar. No momento, temos de nos apegar à prece, pois somente Deus poderá ajudá-la.

Alberto sabia que o médico poderia ajudar tanto nos assuntos físicos como nos espirituais, de modo que se sentiu tranquilizado. Alfredo, por sua vez, pôde sentir que Jacira havia se envolvido com entidades perigosas do espaço e resolveu que contaria o caso para Isabel e Lucinda.

— Você vai passar a noite com sua mãe, Alberto?

— Sim, no momento ela só tem a mim, e eu não posso deixá-la sozinha.

— Isso mesmo, meu filho, a caridade começa em casa.

Alfredo entregou a Alberto o pedido de exames e se despediu. Alberto foi para o seu quarto, deixando a porta aberta, caso a mãe precisasse dele. Abriu o guarda-roupa e pegou uma camiseta e uma bermuda, tomou um banho e procurou relaxar.

Pensou em tudo o que havia acontecido nos últimos tempos e lembrou que a entidade havia falado que a mãe tinha ido procurar ajuda em um terreiro. Neste momento, sentiu um arrepio percorrer-lhe a espinha e pensou: "Se mamãe está sofrendo por algo que procurou, não terei pena!". Enfiou a cabeça no travesseiro e adormeceu, vencido pelo cansaço.

ᑐᑕ

ALFREDO CHEGOU EM CASA e, pela primeira vez, encontrou Isabel na sala de estar vendo TV sozinha. Admirando a solidão da esposa, questionou:

— Vendo TV sozinha, Isabel? Onde está Lucinda?

— Alfredo, estou sozinha. Lucinda alegou uma dor de cabeça que sei que não existe. Respeito sua vontade de pensar na vida, mas sinto, meu bem, que ela está sofrendo, e piorou ainda mais quando Alberto ligou dizendo que iria dormir na casa da mãe.

— Mas ela não pode se zangar com ele por isso. Jacira não está nada bem, e talvez não seja prudente ficar sozinha nos próximos dias.

— Mas o que ela tem, Alfredo? Ela sempre me pareceu disposta, além disso, não me parecia doente na última vez em que a vimos.

— Minha querida, tenho minhas dúvidas de que Jacira tenha algo físico, pois ao entrar em seu quarto senti um arrepio terrível, e em determinado momento vi uma entidade ao lado dela.

— Mas, então, vamos pedir a Deus por ela, embora ela seja caprichosa e intransigente, não podemos deixar de pedir por ela.

— Penso da mesma forma, minha querida. Mas Lucinda precisa perdoá-la. Gosto muito dessa moça, mas sinto um antagonismo tão grande entre essas duas criaturas que, às vezes, chego a pensar que seja coisa mal resolvida do passado.

— Eu também já pensei nisso, Alfredo. Já reparou que há uma certa rivalidade entre as duas?

— Sim! Mas Lucinda precisará vencer isso e perdoar, somente assim elas poderão ser felizes. Por favor, minha querida, vou tomar um banho e peço que diga a Lucinda que depois do jantar queremos falar com ela.

— Vá, Alfredo, vou colocar a mesa e chamar Lucinda.

E assim o médico foi a seu quarto, fez uma prece a Deus pedindo que o orientasse a dizer as palavras certas a Lucinda sem que ela ficasse ressentida. Isabel colocou a mesa e foi chamar Lucinda, que estava trancada em seu quarto desde que Alberto lhe avisara que iria fazer companhia à mãe.

Isabel bateu levemente à porta e a ouviu dizer:

— Já vai!

Ao abrir a porta, disse à bondosa senhora:

— Dona Isabel, aconteceu alguma coisa?

— Não, minha querida, vim chamá-la para jantar.

— Obrigada, dona Isabel, mas não quero jantar, estou sem fome.

— De maneira alguma! Já ouviu falar que saco vazio não para em pé? Deixe de bobagem, venha jantar.

Lucinda, percebendo que não poderia contrariar a dona da casa, respondeu:

— Estarei lá em cinco minutos, só vou me arrumar.

— Está bem, minha querida, mas não demore, pois Alfredo está com uma fome de leão — brincou ela.

Ao sentar à mesa, Alfredo comentou:

— Que bom que veio jantar, minha filha. Depois do jantar, precisamos conversar um pouco.

— Alberto estava à procura do senhor, a mãe dele está doente?

— Sim, menina, já conversei com ele, e já examinei a mãe.

— A doença é uma farsa, não é mesmo dr. Alfredo?

— Fui examiná-la, depois lhe conto tudo. Vamos jantar primeiro.

Lucinda, não querendo contrariar o médico, resolveu se calar. Como estava completamente sem fome, comeu em silêncio. Depois do jantar, Alfredo disse sorrindo:

— Minhas queridas, o que acham de irmos à sala de visitas para conversarmos um pouco?

— Desculpe, doutor, mas não estou com vontade, vamos deixar para amanhã, estou me sentindo indisposta.

— Minha filha, saiba que quando estamos com algum problema é confortável dividirmos com outras pessoas. Sei bem qual é o seu problema, e por mais estranho que possa parecer, gostamos de você como a uma filha e não queremos que sofra.

Lucinda sorriu triste, mas ao mesmo tempo sentiu-se feliz ao ouvir aquelas palavras do médico, pois nem mesmo seu pai se importou com seus sentimentos, e ela sentiu como era bom ter uma família, assim resolveu ficar e conversar.

Alfredo, percebendo que havia tocado o coração da moça, sorriu e pediu para que ela se sentasse. Lucinda escolheu uma poltrona do lado esquerdo da sala, enquanto o casal sentou-se lado no sofá maior.

— Minha filha, sei que você está triste por Alberto não estar em nosso meio, mas estive na casa de Jacira e ela realmente está doente.

E, assim, o médico contou tudo o que havia acontecido com Jacira e sobre a preocupação de Alberto. Lucinda ouviu calada, e não conseguiu conter a emoção, sentindo grande remorso por ter desconfiado da mulher.

— Minha filha, sabemos tudo o que Jacira fez para preju-dicá-la, mas eu quero saber por que você não gosta dela.

— Doutor Alfredo — disse sofregamente a moça —, essa mulher é muito prepotente e orgulhosa, e não gosto de pessoas assim.

— Minha filha, antes de conhecer Alberto, você nutria algum tipo de simpatia por ela? — perguntou o médico atento à ex-pressão da moça.

— Não posso mentir, não gostei de dona Jacira desde que a conheci. Foi quase instintivo, a voz, a maneira de se portar, sempre querendo dar aulas de etiqueta, e até mesmo a maneira de olhar sempre me irritaram. Muitas vezes, tentei não pegar rou-pas dela para fazer, somente para não ter de vê-la, mas de todas as freguesas que tive ela sempre foi a mais generosa, e isso me fazia voltar atrás, pois eu tinha de pagar o aluguel, comprar mantimentos e outros compromissos. O senhor sabe como é, pobre não tem de escolher nada, apenas tem de aceitar o que os ricos têm a oferecer.

— Já pensou por que você nunca simpatizou com a mulher? — questionou Alfredo.

— Para ser sincera, não! Sempre fui uma pessoa que gosta de todo mundo, mas ela sempre foi uma pessoa que, por mais que me agradasse, me fazia sentir mal em sua companhia.

— Bem, então já pensou que talvez vocês tenham vivido juntas em outras existências? — perguntou o médico.

— Acredito que não! Dona Jacira não gosta de mim pelo fato de eu ser pobre, somente isso.

— Isso pode ser efeito de hoje, por ela não a aceitar como nora, mas sabemos que isso não é a causa, que talvez esteja numa vida anterior a esta. Pois bem, ela não esconde de ninguém que não gosta de você, e você acabou de nos dizer que também não nutre nenhuma simpatia por ela. Certamente, tudo isso tem uma explicação no passado. Esse antagonismo deixa claro o quanto a reencarnação é verdadeira. Você nasceu em uma cidade bem longe daqui e, no entanto, está às voltas com uma inimiga.

— Realmente, é assim mesmo que a vejo, acredito que ela fará tudo o que estiver a seu alcance para me afastar do homem que amo.

— Temos de descobrir a causa para podermos medicar os problemas. Quando suspeitamos de uma doença, pedimos exames. Da mesma forma, estou pedindo que faça um exame detalhado de sua consciência para saber se esse é um mal atual ou pretérito.

— Como poderei fazer essa avaliação, se não me lembro do passado? — perguntou a moça interessada.

— Sei que não se lembra do passado, mas do passado recente você se lembra. Quero que pense em como conheceu Jacira, o que sentiu, o que nela a irrita mais; enfim, faça uma avaliação sincera e, se quiser, poderá me pedir ajuda.

Lucinda não entendeu aonde o médico queria chegar, mas disse que pensaria em tudo com carinho.

— Minha filha, fui à casa de Jacira e realmente ela não está nada bem. Pelo que percebi, seu mal é espiritual. Você não gostou que Alberto ficou ao lado da mãe, mas, lembre-se, ele é seu único filho, e tem obrigação de estar ao lado dela nos momentos ruins, porque, goste ou não, ela é sua mãe, e em tudo que errou até agora, o fez por amor; claro que de maneira errada. E se tem algo que você e Jacira têm em comum é o fato de amarem o mesmo homem, de maneira diferente, mas não deixa de ser amor. Vamos dar por encerrada a conversa de hoje, amanhã precisarei me levantar cedo, pois uma paciente passará por uma cirurgia e eu quero estar lá quando ela for ao centro cirúrgico, pois ela é diabética.

— Está bem, doutor, farei o que me pede e amanhã conversaremos.

— Está marcado, virei mais cedo para irmos à Casa do Caminho, e depois que chegarmos poderemos conversar sobre isso.

— Mas você não vem almoçar em casa? — perguntou Isabel.

— Infelizmente não vai dar, tenho muitos compromissos, acho que vou almoçar no hospital.

Os três se recolheram aos seus quartos e Isabel pensou: "Certamente temos de dormir. Já são vinte e três horas e trinta e três minutos".

Lucinda trocou-se e deitou, mas o sono parecia ter lhe abandonado de vez, pois não deixava de pensar em Alberto e em como se habituara com sua presença no jantar.

A moça começou a pensar em Jacira e, cada vez que a imagem da mulher lhe vinha à cabeça, ela sentia seu coração oprimir-se, pois sabia que ela faria tudo para afastá-la de Alberto.

Lucinda se lembrou da primeira vez que Jacira foi à sua casa e sentiu o mesmo desagrado. Passou a se lembrar de cada detalhe.

— Bom dia, gostaria de conversar com dona Lucinda, ela está?

— Sou eu mesma! Entre.

— Bem, o que me trouxe aqui é que serei madrinha de um casamento na cidade vizinha com meu filho e gostaria que fizesse um vestido para mim.

— Mas como que a senhora ficou sabendo que sou costureira?

— Foi a Marli que me indicou. Gostei tanto do conjunto de saia e blazer que você fez para ela, que perguntei onde havia comprado, e ela me disse que quem o havia feito foi você. Tenho certeza de que fará um bom trabalho para mim, fique tranqüila, pois pago regiamente, principalmente quando gosto do serviço.

— Posso fazer, sim, e para quando a senhora quer o vestido?

— Vou precisar para o dia vinte e dois do mês que vem.

— Está certo, tenho algumas revistas aqui e a senhora poderá escolher o modelo.

— Creio que você não entendeu, minha querida. Não sou mulher de copiar modelos de revistas, gostaria que você desenhasse um vestido e depois eu viria ver.

Lucinda sentiu que ela era arrogante demais e precisaria ter cuidado com ela, pois, se não gostasse, poderia acabar com sua clientela, que aumentava a cada dia.

— Então me diga como a senhora quer.

— Vou deixar o pano para você, depois voltarei. O que me diz?

Lucinda gostava de um bom desafio, por essa razão pediu que ela voltasse na manhã seguinte. Jacira saiu e ela viu nos olhos da mulher que ela não havia gostado de sua casa. Naquela noite, ela se sentou à mesa da cozinha, pegou um papel pardo e com um lápis se pôs a desenhar. Fez um modelo simples, e decidiu que, se ela não gostasse, que procurasse outra costureira.

No dia seguinte, Jacira, olhando para o modelo, disse:

— Isso! Era basicamente nisso que eu estava pensando, não gosto de coisas muito emperiquitadas, prefiro o simples e de bom gosto.

Lucinda admirou-se ao ver o entusiasmo da mulher. Descobriu que também poderia desenhar os modelos das outras clientes mais exigentes e cobrar um pouco mais.

Na data marcada, depois de várias provas, Lucinda entregou a costura ao motorista de Jacira, e a mulher lhe mandou uma boa gorjeta. Lucinda ficou feliz, estava precisando muito de dinheiro naquele momento, e viu o quanto ela era generosa. Jacira foi ao casamento e fez sucesso entre as mulheres que lá estavam.

Depois que Jacira se exibiu com o vestido, a clientela de Lucinda aumentou vertiginosamente, pois todas as amigas de Jacira foram à procura da costureira.

E, assim, Lucinda foi trabalhando mais e mais, embora não gostasse de Jacira, tinha para com ela uma dívida de gratidão, pois se não fosse ela, jamais teria descoberto que poderia desenhar e cobrar mais, nem teria aumentado tanto o número de clientes.

Ela prometeu a si mesma que aguentaria a mulher até não precisar mais dela, e que depois não pegaria mais costura, nem trabalho algum, pois o fato de tê-la em sua casa a incomodava.

Assim, Lucinda virou-se de lado e procurou não pensar em nada, nem em Jacira, nem em Alberto. Mas o sono parecia ter desaparecido de vez. Ela conseguiu dormir às quatro horas da manhã, e teve um sono agitado.

O sonho

LUCINDA SONHOU QUE ESTAVA em uma linda e grande sala, e um rapaz muito claro, com olhos verdes, a cortejava. Ela gostava do flerte, mas, de repente, ouviu uma voz feminina dizer:

— Almerinda, está parecendo uma leviana, não me envergonhe, pois todos do baile já perceberam que você está flertando com o filho do barão!

— Mamãe, deixe de bobagem! Estou apenas tomando uma fresca e, além do mais, ninguém tem nada com a minha vida.

— Eu não criei uma filha para ficar flertando descaradamente, à vista de todos; acho que vou chamar seu pai para voltarmos para casa.

— Eu não vou, minha mãe! Estou me divertindo muito neste baile! E a senhora sabe como são as mulheres da corte, se formos embora antes de a aniversariante descer, todos vão comentar.

— Está achando que as fofoqueiras não vão comentar sobre sua falta de vergonha? Por que não vai dançar com um dos rapazes que estão aqui? Fica somente observando! Isso é feio.

— Está bem, minha mãe. Vou esperar o primeiro vir me convidar e certamente irei.

— Está bem.

De repente, Lucinda se viu diante do rapaz que fitava, e ele lhe disse:

— Dá-me o prazer desta contradança, senhorinha?

Estendendo a mão para ele, ela foi para o meio do salão, onde vários pares dançavam, e se pôs a dançar. Enquanto dançavam, o rapaz começou a dizer-lhe:

— Fiquei feliz quando soube que a senhorinha viria ao baile. Agradeço por ter comparecido ao aniversário de minha mãe.

— José Augusto, jamais deixaria de vir; afinal, sua mãe é uma mulher muito influente. Obrigada por ter-nos convidado — disse a moça sorrindo.

Ele era alto, tinha grandes olhos verdes, e seus cílios lhe enfeitavam ainda mais os olhos; os dentes pareciam pérolas e lhe davam uma expressão jovial.

Lucinda sabia que gostava do moço e também sentia que era correspondida. Mas, de repente, Lucinda olhou para um lado do salão e viu sua mãe fitar-lhe com raiva. Almerinda não levou em consideração o desagrado da mãe e continuou dançando com José Augusto. Depois de muitas danças, a mãe se aproximou do casal e disse:

— Almerinda, vamos embora! Seu pai já está nos esperando na porta. Já mandou que o cocheiro trouxesse a carruagem.

— Por favor, senhora, deixe-nos dançar somente mais uma vez.

— Sinto muito, mas são ordens de meu marido.

— Então me deixe acompanhá-las — disse o rapaz sorrindo.

Ao saírem, as duas enganchadas com o belo rapaz, Almerinda notou o desvelo da mãe para agradar ao rapaz, que era cobiçado por todas as mulheres da corte. A moça logo notou que a mãe estava apaixonada por José Augusto, que costumava se divertir com as mulheres casadas da região.

Almerinda se desvencilhou do braço dele, que, surpreso, questionou:

— Está acontecendo alguma coisa, Almerinda?

— Não! Estou cansada, só isso.

Próximos à carruagem, José Augusto, que era um rapaz rico e simpático, disse ao pai da jovem:

— Senhor Ludovico, eis aqui as joias da sua casa.

— Obrigado, sr. José Augusto, fico honrado em saber que as minhas joias foram conduzidas pelo senhor.

Almerinda ficou observando as atitudes da mãe, que olhava enlevada para o rapaz. O jovem, sorrindo, falou:

— Senhor Ludovico, gostaria de lhe fazer uma visita amanhã, o que me diz?

— Ora, sr. José Augusto, não precisa me pedir permissão para me fazer uma visita. O senhor será sempre bem-vindo à nossa casa, não é Emerenciana?

— Sim, senhor meu marido — disse a mulher com os olhos brilhando de contentamento.

— Então irei ter convosco amanhã à noite, pois tenho algo sério a tratar com o senhor.

— Então, por que não vai jantar em minha casa amanhã à noite, depois do jantar poderemos conversar.

— Muito bem, irei.

Almerinda percebeu que havia algo estranho na expressão da mãe. No dia seguinte, lá estava o rapaz comendo ao redor de uma grande mesa. A casa era grande, com escadarias fartas, colunas de mármore e havia móveis bonitos.

O rapaz a olhava furtivamente, e ela observou que a mãe olhava para os dois. Depois de comerem, foram para outra sala, onde havia um piano, e o pai da moça pediu:

— Por favor, minha filha, toque Balada Número 1 em Sol Menor, Opus 23.

Almerinda objetou, dizendo não haver decorado a partitura, e assim o pai pediu que ela tocasse a Valsa do Minuto, Opus 64, Número 1, de Chopin.

Enfim, a filha, não querendo desagradar ao pai, começou a tocar. O jovem ficou enlevado com os dedos da moça pousando nas teclas do piano e tocando aquela bela música.

Quando ela terminou de tocar, o rapaz, que sempre estava indo a Paris, disse:

— Pelo que vejo, o senhor gosta do compositor triste, não é mesmo, sr. Ludovico?

— Sim, gosto muito de Chopin, mas por que diz que ele é triste?

— Estive em uma confeitaria em Paris e lá me contaram alguma coisa sobre ele. Era um homem de saúde frágil, exilado da Polônia, e uma escritora muito amiga dele o descreveu como um pobre anjo muito triste. Mas existem outras características que podem denominá-lo com um homem triste.

Enquanto José Augusto contava tudo sobre a vida do compositor, todos ficaram observando sua desenvoltura. Emerenciana admirava todas as expressões do rapaz, e nem viu o tempo passar.

Almerinda estava apaixonada por José Augusto, ele era o amor da sua vida, mas temia pelo fato de sua mãe estar apaixonada pelo mancebo também. Ludovico não percebeu o olhar da esposa para o jovem. Depois de ter ouvido um pouco sobre o compositor e tocado a música que o pai lhe pedira, a moça mostrou sinais de cansaço.

O pai da moça disse para a esposa:

— Vá se recolher, minha esposa, tenho coisas ainda a conversar com o sr. José Augusto.

Sendo assim, as duas mulheres se despediram do rapaz e subiram as escadas. Uma vez no topo da escada, a mãe disse à filha:

— Vá se deitar, irei me deitar daqui a pouco.

— Mamãe, a senhora vai ficar aí ouvindo a conversa? Que coisa feia, quem foi que sempre disse que é feio ouvir conversas alheias?

— Eu sei o que estou fazendo, esse moço, apesar de agradável, deve estar querendo alguma coisa, preciso descobrir. Agora vá!

E, assim, a moça saiu da presença da mãe e foi para o seu quarto. Uma vez sozinha, Almerinda começou a relembrar em como o rapaz se expressava bem, e de como seu porte elegante chamava a atenção das mulheres.

Almerinda, porém, tinha a mãe como rival. Decidiu que faria de tudo para seu pai descobrir, e depois fugiria com José Augusto. Com esses pensamentos, adormeceu. Na manhã seguinte, a moça ficou sabendo a razão da visita do rapaz e ficou feliz. José Augusto havia pedido sua mão em casamento, mas Emerenciana não aceitou, e o marido não entendeu o motivo de ferrenha oposição.

À beira de um ribeirão, com água limpa, a jovem esperava o moço, ouvindo feliz o cantar dos rouxinóis. Quando avistou o rapaz, foi ao seu encontro e, olhando para ele, abraçou-o com euforia. Neste instante, ouviu o estampido de um tiro e sentiu algo atingir suas costas. Foi desfalecendo e caindo, enquanto o moço tentava segurá-la. Seu sangue se misturava com a água.

Lucinda acordou sobressaltada. Levantou-se e foi à cozinha tomar água. Percebeu que já amanhecia.

Sentia-se cansada e resolveu voltar ao quarto. Lá, se pôs a pensar em tudo o que havia sonhado. Logo identificou a mulher casada como sendo Jacira, pois a expressão do olhar era a mesma, o jovem enamorado era Alberto, e ela, Almerinda.

Com esses pensamentos, a jovem disse para si mesma: "Isso não é verdade! Foi apenas um sonho! Acho que estou sugestionada com as conversas que estou tendo com o dr. Alfredo e dona Isabel, que são excelentes pessoas, mas, para eles, tudo tem a ver com o passado!"

Ficou na cama por mais trinta minutos e depois se levantou e encontrou Isabel preparando o café.

— Bom dia, dona Isabel!

— Bom dia, minha filha, o que aconteceu? Você está abatida, não dormiu bem?

— Para falar a verdade, não! Tive uns sonhos estranhos e preciso contar a alguém.

E assim a moça contou todo o sonho para Isabel. Alfredo, chegando à cozinha, se pôs a ouvir tudo o que a moça relatava. E foi ele quem disse:

— Talvez você tenha tido uma recordação de uma de suas existências. Isso é absolutamente normal.

— É bem possível, pois o sonho me pareceu muito real. Parecia que eu estava vivendo naquela época.

— Bem, seja como for, agradeça a Deus por você ter tido esse sonho, e agora pense: será que não está na hora de perdoar Jacira? Hoje, pelo fato de ela não aceitá-la como nora e talvez ontem, por ela ter sido a mandante do disparo que veio lhe tirar a vida?

— Mas será que foi ela? Eu acordei e não sei quem disparou o tiro em mim.

— Não importa, minha filha — disse Isabel —, o perdão é o remédio para curar velhas feridas; portanto, perdoe. Se sua ligação for assim forte com Alberto, ninguém vai conseguir separá-los.

— Agora vou indo, pois estou atrasado, minha paciente já deve estar sendo preparada para ir ao centro cirúrgico. Preciso estar lá.

Lucinda, apesar das explicações, lembrou-se da dissertação que o rapaz do sonho fizera sobre Chopin, e pedindo licença para a dona da casa foi até a biblioteca e começou a procurar algo sobre a vida do compositor. Ela não gostava de música clássica, e por esse motivo nunca se interessara por compositores famosos.

Passou toda a manhã procurando algo que falasse sobre a vida de Chopin. Depois de muito procurar, não encontrou nada e, indo atrás de Isabel, disse que precisava saber mais sobre a vida de Chopin. Isabel lamentou por não ter nada em sua biblioteca que falasse sobre ele e suas obras. Mas sugeriu:

— Lucinda, se quiser podemos ir à biblioteca municipal, lá talvez encontraremos alguma coisa.

— A senhora faria isso por mim, dona Isabel?

— Claro, minha filha! O que eu não faço para ver esse sorriso bonito enfeitando seu rosto.

O telefone tocou e Isabel disse:

— Por favor, Lucinda, atenda o telefone para mim, não posso sair daqui, estou fazendo esse molho à bolonhesa para o macarrão.

Ao atender, ouviu a voz de Alberto, e disse:

— Alô, Alberto, é Lucinda.

— Ah, minha querida. Que bom que foi você quem me atendeu.

— Você não foi trabalhar hoje?

— Não! Decidi que vou me demitir, preciso assumir as responsabilidades da empresa que meu pai me deixou.

— Mas o que vai dizer ao dr. Maciel, Alberto?

— Vou dizer a verdade. Minha mãe está doente e preciso urgentemente assumir a empresa, não posso continuar brincando de rebelde sem causa.

— Mas, Alberto, sua mãe não melhorou?

— Não! Esta noite foi horrível. Ela gritava e falava que não queria ouvir nada. Fiquei apavorado, pensei em chamar Alfredo, mas ela estava muito agitada. Somente depois das cinco da manhã foi que ela finalmente conseguiu dormir. Estou exausto, mas preciso cuidar dela. Meu amor, entenda, vou até aí pegar minhas coisas e voltar para casa. Quando ela melhorar, voltarei a São Paulo para cuidar dos negócios da família, e depois que tudo se acalmar nos casaremos.

Lucinda não disse nada, seus olhos estavam rasos d'água. Depois de desligar o telefone, ela deu livre curso às lágrimas.

Isabel, vendo que a moça não retornava da sala, resolveu ir atrás dela e encontrou-a chorando, olhando pela enorme vidraça da sala. A moça lhe contou o que Alberto havia decidido e disse que Jacira havia conseguido tirar a única coisa que para ela tinha valor: Alberto.

— Minha filha! Acho que ele tomou a decisão certa. No momento, Jacira está precisando dele, e ele não tinha escolha.

— Tinha sim, dona Isabel, será que ele não vê que a mãe está dramatizando somente para ele voltar para casa e para ela?

— Não, minha filha, agora você está sendo caprichosa, saiba que estive conversando com Alfredo e ele me disse que Jacira não está nada bem, e que há entidades malévolas a seu lado. Agora não é hora de ficar tendo pena de si, pense no próximo, pois Alberto está certo ao pensar na mãe. Acaso Jesus não reforçou os dez mandamentos quando disse que deveríamos honrar pai e mãe? Pois bem, saiba que antes de ser seu namorado, seu noivo, ela já era mãe dele, e ele tem responsabilidades para com ela. Não é hora de pensar em você, mas no bem-estar dessa pobre coitada que está à mercê de entidades perturbadoras.

Lucinda sentiu-se magoada com as palavras firmes da mulher, e chorou copiosamente. Isabel, por outro lado, manteve-se firme para ajudar a moça, que estava se sentindo abandonada pelo noivo, e convidou-a para fazer uma prece pedindo a Deus serenidade para aqueles momentos de angústia. Lucinda era uma moça de fácil compreensão e achou que a esposa do médico tinha razão, pois ela estava realmente somente pensando em si mesma e em sua dor.

Depois da prece, Lucinda se sentiu bem melhor e raciocinou da seguinte forma: "Alberto não é criança e, se sua mãe estivesse fazendo drama, ele logo perceberia, talvez realmente a mulher esteja muito mal e precisando dele!". Ambas voltaram à cozinha, e Lucinda procurou não pensar mais em nada, somente em ir à biblioteca municipal para conhecer um pouco mais sobre o compositor polonês, que morrera tuberculoso em 1849.

Alfredo, como havia dito, não voltou para o almoço, e as duas mulheres almoçaram sozinhas. Comiam tortilhas de palmito quando Lucinda, olhando para o lado, disse:

— Dona Isabel, gosto tanto de Alberto que o simples fato de tê-lo junto a mim na hora das refeições aumenta meu apetite.

— Minha filha, isso se chama amor. Sinto a mesma coisa quando Alfredo está aqui.

— Dona Isabel, posso lhe fazer uma pergunta? A senhora não vai se zangar?

— Faça, minha filha! Não vou me zangar.

— A senhora está casada há quanto tempo?

— Em janeiro completamos trinta e quatro anos de casamento.

— A senhora o ama como o amou no início?

— Sim, minha filha! Mas saiba que o casamento não é só um mar de rosas. Tivemos e temos algumas divergências, mas procuramos sempre conversar. Como dizia minha mãe, o casamento é feito de dois bons perdoadores! Sempre há algo que nos desagrada, mas temos de aprender a ceder no tempo certo, ouvir para sermos ouvidas, compreender para sermos compreendidas. Lógico que quando nos casamos temos certas expectativas erradas a respeito do casamento, achamos que vamos viver só de amor, mas a realidade do dia a dia é bem diferente. Por tudo isso, minha filha, aprenda uma coisa: para ter um casamento bem-sucedido é necessário que se coloque em prática tudo o que Jesus nos ensinou, principalmente amar ao próximo como a si mesmo. É esse amor fraternal que faz com que dois espíritos consigam vencer as lutas diárias. Infelizmente, muitos jovens acham que vão se casar e a euforia inicial vai prevalecer, mas na verdade não é assim. Essa euforia dura apenas alguns meses, depois ela dá espaço à amizade, ao companheirismo, ao prazer de dividir uma vida.

— Vou ser sincera, sei que um casamento não é fácil, mas gostaria que esse entusiasmo que sinto por Alberto não passasse nunca.

— Minha criança, esse entusiasmo, como você mesma diz, chama-se paixão, e com o tempo vai dar espaço para um sentimento mais puro e profundo.

— É, a senhora tem razão! Mudando de assunto, a que horas a senhora poderá ir comigo à biblioteca?

— Se quiser, podemos sair às duas da tarde. O que acha?

— Ótimo! Assim dá tempo para eu fazer algumas pregas na saia de dona Maíra.

— Isso mesmo! Vá cuidar de seus afazeres e depois sairemos para pesquisar sobre a vida e morte de Chopin.

☙

DONA ISABEL TINHA seu próprio carro e usava-o somente para os afazeres domésticos ou quando ia se encontrar com Alfredo na Casa do Caminho.

Chegando à biblioteca, Lucinda começou a pesquisar, pois tinha certeza de que tudo o que ouvira no sonho era realmente sobre a vida do compositor. Logo, elas encontraram uma bibliografia completa de Chopin. A moça ficou estarrecida ao ver que tudo o que o rapaz havia dito era verdade, e ela não teve dúvida: a mulher que havia sido sua mãe era Jacira, mãe de Alberto, que por sua vez fora José Augusto, e ela Almerinda. A jovem achou que tudo não podia ser apenas coincidência, ainda mais porque nunca ouvira falar das composições de Chopin e de sua vida.

Depois de lerem sobre a vida do compositor, as duas saíram e passaram no mercado para comprar algumas coisas. Nesse instante, Lucinda começou a pensar em Jacira e sentiu um desconforto indefinido, como se ela estivesse precisando de alguma coisa.

❦

Na casa de Jacira, Rita estava preocupada, pois ora Jacira chorava no quarto, ora gritava. A empregada chamava Alberto, que já começava a mostrar os primeiros sinais de cansaço.

O moço havia combinado que iria buscar seus pertences na casa de Alfredo, mas ainda não havia tido tempo. Jacira gritava:

— O que vocês estão fazendo em minha casa? Não tenho trato com mendigos. Vão embora!

Alberto dizia:

— Não há ninguém aqui, minha mãe! Fique calma!

— Você não está vendo, Alberto? Eles estão aqui e querem me pegar, por favor, meu filho, não deixe que esses mendigos imundos me levem!

— Não! Não deixarei, mamãe!

Jacira chorava copiosamente e não conseguia dormir. José Carlos chamou Alberto e lhe disse:

— O senhor sabe o que está acontecendo com sua mãe? Ela está em perturbação espiritual, não tente lhe dar calmante, vamos chamar Rita para fazermos uma prece. O doutor vai ver como ela vai melhorar.

— Eu acho o mesmo, meu amigo!

Assim, os três iniciaram uma sentida prece pedindo a Deus para que ajudasse Jacira. Ao levantarem a cabeça, eles viram a figura de Jacira de pé, na soleira da porta.

— O que vocês estão fazendo? Acham que vão me tirar daqui? Não vão mesmo! Essa praga me desafiou e agora vai ter de arcar com as consequências! — dizendo isso, ela se afastou em direção ao seu quarto.

Alberto foi atrás da mãe e a viu se deitar e, em poucos minutos, ela dormiu. O filho não teve dúvidas, uma entidade estava prejudicando o estado emocional e físico de sua mãe. Ele olhou para a mãe e sentiu um grande carinho por ela.

Foi ao telefone e ligou para Isabel. Foi Lucinda quem atendeu. Ele relatou tudo o que estava acontecendo para a moça e depois para Isabel, que disse que conversaria com o marido e depois entraria em contato com ele.

À tarde, Alberto estava deitado no sofá da sala quando ouviu Rita chamando-o:

— Doutor Alberto, a esposa do dr. Alfredo está aqui com sua noiva.

— Rita, mande-as entrar!

Assim que viu Lucinda e Isabel, Alberto sentiu seu coração enternecer. Lucinda deu um beijo em Alberto e perguntou:

— E agora, como ela está?

— Está dormindo.

— Imagino como tem sido difícil para você, meu filho! Mas agora não podemos nos desesperar, é hora de confiarmos em Deus e em sua misericórdia. Tudo dará certo, basta acreditar.

Isabel pediu para que chamasse os dois empregados e todos se sentaram à mesa da sala de jantar. Isabel, que havia trazido *O Evangelho Segundo o Espiritismo*, abriu-o em uma parte e leu:

Amai os vossos inimigos... *Ouviste que foi dito: Amarás*
o teu próximo e odiarás o teu inimigo. Eu, porém, vos digo:
Amai os vossos inimigos e orai pelos que perseguem, para
que vos torneis filhos do vosso Pai celeste porque ele faz
nascer o seu sol sobre maus e bons, e vir chuvas sobre justos

e injustos. Porque se amardes os que vos amam, que recompensa tendes? Não fazem os publicanos também o mesmo? E se saudardes somente os vossos irmãos, que fazeis de mais? Não fazem os gentios também o mesmo?[3]

Se amais os que vos amam, qual é a vossa recompensa? Porque até os pecadores amam aos que os amam. Se fizerdes o bem aos que vos fazem o bem, qual é a vossa recompensa? Até os pecadores fazem isso. E se emprestais àqueles de quem esperais receber, qual é a vossa recompensa? Também os pecadores emprestam aos pecadores, para receberem outro tanto. Amai, porém, os vossos inimigos, fazei o bem e emprestai, sem esperar nenhuma paga; será grande o vosso galardão, e sereis filhos do Altíssimo. Pois ele é benigno até para os ingratos e maus. Sede misericordiosos, como também é misericordioso vosso Pai.[4]

— Jesus nos ensinou a amar até mesmo os nossos inimigos — continuou Isabel —, pois sabia que o amor é o princípio da caridade, e sua aplicação é algo sublime. Portanto, meus irmãos, vamos amar até mesmo os que nos odeiam e nos perseguem, pois se não fizermos isso, como poderemos ser caracterizados por cristãos? Se nem mesmo nós aplicamos as leis de amor do Cristo? E Jesus nos instou a ir mais longe, devemos orar pelos nossos inimigos e por aqueles que nos perseguem, porque, ao fazermos isso, estaremos redirecionando os nossos sentimentos a Deus e,

---

3. Kardec, Allan. *O Evangelho Segundo o Espiritismo*. Capítulo XII "Amai os Vossos Inimigos". Item 1 (São Mateus 6:43-47) (Nota da Edição).

4. Kardec, Allan. *O Evangelho Segundo o Espiritismo*. Capítulo XII "Amai os Vossos Inimigos". Item 2 (São Lucas 6:32-36.) (N.E.).

certamente, Deus vai nos ajudar a perdoar. E o perdão é o sentimento que devemos inserir em nosso coração, pois, um espírito só se adianta moral e espiritualmente quando é capaz de perdoar sem guardar mágoas ou ressentimentos, esquecendo a ofensa cometida contra si. Jesus sabe que para evoluirmos espiritualmente é difícil, mas devemos procurar nossa reforma íntima dia a dia, pois ela vai nos ajudar a galgar os mais altos degraus. Perdoemos e oremos pelos nossos inimigos.

Depois, todos fizeram uma prece. Quando terminaram, Lucinda pensou em tudo o que Isabel havia dito e lágrimas escorreram de seus olhos.

— Meu amor, por que chora? Perguntou Alberto.

— Porque não me sinto tão boa como todos pensam. Tenho um defeito muito grande: dificuldade em perdoar a todos os que me humilharam e abusaram de mim.

— O fato de não conseguir esquecer as ofensas, não quer dizer que seja uma má pessoa, minha filha. O que tem de fazer é orar a Deus pedindo que ele redirecione seus sentimentos para que você consiga esquecer — respondeu Isabel. Não é o momento de ficar pensando se tem ou não capacidade de perdoar. É hora de observar os defeitos e procurar transformá-los em virtudes. Isso se chama reforma íntima. Se você conhece seu ponto fraco, trabalhe sobre ele transformando-o em um ponto forte.

— A senhora tem razão, vou procurar fazer isso. Não consigo esquecer o que dona Jacira fez para me afastar de Alberto, e confesso que até mesmo a sua presença me faz mal! Mas, se Deus me ajudar, vou trabalhar essa minha característica negativa e transformá-la em positiva.

౸౿

Isabel perguntou se poderia ver Jacira e, imediatamente, as duas mulheres foram introduzidas no quarto. Lucinda ficou abismada com o que viu: Jacira não era nem de longe a mulher prepotente que conhecera; estava deitada, com os cabelos em completo desalinho, as olheiras eram profundas, estava pálida e parecia que havia envelhecido dez anos em poucos dias. A moça sentiu-se envergonhada por suas atitudes.

Alberto chamou a mãe e ela abriu os olhos vagarosamente. Olhando para o lado, viu Isabel, e esta carinhosamente começou a dizer:

— Olá, minha amiga? Como está passando?

— Não estou nada bem, Isabel. Tenho pesadelos horríveis; vejo pessoas sujas no quarto que exalam um terrível mau cheiro. Vejo-me andando em um lugar lamacento ao lado de seres nojentos; e o pior de tudo é que estou tendo essas visões até mesmo acordada! Estou me sentindo tão fraca que parece que minhas forças estão se esvaindo dia a dia. Fiz alguns exames, mas todos os médicos dizem que tudo está absolutamente normal comigo. Sabe, Isabel, acho que já vivi o bastante, se Deus tiver compaixão de mim, que me tire deste mundo, porque não aguento mais.

— Agora não é hora de se lamentar, minha amiga. É hora de lutar. Vamos pedir forças a Deus para que você possa enfrentar essa situação dificultosa.

— Não sei se Deus vai perder tempo em me atender, pois todos me viraram as costas, e acredito que ele também!

— Não diga bobagem, Jacira! Deus não se afasta de nós, ele está atento a tudo o que nos acontece, mas assim como um pai amoroso, que avisa o filho para não fazer determinadas coisas, ele nos avisa sobre nossos atos e deixa que colhamos as consequências, e quando não aprendemos pelo amor, aprendemos pela dor.

— Gostaria de ter essa convicção. Onde está Alfredo?

— Mamãe, Alfredo não veio hoje, ele veio há dois dias, e a senhora disse algumas bobagens a ele.

— Não diga isso, meu filho! Se tem algo que não sou é mal-educada; lembro-me de que ele me examinou e sentou-se na escrivaninha para prescrever a receita, depois não me lembro de mais nada.

Naquele momento, Isabel não teve dúvidas de que o mal daquela mulher era obsessão de desencarnados, e que somente Deus poderia ajudá-la. Embora Jacira estivesse abatida, olhou para Lucinda e não lhe dirigiu a palavra. Ainda sentia ódio da moça, não conseguia disfarçar seu desagrado por vê-la ali em sua casa.

Alberto, percebendo, chamou Lucinda para conversarem na sala, enquanto Isabel conversava com a mãe. Isabel percebeu o desagrado de Jacira, mas não disse nada, apenas ficou emanando luz para Jacira em silêncio.

— Eu não gosto dessa moça, tem algo nela que não me agrada. Mas fazer o quê? Alberto está cego! Essa moça não me engana, ela não é o que aparenta. Tome cuidado com ela! — confidenciou Jacira.

— Agora não é hora de você pensar nisso, pense em você e no seu bem-estar.

— Isabel, há quanto tempo nos conhecemos?

— Não sei, mas creio que há uns trinta anos, por quê?

— Porque estou pensando em como você e Alfredo sempre me fizeram bem. Vou lhe confessar que tem horas que eu odeio vocês por terem dado guarida a essa moça, mas depois tudo some como por encanto. Você veio à minha casa e a agonia que eu sentia desapareceu, agora estou até com fome! Que horas são?

— Exatamente dezessete e trinta e seis.

— Nossa, que tarde! Fiquei aqui no quarto o dia todo?

— Não se preocupe com isso, tudo está sob controle, vou à cozinha pedir a Rita que faça uma canja para você.

— Obrigada, Isabel.

— Deus nos mandou ajudar todos os nossos irmãos, e com você não poderia ser diferente.

Jacira sorriu. Isabel deixou-a sozinha. Não demorou muito, saiu da cozinha com uma bandeja contendo suco de laranja e um prato de canja.

Alberto, vendo Isabel seguindo em direção ao quarto da mãe, disse satisfeito:

— Que bom que vocês vieram. Minha mãe ficou o dia todo sem comer nada, apenas mandando tirar os monstros do quarto.

— Meu filho, saiba que num momento como esse o melhor remédio é a prece.

Isabel chegou ao quarto da enferma e disse:

— Jacira, sente-se. Vamos comer, senão você vai ficar anêmica, aí teremos de pedir a Alfredo que arranje uma vaga para você no hospital.

— De jeito nenhum! Se para eu ficar bem depende de um prato de canja, saiba que comerei tudo!

— Ótimo! Sente-se, vou ajudá-la!

Jacira comeu a canja e, sentindo a fome aumentar, pediu a Isabel um bife com batatas fritas. Esta ficou satisfeita. Depois que a mãe de Alberto acabou o jantar, Isabel fez uma prece e disse que tinha de voltar para sua casa.

As duas ficaram de mãos dadas e oraram. Depois da prece, Jacira sentiu sono e finalmente adormeceu. Desta vez, seu sono foi tranquilo e reparador.

Ao sair do quarto, Isabel comentou com Alberto que sua mãe estava precisando de um tratamento espiritual. O moço disse que tudo faria para que a mãe procurasse ajuda na Casa Espírita. Lucinda permaneceu calada. Depois de quarenta minutos, as duas se retiraram.

Ao chegarem em casa, encontraram Alfredo, que já havia tomado banho e estava descansando, esperando o retorno delas. O médico conhecia bem Isabel, e logo desconfiou que ela tivesse ido à casa de Jacira para ajudá-la.

Naquela noite eles não poderiam deixar de ir à Casa do Caminho, pois, dessa forma, poderiam prestar ajuda a Jacira e Alberto. E assim os três entraram no carro de Alfredo e saíram.

Ao chegarem, os três elevaram os pensamentos ao alto. Lucinda não conseguia parar de pensar em Jacira e na maneira como ela mostrou seu desagrado ao vê-la em seu quarto. E pensou: "Dona Jacira não vai atrapalhar minha paz!". Assim, ela se pôs em prece e logo sentiu a paz invadir todo o seu ser.

A reunião transcorreu tranquilamente. Depois da palestra, todos os ouvintes foram encaminhados à câmara de passe.

Ao término dos trabalhos, Alfredo disse:

— Isabel, estou faminto! O que as damas acham de irmos a uma pizzaria?

— Ótima ideia! Vamos à pizzaria — disse Isabel sorrindo e colocando a mão no ombro de Lucinda.

ോയ

Na pizzaria, os três colocaram os assuntos em dia. Isabel contou o que havia acontecido com Jacira e Alfredo ouviu calado. Depois de alguns minutos, o homem falou:

— Eu já havia percebido que se tratava de um caso de obsessão, pois o ambiente em seu quarto era pesado. Ao entrar lá, senti que estava sendo vigiado o tempo todo e depois vi aquela entidade ao lado dela na cama.

— Mas, dr. Alfredo, por que essas entidades se aproximam das pessoas?

— Minha querida, existem vários motivos. Primeiro, pela lei da afinidade. Sempre que uma entidade se liga a alguém é porque tem os mesmos defeitos deste. Segundo, por uma questão de atração. Geralmente, as pessoas atraem seus companheiros mediante seus pensamentos e suas ações. E, terceiro, porque algumas entidades podem se ligar às pessoas por questões do passado. Como os fluidos dessas entidades são perniciosos, elas acabam prejudicando o campo vibratório das pessoas, de modo a desequilibrá-las.

— O que podemos fazer para ajudá-la, dr. Alfredo?

— Orar! Devemos ser bons para com todos e orar pelos que nos perseguem. Se fizermos isso, estaremos ajudando e muito essa pobre mulher.

Isabel estava quieta e, observando a fisionomia cansada de Lucinda, perguntou:

— Você ficou ressentida pelo fato de Jacira não ter falado com você, não é mesmo, minha filha?

— Para ser sincera, sim! Ela nem sequer procurou disfarçar que não me suporta, de modo que Alberto me levou à sala e ficamos ali conversando. Vou pedir a Deus por ela, mas saiba que ela não merece! Só faço isso por Alberto, que é o homem que amo!

— Minha filha, quem é você para julgar se ela merece ou não? — perguntou Alfredo, cortando um pedaço da pizza. — Jesus disse que não devemos julgar ninguém, pois na mesma medida que julgarmos, seremos julgados. Portanto, deixe que Deus fará isso muito bem, não seja você a julgar quem quer que seja.

Lucinda sentiu-se envergonhada por suas palavras e resolveu não dizer mais nada.

— Minha filha! Você estava comentando sobre o sonho com Jacira; será que você não pode pensar que esse ressentimento mútuo está ligado a fatos passados? — questionou Alfredo tranquilamente.

— Para falar a verdade, pensei nisso hoje o dia todo, inclusive dona Isabel e eu fomos à biblioteca municipal e pudemos verificar que tudo o que o rapaz disse sobre Chopin realmente aconteceu. Não tenho dúvidas de que dona Jacira e eu já fomos mãe e filha.

— Eu não estou afirmando nada, minha filha! — disse Alfredo, não querendo ser precipitado. — Mas saiba que muitas vezes há um reencontro com nossos afetos e desafetos. Contudo, seja como for, procure esquecer o sonho e também o fato de ela ter se refreado em falar com você. Tente perdoá-la, minha filha, para que você possa chegar com a consciência tranquila e pedir o perdão de Deus.

— Estou pedindo a Deus que me ajude, dr. Alberto, pois não quero carregar esse fardo do ressentimento.

— Realmente, minha filha — disse Isabel —, o ressentimento e o ódio são fardos desnecessários. Podemos ilustrar isso fazendo uma comparação. Se você vai viajar para uma praia, o que levará na bagagem?

— Bem, vou levar roupas de banho e roupas frescas.

— Já pensou se você resolve viajar para a praia e decide levar um casaco? Não iria carregar um peso adicional sem necessidade?

— Certamente! Jamais levaria roupas de inverno a um lugar de verão, pois isso seria uma tremenda falta de inteligência.

— Muito bem, minha filha. Quem carrega sentimentos ruins são as pessoas estúpidas. Jesus, sabendo disso, instruiu-nos a perdoar, pois esse ato faz bem a quem o pratica e também a quem é odiado — concluiu Alfredo.

— O senhor tem razão, doutor, vou perdoar dona Jacira e procurar não pensar mais nela. Seja como for, ela é a mãe do homem que amo.

— Muito bem, minha filha! É assim que se fala — disse Isabel sorrindo.

Depois de jantarem, os três voltaram para casa. Estavam tão cansados que se dirigiram aos seus quartos para descansar.

Bons ventos

Jacira, ao acordar, sentia-se mais disposta e resolveu sair da cama. O estômago ainda estava embrulhado. Na cozinha, perguntou para Rita onde estava Alberto, e ficou satisfeita ao saber que ele dormia em seu quarto.

Ao acordar, ele ficou feliz por ver a mãe um pouco mais disposta, sem sombras de perturbação.

— Bom dia, dona Jacira? Como está se sentindo?

— Bom dia, meu filho! Estou um pouco melhor, dormi bem, mas ainda me sinto enjoada.

— Dona Isabel ficou preocupada com a senhora. Ela, sim, é sua amiga. Veio visitá-la e até a encorajou a comer.

— Verdade, meu filho! Sou-lhe grata por tudo o que fez por mim, mas me diga por que Lucinda não foi ao quarto se despedir de mim?

— Porque a senhora estava dormindo, minha mãe, e ela não quis incomodá-la.

— Devia ter me acordado!

— Esqueça, mamãe, o importante é que a senhora está bem.

— Meu filho, você não está mais trabalhando com Maciel?

— Ontem eu faltei — respondeu o rapaz em tom preocupado —, mas hoje voltarei lá somente para pedir demissão. Preciso voltar a São Paulo.

— Que bom, meu filho! Sua decisão muito me alegra. Foram anos de trabalho árduo de seu pai, e eu sabia que você não iria pisar em todo o sacrifício que ele fez para manter aquilo em pleno funcionamento.

— Realmente, minha mãe. Tenho de cuidar do que é nosso, mas ainda não posso voltar e deixar a senhora doente. Só voltarei quando se sentir bem.

— Fique tranquilo, meu filho. Já estou melhor, tive uma crise nervosa, agora tudo ficará bem.

— A senhora ainda tem de fazer alguns exames, minha mãe. Vou acompanhá-la e só voltarei na certeza de que está realmente bem.

Ao dizer essas palavras, o jovem se aproximou de Jacira e a beijou ternamente na face. Depois que eles tomaram café, Alberto disse que iria à casa de Isabel e à revendedora de carros.

A mulher sentia-se tão feliz que nem mesmo as entidades conseguiram envolvê-la. Rita também estava contente por ver a patroa restabelecida. José Carlos, nos últimos dois dias, cuidara do jardim, pois sabia que ela gostava das plantas. Jacira, ao ver que tudo estava em ordem em sua casa, disse a Rita:

— Rita, estarei em meu quarto, vou me deitar. Ainda me sinto cansada. Se alguém ligar, diga que estou descansando e peça para ligar mais tarde. Faça tudo como de costume e capriche no almoço, pois hoje quero almoçar ao lado de Alberto.

— Sim senhora, dona Jacira.

No quarto, ela pensou: "Antes de sair de casa para ir ter com aquele trambiqueiro, não estava sentindo nada, estava bem disposta. Ele fingiu que estava com o guia e começou a me dizer aquelas coisas horríveis. Ao voltar para casa, já não me sentia nada bem. Será que tudo isso tem alguma coisa a ver com meu mal-estar? Impossível! Aquele homem não tem poderes de fazer nada contra ninguém, foi apenas coincidência".

Jacira começou a se lembrar dos pesadelos que teve e ficou assustada só de pensar. Viu uma estranha coincidência: em todos eles havia um homem sujo e fétido zombando dela. Ela ficou apavorada só em relembrar as sinistras criaturas e o mau cheiro, mas o que deixou Jacira pensativa era que tudo parecia muito real...

De repente, ela começou a pensar em Lucinda: "Que sem-vergonha! Onde já se viu vir à minha casa? Se fiquei doente, foi por culpa dela, mas agora que as coisas estão indo bem não posso fazer nada para desagradar a Alberto. Vou continuar fingindo que mudei e assim farei da vida dela um inferno, como ela fez da minha!".

As entidades que até pouco tempo não conseguiram envolver Jacira, encontraram o ponto fraco da mulher e decidiram:

— Vamos procurar não deixá-la doente. Faremos crescer o ódio que ela sente da noiva do filho e depois a incentivaremos a cometer um crime.

— Ótimo! É isso! Vamos deixar essa peste boa, pois somente assim ela ficará forte novamente e seguirá nossos conselhos.

— Mas como pode dizer isso? — perguntou uma das entidades.

— Pense bem, quanto mais ódio ela sentir da noiva do filho, mais força exerceremos sobre ela. Vamos sugerir a ela que se livre do problema de uma vez por todas e, então, ela vai matar Lucinda.

— Que boa ideia! Você é um gênio!

— Obrigado, sei disso!

ುಲ

A<small>LBERTO FOI À CASA DE</small> I<small>SABEL</small> e disse que tinha tomado algumas decisões importantes, pois o futuro de sua empresa dependia dele.

Isabel e Lucinda ficaram sentadas ouvindo o que o rapaz havia decidido. Lucinda, embora não gostasse, resolveu concordar com ele.

O rapaz foi ao quarto e pegou suas roupas. Lucinda, ao vê-lo com a mala de viagem na mão, não conseguiu conter a emoção e chorou. Ao vê-la chorando, ele sorriu e a abraçou, sentindo também o coração oprimido. Entre lágrimas, ele garantiu a Lucinda:

— Meu amor, acredite, quero me casar com você ainda este ano. Você aceita?

— Alberto, casar-me com você é tudo o que mais quero. Para mim será dolorido não tê-lo todas as noites conversando com o dr. Alfredo, com dona Isabel, e não ouvir suas gargalhadas.

— Amor, estou indo porque tenho assuntos importantes para resolver. Minha mãe não está bem. Apesar da melhora, ainda estou preocupado com ela. E há os negócios, não posso fingir que tudo está bem, porque não está. Meu pai nos deixou um patrimônio razoável, se não cuidar, poderá ruir, e a última coisa que quero é acabar com o sacrifício de uma vida inteira.

— Alberto, sei de tudo isso, e quero que saiba que estarei sempre ao seu lado, pode contar com o meu apoio.

— É por essa razão que eu a amo, Lucinda. Você foi feita para mim sob encomenda — brincou o rapaz.

Isabel lhe desejou boa sorte. Embora não quisesse demonstrar, estava terrivelmente triste por vê-lo partir. Desde que o casal passara a se hospedar em sua casa, era como se tivesse uma família completa.

Alberto, sabendo que era bem-vindo no seio daquela família, disse:

— Meninas, não chorem. Enquanto eu não voltar para São Paulo passarei aqui todos os dias.

As duas riram, mas para Lucinda a saída de Alberto tinha um significado preocupante, ela sentia que Jacira estava prestes a conseguir o que vinha tentando havia um bom tempo: afastar os dois.

Alberto estava com um pressentimento estranho, mas preferiu não dizer nada para não deixar a noiva ainda mais triste. Foi nesse clima que o moço levou sua mala para o carro e partiu. Lucinda o acompanhou até a rua e viu quando o carro do rapaz dobrou a esquina. Sentou-se na calçada e se pôs a chorar.

Isabel, sabendo o que se passava no coração da jovem, deixou que ela ficasse sozinha, pois naquele momento não havia o que fazer nem mesmo o que dizer para aplacar a dor que esmiuçava o coração da jovem.

ରୋ

AO CHEGAR EM CASA, o rapaz guardou o carro e viu sua mãe sentada na varanda, olhando para o nada. Pensou que talvez ela não estivesse bem, mas surpreendeu-se com a melhora repentina. Sem nada dizer, pensou que talvez tudo não passasse de um teatro para obrigá-lo a voltar para casa e para a empresa. Olhando para a mãe, notou que ela estava melhor, mas abatida.

— Que bom vê-lo, meu filho! Não me falta mais nada, se morrer agora, morrerei feliz!

— Não diga uma bobagem dessa, minha mãe! Para sua felicidade ser completa falta um neto para alegrar os seus dias!

Ao entrarem em casa, Alberto foi deixar a mala em seu quarto e Jacira foi à cozinha preparar um lanche. Estava faminta. Não havia comido porque não gostava de fazer as refeições sozinha.

— Mamãe, estou pensando seriamente em me casar no mês de novembro. O que a senhora acha?

— Meu filho, você já é um homem, saiba que, se decidir se casar em novembro, não teremos tempo para fazer todos os preparativos.

— Mas, mamãe! Acho que a senhora não entendeu! Lucinda e eu decidimos que não vamos querer festa nem muitos convidados. Pretendemos fazer um coquetel somente para os amigos mais chegados e não queremos que nosso casamento saia na primeira página do jornal. Gostamos de coisas simples e discretas.

— Se é assim, marque a data.

— Mamãe, não estou acreditando que a senhora está concordando com meu casamento! Acho que isso é um sonho.

— Vá tomar um banho para lancharmos, depois conversaremos sobre isso.

Alberto saiu cantarolando uma música. Jacira ficou pensando, enquanto olhava o leite no fogo: "Preciso agir rápido! Três meses passam rápido, não posso ficar esperando um milagre".

Neste momento, ela se distraiu pensando que Lucinda poderia sofrer um acidente de carro. Ela cuidaria para que ninguém descobrisse que fora a autora do crime. Assim ficaria livre dela para sempre.

Quando Alberto desceu, Jacira deu início ao seu plano maligno.

— Meu filho, por que não compra um presente para sua noiva?

— Presente?! Não estou entendendo.

— Meu filho, quando uma moça fica noiva, é de praxe o noivo presenteá-la com uma joia ou algo mais caro; afinal, vocês vão se casar e as responsabilidades não permitirão que aproveitem o tempo todo junto.

— Mas o que eu poderia dar a Lucinda, minha mãe?

— Por que não dá uma joia para ela, meu filho?

— Lucinda não gosta de joias, ela é muito simples e sempre diz que não gosta de ostentação.

— Então lhe dê um carro! Tenho certeza de que ela vai gostar.

— Um carro?! Não acho prudente, ela não sabe dirigir!

— Por que não dá umas aulas para ela, sem dizer o que pretende. Depois a manda tirar carta e lhe dá o carro.

— Minha mãe, a senhora é maravilhosa! Vou fazer isso, mas precisarei contar com a ajuda de dona Isabel!

— Ótimo! Diga a ela para convencer Lucinda a tirar a carteira de motorista, e aí tudo ficará mais fácil!

— Minha mãe, farei isso agora mesmo! Como a senhora está bem, vou voltar à casa do Alfredo e falar com os dois para me ajudarem. A senhora me ajuda a escolher um carro para Lucinda?

— Claro, meu filho! Compraremos um carro novo e poderemos ir à revendedora de Maciel. Ele tem carros lindos!

— Isso mesmo, minha mãe, farei isso!

— Mas, filho, tudo isso tem de ser antes do casamento, pois seu noivado já aconteceu há alguns meses.

— Sim! Vou lhe dar um carro antes do casamento.

Depois de ficar conversando por certo tempo com a mãe, ele foi ao seu quarto, pegou um agasalho e novamente saiu em direção à casa de Alfredo. Ficou feliz em saber que o médico já havia chegado, gostava de conversar com o casal e com Lucinda. Falavam sobre muitas coisas, desde acontecimentos mundiais até assuntos espirituais. Naquela noite não foi diferente. Ao falarem sobre a doença de Jacira, Alberto objetou:

— Alfredo, acho que minha mãe teve um esgotamento nervoso. Se fosse realmente um mal espiritual, ela não teria se recuperado tão rápido.

— É aí que você se engana. Muitas vezes esses irmãos dão uma trégua para pensarmos que tudo acabou, e aí finalmente agem nas sombras, assim como aconteceu na Segunda Guerra Mundial, os japoneses ficaram em silêncio por um bom tempo, quando os americanos pensaram que tudo havia terminado, eles atacaram o país sorrateiramente, destruindo várias bases americanas; essas entidades são inteligentes. Não seja incauto, pois eles usam sempre o elemento surpresa para derrubar qualquer chance de contra-ataque. As entidades que estão espreitando os passos de Jacira estão apenas estudando um ponto para destruir todas as possibilidades de defesa.

— Mas então precisamos avisá-la — disse Lucinda, preocupada.

— Não vai adiantar, minha filha, porque eles têm uma vantagem sobre nós: o fato de ela não acreditar na existência deles, e isso se torna muito importante para destruí-la de uma vez.

Alberto remexeu-se na poltrona e não acreditou em nada do que Alfredo estava dizendo. Sua mãe estava muito bem. Ela havia conseguido controlar até o seu gênio. Achou que o médico estivesse fantasiando coisas.

Lucinda, que a princípio se mostrou apática com respeito aos assuntos espirituais, agora já não tinha mais dúvida de que tudo acontecia da maneira que o médico estava dizendo. Quieta, ela sentiu o coração oprimir-se, temendo que a mulher conseguisse afastá-la do único homem que realmente amara em toda sua vida.

Depois de conversarem por mais de uma hora, Alberto disse a Isabel:

— Dona Isabel, preciso falar com a senhora em particular, será que poderia me conceder um minuto de sua preciosa atenção?

— Sim, meu gentil cavalheiro, queira me acompanhar até a parte mais cobiçada da casa.

Alfredo, que não estava entendendo nada, apenas sorriu e viu os dois ir de braços dados à cozinha. Lucinda não gostou do que viu; afinal, eles tinham feito um juramento que entre eles não haveria segredos.

Na cozinha, Alberto encostou a porta atrás de si e disse em tom confidencial a Isabel:

— Dona Isabel, estive pensando e percebi que não dei nenhum presente de noivado a Lucinda. Depois que saí daqui, achei que poderia dar-lhe de presente um carro.

— Um carro!? — perguntou Isabel assustada. Que ideia extravagante é essa, meu filho? — perguntou Isabel.

— Estou pretendendo me casar com ela no mês de novembro, mas antes gostaria de dar-lhe um presente que ela jamais pudesse esquecer.

— Meu filho, não precisa lhe dar um presente tão caro, em vez disso, lhe dê o que ela mais quer: sua atenção.

— Mas, dona Isabel, isso ela já tem. Quero fazê-la a mulher mais feliz do mundo.

— Para fazê-la feliz não precisa lhe dar um carro. Leve-a para passear, lhe dê um livro, qualquer coisa assim. Agora, um carro? Acho que ela nem sequer sabe dirigir!

— Foi justamente isso que pensei. É por essa razão que a chamei aqui, quero que a senhora a ensine a dirigir. Depois ela poderá tirar sua carteira, eu mesmo pagarei todas as despesas e finalmente vou lhe dar um carro.

Isabel não concordou com aquela ideia, mas, olhando para os olhos súplices do rapaz, acabou concordando, dizendo que não iria esconder nada de Alfredo. Alberto tinha-a como uma mãe. Dessa maneira, beijou-a ternamente no rosto.

Depois de alguns minutos, os dois saíram da cozinha. Ela carregava uma bandeja com as xícaras e ele, um pote com biscoitos. Lucinda estranhou a conversa secreta, mas não disse nada, procurando não ser indiscreta.

Passavam das onze da noite quando finalmente Alberto se despediu de todos e foi embora. Lucinda também se despediu do casal e foi para o seu quarto, jogou-se sobre a cama e chorou muito.

No quarto do casal, Alfredo, trocando de roupas, perguntou a Isabel:

— Minha querida, o que Alberto queria com você? Ele nunca fez isso, deixar Lucinda sozinha comigo e ir atrás de você na cozinha.

Assim, Isabel lhe contou os planos do rapaz: desde o casamento até o presente de noivado. Alfredo não teve bom presságio e disse:

— Essa ideia não é de Alberto. Tenho certeza de que é de Jacira. Alguma coisa ela está aprontando.

— Pensei isso também, meu querido, mas ele me disse que a ideia foi dele mesmo, e eu concordei com o que ele me pediu.

— Isabel, Jacira é como o mar, os piores acidentes marítimos acontecem não quando o mar está agitado, mas quando está calmo. Lembra-se do Titanic? Quando o capitão comparou o mar a um lago, eis que o iceberg rasgou a proa do navio provocando um dos maiores naufrágios da história.

— Eu sei, meu velho, mas como gosto muito de Alberto, fico feliz quando ele está bem, e assim não pude negar um favor.

— Está bem, vamos fazer uma prece pedindo ajuda para que Deus ilumine o caminho desse casal.

Depois de fazerem a prece de mãos dadas, como todas as noites, o casal apagou o abajur e silenciou.

తం

No DIA SEGUINTE, Isabel levantou-se e estava preparando café quando Lucinda apareceu com os olhos de quem havia chorado a noite toda. A moça balbuciou um bom-dia e foi em direção à pia para lavar as xícaras que ali estavam. Isabel, olhando-a, disse:

— Que desânimo é esse, minha filha?! Está doente?!

— Sim, dona Isabel, estou com meu coração doendo, pois sinto que a cada dia que passa estou ficando mais distante de Alberto. Sei que a mãe dele está doente, mas ela aproveitou para fazer com que ele voltasse para ela.

— Calma, minha filha! Já pensou que na maioria das vezes as coisas não são como pensamos? E podemos errar em nossos julgamentos.

— Dona Isabel, quem está me dizendo isso é meu coração.

— Mas Alberto me parece tão atencioso e carinhoso como antes, Lucinda.

— Sim está! Mas eu sinto um aperto no peito que não sei dizer por que, sinto como que fosse ficar sem ele repentinamente.

— Às vezes, isso é apenas impressão. O que acha de me ajudar no café da manhã? Depois vamos passear de carro.

— Passear de carro!? Onde?

— Não sei, minha filha, mas o que acha de dirigir um pouco?

— Eu dirigir? — perguntou Lucinda abismada. — Não sei dirigir, dona Isabel, deixe de inventar coisas para me alegrar.

— Minha filha, você é como uma filha. Saiba que tudo farei para ver um sorriso bonito enfeitar esse rosto.

Lucinda a abraçou e a chamou de mãe. Isabel sentiu-se altamente lisonjeada. Embora não tivesse bom pressentimento quanto ao presente de Alberto, a senhora não pensou muito no assunto e atendeu ao pedido do rapaz. Uma hora depois, as duas estavam saindo com o carro rumo a uma vila tranquila. Lá, ela começou a ensinar as noções básicas sobre como conduzir um carro.

Lucinda era inteligente e com apenas poucas explicações já saiu com o carro e deu uma volta na quadra. Isabel ficou feliz em ver o bom desempenho da moça. Depois de uma hora, combinaram de voltar ao mesmo lugar no dia seguinte.

As aulas duraram apenas uma semana, depois Isabel convenceu-a a procurar um despachante da cidade para tirar a carteira de motorista. A princípio, Lucinda não entendeu bem o porquê de tudo aquilo, mas depois se entusiasmou e procurou não pensar mais no assunto.

Procuraram o único despachante da cidade e, depois dos primeiros exames, ela começou as aulas práticas. Durante o tempo em que estava entretida com o aprendizado, ela se esqueceu de Jacira e passou a ter mais vitalidade, o que alegrou e muito Isabel e Alfredo.

Foi com alegria que Jacira soube que Lucinda estava tirando carta e já estava dirigindo bem. Dessa forma, começou a pensar em um carro possante para a moça. Alberto estava feliz, a mãe não tivera mais surtos, e Lucinda parecia contente.

ဢ

ALBERTO DECIDIU que iria para São Paulo, pois tinha decisões importantes a tomar. Lucinda, ao ser comunicada, ficou aborrecida, mas logo compreendeu que ele tinha responsabilidades a cumprir. Finalmente, ela tirou a tão almejada carteira de motorista, o que deixou Isabel imensamente feliz, pois ela não gostava de dirigir. Agora, cada vez que iam a algum lugar, ela pedia para a moça conduzir o carro.

Alfredo também ficou feliz por ver a alegria da moça, pois Alberto passou a ficar durante a semana em São Paulo e nos fins de semana voltava para casa, com o intuito de ver a noiva e os amigos.

Alberto começou a dar andamento aos papéis para o casamento. O casal combinou de se mudar para São Paulo. O rapaz tinha um pequeno apartamento. Voltariam a morar na cidade somente quando Alberto se aposentasse. Nos fins de semana, Lucinda ficava com Jacira, que a tratava com visível falsidade.

Para Alberto, o que sua mãe pensava não lhe fazia nenhuma diferença, e Lucinda começou a fingir que não percebia que a mulher não gostava dela.

Um domingo, Lucinda estava na rede da varanda com Alberto quando Jacira lhes trouxe suco de caju. Serviu o filho e, quando foi servir a moça, fingiu que tropeçou e derramou o copo de suco nela e em Alberto.

Lucinda resolveu ir embora. Quando o casal já estava no carro, ela, não aguentando o fingimento da sogra, disse a Alberto:

— Alberto, você viu o que ela fez?

— Calma, Lucinda! Foi sem querer, ela tropeçou em minha perna.

— Não foi, Alberto! Ela fez de propósito somente para eu ir embora!

— Lucinda, acho que você deve desculpas à minha mãe, ela só quis ser gentil. É assim que você a vê?

— Mas, Alberto, será possível que você não enxerga?

— Lucinda, o que está acontecendo com você? Tudo o que mamãe faz você acha que é para prejudicá-la. O que você vai fazer no Centro Espírita toda semana? Acaso não aprendeu que da mesma maneira que julga, julgarão também você? Minha mãe faz de tudo para agradar-lhe, mas você não a entende, tudo você acha que tem segundas intenções! Saiba, Lucinda, que se continuar assim, temo que nosso casamento não dê certo! Não posso viver dividido entre o amor das mulheres que mais amo no mundo!

— Muito bem, Alberto, se é assim que você quer, assim será. Fique com sua mãe que eu vou continuar levando minha vida sozinha!

— Mas, Lucinda, os papéis do nosso casamento já estão em andamento!

— Acaso não sabe que compromissos se desmancham até mesmo no altar? Não quero ficar discutindo com você. De hoje em diante você não precisa ficar dividido, fique com sua mãe e não me procure mais!

Dizendo essas palavras, ela desceu do carro de Alberto e entrou na casa de Isabel, trancando-se no quarto.

Isabel, vendo o estado da moça, pensou: "Alguma coisa não vai bem!".

ʊʊ

ALBERTO DIRIGIA SEU CARRO nervoso e dizia em voz alta:

— O que está acontecendo com Lucinda? Ela não era assim! Agora está com mania de perseguição. Mamãe faz de tudo para se dar bem com ela, e ela só arruma confusão. Quer saber? Não vou mais atrás dela, vou cuidar da minha vida.

Ao voltar para casa, Jacira viu a expressão agastada do filho e logo presumiu que houvesse brigado.

— Meu filho, que cara é essa?

— Mamãe, não sei o que está acontecendo com Lucinda, ela insiste em me dizer que a senhora a persegue. Já não sei mais o que faço para ela tirar essa ideia da cabeça.

— Meu filho, não quis fazer nada daquilo, muito menos fazer vocês dois brigar, desculpe, foi uma distração da minha parte, mas eu já resolvo tudo isso, quer ver?

Com o olhar compungido, ela ligou para a casa de Alfredo e quem atendeu foi Isabel.

— Olá, Isabel, tudo bem com você?

— Sim, Jacira, tudo bem!

— Gostaria de falar com Lucinda, será que você me faria o favor de chamá-la?

— Um minuto, ela está no quarto.

Em poucos minutos, Lucinda atendeu o telefone. Seu coração estava despedaçado, pois ela sabia que a amabilidade de Jacira era puro fingimento.

— Alô!

— Oi, minha filha. Estou ligando para pedir-lhe novamente desculpas pelo incidente de hoje. Foi uma distração minha, por favor, não brigue com Alberto, ele não tem culpa.

O moço ficou surpreso com a atitude da mãe e mais uma vez sentiu seu coração em pedaços. Olhando para a mãe, ele disse:

— Mamãe, não quero que a senhora fique se humilhando; afinal, isso é tudo o que ela quer. Se pensa que vai me colocar contra a senhora está muito enganada. Eu a amo, mas também amo a senhora!

Jacira virou o fone de modo que ele não percebesse que Lucinda o estava ouvindo. E, Lucinda, deixando que lágrimas escorressem, desligou. Jacira disse com falsa tristeza:

— Meu filho, ela desligou! Vá atrás dela, lembre-se do amor que sente por ela, esqueça as pendências!

— Eu amo Lucinda como nunca imaginei amar ninguém, mas ela está mostrando um lado que eu não conhecia: mesquinho e encrenqueiro. Veja só, enquanto ela vive a acusá-la, a senhora ainda a defende. Eu a amo, dona Jacira.

— Eu também o amo, mas não volte para São Paulo com essa situação indefinida.

Alberto beijou-a e foi para o quarto. Jacira, em seus aposentos, estirou-se na cama feliz e pensou: "Como não pensei nisso antes? Sou uma atriz. Coitadinho de Alberto, ele acredita em mim, mas tudo o que faço é para protegê-lo dessa messalina!".

LUCINDA, CHORANDO, contou a Alfredo e Isabel tudo o que estava acontecendo. Os dois ouviram calados.

Alfredo era comedido nas palavras, já Isabel falava tudo o que pensava. Foi ela quem disse:

— Eu estava desconfiada que alguma coisa estava acontecendo, Jacira não é mulher de entregar os pontos. Alberto não percebe o que a mãe está tecendo?

— Calma, Isabel — disse Alfredo —, precisamos pedir orientação a Deus para que Alberto possa enxergar as teias que sua mãe está tramando.

— Mas, Alfredo, enquanto isso ela vai destruir a união dessas criaturas. Acho que não temos tempo para esperar, precisamos agir!

— Não, dona Isabel, sei que tudo isso é revoltante, mas acho que o doutor Alfredo tem razão, temos de pedir a orientação de Deus, pois somente Ele poderá mostrar a Alberto tudo o que está acontecendo.

— Sábias palavras, minha filha! — disse Alfredo sorrindo.

— Mas por que dona Jacira age dessa forma, se ela não tem lembranças do passado? — questionou Lucinda.

— Minha filha, como sabe, nós não lembramos das nossas vidas passadas. Esse esquecimento é um presente dado por Deus para que possamos recomeçar. Mas as impressões ficam indelevelmente marcadas, e isso explica por que algumas pessoas nos são simpáticas e outras antipáticas. No caso de Jacira, ela não se lembra do passado, mas traz consigo a raiva que nutria por você em outra existência. E, pelo que percebo, tudo causado pelo ciúme. Um espírito atrasado e mau tem antipatia por pessoas que possam julgá-lo ou desmascará-lo. Ao sentir essa aproximação, percebe iminente desaprovação e reage com repulsa, que se transforma facilmente em rancor, inveja e desejo de fazer o mal.

— Realmente, isso explica por que, desde a primeira vez que vi dona Jacira, não gostei dela. Sei também que ela não gostou de mim desde o princípio, mas tudo piorou depois que Alberto se mostrou interessado por mim. Ela realmente se sente ameaçada, achando que vou tirar o filho dela, mas jamais faria isso. Eu não vou guardar rancor dela, e peço a Deus que Alberto enxergue o que está acontecendo, pois se as coisas continuarem como estão, acho que vamos romper definitivamente.

— Isso mesmo, minha filha, mostre que você é um espírito lúcido.

Alfredo convidou as duas mulheres a acompanhá-lo numa prece. Depois, Lucinda pediu licença e se dirigiu ao quarto para pensar em tudo o que estava acontecendo. Lucinda chorou por alguns minutos, mas depois lembrou-se das palavras de Alfredo e fez uma prece pedindo a Deus por Alberto e por Jacira. Depois de serenar o coração, a moça dormiu placidamente. Seu sono foi tranquilo.

დღ

JACIRA SENTIA-SE FELIZ, pois se Alberto terminasse o namoro, ela não precisaria dar um fim em Lucinda. Sorrindo para si mesma, ela adormeceu, mas seu sono não foi tranquilo.

Sonhou que andava em um lugar escuro e lamacento. O cheiro do lugar era insuportável. Ela andou por mais algum tempo e encontrou uma figura horrível à sua frente. Ela não sabia se era um homem ou um animal. Sentiu muito medo e ficou ouvindo as gargalhadas que a figura dava. Jacira tentou correr, mas a figura sinistra disse:

— Pelo que vejo, está com pressa, não é mesmo, senhora?

— Isso não é real! É um pesadelo e eu já vou acordar!

— Sim, você vai acordar, mas saiba que seus passos estão sendo vigiados! Você sabe quem sou eu? Sou o guia do pai João, aquele do qual você duvidou. Lembra-se?

— Você não existe! Você é fruto da minha imaginação. Não tenho medo de você!

— Acho melhor ter, porque posso acabar com você, assim como você está tentando acabar com a moça.

— Esse é um problema meu! E tem mais, não tenho medo de fantasma.

— Jacira, sou muito real, assim como este lugar e este cheiro também o são.

— O que você quer comigo?

— Eu quero destruí-la. Mas, se quiser mudar isso, procure pai João, que ele vai instruí-la sobre o que deve fazer.

— Eu não vou mais àquele lugar; não acredito naquele homem!

— Se quiser ter um pouco de paz, acho melhor fazer o que estou mandando, senão vou arranjar um jeito de trazê-la para cá e fazer de você minha escrava. Agora, vá embora! Não quero mais perder tempo!

Jacira, como se fosse tragada, acordou sobressaltada. Lembrou vagamente o que havia conversado com a criatura, porém a sua fisionomia ficou marcada. Ela se sentou na cama, ligou o abajur e levantou-se, indo em direção à cozinha. Olhou o relógio e viu que já passava da meia-noite. Pensou em tudo o que sonhou e se lembrou que aquela criatura a havia mandado procurar pai João. Depois de tomar água, procurou serenar o coração e pensou: "Jacira, você nunca foi de se impressionar; portanto, agora é hora de manter a calma! Eu não vou procurar ninguém, isso é loucura".

Assim, voltou ao quarto, porém estava sentindo medo de dormir; temia voltar a ter pesadelos. Ficou acordada por muito tempo, quando, finalmente vencida pelo cansaço, adormeceu.

Intuição

Naquela manhã, Alberto levantou-se muito cedo, pegou suas coisas e dirigiu-se ao carro, partindo para São Paulo. Enquanto dirigia, não parava de pensar em Lucinda e no quanto a mãe estava se desdobrando para agradar-lhe. Por alguns instantes, ele ficou revoltado e pensou em não mais procurá-la.

Alberto não percebeu, mas uma figura feminina estava ao seu lado dizendo:

— Volte! Não vá para a capital sem antes conversar com a mulher que ama! Ela o ama e está sofrendo muito!

De repente, ele entrou no canteiro da pista e tentou fazer o retorno, mas foi surpreendido pelos guardas rodoviários, que, além de o multarem, fizeram-no voltar. Muito irritado, ele aceitou a ordem; sabia que mais à frente havia um retorno permitido.

O moço voltou para a cidade e foi direto à casa de Alfredo. Já passava das nove horas da manhã quando ele chegou. Quem o atendeu foi Cida.

— Por favor, Lucinda está?

— Sim! Está, entre dr. Alberto.

— E dona Isabel? Também está?

— Está sim.

Cida levou Alberto à cozinha, onde Isabel e Lucinda estavam conversando sobre assuntos de moda. Ao vê-lo, Lucinda sentiu as lágrimas brotar de seus olhos. Isabel disse em tom jovial:

— Vejo que não consegue ficar sem o meu café.

— Sim, dona Isabel, mas o que me trouxe aqui hoje é que preciso falar com Lucinda. Já estava na estrada, a caminho da capital, quando retornei decidido a conversar.

— E vai ficar em pé? Sente-se, meu filho, acho que você não precisa de cerimônias.

— Obrigado, dona Isabel. Lucinda, preciso conversar com você, pois as coisas não podem ficar como estão.

— Eu também acho! Venha, vamos para a sala.

— Sim! Mas quero que dona Isabel participe da conversa; afinal, ela é como uma mãe para mim.

— Vocês não acham melhor conversarem primeiramente sozinhos? — perguntou Isabel.

— Não, dona Isabel — disse Lucinda —, faço questão de que a senhora esteja presente nesta conversa, que pelo jeito será a última.

Alberto, ouvindo aquelas palavras, sentiu as pernas bambear e, com a voz embargada, disse:

— Por favor, dona Isabel, fazemos questão de que fique conosco.

— Está bem! Mas saiba que ficarei calada, só falarei se me pedirem orientação.

Os três se dirigiram à sala de visitas. Lucinda e Isabel sentaram-se no mesmo sofá, enquanto Alberto sentou-se na poltrona. E foi ele quem começou:

— Dona Isabel, creio que a senhora esteja sabendo de tudo o que está acontecendo, e eu não vou mentir que não estou chateado, porque estou. Mas saiba que sei que minha mãe tem muitos defeitos, mas ela está se esforçando para se dar bem com Lucinda. Contudo, Lucinda acha que ela está fazendo de tudo para nos separar. Minha mãe já se deu conta de que não tem jeito, que eu amo Lucinda e não pretendo me separar dela. Ontem, quando ela foi nos servir o suco, deixou cair no vestido de Lucinda, que disse que minha mãe fez de propósito. Eu já não estou aguentando mais essa situação, sinto-me dividido entre minha mãe e a mulher que amo.

Lucinda deu curso livre às lágrimas e nada disse, mas Isabel, com seu jeito impetuoso, a defendeu.

— Alberto, você, melhor do que ninguém, sabe que eu o quero muito bem, como a um filho, e assim também gosto de Lucinda. Penso que, se vocês se amam de verdade, deverão conversar sobre isso sozinhos.

— Eu quero que a senhora me ajude a convencer Lucinda de que minha mãe não é o monstro que ela pensa. Ela até mesmo ligou para pedir desculpas! Mas o que ela fez? Simplesmente desligou o telefone sem nem sequer despedir-se de minha mãe.

— Isso não é verdade, Alberto. Lucinda estava ouvindo o que sua mãe dizia quando ouviu você falar que não era para ela se humilhar. Eu faria a mesma coisa se estivesse em seu lugar.

— Mas como ela ouviu, se eu falei baixo?

— Meu filho, Lucinda ouviu o que você disse. Tente se lembrar se sua mãe não virou o fone justamente para que ela o ouvisse.

— Não! Minha mãe não faria isso! Espere, dona Isabel, lembro-me que minha mãe virou-se para mim de uma maneira estranha e o fone ficou em minha direção.

— Então, meu filho, você acha que ela agiu inocentemente? Sei que você é um rapaz inteligente, mas entenda que antes de Jacira ser sua mãe, ela é mulher, e infelizmente há mulheres ardilosas, fique atento. Meus filhos, não deixem que ninguém se interponha entre vocês, nem mesmo sua mãe, Alberto.

Alberto abaixou os olhos e, lembrando de várias conversas que tivera com a mãe, percebeu, finalmente, o quanto ela fingia quando estava perto Lucinda. Nesse momento, ele também deu livre curso às lágrimas, o que deixou Lucinda surpresa. Olhando para os olhos da moça, ele disse:

— Lucinda, perdoe-me. Não percebi que minha mãe estava querendo acabar com o nosso compromisso. Eu a amo e, se você me der uma chance, prometo que ficarei vigilante e não permitirei mais que ela fique entre nós.

— Alberto, há muito já o perdoei. Sei que não está sendo nada fácil para você, mas peço que confie um pouco mais em mim. Não quero fazer intrigas entre você e sua mãe, mas não acho justo ela passar por boa samaritana quando, na verdade, está tramando algo contra mim, ou melhor, contra nós. Ela não entende que se nos afastarmos eu e você sofreremos. É uma pessoa egoísta, não está pensando no nosso sofrimento, o que ela quer é que você fique com ela, e é capaz de tudo para atingir seu objetivo.

— Eu a amo, como nunca imaginei que fosse amar alguém e o que mais quero é me casar com você e formar uma família.

— Eu também, Alberto.

— Bem, já que tudo está esclarecido, vou voltar à cozinha para começar o almoço — disse Isabel retirando-se.

O rapaz, então, sentou-se ao lado de Lucinda e a beijou suavemente nos lábios. Ambos ficaram por mais de uma hora na sala.

Isabel, feliz, convidou Alberto para almoçar, mas ele disse:

— Obrigado pelo convite, mas vou voltar para São Paulo; tenho de tomar importantes decisões.

E, assim, Lucinda acompanhou-o até o portão e ele prometeu que voltaria no fim de semana. Lucinda estava feliz, Deus havia ouvido a sua prece, de modo que tudo o que Jacira tentasse fazer para separá-los não daria certo. O que os unia era mais forte que suas intrigas e mentiras.

Alberto voltou para a capital sentindo a felicidade vibrar em seu coração disse. Pensou: "Sei que alguém me intuiu a voltar e conversar com Lucinda e, seja quem for, serei imensamente grato".

Assim a semana transcorreu tranquilamente. Na sexta-feira à noite, Alberto chegou à casa de Alfredo e, sorrindo, entregou uma caixinha de porte médio para a noiva. Lucinda deduziu que se tratava de um presente. Sorrindo, abriu e ficou surpresa ao ver que o moço havia comprado um lindo colar de pérolas para ela.

Isabel e Alfredo ficaram felizes por ver que entre o casal estava tudo indo bem. Isabel disse:

— Alberto, sua mãe já sabe que seu namoro com Lucinda está indo bem?

— Ainda não, dona Isabel. Quando saí daqui, fui direto para a capital. Conversei com ela durante a semana, mas não quis comentar sobre o assunto, pois pretendo fazer-lhe uma surpresa.

— Lucinda não disse nada, mas ficou pensando na surpresa da sogra ao saber que seu intento não havia dado certo.

Naquela noite, Alberto ficou na casa de Alfredo. Já passava das onze horas quando ele resolveu ir para a casa da mãe. Ao chegar, encontrou-a preocupada:

— Meu filho, conversei com o Alexandre e ele me disse que você havia saído da fábrica às cinco horas, aconteceu alguma coisa na estrada?

— Não, mamãe. Está tudo bem, apenas cheguei e fui à casa de Alfredo ver Lucinda e aproveitei para jantar lá.

— Mas você não havia brigado com essa moça, meu filho?

— Sim, mamãe, mas fizemos as pazes.

— Quando? Se na segunda-feira você saiu cedo rumo a São Paulo?

— Eu já estava na estrada quando resolvi voltar para conversar com ela. Sabia que minha semana não ia ser nada boa se ficasse brigado com ela.

Jacira não disse nada, mas sentiu o ódio brotar-lhe com violência. Não teve mais dúvida, resolveu agir à sua maneira para afastar a forasteira de seu caminho. Alberto percebeu que ela não havia gostado da notícia e, com um tom de maldade, disse:

— Mamãe, já escolhemos a data de nosso casamento: será dia 9 de novembro. Vamos fazer algo bem discreto.

— Que bom, meu filho! — mentiu ela. Acho que já está na hora de você comprar o carro.

— Não sei se vou dar esse carro, minha mãe. Lucinda gosta de dirigir, mas não sei se vai aceitar.

— Meu filho, bem se vê que você não conhece as mulheres. Toda mulher quer ter seu próprio carro.

— Eu sei, mamãe, mas Lucinda é diferente, e é por essa razão que eu a amo.

— Bem, só dei uma sugestão, nada mais que isso.

Alberto, ouvindo as últimas palavras da mãe, ficou pensando no motivo pelo qual a mãe insistia naquele presente, mas resolveu que daria um carro à amada.

Jacira foi para seu quarto. A noite transcorreu tranquilamente. No dia seguinte, Alberto encontrou a mãe na cozinha preparando o café. Ele a beijou e disse:

— Dona Jacira, resolvi dar o presente que me sugeriu para Lucinda e, como eu havia prometido, é a senhora quem vai escolher.

Jacira sorriu feliz, pois acabaria com Lucinda com o próprio presente de Alberto. Passava das nove da manhã quando os dois saíram para comprar o presente de Lucinda. Foram à loja de automóveis de Maciel. Foi com prazer que o vendedor os atendeu. Viram muitos modelos e cores, mas Jacira escolheu um carro vermelho e veloz.

Alberto gostou do carro e o comprou. Pediu que colocassem um laço gigante no carro e mandou que entregassem na casa do dr. Alfredo, muito conhecido na cidade. Maciel, porém, avisou-o que só poderia realizar a entrega na terça-feira. Alberto, então, resolveu ele mesmo levar. Pediu a Jacira que levasse seu carro e ele levaria o carro de Lucinda.

Foi colocada a fita no carro, e os dois carros saíram da concessionária. Alberto seguiu para a casa do médico e Jacira voltou para casa para cuidar do almoço, pois não suportava ver os gestos carinhosos do filho com a moça.

৩৩

NAQUELA MANHÃ, o sol reluzia e o dia estava alegre. Ouvindo os risos alegres da esposa, Alfredo correu para ver do que se tratava e ficou surpreso com o presente. Finalmente, Isabel foi chamar

Lucinda. A moça não estava imaginando que Alberto estivesse no portão e, ao chegar, ficou atônita, pois jamais pensara que ele fosse capaz de um gesto tão generoso!

Lucinda ficou sem palavras e começou a chorar. Alberto a abraçava e não cansava de dizer que a amava. Lucinda tirou a enorme fita e entrou no carro, observando cada detalhe.

— Alberto eu não mereço!

— Meu amor, você merece muito mais que isso!

— Vamos dar uma volta? — Chamou a moça dirigindo-se para o casal: — faço questão de que venham conosco.

— Ah! Quero ver se você é boa motorista — disse Alfredo, sorrindo.

E assim, os quatros entraram no carro. Lucinda estava trêmula e a felicidade era tanto de Alberto, que houvera proporcionado tamanha alegria à amada, como do casal, por ver que eles estavam bem novamente.

Alberto disse que deveriam abastecer o carro, pois estava com pouco combustível. Alfredo fez questão de mandar encher o tanque e disse:

— Seu noivo lhe deu o carro, mas faço questão de lhe dar o primeiro tanque de combustível.

— Meu amor, vamos voltar. Já estou ficando enjoado de sentir esse cheiro de carro novo.

— Esse cheiro é maravilhoso, amor! — respondeu Lucinda sorrindo.

— O primeiro carro marca bastante. Nunca me esqueço do meu. Foi um DKV. Gostava tanto dele que até hoje sonho com ele — disse Alfredo saudoso.

— Eu nem me lembro do meu — disse Alberto sorrindo.

— Você diz isso, meu filho, porque sempre as coisas lhe vieram fáceis, mas quem sua para ter algo nunca esquece.

— Realmente, Alfredo. Não me esqueço da primeira máquina de costura que tive, era muito boa.

— Já que é assim, vamos comemorar com um almoço especial em minha casa, o que me dizem? — perguntou Alfredo.

— Já aceitei — disse Alberto brincando.

ରଙ୍

EM SUA CASA, Jacira estava se remoendo de raiva. Começou a pensar quem poderia fraudar o carro para que a moça pudesse sofrer um acidente. Pensou numa oficina que havia perto da casa de pai João, mas achou perigoso que a pessoa a delatasse. Assim, resolveu deixar que a moça aproveitasse um pouco o carro. Mas estava decidida a não permitir aquele casamento, antes Lucinda iria parar no cemitério. Pensando dessa forma, ela almoçou tranquilamente.

Alberto passou aquele dia fora de casa; só chegou à noite. Quem foi levá-lo foi a própria Lucinda.

Ao voltar para casa, a moça banhou-se, deitou-se feliz e adormeceu.

Nos dias que se seguiram, Lucinda sempre estava passeando em seu carro novo, observando cada detalhe, limpando, colocando enfeites. O casal a olhava e a via como uma criança que havia ganhado sua primeira bicicleta.

ରଙ୍

FALTAVAM DUAS SEMANAS para o casamento e tudo já estava pronto. Lucinda foi com Isabel para a cidade vizinha para comprarem o enxoval.

Em São Paulo, ela conheceu o apartamento e gostou imensamente. Decidiu que não mudaria nada, apenas a cama de solteiro trocaria por uma de casal.

Enquanto isso, Jacira pensava em como conseguiria mandar alguém mexer no carro da moça. Foi quando, finalmente, conversando com José Carlos, descobriu:

— José Carlos, quando meu carro apresenta problemas onde você costuma levá-lo?

— Por quê? Há algum problema com o carro, dona Jacira.

— Não! Só estou querendo saber, curiosidade, só isso.

— Geralmente mando para a revisão, pois, como a senhora troca o carro todo o ano, temos assistência.

— Pensei que você mandasse para algum mecânico amigo seu.

— Não, dona Jacira, carro novo só se manda na autorizada.

— Mas você não conhece nenhum mecânico, José Carlos?

— Conheço vários, mas saiba que se colocar todos juntos não dará um que presta, pois todos são trambiqueiros e gostam de levar vantagens.

— Ah é?! Pensei que fossem pessoas honestas.

— Dona Jacira, infelizmente, como em toda profissão, há aqueles que são desonestos.

— José Carlos, hoje vou sair; preciso provar o vestido que mandei fazer para o casamento de Alberto.

— A que horas vai sair?

— Acho que por volta de três da tarde, mas não precisa me levar, vou guiar um pouco, não quero perder a prática.

— Sim, senhora, deixarei o carro fora para a senhora sair.

— Ótimo!

∽∾

JACIRA HAVIA TEMPO que começara a tratar Lucinda melhor, convidando-a para jantares e para acompanhá-la a chás beneficentes; assim, introduziu-a em seu círculo de amigos.

Isabel não gostava dos convites e sempre alertava a moça para ficar com os olhos bem abertos. Lucinda muitas vezes recusava, outras aceitava somente para acabar com aquele antagonismo de uma vez.

Um dia Jacira ligou para Lucinda convidando-a para jantar, pois estava se sentindo muito sozinha. Lucinda ficou com pena dela e combinou de ir à sua casa às oito e meia da noite.

Isabel não gostou, mas procurou não se envolver. Lucinda nem sequer desconfiou que Jacira, naquele dia que disse para José Carlos que provaria o vestido, havia ido à oficina do Betão para pedir que ele mexesse no carro de Lucinda na noite marcada. Ela já havia adiantado uma boa quantia em dinheiro e pagaria o resto depois.

Betão era um homem inescrupuloso e aceitou o trabalho facilmente, prometendo manter sigilo. Naquela noite, Jacira mandou que Rita preparasse o jantar com esmero e fizesse um bom suco de maracujá.

Lucinda chegou pouco antes das oito e ficou conversando com Jacira.

— A senhora não precisa se sentir sozinha, dona Jacira, posso fazer-lhe companhia às vezes; e, quando quiser, poderá ir passar uns tempos conosco na capital.

— Obrigada, minha filha! Tenho certeza de que agora a nossa família vai aumentar.

Sempre que ia à casa da sogra, a jovem deixava o carro na frente da casa, pois a cidade era tranquila. Depois de conversarem por meia hora, as duas foram para a sala de jantar. Lucinda percebeu que Jacira estava diferente, mas não quis ficar procurando explicações para tanta amabilidade.

Jacira fingiu sentir um mal-estar e pediu que a moça pegasse seu remédio que estava dentro da gaveta, em seu quarto. Enquanto ela saiu à procura do remédio, Jacira, que havia macerado dois comprimidos de calmante, colocou o pó no copo de suco da moça, mexendo até dissolver.

Lucinda não encontrou o remédio, mas, ao voltar, percebeu que Jacira já estava um pouco melhor.

— Não encontrei nenhum remédio, mas acho que deve ter sido sua pressão que subiu. O importante é que a senhora está bem agora, vou ajudá-la a arrumar a cozinha, depois vou colocá-la em sua cama.

— Não, minha filha! Vamos terminar de comer. Desculpe por essa síncope, mas já estou bem.

Lucinda, que não desconfiou de nada, jantou e tomou o suco. De repente, ela sentiu tanto sono que se sentou no sofá e adormeceu. Jacira sabia que, naquele momento, Betão já estava fazendo o serviço, pois ela mesma, depois que Lucinda adormeceu no sofá, abriu o capô do carro.

Betão mexeu no sistema de freios do carro. Assim que a moça começasse a andar mais rápido, perderia o controle do automóvel. Depois de terminar o serviço, ele assoviou para avisar que o serviço estava pronto. Jacira saiu e lhe entregou o restante do dinheiro.

Depois de algum tempo, Jacira chamou a moça, dizendo:

— Lucinda, acorde, minha filha! Já se faz tarde. Você quer dormir aqui?

— Não, dona Jacira, vou para casa.

— Acho melhor você dormir aqui esta noite.

— Não posso, dona Isabel se preocupa comigo.

— E para que serve telefone? É só ligar e avisar.

— Mesmo assim, obrigada, dona Jacira. Vou lavar o rosto e vou embora.

— Seja como você quiser, minha filha, mas não acho prudente sair a essa hora.

— Fique tranquila, vou dirigir com cuidado.

Lucinda saiu da casa da sogra e ainda sentia muito sono, mas nem sequer pensou no assunto na hora. Ligou o carro e saiu. Jacira ficou olhando-a virar a esquina e, com alegria, disse:

— Vá para o seu lugar, sua mendiga, vá para o inferno!

Ao dizer essas palavras, a mulher soltou uma gargalhada sinistra.

Lucinda saiu com o carro e, como sempre fora responsável, dirigiu mais devagar que o habitual, pois sabia que não estava nada bem. Dessa maneira, chegou em casa, e quem lhe abriu o portão foi Alfredo.

Ele viu quando a moça colocou o carro para dentro e, ao sair do interior do carro, ela tropeçou e quase caiu. Alfredo pensou: "Meu Deus, será que Lucinda andou bebendo?"

A moça entrou para o interior da casa e jogou a bolsa no sofá, coisa que ela nunca havia feito. Isabel, observando a cena, perguntou:

— Lucinda, o que você tem, minha filha?

— Não tenho nada, dona Isabel, apenas estou com muito sono.

— Você andou bebendo?

— Não, dona Isabel, eu não bebo, detesto bebida alcoólica.

— Mas por que está assim toda mole? — perguntou Isabel preocupada.

— Não sei, estou sentindo muita tontura e sono.

Alfredo, ao olhar para a moça, aproximou-se e, abrindo seus olhos, observou as pupilas do olho da moça e constatou que ela havia sido dopada.

— O que você tomou?

— Não tomei nada, doutor, somente suco de maracujá na casa de dona Jacira.

O médico sabia que o suco não iria causar tudo aquilo. Não teve dúvida de que a moça havia sido dopada de propósito. Alfredo disse para Isabel:

— Vá com ela até o quarto e ajude-a a se deitar.

De volta à sala, ficou observando a seriedade do marido.

— Alfredo, não posso acreditar que Lucinda seja uma dependente de drogas!

— Não, Isabel, ela não é. O que me preocupa é que ela disse que tomou apenas suco de maracujá e suas pupilas estavam dilatadas. Isso deixa claro que alguém a dopou, mas por que alguém faria isso?

— Meu Deus, ela dirigiu nesse estado. Que perigo — disse dona Isabel preocupada.

— Isabel, estou desconfiado de que Jacira tem tudo a ver com isso.

— Meu Deus, essa mulher não vai parar?

— Não sei, minha querida. O importante é que nada aconteceu a Lucinda. Amanhã talvez acorde com dor de cabeça, pois não está acostumada a usar psicotrópicos. Não a deixe sair com o carro. E quando Jacira ligar pedindo para que ela lhe faça companhia, por favor, minha querida, não a deixe ir sozinha, pois não sabemos do que essa mulher é capaz.

— Precisamos pedir por Lucinda e por Jacira.

— Isso mesmo, minha querida, é a única coisa que temos de fazer no momento.

E, assim, os dois foram se deitar.

O acidente

No dia seguinte, Jacira estava feliz, sorria despreocupadamente e cantarolava. Rita, ao ver a disposição da patroa, nada disse. Durante o café, ela pediu que Rita e José Carlos se sentassem com ela e fizessem o desjejum. Os empregados acharam tudo aquilo muito estranho, mas obedeceram.

Jacira ficou esperando chegar a notícia do acidente, mas tomou o café e nada. Assim passou toda a manhã. Ela estava ansiosa, pois imaginava que àquela altura o corpo de Lucinda já estivesse no IML da cidade vizinha.

Lucinda, ao acordar, sentiu uma tremenda dor de cabeça. Isabel, olhando sério para a moça, perguntou:

— Minha filha, o que aconteceu ontem à noite?

— Nada, dona Isabel. Apenas senti um sono terrível, mas nada de mais, inclusive dona Jacira me tratou muito bem e não a vi em nenhum momento agir com falsidade.

— Minha filha, ao sair daqui você estava com sono?

— Para falar a verdade, não, comecei a sentir depois do jantar.

— E você não acha isso estranho? Pelo que me lembro, desde que você está morando conosco eu nunca a vi com tanto sono, a não ser naquele dia em que não conseguia acordar.

— Nem me fale sobre aquele dia, dona Isabel. Realmente não sei o que aconteceu, mas dormi muito bem, apenas levantei com dor de cabeça.

— Bem, minha filha, você sabe que Alfredo é médico e ele está achando que você foi dopada com um forte calmante.

— De maneira alguma, eu não tomei nada, apenas jantei.

— Não percebeu nada estranho?

— Não, nada. Estávamos jantando quando ela pediu para eu ir buscar um remédio no quarto; não o encontrei e, quando voltei, ela já estava melhor.

— Então, minha filha, foi nesse momento que ela colocou o remédio na comida ou no suco.

— Realmente! Eu não estava querendo comer mais, mas ela me fez terminar de jantar.

— Minha filha, ela lhe deu calmante. E olha que perigo você vir dirigindo!

— Dona Jacira não desiste mesmo, não é, dona Isabel?

— Confie em Deus, minha filha, porque um dia ela vai ver que não adianta tentar separar duas pessoas que verdadeiramente se amam.

Lucinda procurou não pensar mais sobre o assunto e seguiu estritamente o conselho que o médico lhe dera sobre não sair com o carro. Assim, Lucinda não saiu durante aqueles dias. Alberto chegou na sexta-feira à noite e ficou sabendo tudo o que havia acontecido na sua ausência.

O rapaz não gostou do que a mãe havia feito e disse que no dia seguinte levaria o carro da moça para fazer uma avaliação. Dessa forma, deixou o carro com a noiva e levou o dela para sua casa. Num cruzamento ele percebeu que o freio do carro estava falhando. Decidiu que não falaria nada para a mãe. Quando chegou em casa, Jacira já havia se deitado. Estava aborrecida, pois ficara sabendo que nada acontecera com a nora.

Naquela noite, ela ficou acordada. De repente, sentiu alguém assoprar em seu rosto. Sobressaltada, pulou da cama e acendeu a luz. Olhou para os lados e não viu ninguém. Sentindo as pernas tremer, resolveu deixar a luz acesa.

Deitou-se novamente e desta vez sentiu um torpor estranho. Julgou ser o sono que havia chegado. Olhou para a porta do banheiro e viu a figura horrenda com quem já havia sonhado. Ela fechava os olhos, olhava novamente e a figura estava ali, diante de seus olhos. Ela sentia o mau cheiro que vinha da criatura. Dando um salto da cama, saiu correndo do quarto, mas encontrou a figura no corredor. Gritou e imediatamente seguiu para a cozinha. Para seu desespero, a figura estava encostada no fogão.

— Isso é um pesadelo!

— Não, Jacira, não é pesadelo coisa nenhuma! Eu estou aqui e você não fez o que lhe mandei!

— Mas o que quer comigo?

— Eu quero que vá à garagem, Jacira, e pegue o carro.

— Eu não posso pegar o carro, as chaves estão com José Carlos.

— Creio que não entendeu, eu quero que pegue o outro carro.

— O quê?! Você quer que eu pegue o carro de Alberto?

— Não! Pegue o outro.

Neste momento, Jacira correu para a garagem e viu o carro de Lucinda.

— Eu não posso pegar esse carro, ele está com problemas.

— Vamos logo! Pegue o carro.

Jacira, obedecendo, abriu a porta do carro. Alberto tinha a mania de deixar o carro aberto e a chave na ignição. Ela entrou no carro, ligou e saiu rumo à rua, arrebentando o portão. Pensava ter se livrado da figura, mas, para a sua surpresa, a figura estava ao seu lado.

Nesse momento, sem que ela comandasse, o carro começou a correr a toda velocidade em uma avenida da cidade. Jacira perdeu o controle do carro e, para não bater em um carro que estava estacionado, entrou na calçada e chocou-se com um poste.

Alberto, ouvindo o barulho do portão, acordou sobressaltado. A princípio, pensou que se tratasse de um assalto, mas foi correndo à cozinha e viu que a porta estava aberta. Voltou correndo para o interior da casa, entrou no quarto da mãe e não a encontrou.

Foi para a garagem e viu que o carro de Lucinda não estava lá. O portão estava aberto e ele teve certeza de que a mãe havia saído com o carro. O moço logo pressentiu o acidente. Tentou abrir a porta do carro da mãe, mas estava fechada. Ligou para a casa do casal amigo. Quem atendeu foi Isabel, que chamou Alfredo.

— Alberto, como ela saiu com o carro de Lucinda?

— Acho estranho é que ela arrebentou o portão ao sair. Não sei o que deu nela, estou aqui sem saber o que fazer.

— Espere que em alguns minutos estaremos aí. Por enquanto, ligue para a delegacia para saber se aconteceu algum acidente!

Alberto desligou o telefone e comprovou que até aquele momento não havia registro de acidente na delegacia local. Em poucos minutos, Alfredo, Isabel e Lucinda chegaram à casa de Alberto e encontram o rapaz.

— Eu estava dormindo, quando acordei com um barulho de uma pancada muito forte no portão. Fui à cozinha e vi que a porta estava aberta. Corri para o quarto de mamãe e ela não estava lá. Fui à garagem e o carro de Lucinda também não estava. Estou desesperado, pois o carro apresentou problemas no freio.

— Meu filho, fique calmo! Agora é hora de confiar em Deus.

— Isso mesmo — concordou Lucinda, preocupada.

Depois de alguns minutos, uma viatura de polícia encostou na frente da casa de Jacira. Todos saíram no portão para atender os policiais.

— Boa noite, houve um acidente na avenida e uma mulher está ferida no hospital.

Alberto sentiu o corpo desfalecer e foi segurado por Lucinda e Isabel.

— Mas que cor é o carro? — perguntou Alfredo, nervoso.

— É vermelho, senhor!

O rapaz foi conduzido para dentro da casa, e Alfredo disse que o rapaz não tinha condições de responder a nenhuma pergunta.

Alfredo pegou o endereço do hospital, chamou os três e todos seguiram rumo ao pronto-socorro.

Alfredo se dirigiu à recepção e soube que Jacira dera entrada no hospital com várias escoriações. Um corte profundo havia rompido a artéria femoral e logo abaixo havia outro corte que havia rompido a artéria poplítea, causando grande hemorragia. Ela havia fraturado o braço e batido fortemente a cabeça, mas não houve traumatismo craniano.

O médico de plantão, muito amigo de Alfredo, disse que fatalmente a mulher precisaria de uma transfusão de sangue. Jacira já havia sido levada ao centro cirúrgico, onde o médico vascular a aguardava.

Alberto, na recepção, com Lucinda e Isabel, estava desesperado. Alfredo se aproximou e disse:

— Alberto, precisa ser forte.

— O que aconteceu?

— Houve dois cortes na perna de sua mãe e ela está indo para o centro cirúrgico; além disso, vai precisar de uma transfusão de sangue.

— Meu Deus, Alfredo, então a coisa é mais séria do que imaginei. Não posso viver sem minha mãe, apesar de seus defeitos, eu a amo.

— Precisamos saber qual é o seu tipo sanguíneo, pois temos de arrumar um doador.

— É A positivo, por quê?

— O laboratório já fez o exame de tipagem sanguínea e o de sua mãe é O negativo. Você não pode ser doador.

— Por que eu não poderei ser o doador?

— Acalme-se, você se lembra do tipo de sangue do seu pai?

— Era A positivo. Mas o que isso tem a ver?

— Sua mãe tem um tipo raro de sangue, O negativo, e isso quer dizer que ela pode ser doadora, porém só pode receber sangue O negativo. Por este motivo lhe perguntei o seu tipo de sangue. Ela precisa fazer a cirurgia e temos de descobrir um doador compatível.

Lucinda, que até então ficara em silêncio, disse:

— Se eu não me engano, eu sou O negativo.

— Você tem certeza, minha filha?! — perguntou o médico, espantado.

— Não tenho certeza, mas acho que sim.

— Vamos fazer o exame para confirmar.

— Meu amor, é por tudo isso que eu a amo — disse Alberto.

— Eu sou capaz de qualquer coisa para não vê-lo sofrer.

— Vamos, menina, não podemos perder tempo.

Depois de quinze minutos, o resultado chegou e confirmou que realmente Lucinda era O negativo. A moça logo foi encaminhada para a retirada do sangue.

Já passava do meio-dia, quando finalmente Jacira saiu do centro cirúrgico e foi levada à UTI.

— Alfredo, se ela foi levada para UTI é porque realmente está mal! — afirmou Alberto, desesperado.

— Não, Alberto, fique tranquilo. A cirurgia foi de grande extensão, mas ela só foi levada à UTI porque lá terá um acompanhamento intensivo, ou seja, haverá um profissional cuidando somente dela, verificando os sinais vitais a cada trinta minutos. Daqui a algumas horas, se não houver sobressalto, ela será levada ao quarto.

— Mas ela está acordada?

— Não! Foram administrados medicamentos para ela ficar inconsciente e não sentir tantas dores.

Alberto colocou a mão no rosto e começou a fazer uma prece pedindo a Deus que ajudasse a mãe naquele momento tão delicado de sua vida.

Isabel e Lucinda voltaram para casa para descansar. Alberto não saiu do hospital. Durante todo o dia, Alfredo levava notícias para o jovem. O quadro clínico da mãe era estável.

ॐ

No CENTRO CIRÚRGICO, Jacira tomou a anestesia e adormeceu. Viu-se no hospital. Ao seu lado estava a mesma figura horrível que ela havia visto em sua casa e que havia sido responsável por ela ter sofrido o acidente.

— Mas quem é você? — perguntou Jacira.

— Não importa quem sou, mas o que sou — respondeu, mostrando os dentes falhados, cujos caninos eram maiores que os outros, aumentando seu aspecto repugnante.

— Mas o que quer comigo? Já não basta o que me fez?

— Só quero que saiba que comigo ninguém brinca! Você zombou de mim e fez pouco de meus poderes. Eu sou aquele que pai João chama de guia. Já acabei com a esposa dele e agora vou acabar com você, sua presunçosa.

— Por favor, perdoe-me! Eu não sabia o que estava fazendo!

— Não! Eu não costumo perdoar ninguém. Você não será a primeira — sorriu sarcasticamente.

— Estou arrependida! Juro que nunca mais vou duvidar de seus poderes!

— Deixe de bobagem! Você acha que ninguém sabe o que fez? Eu sei que tentou matar a noiva de seu filho. Agora o feitiço virou contra o feiticeiro, eu a fiz entrar no carro justamente para que tivesse esse fim!

— Eu tenho motivos para não querer esse casamento! Ela é uma morta de fome, que ninguém sabe de onde veio; e meu filho é um rapaz rico e de boa família.

— Você realmente continua a mesma ignorante de sempre, não é, dona Emerenciana!

— Eu não sou Emerenciana, meu nome é Jacira. Está vendo? Você está me confundindo com alguém!

— Hoje você é Jacira, mas ontem foi Emerenciana, mãe de Almerinda, que agora é Lucinda. Vivemos juntos e você se envolveu com José Augusto, rapaz rico e fútil, que gostava de se divertir com mulheres casadas, que, como ele mesmo dizia, não causavam problemas porque já tinham donos! Mas você, apaixonada por ele e com ciúmes, não gostou quando ele se apaixonou por sua filha. O rapaz acabou abandonando-a e você ficou doente por vários dias. Mas o seu amor por José Augusto se transformou em ódio, e você mandou que eu o matasse. Infelizmente, nada do que planejamos deu certo, eu acabei acertando as costas da moça. Quando você soube que eu a havia matado, não perdeu tempo em me entregar. Sofri muitas humilhações e fui mortalmente ferido pelas surras que me deram na prisão. Desencarnei e por muito tempo andei tentando localizá-la, quando finalmente você foi à procura de pai João. Não acreditei que você ficaria em minhas mãos! Eu queria encontrar com você para ver o que você iria fazer para prejudicar novamente o casal.

— Que casal? Não estou entendendo.

— José Augusto veio como seu filho Alberto, e isso explica o porquê de você ter esse fascínio por ele.

— Mas o tempo passou, hoje sou outra pessoa.

— Sim, tem outro corpo, mas continua a mesma egoísta de sempre; capaz de pisar em qualquer um que venha a atrapalhar seus planos. Sofri muito por sua causa, sua maldita. Agora está na hora de você pagar todo o mal que me fez. Você deixará esse corpo e será minha escrava!

— Não serei escrava de ninguém! Você é horrível e está mentindo para mim!

— Você sabe quem vai lhe doar sangue?

— Não! O hospital tem um banco de sangue e certamente tem estoque!

— Mas não tem um sangue do mesmo tipo que o seu, por essa razão tiveram de procurar um doador compatível.

— Cale-se! Não quero ouvir mais nada!

— Sua idiota! Quem vai lhe doar o sangue é aquela que você tentou matar!

— Não pode ser, eu tenho um tipo raro de sangue, não é qualquer um que é compatível comigo!

— Realmente, é um tipo raro, mas essa moça também tem.

— Você está mentindo!

— Não estou. Você tem uma dívida dupla com ela, primeiro por ter tirado a vida dela, e agora por ter o sangue dela transfundido para você. — A entidade disse isso rindo sem parar.

Jacira, vivendo um pesadelo infinito, se pôs a pensar no que a criatura lhe disse e, pela primeira vez, lembrou-se de Lucinda sem sentir ódio. Nesse momento, percebeu o quanto era injusta com a moça. Recordou-se dos detalhes do acidente e de como havia sido socorrida e percebeu o quanto Alberto amava Lucinda. O marido sempre fora um homem rico, mas se apaixonara por ela, que nunca correspondeu a tantos carinhos e atenção. Finalmente, sentiu vergonha por tudo o que havia feito e, chorando, novamente pediu perdão à criatura, que não aceitou. Lembrou-se de Deus e pediu a Ele que a perdoasse e a ajudasse a ser melhor. De repente, viu uma luz que vinha do alto. Um homem de bonita aparência se aproximou e disse:

— Jacira, hoje você está recebendo uma nova oportunidade de reparar a sua dívida com Lucinda. O que esse irmão lhe disse é verdade, ela é Almerinda, sua filha. Hoje ela demonstrou amar realmente o próximo, pois ela doou um pouco da vida física a você, doou seu sangue para você, que tentou tirar-lhe, pela segunda vez, o que ela mais tem de precioso: a vida.

— Eu não o conheço de algum lugar?

— Sim, minha filha, sou o médico que prestou o primeiro socorro a você.

— Então o senhor é o médico que me ajudou antes do resgate?

— Sim! Sou médico, mas você jamais me conheceu, meu nome é Altamir, sou pai de Alfredo. Ele fez uma prece pedindo ajuda e eu não poderia deixar de fazer o bem.

— Meu Deus! Eu morri? Não posso acreditar! Por favor, ajude-me a ser melhor, quero consertar tudo o que fiz de errado durante toda a minha vida. Sempre soube que não sou melhor que ninguém, mas me firmei no dinheiro e no *status* que meu casamento me deu.

— Entenda que do mundo material não se leva nada. Feliz é aquele que valoriza os bens espirituais. O espírito é eterno. Tenha isso sempre em mente. Até agora você teve a oportunidade de fazer o bem com os meios que Deus lhe deu e não o fez, porém ainda é tempo de fazer.

Jacira, pedindo perdão a Deus, sentiu como se fosse puxada de volta ao corpo. Acordou sentindo dores na perna, pois a anestesia havia acabado. Foi atendida prontamente pelo rapaz que estava cuidando dela na UTI. Lembrou-se de poucas coisas, mas uma em especial, o fato de Lucinda ter sido sua doadora.

— Há quanto tempo estou aqui?

— Há dez horas.

— Eu precisei de sangue?

— Sim! E confesso que já vi pessoas terem de ser transferidas por causa de uma transfusão de sangue; principalmente por falta de doador compatível.

— Mas quem foi o doador que me fez essa caridade?

— Pelo que ouvi o dr. Alfredo dizer à enfermeira-chefe, foi a sua nora.

— O quê?! Lucinda doou sangue para mim?

— Sim! Ela mesma.

Assim ela percebeu o quanto estava sendo intransigente com a moça. Naquele instante, arrependeu-se por tudo o que fizera a ela e decidiu que tudo faria para reparar o mal que lhe causara. Depois de setenta e duas horas, ela foi liberada para o apartamento e recebeu a visita de Alberto, Isabel e Alfredo.

— Onde está a moça que me salvou a vida? — perguntou Jacira.

— Do que está falando, mamãe?

— Estou falando de Lucinda. Ou pensa que não sei que foi ela quem doou sangue para mim?

— Ela está lá fora!

— Então, mande-a entrar. Preciso falar com ela.

Alberto fez o que a mãe pediu e, em poucos minutos, entrou com Lucinda. Jacira, percebendo que a moça estava sem graça, olhou-a demoradamente e disse:

— Levante a cabeça, menina! Você é minha nora e eu não vou permitir que ande de cabeça baixa! Saiba que esses últimos acontecimentos me ensinaram algumas lições valiosas. Primeiro, que não sou mais que ninguém por ter dinheiro; segundo, que quem eu jamais aceitei, salvou-me a vida. Sei que cometi muitos erros com você, Lucinda. Por várias vezes fiz você e Alberto se desentender, mas saiba que tudo o que aconteceu me fez pensar no verdadeiro sentido da vida. Sonhei que havia uma figura horrível que me perseguia. — Jacira contou tudo o que havia acontecido: o encontro com pai João, o jantar, os calmantes, a fraude no carro, o médico desencarnado que a atendeu e, por fim, falou sobre seu arrependimento.

Alberto ficou atônito ao ver sua mãe sendo humilde sem hipocrisia. Lucinda, a cada palavra da mulher, não conseguia conter as lágrimas nem formular palavra. Alfredo, que ouvia o relato, perguntou como era o médico desencarnado. Jacira contou o que lembrava e, principalmente, sobre a prece que Alfredo havia feito.

O médico não conseguiu conter as lágrimas, pegou na mão de Jacira e disse que saber daquilo havia lhe feito muito bem, aumentara ainda mais a sua fé.

— Minha filha, será que você é capaz de me perdoar? — questionou Jacira.

— Claro, dona Jacira, a senhora é minha sogra!

— Não, Lucinda, não quero ser apenas sua sogra, quero ser para você a mãe que você precisa.

Lucinda abaixou na cama da mulher e beijou ternamente a fronte dela. Alfredo disse:

— O que acham de fazermos uma prece para agradecer a Deus por uma dívida ter sido expiada?

— Eu acho ótimo, Alfredo — disse Jacira —, pois a partir de hoje quero conhecer mais essa doutrina que você defende.

Alberto beijou a mãe e juntos participaram da prece que Alfredo ardentemente proferiu.

O enlace

E, ASSIM, O DIA DO CASAMENTO de Lucinda chegou. Depois de todos os preparativos, finalmente o casal se casou. Jacira estava na cadeira de rodas, pois ainda não havia se recuperado.

Isabel, quando viu Lucinda vestida de noiva, chorou de alegria, pois a felicidade estava estampada no rosto da moça, e também de pesar, porque as duas haviam se tornado inseparáveis.

Jacira estava feliz, pois naqueles últimos dias pôde conhecer Lucinda mais de perto. O que, a princípio, deveria ser uma reunião discreta, tornou-se uma festa conhecida por todos na cidade. Jacira fez questão de arcar com todas as despesas do casamento e permitiu que todas as crianças do vilarejo, que ficava afastado da cidade, viessem participar.

Lucinda, ao saber, aceitou de bom grado. Todos notaram as mudanças de Jacira, que já não era mais aquela mulher orgulhosa de sempre. Havia se tornado mais humana e passara a admirar as causas sociais.

Depois dos festejos, ainda na cadeira de rodas, Jacira iniciou vários trabalhos assistenciais. José Carlos a levava para todos os lados, e logo ela passou a chamá-lo de Zeca. Agora ela era querida pelas pessoas, sem hipocrisia. Rita sentia-se mais feliz e passou a frequentar a Casa Espírita.

ങ്ങ

LUCINDA E ALBERTO VIAJARAM para Veneza, na Itália. O casal era só felicidade. Alberto procurava adivinhar todas as suas vontades. Um dia, no quarto do hotel, disse:

— Não sei por que, mas sinto que nosso casamento deveria ter acontecido há mais tempo! Mas não importa o que tenhamos passado para chegarmos até aqui, o importante é que chegamos.

Nesse instante, Lucinda se afastou e foi à janela olhar a beleza da cidade. Alberto, olhando para ela, perguntou:

— Minha querida, o que eu disse a deixou triste?

— Não, meu amor! Estou muito feliz.

— Em que está pensando?

— Que o sofrimento, muitas vezes, marca os caminhos de uma mulher.

O casal não viu, mas Marisa, mãe de Lucinda, e Altamir, pai de Alfredo, estavam ali naquele quarto de hotel. Marisa, então, disse ao companheiro:

— O que ela não sabe, meu irmão, é que graças a esses caminhos marcados pelo sofrimento, muito ela tem aprendido, e que esta encarnação foi muito proveitosa para que ela aprendesse a perdoar os desafetos do passado.

— Realmente, minha irmã — respondeu Altamir. — Enquanto as pessoas não se conscientizarem de que, às vezes, o mal é necessário, ficarão pensando que o sofrimento é uma chaga sem razão.

Marisa se aproximou de Lucinda e lhe deu um terno beijo no rosto. E foi com satisfação que as duas entidades iluminadas alçaram novos voos, levando a satisfação de uma missão cumprida.

Fim

Leia estes envolventes romances do espírito Margarida da Cunha
Psicografia de Sulamita Santos

Doce Entardecer

Paulo e Renato eram como irmãos. O primeiro, pobre, um matuto trabalhador em seu pequeno sítio. O segundo, filho do coronel Donato, rico, era um doutor formado na capital que, mais tarde, assumiria os negócios do pai na fazenda. Amigos sinceros e verdadeiros, desde jovens trocavam muitas confidências. Foi Renato o responsável por levar Paulo a seu primeiro baile, na casa do doutor Silveira. Lá, o matuto iria conhecer Elvira, bela jovem que pertencia à alta sociedade da época. A moça corresponderia aos sentimentos de Paulo, dando início a um romance quase impossível, não fosse a ajuda do arguto amigo, Renato.

À Procura de um Culpado

Uma mansão, uma festa à beira da piscina, convidados, glamour e, de madrugada, um tiro. O empresário João Albuquerque de Lima estava morto. Quem o teria matado? Os espíritos vão ajudar a desvendar o mistério.

Desejo de Vingança

Numa pacata cidade perto de Sorocaba, no interior de São Paulo, o jovem Manoel apaixonou-se por Isabel, uma das meninas mais bonitas do município. Completamente cego de amor, Manoel, depois de muito insistir, consegue seu objetivo: casar-se com Isabel mesmo sabendo que ela não o amava. O que Manoel não sabia é que Isabel era uma mulher ardilosa, interesseira e orgulhosa. Ela já havia tentado destruir o segundo casamento do próprio pai com Naná, uma bondosa mulher, e, mais tarde, iria se envolver em um terrível caso de traição conjugal com desdobramentos inimagináveis para Manoel e os dois filhos, João Felipe e Janaína.

Laços que não se Rompem

Em idos de 1800, Jacob herda a fazenda de seu pai. Já casado com Eleonora, sonha em ter um herdeiro que possa dar continuidade a seus negócios e aos seus ideais. Margarida nasce e, já adolescente, conhece Rosalina, filha de escravos, e ambas passam a nutrir grande amizade, sem saber que são almas irmanadas pelo espírito. O amor fraternal que sentem, e que nem a morte é capaz de separar, é visível por todos. Um dia, a moça se apaixona por José, um escravo. E aí, começam suas maiores aflições.

Leia os romances de Schellida!
Emoção e ensinamento em cada página!
Psicografia de **Eliana Machado Coelho**

CORAÇÕES SEM DESTINO – Amor ou ilusão? Rubens, Humberto e Lívia tiveram que descobrir a resposta por intermédio de resgates sofridos, mas felizes ao final.

O BRILHO DA VERDADE – Samara viveu meio século no Umbral passando por experiências terríveis. Esgotada, consegue elevar o pensamento a Deus e ser recolhida por abnegados benfeitores, começando uma fase de novos aprendizados na espiritualidade. Depois de muito estudo, com planos de trabalho abençoado na caridade e em obras assistenciais, Samara acredita-se preparada para reencarnar.

UM DIÁRIO NO TEMPO – A ditadura militar não manchou apenas a História do Brasil. Ela interferiu no destino de corações apaixonados.

DESPERTAR PARA A VIDA – Um acidente acontece e Márcia, uma moça bonita, inteligente e decidida, passa a ser envolvida pelo espírito Jonas, um desafeto que inicia um processo de obsessão contra ela.

O DIREITO DE SER FELIZ – Fernando e Regina apaixonam-se. Ele, de família rica, bem posicionada. Ela, de classe média, jovem sensível e espírita. Mas o destino começa a pregar suas peças...

SEM REGRAS PARA AMAR – Gilda é uma mulher rica, casada com o empresário Adalberto. Arrogante, prepotente e orgulhosa, sempre consegue o que quer graças ao poder de sua posição social. Mas a vida dá muitas voltas.

UM MOTIVO PARA VIVER – O drama de Raquel começa aos nove anos, quando então passou a sofrer os assédios de Ladislau, um homem sem escrúpulos, mas dissimulado e gozando de boa reputação na cidade.

O RETORNO – Uma história de amor começa em 1888, na Inglaterra. Mas é no Brasil atual que esse sentimento puro irá se concretizar para a harmonização de todos aqueles que necessitam resgatar suas dívidas.

FORÇA PARA RECOMEÇAR – Sérgio e Débora se conhecem e nasce um grande amor entre eles. Mas encarnados e obsessores desaprovam essa união.

LIÇÕES QUE A VIDA OFERECE – Rafael é um jovem engenheiro e possui dois irmãos: Caio e Jorge. Filhos do milionário Paulo, dono de uma grande construtora, e de dona Augusta, os três sofrem de um mesmo mal: a indiferença e o descaso dos pais, apesar da riqueza e da vida abastada.

PONTE DAS LEMBRANÇAS – Ricos, felizes e desfrutando de alta posição social, duas grandes amigas, Belinda e Maria Cândida, reencontram-se e revigoram a amizade que parecia perdida no tempo.

MAIS FORTE DO QUE NUNCA – A vida ensina uma família a ser mais tolerante com a diversidade.

LÚMEN
EDITORIAL

Av. Porto Ferreira, 1031 - Parque Iracema
CEP 15809-020 - Catanduva-SP
17 3531.4444

www.lumeneditorial.com.br | atendimento@lumeneditorial.com.br
www.boanova.net | boanova@boanova.net